閻宗臨 著

U0078357

世界古代

閻宗臨史學經典再復刻，探究希臘、尋覓羅馬、剖析埃及、歷險波斯

中世紀史

沒讀過閻宗臨，別說你讀過歐洲古代史！

◎ 由史學名家饒宗頤親自作序。

◎ 本書集結閻宗臨數本史論講稿，濃縮其畢生鑽研的歐洲古代史精華。

◎ 收錄閻宗臨親寫注釋近 400 多條，讓讀者重新親近一代史學大師。

目錄

饒宗頤序

齊世榮序

編者語

希臘羅馬史稿

世界古代史講稿

目錄

論文

饒宗頤序

孫子有言：「知己知彼，百戰不殆。不知彼而知己，一勝一負。不知彼不知己，每戰必敗。」此謀攻之要道，知勝之樞機也。治學之道，亦何以異是。西方之言學，其考論吾華文字史事者號曰漢學，以西方之人而熱心究遠東之事，蓋彼欲有知於我，此學之涉於「知彼」者也。

返視吾國人之有志於究心西事者，乃寥若晨星。庸或有之，留學彼邦，略涉藩籬，歸國而後，棄同敝屣，多返而治漢學，稍為「知己」之謀，輒以兼通東西自詡，實則往往兩無所知，其不每戰不敗者幾希？

近世學風，流弊之大，國之不振，非無故而然也。

閻宗臨先生早歲留學瑞士，究心西方傳教士與華交往之史事，國人治學循此途轍者殆如鳳毛麟角。其所造固已出類拔萃，久為士林所推重。抗戰軍興，余任教（無錫）國專，自桂林播遷蒙山，復徙北流，與先生嘗共事，頗聞其緒論，心儀其人，以為如先生者，真有志於「知彼」之學者也。嗣先生回山西故里，終未能一展所學，憂悴而繼以殂謝，論者深惜之。哲嗣守誠世兄頃來書謂經已勾集先生遺書刊行在即，平生著述，自此可以行世，沾溉後人，為之大喜過望。不揣固陋，略序其崑，為陳「知彼」之學之重要，得先生書以啟迪來學，使人知不能以「知己」為滿足，而無視於「知彼」，則不免流於一勝一負。庶幾欲求操勝算者，不至於南轅而北轍；則吾文之作或為不虛，亦可稍慰先生於地下也乎。

丙子春於香港

齊世榮序

　　閻宗臨先生的文集即將出版，哲嗣守誠同志讓我寫篇序言，寫序實不敢當，只能談點拜讀後的領會和感想，以表我對這位前輩學者的敬仰。

　　閻先生治學的範圍很廣，涉及中西交通史、世界古代中世紀史、歐洲史、古籍箋注諸多方面，其中尤以中西交通史的成就最大。《杜赫德的著作及其研究》是閻先生在瑞士夫里堡大學攻讀博士學位時所寫的論文，以此於 1936 年獲瑞士國家文學博士學位。該文史料詳實，多發前人未發之覆，是中國學者系統深入研究 18 世紀法國漢學大家杜赫德的第一篇論文（原文為法文），發表後隨即引起了西方漢學家的重視。閻先生在巴黎、劍橋、梵蒂岡及布魯塞爾等地圖書館辛勤查閱資料，收穫甚豐，內中若干文件為中國學者向所不知。例如在《清初中西交通若干史實》一文中，閻先生根據他在羅馬傳信部檔案中發現的資料，弄清了雍正三年（1725 年）教宗本篤十三遣使來華的一些事實。閻先生還在《從西方典籍所見康熙與耶穌會之關係》一文的「附錄三」中，抄錄了康熙時傳教士在華購置產業的契約 20 件，頗可注意。尤其需要指出的是：閻先生寫於 1962 年的《17、18 世紀中國與歐洲的關係》[001]，是一篇體大思精之作，生前沒有發表，猜想作者對這篇文章十分重視，還要繼續修改。

　　總之，閻先生關於中西交通史，特別是明清時代基督教與中國關係的研究，至今仍有重要參考價值，屬於第一流水準。

　　閻先生於 1937 年回國後，在各大學多次講授希臘史、羅馬史、世界古代中世紀史、歐洲史等課程。在有關圖書資料十分缺乏的情況下，他仍編寫了《歐洲文化史論要》、《近代歐洲文化之研究》、《羅馬史》、《希臘羅馬史稿》、《歐洲史稿》、《世界古代史講稿》等一系列書稿，其中除《歐洲文化史論要》和《近代歐洲文化之研究》外，大多數沒有正式發表。這些

001　見《閻宗臨史學文集》，山西古籍出版社，1998 年版，第 189 頁。因本文與本套中《杜赫德的著作及其研究》等文內容多有重複，故本套未收此文。

書稿所達到的水準，自然不如中西交通史方面，但由於閻先生對西方歷史和文化的深刻理解，仍不乏一些獨到的見解。例如他認為：「構成中世紀文化的要素，概括地說，首先是希臘、羅馬文化的遺惠，其次為新興民族飛躍的活力，最後而最重要的是基督教對物質與精神的支配。這三種動力的接觸，並非水乳交融，他們互相衝擊，互相排拒，受五六百年時間的鍛鍊始冶而為一，產生了一種新的意識與秩序。」（《歐洲文化史論要》，見《閻宗臨先生誕辰百週年紀念文集》）他還認為：「文藝復興卻是由 13 世紀文化蛻變出來的。」（同上書）在《羅馬史》講稿中，他指出：「羅馬的偉大，不在它的武力，而在它的法律。」「恃強凌弱，必然要淘汰的。」當然，閻先生在 1949 年以前還未接受唯物史觀，所寫的文章不免帶有唯心主義文化史觀的影響，這也是不必為賢者諱的。

古文獻的箋注，是閻先生致力研究的另一個重點。其中《身見錄》是中國第一部歐洲遊記，閻先生於 1937 年在羅馬國立圖書館發現其原稿，拍照帶回，箋注刊布，彌補了中西交通史研究的一個空白點。《北使記》與《西使記》，王國維在《古行記校錄》中雖有校注，但較簡略，閻先生的箋注較王氏為詳，為研究中古中亞史提供了重要史料。

閻先生之所以能取得上述成就，得力於他在國學西學兩方面都有深厚的功底，撐得起中西會通，這也是中國許多老一輩有成就的史學家共有的優點。閻先生留學瑞士 8 年，回國後一直教世界史方面的課程，不但精通法文、英文、拉丁文，而且他的國學修養也很深。

例如，他在〈古代波斯及其與中國的關係〉一文中，利用《冊府元龜》摘錄了太安元年（455 年）至大曆六年（771 年）的波斯來華使節，還利用《本草綱目》，摘錄了波斯產物及其輸入之品物。《冊府元龜》這部類書，因其僅採「正史」，不採雜書，曾為前人所輕，但實則有其高的史料價值。史學大師陳垣說，利用它，「可以校史，亦可以補史」。還說：「《冊府元龜》書唐事，多據實錄，按事按年排纂，與《新唐書》等之調弄筆墨者不同，其史料最為忠

實。」（《書內學院新校慈恩傳後》，見《陳垣學術論文集》第一集）《本草綱目》是醫藥學寶典，但亦可用以證史。史學大師陳寅恪在《狐臭與胡臭》（《寒柳堂集》）、《天師道與濱海地域之關係》（《金明館叢稿初編》）等文中，均曾引用《本草綱目》。由此可見，閻先生雖主攻外國史，但引用中國文獻時，也得心應手，甚為到位。今天的中青年應當向閻先生等老一輩史學家學習，打好基礎，拓寬知識面，然後才能由博返約，達到一流水準，而不可一開始就在很窄的知識範圍內閱讀研究，更不可「速於成書，躁於求名」。

我們還應當學習閻先生對於著作精益求精的態度。他有不少論著已經達到相當高的水準（上述《17、18 世紀中國與歐洲的關係》即其中一例），但生前一直未正式發表。明末清初大學者顧炎武對自己的著作持十分嚴格的態度，他的標準是：「其必古人之所未及就，後世之所不可無，而後為之。」閻先生和許多前輩學者都是這樣嚴格要求自己的。

根據閻先生的學養和刻苦精神，他本來有可能達到更高的水準，留下更多的傳世之作。但不幸的是，抗戰時期回國，顛沛流離，以微薄的薪水養活一大家人，無法安心進行學術研究。1949 後雖然生活安定，但又有一連串的思想批判運動，兼以地處山西，外文資料奇缺，「巧婦難為無米之炊」。1950 年代末，閻先生曾對山西大學一位教師說：「連《聖經》都見不到，不能讀，還學什麼中世紀史！」拜讀閻先生的文集以後，既對他的大著不勝欽佩，又對他的坎坷遭遇和未盡其才深感惋惜。今天，經濟日益發展，政治環境寬鬆，社會和諧，中青年學者比前輩享有優越得多的條件，深望他們刻苦鑽研，做出更多更大的成績。

閻先生是我尊敬的前輩學者，淺學如我，豈敢為他的文集作序，無奈守誠同志盛意難違，只得遵命，好在讀者自能品鑑，遠勝於我的介紹。

編者語

　　我的父親閻宗臨逝世後，我曾編過《閻宗臨史學文集》和《傳教士與法國早期漢學》。2004 年，任茂棠、行龍、李書吉編的《閻宗臨先生誕辰百週年紀念文集》除選編了對父親論著的評論、他的學生的回憶及生平事蹟等文章外，還收錄了他的專著《歐洲文化史論要》。即使這樣，父親還有許多論著沒有能出版，如：1944 年在逃難中寫的《羅馬史》，在中山大學時寫的《希臘羅馬史稿》、《歐洲史稿》，1949 後寫的《世界古代史講稿》等。因此，我一直有個願望，就是把他所有的論著（包括大量的手稿）編成三本書：即《世界古代中世紀史》、《歐洲史》和《中西交通史》。這樣，父親的全部學術成果，就可以得到集中的保存，不致散失，相信這對今天的研究者，會有所啟迪和助益，對中國的學術文化事業也是一點貢獻。如今《閻宗臨作品》三種的出版，使我多年來的願望得以實現，我感到由衷的欣慰。

　　在父親的三本書出版之際，我想談談這個願望的由來。

　　我之所以有這個願望，是因為我深知父親求學的艱難。父親於 1904 年 6 月 18 日出生在山西省五臺縣中座村一個普通農民家庭。

　　中座村是坐落在群山環抱之間的一個小山村，那里民風純樸，土地貧瘠，當地農民都以土法掘煤為副業。父親從小勞動，種過田，背過煤。他靠半工半讀讀完中學。1924 年，高中畢業後，來到北京。次年，在朋友們幫助下，赴法國勤工儉學，先到巴黎，白天做零工，做過推土工、油漆工、鍋爐工，晚間補習法文。兩年後，遷居里昂，進入杜比茲人造絲工廠，先當勤雜工，不久，被提升為實驗室助理。在做工時，父親節衣縮食，有了一些積蓄，1929 年進入瑞士夫里堡大學學習。

　　他深知學習的機會來之不易，因此，讀書非常刻苦，每到假期，同學們都到各地休假，他卻留在宿舍繼續苦讀，因而各科成績都特別優秀。

　　父親在校主要學習歐洲古代、中世紀的歷史和文化，因此，就要學拉丁

文。雖然由於拉丁文深奧難學，學校規定東方學生可以免修，但父親還是選修了這門課。經過三年的刻苦學習，他通過碩士學位前的拉丁文考試，他取得了優秀的成績。拉丁文教授對這個東方學生的成績感到十分驚訝，曾問他：「你從哪兒來的這股毅力？」他回答說：「我為了了解西方文化的靈魂。」1933 年，父親獲瑞士國家文學碩士學位。由於父親勤奮好學，成績優秀，深得校長、教育學家岱梧教授器重，遂聘他講授中國近代思想史。與此同時，在該校研究院繼續學習，1936 年，取得了瑞士國家文學博士學位。父親從一個農村的窮孩子，到完成國外的學業，全靠自己的努力、奮鬥，其間經歷的艱難困苦、坎坷曲折是難以備述的。

我之所以一直有這個願望，還因為我深知父親治學的艱難。父親像所有善良正直的知識分子一樣，非常熱愛自己的祖國。1937 年抗日戰爭爆發時，父親正在瑞士夫里堡大學任教，他毅然辭去教職，謝絕了校長岱梧教授的一再挽留，和我母親匆匆回國。在民族遭受危難的時候，祖國的命運遠比個人的安危更使他關心。抗戰期間，父親先後在山西大學、廣西大學、無錫國學專科學校、昭平中學及桂林師院任教授。抗戰勝利之後，1946 年應徵到中山大學任教，並於 1948 年至 1950 年任歷史系主任。1949 後，1950 年 8 月，父親應張友漁、趙宗復的邀請，回故鄉山西大學（山西師範學院）工作，直至1978 年 10 月 5 日逝世，終年 75 歲。

回國後，父親踏上了一條艱難的治學之路。父親治學的艱難，一是客觀環境的不良影響。1949 年之前，正是抗日戰爭和解放戰爭時期，戰亂不已，時局不安，社會動盪，我們一家七口人靠父親的薪資維持，生活是清貧的。1944 年，日寇侵入廣西，全家輾轉播遷於荔浦、蒙山、昭平一帶，飽嘗顛沛流離之苦。1949 後，生活雖然安定並日趨好轉，但接二連三的政治運動和極「左」思潮的衝擊以及文革，都給學術研究的環境造成不良的影響。這些是父親這一代人的共同經歷，自不待多言。

二是研究資料的極其缺乏。父親在歐洲期間曾購置大量圖書資料，回國

時運至上海，適逢上海戰事，全部毀於戰火，其中有魯迅的書簡、父親翻譯的《米開朗基羅傳》譯稿及羅曼・羅蘭為他寫的序言等珍貴文獻。在廣西逃難時，又丟失了隨身所帶的書籍。1950、1960 年代，我們對國外的學術動態及外文的歷史資料原本就了解、掌握甚少，更何況父親僻處山西，耳目分外閉塞，能見到的外文資料就更少了。儘管他精通拉丁文、法文、英文，日文和德文也都懂一點，有很好的語言知識，可惜幾乎無一點用武之地。1950 年代末，他曾對一位中年教師說：「連《聖經》都見不到，不能讀，還學什麼中世紀史？」

表達了他對資料貧乏、禁區重重的憤慨。這種狀況，使父親很難對世界史作深入的研究。我想，他內心一定有「曾經滄海難為水」的感觸，後來才轉向從中國古代史籍中研究中外關係，這也是出於無奈吧。

三是學術思想的巨大轉變。父親的大學教育是在西方接受的，受西方史學思想和方法的影響較深。他採用的文化史觀和多元比較法，即從歷史、地緣、人種、社會、文化、宗教諸因素上，綜合分析，以闡明歷史的發展演變，是西方史學中的重要流派。這在他寫的《近代歐洲文化研究》和《歐洲文化史論要》兩部專著和一些論文中都有明顯的反映。1949 後，他才開始學習馬克思主義的史學思想，並以此重新認識歷史。這對父親來說，無疑是一個巨大的轉變，一切都要從頭學起。父親是認真地、刻苦地學習馬克思主義理論的，並努力以歷史唯物主義的觀點為指導進行學術研究。這就是他 1949 前後的論文有較大區別的原因所在。

此外，我還深知父親的論著和手稿保存至今是很艱難的。父親的論著除博士論文在瑞士出版外，其餘大部分發表或寫成於 1949 年之前，特別是抗日戰爭時期在廣西桂林時。當時出版和發表的論著印刷粗劣，流傳不廣，逐漸鮮為人知。我整理的父親的文稿，絕大部分都是他留下來的，只有很少是我從中國國家圖書館影印的。父親的這些論著手稿得以保存至今，並不容易，至少經過兩次大的劫難：一次是 1944 年在廣西逃難時，衣物用具丟失殆盡，

全家七口人只有一條被子。但不論走到哪裡，父親手裡總提著一個小箱子，裡面裝著幾本重要的書、講義和文稿。一次是在文革期間，父親的文稿被造反派作為黑材料抄走，父親的精神受到極大的打擊，我才懂得學術就是他的生命。後來，我幾經周折，費盡口舌，才在一個風雪交加的夜晚，將文稿取回。然而，父親寫的中篇小說《大霧》和散文集《夜煙》、《波動》等書籍，卻從此丟失，再也找不回來了。

正因為我深知父親經歷的種種艱難，所以，我常想，父親這些經磨歷劫、嘔心瀝血取得的成果，在當今學術昌明的新時代，如果再在我手裡湮滅或散失，那就愧對父親在天之靈了。這種責任感就是我的願望的由來。

其實，我編父親的文集，既是一種責任，也是一種緣分。1949 年之後，父親的學術思想經歷了從文化史觀到唯物史觀的轉變。回想起來，學術思想的巨大轉變在父親的心靈深處一定留下了困惑。因為他對我們兄弟姐妹選擇專業的指導思想是明確的：他希望我們學理科，不希望我們學文科，尤其不希望我們學歷史。當我表示想學歷史時，他多次對我說：「學歷史是個無底洞，太難，不如學理科，實際一點。」在父親的影響下，我們兄弟姐妹六人都學了理科。只有我，在山西大學地質地理系學習兩年之後，改「行」學歷史，那是由種種具體原因促成的，父親也無可奈何，只好認可。1962 年 9 月，我轉到歷史系，正是階級鬥爭理論大行其道之時，「文科要以社會為工廠」，上山下鄉、參加「四清」成了主業，我沒有好好讀書，父親在專業上也沒有指導過我，經常告誡我的一句話是「學好外語」。我也沒有能做到。但畢竟兄弟姐妹中，只有我的專業是史學，整理父親遺作的任務，就義不容辭地由我承擔，我的兄弟姐妹和親人也把希望寄託在我身上，這算是一種緣分吧！我想，這種緣分裡，既有父子之間的親情的責任，也有後學者對前輩學者的學術責任。那些在崎嶇山路上攀登過、在荊棘叢林中開拓過的前輩學者，他們的學術貢獻是不應該被埋沒的。

1998 年《閻宗臨史學文集》出版時，香港中文大學饒宗頤教授欣然作序。饒先生是享有盛譽的國學大師。我把饒先生的序言依然放在卷首，以表達我對先生的崇敬之意，並遙祝先生健康長壽。

　　齊世榮先生是著名的歷史學家，是中國世界史學科的開拓者之一，也是首都師範大學歷史系的元老。我到歷史系後，齊先生對我一直都很關心，對我整理父親的論著也很支持，勖勉有加。現又應我的請求，在百忙中撰寫了序言。我願在此表達誠摯的謝意。

　　我也願藉此機會向所有關心、支持、幫助過我整理出版父親論著的人們，致以深切的謝意！

閻守誠

編者語

希臘羅馬史稿

古代西方歷史的發展有兩種不同的類型，由其地理環境與社會結構觀察，其區別至為顯明。一種以陸地為主，他的特性是封鎖的，從自身取與，一切任自然演變，種族觀念至為強烈，與土地結合成為含有侵略性的動力。此種社會組織擴大，凝結成一種國家觀念，異常狹隘，如亞述與波斯。另一種以河流海洋為主，他是開放的，著重財富與思想的流動，競尚自由，逞私意，喜冒險，有濃厚的個人主義，積久演為國際觀念，至為寶貴，卻異常空泛，如希臘與羅馬。以故西方古代歷史受此兩種類型限制，亦即地中海與其邊緣的關係，互相交錯，受海陸支配，分裂成許多單位。因社會環境結構的不同，相因相成：有時兼利，趨於平衡；有時交攻，互相對峙；又有時偏執，不能相容，以趨衰落。各民族所提出之問題，所遭遇之困難，亦隨時隨地不同。此埃及、亞述、波斯、希臘、羅馬等國，交相爭奪，盛衰更替不已，促進古代西方的發展，形成輝煌的進步。然此種進步，非連續不斷，有時是停滯的，而且經長久的時期。[002]

　　希臘羅馬史中所提出主要的問題有二：一、地中海政權如何趨於統一？二、希臘羅馬文化 —— 特別是倫理思想 —— 與經濟結構如何趨於協調？此兩大問題，實希臘羅馬史之骨幹。他們有局部的成就，至為驚人，但是其結果卻是失敗的。希臘不能統一，由於經濟結構受島嶼限制，形成城邦式，其倫理思想，卻攝取古埃及與東方的精英，致使個體與社會不能配合，雖有波希戰後的典範時代光耀西方，卻不能持久，淪於蠻橫馬其頓之手，終於分裂，為羅馬所滅亡。羅馬貌似統一，其困難亦復如是，因羅馬統一的久暫不繫於民族文化內在的力量，而繫於地中海的統一，能否為其掌握。迦太基亡後，羅馬開拓地中海，漸次取得海上霸權，跨入富強時代。然以個人與社會失調，啟無限制的野心，集權產生，個人毀滅；社會是個體的結合，羅馬社會破毀，實利統於掌握政權特殊階級之手，由是內戰不息，荼毒生靈，迨至3世紀，城市凋落，經濟割裂，羅馬統一亦破毀，為蠻人開一坦途，西方淪

002　《希臘羅馬史稿》寫於 1947—1948 年。

為群主爭霸的時代，而地中海生命的活力亦由此萎縮。

希臘羅馬史之動向，純受地中海種種活動支配，對它須有一種概括的理解，始能明白希臘羅馬史之發展。約在冰河時期，地中海仍係兩個死海，與大西洋並不相通。直布羅陀海峽，當時仍為一陸橋。

此兩海賴尼羅河及歐洲河流灌匯，而亞德里亞海與紅海，其時亦係巨大的河流。地中海為蒸發海，河流灌注之量不敷蒸發，須藉大西洋及黑海之水調濟，始能維持其水位。懷特（Wright）指出：「地中海有二湖：其一為淡水湖，居東。泄入西方之湖，當冰消海水灌入時，其景有趣。方其流入，初甚細，水道被蝕，海面高漲，其面積亦擴大。峽口若非堅石，必然潰裂，緣注入時長，潰裂為必然的結果。形似空論，實有根據，試取直布羅陀海峽圖證之，即見有極大之谷，由地中海深處，經海峽，入大西洋沙灘，此谷即水灌入時而成也。」[003] 海水侵入，淹沒此盆地，為西方大事件。當安定後，地中海人移此，文化亦隨而發生。

希臘羅馬古史受東地中海支配，島嶼滿布，港灣交錯，與亞非兩洲渾然為一，不能分離，其歷史發展，雖有個別的特性，卻錯綜複雜，並不能孤立的。

希臘半島，形似楓葉，伸入「紫羅蘭色的海」內，呈現一種幻變的神態。全境山勢崎嶇，係石灰岩，少樹木花草，擁有一副強倔的風格。

品都斯山橫貫中部，溝澗錯綜，溪水曲折入海，沿流多叢樹與野花。

名山特多 [004]，富於神話與傳說，各地有他獨特的特質。往昔池沼地帶，今變為肥沃的平原 [005]，景物秀麗，滿植松柏、橄欖、桂花、葡萄。海風自南吹來，動響有如波濤。

希臘環以許多島嶼，有若繁星，賴愛奧尼亞海與西西里島，與義大利半島相連，其南部稱為「大希臘」，意即希臘之拓殖，啟發羅馬人之心智，控制地中海的橋梁。

003　Wright：The Quartenary Ice Age.
004　名山著者：Olympia, Oeta, Ossa, Parnasse, Hymette, Pentélique, Taygette.
005　平原著者：Thessalie, Thebes, Athene, Angos, Sparte.

義大利半島，三面環海，伸入地中海內，截為兩半，亞平寧山，橫貫南北，有如希臘，形成許多區域，成割據的局面。但是，希臘山脈為網狀，中部突起，放射四方，構成港灣與島嶼。而義大利半島，海岸少曲折，亞德里亞海為袋形，多暴風，非初民航海者所宜。北部阿爾卑斯山，割絕大陸，卻非有力的保障。自山谷及兩邊甬道，外人向半島侵入，壓迫地方居民南移，集於羅馬周邊；南部希臘實力，向北推進，亦止於拉丁平原。以故羅馬為海陸銜接地帶，居民複雜，氣候潮濕，土質堅硬，居是土者必有不拔的意志，始能創造土地。由人與自然的奮鬥，環境亦訓練居民：他們了解自強不息的真理，重個性而不重個人；他們明白有組織的合作為克服一切苦難，節省能力為最高的原則，一切以組織為出發點，要統治世界。

希臘羅馬的古人並不知他們歷史正確的由來，其先人藏於森林，「不知以磚建屋，運用木料，所居如蟻穴，只有陽光進去」[006]，但是地中海對這些質樸的居民，有種奇妙的作用，永恆的不安促使其前進，形成一種普遍的理想，活潑健壯湊至一種形的完美，不允許殘缺，不允許模糊，構成地中海文化的特點。

地中海歷史，經施里曼（Schliemann）、米克賀夫（Milchhoefer）[007]及伊文斯（Arthur Evans）的地下開發，證明克里特及希臘有古遠的歷史，那些神話與傳說仍含有史事，他不是孤立的。愛琴海文化以克里特為中心；希臘初期與埃及和小亞細亞關係至切；迨至羅馬向南進展，地中海中心亦向西移，地中海的作用亦達到頂點。凱撒征高盧，軸心移動，古希臘羅馬史亦漸凋零，歐洲進入混亂與蠻野的時代，亦即歐洲大陸史發展的開始。

006　Eschyle：Prom. 452—453.
007　Anfänge der Kunst in Griechenland（1883），P.122—137. 米氏指出愛琴海有獨特的文化，並以克里特為中心。

第一卷

‖第一章　愛琴海歷史的開始‖

希羅多德以為遠古之時，希臘半島有土著存在，其祖始為 Pélasges。此種傳說，曾視為不經，但就地名、典籍與傳說等言，即含有局部史實而非完全幻想 [008]。

倘 Pélasges 為歷史實有的民族，即此民族原居何地，從何處移至希臘半島，此問題至難解答。最合理的假設，Pélasges 是亞洲民族，由大陸移動，首先居代沙利，經亞地克，入亞加地，然後取道海路 —— 克里特，入小亞細亞。此種移植與發展，由語言學上的成就，可說明此種趨向。安那拖利（Anatolie）地名語尾 -ssos、-nda 與希臘地名有同者，如：

安：Ariassos、Iassos、Sagalassos、Pedasos、Ephesos……
希：Ilissos、Kephissos、Parnassos、Brilettos、Hymettos、Gargettos、Ardetos……
安：Alinda、Calynda、Isionda、Oenoanda、Labranda……
希：Tyrinthos、Probalinthos、Trikorinthos、Corinthos……

克里特島，保存 -sos 語尾：或為由海上移植時，所留的殘跡。如：Cnossos, Tylissos, Praesos……此種名稱，既非希臘語，亦非閃種語，必為西亞與東地中海古代普遍習用者。如布為 Byssos，金為 Chrysos。而義大利半島南部，亦習用之。迨至亞該亞人侵入，局勢始變更。

中亞與埃及民族移動的結果，愛琴海起重大的變化，特別自銅器輸入後，使克里特霸權穩固。

克里特位置優良，是希臘與羅得島間之橋梁。船自北來者須停泊於此，

008　Thessalie 有地名 Pelasgiotide；荷馬的 Iliade 中，有「神聖的 Pélasges」語；雅典因 Pélasges，建立 Acropole; Achaïe 的 Ion 人，認為由 Pélasges 族的存在；Argolide 的傳說，以 Pélasges 居於 Larissa，而 Herodotus 即認為在 Lemnos, Samothrace, Chaleidique, Propontide。

加添淡水；船自南來者，風向北吹便於航行。物產不豐，卻成為亞非歐貨物聚散的中心。

西元前 3000 年前，克里特似孤立。隨即為海民開拓，似來自紅海。奧脫朗（Charles-Autran）斷定此民族來自印度西岸、德拉維底族（Dravidiens），蘇美王朝，薩爾貢海上發展的結果。適於此時，埃及古帝國衰落，紅海開放，侵入愛琴海。

伊文斯分克里特古史為三期[009]，其演進歷程，至為顯明。到西元前 25 世紀傾，已成經濟中心。Zacro、Palaikastro、Mochlos 已為重要商港，而工業及金屬提煉，如 Gournia 已使封建社會崩潰。錫已發現，克里特人由薩克斯，波西米亞，伊托呂利，即向西北發展。此複雜之新民族，配合新經濟，已奠立地中海文化的基礎。

希羅多德等讚美米諾斯（minos），語之為「海洋帝國的建立者」。

米諾斯半為神話，半為史實。拉告尼、麥加利德、科孚、西西里、敘利亞等處，有城市名 Minoa，亦如亞歷山大賜名於所建之城。而 Cnossos、Phaistos 發現之資料，證明米諾斯之存在。米諾斯為實有人物，約於西元前 1750 年即位，建 Cnossos 宮。但亦代表克里特強盛時期，緣米諾斯的普遍性，證明範圍廣闊，此希羅多德言死於特洛伊戰爭前九十年，是指這一時期。

米諾斯傳說與希臘傳說有許多符合處，即以米諾斯神話言，亦知與雅典的關係，初臣屬雅典，使之納貢，繼而反抗，由代塞（These）解放。克里特富於文化侵略，所謂邁錫尼文化，實克里特的一種混合。證諸希臘傳說：

西元前 1533 年，Cecrops 開拓亞地克；前 1466 年，Danaos 開拓亞吉利德；前 1400 年，Mégaride de Car 與 Lebex à Amyclées 開拓拉告尼、麥加拉、

---

009 伊文斯分克里特古史為三期：
M. A. I：西元前 3000 ～前 2800；M. A. II：西元前 2800 ～前 2400；M. A. III：西元前 2400 ～前 2100.
M. M. I：西元前 2100 ～前 1900；M. M. II：西元前 1900 ～前 1750；M. M. III：西元前 1750 －前 1580.
M. R. I：西元前 1580 ～前 1450；M. R. II：西元前 1450 ～前 1400；M. R. III：西元前 1400 ～前 1200.

洛克利德及亞加納尼；前 1360 年，Cadmos 開拓碧奧西；前 1266 年，Tantale 與 Pelops 開發伯羅奔尼撒。

克里特建立海上霸權，宗教與政治混而為一。相傳每九年，米諾斯與宙斯會見，地點在 Cnossos 南 Iouktas 山中，因此克里特的藝術，亦含有人神混合的特點。

西元前 17 世紀，克里特強大，有一百五十年之久，登峰造極，完全為繁榮時代。此後國勢仍強，卻有甚多宮殿被毀，如 Phaistos、Tylissos、Haghia-Triada，獨 Cnossos 宮殿巍然獨存，於是發生內戰的可能，在西元前 15 世紀後半期，各城市互相戰爭，Cnossos 為勝利者，摧毀其他城市。但是，分析所遺留之古蹟，嚴密考究，如 Haghia-Triada 宮殿毀後補修者，已脫離地方風味，多是麥加拉式。而麥加拉是亞該亞人活動的中心，領導希臘陸上的動向。便是西元前 15 世紀後半期，Cnossos 所建宮殿，如 Keratos 河畔與 Isopata 墳墓，亦受希臘大陸的影響。因此，克里特的衰落，仍由於亞該亞人的興起。

亞該亞人以和平方式，侵入希臘為時已久。自西元前 15 世紀後，侵占島嶼，向海上擴張，波及克里特島，毀 Gournia、Pseira、Zacro、Palaikastro 諸城市。克里特於外患中奮鬥，維持至西元前 1180 年，米諾斯王朝最後代表須向西西里島逃走，而克里特政權落於伊多麥奈（Idomenée）手中。相傳伊氏參加特洛伊戰爭，此說明克里特轉為希臘附庸，亞該亞人成為希臘統治者。

｜第二章　亞該亞人與特洛伊戰爭｜

希羅多德言希臘居民，繼 pélasges 之後者，一來自埃及，名 Danaos，為 Persée 之後裔；一來自 Phrygie，是 Atrée 系統，即習慣所稱亞該亞人。「Ach」拉丁文為 Aqua，意為水，指新民族沿江河而來者。

約西元前 2500 年前後，銅為生活必需品。社會有了重大變化，形成一種新貴族，以經濟為其背景。印歐民族由游牧變為農業演進中，遂起一種分

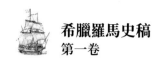

裂，向印度、伊朗、兩河流域、希臘等移動，而亞該亞人即停於希臘北部與小亞細亞邊岸，其方式為和平的。

迨至亞述興起，毀埃及與西臺均勢（前 1278 年），亞該亞人不能固守，向希臘伯羅奔尼撒半島移動，有良好港灣，如 Nauphie 及 Asine，有險要的山區，如 Argos 及 Tyrinthe，易於防守，邁錫尼遂成為中心。

邁錫尼受克里特影響，前 16 世紀後，已少地方色彩，1876 年施里曼考古工作可為證明。希臘傳說，約前 1266 年，Pelops（Tantale 之子）為特洛伊王 Ilos 所逐，居亞告利德。Boghaz-Keui 發現西臺文獻，證明 Pelops（非神話中人，乃指代表亞該亞民族者）來自伏利銳，並非虛構的。

自西元前 13 世紀後，亞該亞人發展，昔為克里特統治之邁錫尼，今主客易位，一方面科林斯、雅典歸附，邁錫尼充其盟主，他方面特洛伊戰爭發動，克里特王 Idomenée 遣二十四艘戰船參加，於是史學家稱此時為邁錫尼時期。

所謂邁錫尼文化，實克里特與雅典大陸的混合，以實用為目的，失掉克里特輕盈的理想，非常僵直（如獅門）笨重（如巨墓），多幾何形。

當克里特武力衰弱，須維持其強國地位，借助殖民地實力。亞該亞人始而與之合作。繼而意識覺醒，漸次團結，終於發動攻勢，邁錫尼代替 Cnossos，克里特變為附屬。海上途路大開，希臘與小亞細亞渾然為一，而亞該亞人生活亦起變化，「江民」變為「海民」。

Boghaz-Keui 史料證明，前 14 世紀，亞該亞人與小亞細亞發展頗速，如 Lycie、Pamphylie、Milyas 擁有強大海軍。據 Eratosthène 及 Denys d'Halicarnasse 所記，於西元前 1193 年至前 1184 年間，希臘亞該亞人取 Lesbos 島，與小亞細亞同種人銜接，造成包圍特洛伊形勢，以故戰爭發生。

亞該亞人向愛琴海北部發展，已與雅典、特洛伊衝突，今取 Lesbos 島，形成一種包圍。特洛伊「多金多銅」[010]，據海峽之固，築堅厚城牆，鄰人信其力。特洛伊組織小亞細亞集團，以封鎖黑海，參與者有 Mysie、Phrygie、

010　Iliade：X.315—316.

Lycie、Carie。西臺支持特洛伊，惜亞述興起，毀其實力，埃及取中立，以故十年戰爭（前 1193 — 前 1184）[011]，終為亞該亞人所敗。

詩人荷馬敘述戰爭，言特洛伊王普利安（Priam）子帕里斯（Paris）報聘斯巴達，遇墨涅拉俄斯（Ménélas）妻海倫，驚其美，奪走，邁錫尼王阿加門農（Agamemnon）集希臘全力，報此奇辱，終於焚燬特洛伊[012]。

史詩被庇西特拉圖（Pisistrate）（前 561 — 前 527）刊行問世，一為〈伊利亞德〉（Iliade），一為〈奧德賽〉（Odyssée），各二十四章。

荷馬為人懷疑[013]，希臘七城爭其出生地，生年不一，相距太遠[014]，唯一可靠者，即史詩是偉大詩人作品，那裡有傳說，有短篇，有短歌，無一非天才的創作。希臘傳說很多（古史中有傳說是普遍的），原始想像豐富，將史事神化，這是一種活檔案，虔誠者服膺於心。為了適合時代，歌者伴豎琴以感動群眾，必有修改，於是有新的成分。

不論荷馬如何，亞該亞人前已有戰爭記載。克里特與邁錫尼藝人，確定唱詞，需要寫出，施以文學的技巧。此種工作必為一天才者，其名為荷馬。繼後向外說唱，時地不同，為使聽眾快慰，故雜以各地希臘人的事實、各種方言的結構，經時間淘汰，去粗留精，成為希臘共同統一的作品。

這是希臘古代的史料，由銅器進入鐵器時代[015]，由游牧轉為定居，氏族觀念很強。尤利烏斯貴為國王，床須自作，其妻織衣，成而復拆，幾二十年。國王與家長不分，有絕對權力。這是城邦制開始，尤利烏斯笑 Cyclops「沒有法律，沒有議場……」

亞該亞人控制黑海，敘利亞及利比亞（Lybie）邊岸，皆有他們的殖民地。

011　Timée 以始於西元前 1193 年，Eratosthenes 以始於西元前 1183 年。

012　1874 年，施里曼發現特洛伊故址及普利安府庫。

013　Aubignac：Conjectures Académiques. 1664. 1716 刊行。Wolf：Prolegomena. 1775（Halle）.

014　Philostrate 以荷馬生於西元前 1159 年，Théopompe 即生於西元前 687 年。

015　《伊利亞德》提及銅三百二十九次，鐵二十三次；《奧德賽》提到銅一百零三次，鐵二十五次；《伊利亞德》中，鐵用為武器者三次。

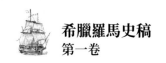
‖第三章　古希臘形成與社會演進‖

特洛伊戰爭是亞該亞向外發展的結果，其向外發展的原因，由於爭奪經濟利益，同時亦因多利安（Dorian）民族的侵入。西元前 13 世紀，多利安人已向希臘移動，鐵器開始應用，毛織物的衣服，皆為當時生活上重要事件。及至特洛伊戰役六十至八十年間，多利安人如潮湧來，毀邁錫尼文化，亞該亞人締造的海上優勢，亦漸次轉移，史學家稱此為「希臘史上的中古世紀」。

多利安人挾其軍事的優勢，自伊利利侵入代沙利，代沙利近海峽，各民族集會地帶，地狹，不能供給居民生存，多利安人向伯羅奔尼撒移民。[016] 由是，自西元前 12 世紀末，多利安人漸取主動地位；控制亞告利德後，即取 Amyclai，更南下占據斯巴達平原[017]。

斯巴達平原，土地廣大，藏於峻嶺之中，不易為外人侵入，由五個村莊 Pitané、Limnai、Konaura、Mesoa、Dyme 集合，形成多利安人實力的中心。他們對待土人，不使太強，以防叛亂；不使太弱，以利生產。多利安人用武力維持，保持民族的優勢。

斯巴達為組織希臘大陸的因素，其政治開始便融貴族與軍事於一體。由三家統治：Agiades、Euripontides、Aegides。西元前 1074 年，Aegides 移居 Thera 島，政治即由兩貴族處理，是為二王制的由來。

經多利安新民族的推動，亞該亞人及其他民族外移。就希臘言，亞地克成為他們的中心。亞地克有七個小城，雅典為首，以其地偏東南，北方來者很少取道於此。其次，山勢崎嶇，土地貧瘠，不足維持大量居民生存，每至一定時期，須向外移民。最後，此地居民多是混合者，地方觀念較為薄弱。至西元前

016　亞該亞人與多利安人，就語言文字言，皆屬廣義的 Hellènes，其所不同者，亞該亞人接受愛琴海文化，失掉原始的特點。而多利安人，即富於保守，有原始的活力。

017　多利安人奪取亞該亞人地位，反映在 Eschyle 與 Euripide 劇本中，如 Clytemnestre 與 Oreste，敘述 Atrides 一家事。

11 世紀，雅典社會有貴族、農民與工匠，趨向平等，三者皆為公民。

　　貴族雖較少，但是數目頗多，約有三百六十戶，各以其家為中心，不能團結，故難維持君主制。自身既為貴族，不願與人平等，欲維持特權，故有議會組織，代替君主軍政權。自西元前 10 世紀起，貴族握有實力。至西元前 714 年，凡貴族，皆可為王。

　　古代希臘社會長期演進，將氏族擴大，逐漸達到個體解放，每個人對團體有獨特的責任，他是團體的，並非個人的，由此形成城市（Polis）。此種演進的動力，由於情感（如宗教）與語言，即在原始游牧時代，忘其經歷，偶憶及二三要事，即創為神話，引為民族自身的光榮。每個城市有創立者與崇拜的神。為此，希臘不能成為國家，地方性太強，偶然特殊情形的結合，亦非政治的力量，乃是利害相同自然的演進。

　　無論游牧與定居，氏族（Genos，意為男性習慣）為團體的中心，非常神聖，保證過去與未來，重視血統，不許混雜，禁止獨居，女子不生育者即出之。如無子嗣，可以過繼。居屋為圓形，中間有火，屋小，牆厚，藉此拒抗外敵。此種氏族為集體的，雖人口眾多，土地不得分割，亦不得轉讓，因土地屬於團體而不屬於個人。家長權力最高，主祭祀，管理產業，傳授來者。如族中有絕嗣者，女子可繼承，卻須與最近者結婚，或最近者繼嗣，承受遺產。主婦主持家務，守長明燈。外客來須參加祭祀，始能分享家中生活。以故氏族重榮譽，設受外族侮辱，須加報復，此海倫被劫走而有特洛伊戰爭也。

　　時間演進，人口繁衍，生活亦漸複雜，氏族勢必分裂，但囿於傳統，有三氏族合為一組者，有四氏族合為一組者，以信仰為共同基礎，不與外人通婚。他們選擇適中與險要地點，作為市場，亦為宗教與政治中心，城市由是而起，上城稱 Polis，下城稱 Astu，意為住宅區。

　　繼後下城富足，取 Polis 之名，而守城即名為 Acropolis。希臘史開始時，愛奧尼亞人有四處，多利安人有三處。

　　王政起於氏族的擴大，帝王為家長的變形[018]。從史料上看，希臘有兩種典型：一為米諾斯式，受埃及影響，含有神性；一為多利安式，是氏族演進結果，人民代表，如 Atrée。帝王如家長，握有一切全權，他是世襲的。倘如一個人有獨特才能，尤其在軍事方面，亦可為帝王。Boghaz-Keui 史料中 Koiranos 一字，意為「酋長」，而在荷馬詩中，即作「將軍」或「帝王」解。此證明武力重要，藉此為王而合理化[019]。

　　自西元前 9 世紀至西元前 7 世紀，王權衰落，究其原因，由於民族混合及經濟變化，產生新貴族。少數資產者團結，如雅典的 Alcméonides，科林斯的 Bacchiades，他們握有武力與資產，資產階級悉附屬於貴族團體中。城邦逐漸形成，向外發展，爭取殖民地。

‖ 第四章　希臘向外拓殖 ‖

　　亞洲帝國動搖，東地中海由腓尼基經營，約西元前 1000 年時，他們達到直布羅陀海峽，建加代斯（Gades）。論到腓尼基，《聖經》說：「那些城內的商人比帝王還富足。」西元前 814 年，地爾控制整個地中海，建迦太基，由是西方原料，如銀、銅、鉛、錫、琥珀等，悉入其掌握，這是西方古史上重大的事件，為希臘人開創了新的路徑。

　　希臘經特洛伊戰爭後，已接受亞洲的思想[020]，而小亞細亞脫離兩河流域，不能自止地傾向愛琴海。這是米諾斯時代的復活，只是主人不同，他們充滿了健壯的活力。約西元前 9 世紀頃，集 Milet、Priene、Ephèse、Samos、Colophon、Teos、Clazomene、Erythrée……組成愛奧尼亞（Ionic）聯邦，利用亞述恐怖造成的和平，封鎖黑海與愛琴海。

　　米利都（Myles）海軍實力，自西元前 8 世紀已獨霸黑海，經營高加索

018　希臘文中 Basileus（王）與 Anax（主）通用。

019　Iliade XII：「我們帝王有光榮的統治，吃肥肉，飲美酒，他的價值很大，因為他在先頭作戰。」

020　「希臘神學由各地因素形成，與巴比倫蘇瑪爾接近。」J.Pirenné：Les grands courants de l'hist.Univ. T. I. P.98. 如 Aphrodite 與 Ishtar 類似。

鐵的貿易。名城林立，如 Sinope、Trébizonde、Cherson、Théodosie、Panti-
capé、Olbia、Tanaïs，米利都人變為國際商人，與他相近的 Ephèse，掌握金
融，幕後發動政治的陰謀。如銀行家 Melas 族，擁有巨資，呂底亞國王受其
惠以穩固政權。爾拜為金屬原料市場，Chalcis 與 Erétrie 逐漸繁榮，前者開拓
色雷斯，後者與科孚相連，進至義大利。

　　此種向外開拓，激起一種競爭，科林斯、麥加爾、埃銳納、西西庸，向
西拓殖，大希臘財富入其掌握。西元前 734 年，科林斯建敍拉古；而希臘爭
相競奪，建 Sybaris、Crotone、Métaponte。到西元前 7 世紀，在地中海中部，
希臘已成迦太基勁敵。

　　截至西元前 9 世紀，西方有兩種動向：亞述以專制與武力，建立帝國；
美索不達米亞為中心，然文化不統一，而空有外形。東地中海由割絕進入活
動期，變為經濟的向心力。埃及三角洲已為東地中海的一部，Ramsès II 建
Tanio 城，說明埃及爭取海上的雄心。腓尼基與希臘相繼興起，互爭殖民地，
終於對峙，而地中海簇起的城市，有共同的理想，進一步推動希臘的歷史。
西元前 655 年，埃及都塞伊斯王朝建立，說明脫離大陸集團，走向海洋的道
路。大陸漸次分裂，形成割裂局面；海洋以經濟為基礎，一種強烈社會性的
個人主義，欣然躍進，從此後爭奪中亞陸路及紅海海路的鬥爭，支配了古希
臘羅馬的歷史。此問題由古希臘向外開拓提出，由埃及、羅馬執行，至 16 世
紀始解決。

　　希臘向外開拓，是宗教行為，其儀式非常隆重的。城市欲向外開拓者，
首先至德爾菲（Delphes），叩問神意。阿波羅的神職者，集海外知識，悉心
研究，向叩問者解答，告其所經道路、地方景物，異常真實，希臘人視為
神意。

　　方向既定，結合約伴，至亞克波羅，取神像與聖火，登舟向外出發，一
種莊嚴與快樂的儀式。至新地，選擇一山一港地帶，陳列神像與聖火，行祭
禮，凡參與者，悉為同仁，新殖民告成。

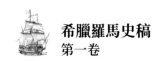
　　創立殖民地者，大都是傑出有為的人士。他們獨樹一幟，不受母國政治與法律限制，以故「殖民地」一字，含義與今不同。殖民地與本土關係至為密切，卻是平等的，有如兄弟，如今日英美兩國。希臘不是一個國家，但希臘卻是整個的，海水將它組織起來，凡希臘人所至地，便將語言、文化、宗教、經濟合而為一，故有泛希臘之稱。

‖第五章　希臘西元前 7、前 6 兩世紀之轉變‖

　　東地中海城邦的發展，捲入民主潮流，但此潮流是社會改革的結果，並非倡導政治理論，奪取政權，強社會以就其型也。[021] 多利安人侵入，形成貴族政治，與民主潮流相違。自西元前 7 世紀後，暴君崛起，摧毀巨大資產者，貴族政府漸趨失勢。西元前 607 年，西西庸的 Orthagoras 驅逐貴族，取消階級。西元前 657 年，科林斯 Cypsélos 奪取貴族資產，強迫勞動，建立公社。西元前 627 年，科林斯發生失業風潮，麥加拉的 Périandre 以工代賑，建設海港。前 604 年，Théagène 奪取富人資產，分散平民。在大希臘，發展情形不同，西元前 633 年，Locres 的 Zaleucos 使政府由少數富者，人民則一律平等。

　　西元前 633 年，Catane 的 Charondas 給人民全權，使豪門失勢。此種政治的動向，是長期社會與經濟變化的結果，故能與文化融合。而雅典的演變，更劇烈與特殊。

　　雅典為海洋的中心，經濟變化劇烈，由是產生政治的不平等，引發革命。西元前 624 年，貴族德拉貢（Dracon）執法，異常嚴厲。西元前 621 年，貴族權利被取消，但人民問題並未解決，為了避免內戰，產生「梭倫變法」。

　　梭倫好旅行，熱情。西元前 612 年，薩拉米島失陷，梭倫憤慨，作詩激

021　埃及於西元前 715 年，Bocchoris 倡改革。次之，Gygès 統治 Sardes，資產階級擁有政權。米利都的 Néléides 皇族，須退位；Ephèse 的銀行家 Mélas 握有實力。此種情形，不一而足，實當時社會演進必然的結果。

勵雅典人，終與麥加拉戰收復失地。迨至西元前 594 年至西元前 593 年時，梭倫被舉為執政官，受埃及 Boccharis 影響，實行改革，按資產分人民為四等：第一類，有 500 medimnes[022] 麥者；第二類，有 300 medimnes 麥者；第三類，有 200 medimnes 麥者；第四類，無資產者。一二兩類，可做高官與將領，並可為騎兵。第三類，只做低級公務員與步兵。第四類不納稅，戰時可划船。梭倫反對貴族霸占土地，有組織逐漸實現釋放奴隸，取消債務，恢復人體自由。

梭倫改革，摧毀社會秩序，使貴族與非貴族混合。以不動產多寡，決定社會地位，有現金者反變為第四類人，極不合理；人民亦無參加政治機會，仍是一種不公平。此種改革，勢難維持久遠，廢棄往昔標準，代以現金。第一類有一達朗現金[023]，第二類有兩千杜拉姆，第三類為一千杜拉姆。

梭倫非革命者，而是社會運動者，他深知實況，仍保存舊社會成分，不使太脫節。他握有實力，以土地化為現金，配合人民的需求。他反對暴力，主張和平，認為每個人都有反抗暴動的義務。他創立四百人會議，制定法律，由人民大會決議，刻在石上，立於宮門，請人民發誓遵守百年。繼民法後又創刑法，禁止械鬥與報復。梭倫為雅典創立者，他最有實力。

希臘政治糾紛波及殖民地，亞該亞同盟[024]內部不協，Sybaris 與 Cretone 爭奪商路。西元前 510 年，西巴利斯毀，民主勢力失敗。繼而達朗脫取大希臘領導地位，亦即貴族取得優勢，但西元前 473 年，以波希戰爭影響，民主派又抬頭，而西西里島城市亦戰爭不絕，社會處於劇烈轉變中。此種政治不寧，以經濟轉變故，迦太基與伊達拉里亞，悉以地中海為己有，而健壯新生的希臘也不放棄它們的利益，雅典與斯巴達的動向，成了地中海一切活動的趨向。

022　1 medimnes = 0.5182 升。
023　1 Talent = 60 mines. 1 mine = 100 drachmes. 1 drachme = 6 oboles. 1 Talent = 5.890 金法郎。
024　亞凱同盟在大希臘主要者有：Sybaris, Locres, Crotone。

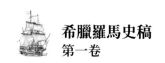

多利安人侵入伯羅奔尼撒後，向西南發展，與邁錫尼衝突。約於西元前 735 至西元前 716 年間，邁錫尼人退多姆山（Mt Thome），不屈服，組織同盟，抗拒斯巴達。至西元前 645 至西元前 628 年時，地爾爾（Tyrtée）主持戰爭，恢復斯巴達勇氣，取得勝利。伯島西北部埃利得（Elide）沃地，是廣大牧場，富有神話傳統，與埃利斯（Elis）爭霸，前者求 Argos 之助，後者求斯巴達，於西元前 572 年，斯巴達勝利，稍事休息後，發動對亞加地（Arcadie）戰爭，於西元前 554 年將之屈服。

八年後，Egine、Sicyone、Argos 不能合作，相繼為斯巴達所控制。

斯巴達為大陸集團，以貴族與土地為基礎，社會形成種種等級。

它的演進與商業城市相反，以故不能統一希臘，然其軍事組織嚴密，保證了二百年優越地位，成伯羅奔尼撒霸主。

梭倫變法後，雅典資產階級復興，平民生活依然未解決。然經此演變，山民、工匠與漁人相率認識政治，遂造成一種革命的氣氛。庇西特拉圖（Pisistrate）鑑於此種機會，利用平民衝動的情緒，造成一種改變，形成暴君制 025。

梭倫取消債務後，造成兩種困難：一種，債權者破產，社會突變，失其演進的方向；另一種，平民獲得自由，卻失掉資源，結果生產停頓。時雅典政府，貴族與平民聯合組織，各占其半。平民之中，山民占三成，工人占二成，而自己又不合作，造成種種困難。庇西特拉圖為山民代表，於西元前 566 至西元前 565 年間，以武力取尼塞亞（Nisaia），四年後，託言衛護，以五十人占雅典，除梭倫外，沒有任何人反抗，雅典民主政治為之一變。

庇西特拉圖執政十九年（死於西元前 527 年），巧於應付環境，壓抑貴族，發展自由農民，興水利，獎勵工業，接受雅典的傳統與改革的需要，使雅典有安定與休息的機會。庇氏死，其子希皮厄斯繼位，遵守父志，但是雅

025　暴君（Tyran）意為武力奪取政權，不合法定手續，並無惡意，亦非專制，實民主政治的初步。7 世紀詩人 Anchiloguede Paros 首次用此字。

典民主思想勃興，雅典少年 Harmodios 與 Aristogiton，發動革命，希皮厄斯被逐走，逃往波斯，其弟希帕爾克斯（Hipparchus）被暗殺。迴光返照，貴族又有短時期的勝利。

西元前 508 年，民主派克里斯提尼登執政，創陶片放逐制（Ostracisme），凡有害於城邦，公民以陶罐碎片投票，使之遠走，十年不得返雅典。雅地克分為百區，每區獨立，有其議會與財政。此百區由十族統治，城市、濱海、鄉田混合，不使有階級與職業之分，每族養一軍，共十位執政官（Archontes），於四十特等人中，抽籤選出。雅典政權漸入公民之手，而城邦式個人主義，逐漸產生積極作用。

‖第六章　波斯帝國的建立‖

中亞波斯帝國的創立，始於居魯士二世大帝（Cyrus II, 前 558 －前 529 年在位），合併麥地，侵呂底亞及巴比倫。其子岡比西斯（Cambyses）繼位，西元前 525 年進軍攻埃及，敗普薩美提克三世（Psammetichus III），臣服埃及。岡比西斯以內亂，急返波斯，死於中途，帝位傳於大流士（Darius I, 西元前 521 －前 486 年在位），他有特殊的組織能力。

波斯原為封建的組合，大流士將之統一，東起興都庫什山，西至地中海，建立神意說的君主政治，然不泥於教條。波斯以阿呼拉馬茲達（Ahura-mazda），巴比倫以馬杜克（Mardouk），埃及以阿蒙神，如是即大流士非暴力的侵略者，有如亞述，乃是各地神靈，授權以執行神意。以故波斯政治含有普遍性與世界性。

方帝國推進，埃及、巴比倫、希臘等地人悉可參加政府。按照希羅多德所說，分全國為二十省[026]，以巴比倫語為官方語言，創立學校，訓練行政人

026　Lydie、Mysie、Phrygie、Cilicie、Syrie、Egypte、Arachosie、Perse、Babylonie、Médie、Elbourz、Bactriane、Arménie、Sagartie、Scythes、Chorasmie、Gédrosie、Mattiene、Cappadoce、Lnde. 此係按照希羅多德所指者。

才。蘇撒、巴比倫、埃克巴坦那三地為首都,尊重各地固有的習慣與文化,文告悉用官方語及地方語推行。

各省由帝王任命三位高級官吏:省長處理民政,總督指揮軍隊,皇家祕書負責治安,各自獨立,直屬帝王。地方機構,如埃及與巴比倫,完全保留。各省百分之十的產物,折為現金,繳交國庫。此種皇家稅制,使商人得利,以商業盈餘非實物生產。國家有此確定稅收,財政免除危機。亞歷山大至蘇撒,得十八萬達朗現銀[027]。東方土地肥沃,每年納實物三千三百二十達朗,而埃及、敘利亞及小亞細亞,共合僅二千八百一十達朗。兩河流域僅一千六百達朗。印度例外,不以實物計,繳交現金,約四千零七十一達朗。當時交通至便,由蘇撒至沙德,約二千四百公里,皇家差驛,需時僅八日。

不只如此,大流士鑄造貨幣,全國通行[028];按照巴比倫方式,確定度量衡,商業發展,屬於資本主義[029],而信用貸款,利息落至百分之十二。[030] 自西元前 519 至西元前 503 年,大流士創立法典,直至羅馬時代,埃及仍保其形式。經濟重放任,使農業發展,加重生產。使商業繁榮,完成蘇伊士運河,由波斯為中心,印度、埃及與地中海經濟活動完整為一,不可分離。

帝國經濟政治擴大,首求北部安全。自黑海至土耳其,由塞脫斯(Scythes)人占據,沿俄國河流,定居與游牧,交相更替,尼尼微之亡,即波斯向北推動的結果。

波斯既為中心,新起地中海強力 —— 迦太基與希臘,自處於對峙的地位,岡比西斯反迦太基,結果失敗。大流士取羈縻態度,對腓尼基城市特別優遇。但是優遇的結果,使希臘城市損失。波斯攻塞脫,希臘取黑海貿易 —— 小麥、錫、琥珀、礦石,希臘發展,波斯愈戒懼,方大流士闢色雷斯為行省,馬其頓變為保護地,波斯與希臘的決鬥,實無避免了。

027　1 Talent d'Alexandre = 26.196 kg.
028　大流士金幣重 8.41 gr.
029　呂底亞商人擁有兩千達朗現銀,四億大流士金幣。
030　約西元前 715 年,埃及規定利息 33%,巴比倫為 20%。

‖第七章　波希战争‖

波斯聯合腓尼基，推行西進政策，突然使愛奧尼亞海城邦瀕於危機，四十年波斯與希臘相安局面趨於破裂。愛奧尼亞城邦舉行集會，米利都暴君阿里斯多告拉斯（Aristogoras）倡導籌款造船，北部由拜占庭管制黑海，南部企圖奪取賽普勒斯，拒抗腓尼基人，捨埃發斯與哥洛分外，愛奧尼亞城即悉起叛亂，波斯所支持之暴君悉為推倒，雅典與歐拜亞寄以同情，允出船隊援助。

西元前 499 年，米利都率船隊，沿埃姆斯河，焚燒沙德城，繼安然返回，鼓動賽普勒斯叛亂。大流士欲和平解決，無效，西元前 494 年用武力報復，首從海上著手。波斯組織腓尼基與埃及混合艦隊，約六百艘。愛奧尼亞僅及其半，失敗，米利都陷落，居民移至底格里斯河畔。叛亂似為平息。

波斯欲久安而無憂，須控制地中海，臣服希臘。大流士於西元前 492 年召集愛奧尼亞代表大會，爭取同情，放棄專制，使各城市獨立與自治，唯不能向外宣戰，設有糾紛，須受波斯仲裁。愛奧尼亞城市歡迎此種開明政策，雅典推進的民主集團深受打擊。

波斯轉向希臘，利用內部矛盾，使之分裂加深。科林斯不怕波斯統治，米利都毀，消滅其海上勁敵。阿里斯多告拉斯受斯巴達凌辱，欲利用波斯與之對抗。埃銳納與雅典對峙，欲以波斯實力，使雅典毀滅。其他城市，對希臘無關痛癢，只有雅典與斯巴達，海陸強力，反抗波斯侵略。但是，他們內部有糾紛，不能團結。斯巴達兩王 —— Démarate 與 Cléomène —— 政見不同，Démarate 失敗，逃往波斯。雅典起革命，暴君伊比亞斯成為波斯貴賓。二者催促波斯進攻，以謀政權恢復。

波斯派使臣至希臘，宣揚德威，各城市屈服，只有雅典與斯巴達拒絕獻「土與水」，戰爭遂起。波斯以兵艦六百艘，攻歐拜亞島，雅典求斯巴達助，以月未圓，不敢出兵。米西亞德（Miltiade）主戰，阿里斯提德（Aristide）建議，變逐日更換統帥制。西元前 490 年，希臘取馬拉松勝利 [031]。波斯海軍進窺雅典，見有備而退，帝國基礎為之動搖。

馬拉松戰役失敗，埃及叛亂。巴比倫因經濟恐慌，亦起叛亂，薛西斯繼位（Xerxes I, 西元前 485 年），以武力撲滅。巴比倫遭受摧毀，經濟更趨凋零，印度洋貨物咸取海路，經蘇伊士運河進地中海，得利者為埃及與希臘。薛西斯知希臘強力，不能妥協，反前此神權之說，而倡亞洲種族理論，以此倡導，使戰爭合理化。

波斯準備由陸路進攻，與迦太基聯合，牽制西西里島。時西西里分裂，Gela 與 Agrigente 團結，抗拒塞利農（Sélinonte）與敘拉古。西元前 482 年，該拉暴君若隆（Gélon）取敘拉古，傾向希臘，抗拒迦太基。

雅典知波斯必捲土重來，經幾番爭執，泰米斯托克利（Thémistocle） [032] 取得政權，逐放其友阿里斯提德，集資建造軍艦，聯合各邦，組織泛希臘同盟，開會於科林斯，使斯巴達統帥陸軍，任大會主席。

西元前 480 年，薛西斯率大軍進攻希臘 [033]，斯巴達王李奧尼達（Léonidas）堅守德爾莫彼山隘，以埃非亞脫（Ephialte）叛國，三百人死難。波斯大軍南下，雅典危在旦夕，和戰不決，遵阿波羅指示 [034]，退守薩拉米島。

泰米斯托克利利用地形，決戰於薩拉米海灣，海面狹，中有普西達利（Psyttalie）島，波斯艦隊密集，互相自撞「如落網之魚，以槳與棍擊之，碎波斯人如裂帛。時海波助其悲鳴，夜神展其陰暗面孔，將之隱藏」。而迦太基海上實力，亦為若隆敗於伊麥爾（Himère）。

薛西斯知無法挽救失敗，退返波斯，使馬多尼斯屯軍於索拉代。

031　希羅多德說：「波斯人見敵人衝來，必然失敗，因人數少，又是跑著作戰，這是一種瘋狂戰術，轉眼便要覆沒。但是雅典人很勇敢，值得紀念，在我的知識中，這是第一次跑著攻擊，也是第一次沒有恐懼，大膽地攻擊波斯。」

032　Plutarque 敘述泰米斯托克利：「其人不諳鼓琴，不善吹笛，假如給他一個渺小城市，他可使之光榮與偉大。」

033　波斯軍隊難確定數目，但是希羅多德言：波斯最精銳的隊伍，有兩萬四千人，船一千二百艘。

034　泰氏以雅典不決，叩問阿波羅神，神答「雅典毀滅無餘」。問者急，苦求之，神又答：「宙斯賜雅典娜木牆，不為波斯所破，爾輩可避其中。」泰氏解木牆為船，須退薩拉米島。

馬氏欲和平解決，遣使修好，雅典拒絕。西元前 479 年，斯巴達遣甲兵五千，敗波斯軍於索拉代；時雅典海軍追擊，又敗波斯艦隊於米加爾。從此波斯退出東地中海，世界帝國的幻夢消滅了。[035] 兩種不同的政治 —— 專制與民主，兩種不同的經濟 —— 土地與財富，互相矛盾，形成集體與個體的角鬥。薛西斯於西元前 465 年被刺死於宮中，繼位者為阿爾塔薛西斯一世（Artaxerxès I, 前 464 － 前 424 年在位），他無法阻止宮廷叛亂和封建勢力的擴張。西元前 449 年，締結西門（Cimon）條約：放棄報復及小亞細亞的統治，海軍所至地僅於邊岸目力範圍內。

‖第八章　雅典海上帝國的稱霸‖

波希戰爭後，雅典為政治與經濟的領袖，建立五里長的城牆，設要塞，劃波來為軍港，Zéa 與 Munychie 港亦以堅厚牆垣包圍。各地自由貿易，雅典為海上盟主。

西元前 477 年，泛希臘同盟解散，此年，阿里斯提德為海軍司令，召集各城市，組織提洛同盟，以防波斯來侵。每個與會者，各自獨立，有選舉權，維持二百艘戰艦，約四萬人。設各邦有糾紛，執行委員會為仲裁。雅典自然變為同盟的中心，經濟、政治取得優越地位。

自西元前 490 年至前 431 年，雅典現金收入，由二千達朗增至二萬五千達朗。土地可為信用貸款的抵押，普通利息將至 12%。

經濟繁榮的結果，人口增加，雅典於十八萬八千民眾中，四萬七千為公民，不久便增三萬外人、二十萬奴隸。雅典政治為之一變。

伯里克利出自名門，父為克山提波斯（Xanthippe），米加列海戰的勝利者，母屬於庇西特拉圖系，深悉雅典政治的內情。他受完善的教育，哲人阿那克薩

035　薛西斯於海峽檢閱軍隊，忽感悲哀，放聲痛哭，其叔亞脫巴納（Arthanus）叩問：「大王自稱是快樂人，何以忽然悲泣，相去若是呢？」薛西斯答：「是的，我念及人生幾何，百年後，此藝藝大眾，將無一人存在，以故感慨，悲從中來。」

哥（Anaxagore）教以崇高的理想，超絕不變，其名為「納斯」（Nous），愛好文藝，和七絃琴而歌，其第二個夫人亞斯巴銳，協助他處理政務。

西元前 462 年，伯氏主持政務，年僅三十七歲，誠如，他形容雅典人「有戰士的膽略，有了解義務的聰明，有履行義務時的紀律」[036]。

此種開明的政治，是海洋系統的時尚。西元前 459 年薛西斯被刺，埃及隨即叛亂，求助雅典，伯氏極力支持，前 459 年，雅典船隊駛入尼羅河，驅逐孟斐斯波斯駐軍。斯巴達忌雅典繁榮，乘雅典興軍之時，與之對抗，雅典急調軍，雖敗斯巴達，卻損失一半兵力，埃及又為波斯臣服。

伯氏加強同盟，軍事、財政、外交悉由雅典主持，而提洛財庫移至雅典，會員糾紛，昔日為仲裁，現已變為法庭，即刑事案件，雅典亦可過問。除埃腓斯外，只有雅典可鑄貨幣。西元前 449 年與波斯結《西門條約》。西元前 446 年，雅典與斯巴達修好，平分海陸，各自稱霸。

波希戰爭後，雅典為文化中心，Callicrates 與 Ictinos 建帕提儂，Mnésiclès 建 Propylées，Phidias 飾以浮雕，雅典變為一藝術館。思想家群起，衝破雅典城邦籬圍，由現實而探討真理，阿那克薩哥與希羅多德，率能擴大思想範圍。

雅典群眾嗜好戲劇。西元前 493 年，Phrynichos 排演《米利都陷落》，觀者落淚。埃希爾演宗教劇，「波斯人」出，表現普遍情緒。不久索福克利斯表現命運，《伊底帕斯王》是悲劇的典型。最後，尤里比底斯追求倫理真理，表現一種自由思想。這些都是新世界的基礎。

雅典登峰造極，然政治有其弱點。政治尚民主，並不自由，偏狹的城邦思想，使公民權受限制。久居雅典的外人，領導工商業，卻沒有政治權，而選舉者，皆小資產階級，以故完全注重城邦，不能有遠大的思想。雅典如是，科林斯與斯巴達亦如是。

---

036 「民主國家為大眾謀福利，法律前一切是平等的；公眾自由滋養公民的自由，保護弱者，以功績提升，國家利益與個人利益協調，保證城市政治、經濟、學術藝術的發展，不使個人危害國家，亦不使國家毀個人。」（Thucydide II，35）

科林斯開發亞德里亞海，與雅典東西競賽，不能合作。斯巴達保守的土地策略，憎惡雅典民主思想，使 Béotie、Locride、Phocide 與斯巴達對峙，由此斯巴達與科林斯相結，拒抗雅典，希臘統一毀滅。

雅典不放棄統一的任務，伯里克利漸次仇視科林斯，又無實力使之屈服，西元前 431 年，對鎖麥加拉市場，戰爭無法避免，伯羅奔尼撒戰爭以是起，希臘海上勢力遂進入崩潰的途程。

‖ 第九章　希臘內戰與國際糾紛 ‖

希臘分為兩個集團，斯巴達趨向分裂，雅典衛護統一，兩者經濟、政治、文化不同的對峙，戰爭遂起，其直接原因，由於科孚島的叛亂，民主派反抗科林斯的統治，是為伯羅奔尼撒戰爭[037]。

西元前 431 年戰爭起，雅典海軍勝利，但是陸上被斯巴達兩次侵入，伯里克利戰而無功。瘟疫起，伯氏以之死，景況至慘[038]。雅典既失安定力量，政治裂為二：主和派多是資產階級，以尼西亞斯為領袖；主戰派為平民，擁護克里昂。主戰派勝利，雅典於 Sphactérie 俘虜三百斯巴達人，似占優勢，但是名將 Brasidas 取 Amphipolis，斷雅典食物來源。西元前 422 年，克里昂反攻失敗，次年簽《尼西亞斯和約》，維持戰前現狀，交換失地，結五十年和平。

和約無法履行，雅典與科林斯仇視，斯巴達助科林斯，取曼德約勝利（前 418）。三年後，亞西比德提出征西西里計畫，毀敘拉古以打擊科林斯。敘拉古與 Léontinoi 及 Ségeste 衝突，雅典助後者，任命亞西比德統率船隊，尼西亞斯及狄摩西尼協助。中途亞氏犯瀆神罪，不肯返雅典辯證，被判

037　Xénophon: Helléniques（7 vol），Agésilas 1-2.

038　伯里克利初為人攻擊其友 Phidias，死於獄中。繼其帥 Anaxagore 逃走，最後其妻 Aspasia 為其辯護，聲淚俱下。瘟疫起，戰事失利，以是褫職。長子死於瘟疫，其妹亦死於瘟疫，亞斯拔銳所生幼子亦死於瘟疫。他深感晚境淒涼，至幼子墓上，痛哭，染疾亦卒，享年七十歲。

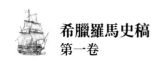
死刑，逃往波斯[039]。敘拉古得 Gylippe 助，大敗雅典軍（前 413）。

敘拉古勝利，民主派拒貴族統治，形成一種混亂。斯巴達不能得敘拉古實助，為建造海軍，轉求波斯，棄仇修好（前 412）。雅典民主派失勢，十人委員會組成，亞西比德自波斯指導貴族，亦欲藉波斯以毀斯巴達。波斯介於兩者之間，左右內戰，侵略政策復燃，遣軍隊至愛奧尼亞城市。雅典動員海軍，其貴族藉機奪取政權（前 411）。

雅典民主軍據沙莫斯島，反抗雅典貴族政治，雅典貴族求助斯巴達，但是在海上失敗（前 410）。斯巴達與波斯更團結，藉其經濟實力，建造船隊，名將李桑德毀雅典海軍於羊河，雅典被圍困，西元前 404 年陷落。雅典拆毀軍事設備，戰船僅留十二艘，軍隊只三千，由三十暴君統治，希臘領導權入斯巴達手。

東地中海入混亂時期，希臘內戰，波斯復統治愛琴海，唯埃及民主思想發達，三角洲叛亂，脫離波斯。大流士二世死（前 404），阿爾塔薛西斯二世繼位（前 404－前 358 年在位），波斯王位爭奪起，斯巴達助大流士，有萬人的遠征，西元前 401 年，大敗於 Cunaxa。此時國際情勢，埃及恢復海軍，藉敘拉古（西元前 415 年後為斯巴達同盟）實力，聯合斯巴達抗波斯。波斯不懼雅典，與之相約，雅典結科林斯與底比斯與斯巴達對抗。

西元前 396 年，斯巴達王阿西拉斯（Agésilas）率軍兩萬，渡海攻陷沙德城。波斯支持雅典等城邦，起而抵抗，西元前 394 年敗斯巴達船隊於克尼德。雅典乘機復興，追悔城邦理想消逝，倡導國家主義，蘇格拉底尊重自然律與統一的人的觀念，與偏狹城邦思想相違，西元前 399 年以是犧牲。此時，文化與經濟的範圍已超脫城邦的範圍。

雅典眷戀往昔的繁榮，謀重建海上霸權，斯巴達力圖壓制，西元前 392 年，召開會議，使各城邦平等，分化希臘。雅典拒絕，斯巴達轉復求波斯，除愛奧尼亞外，復許賽普勒斯及紀瑤斯。波斯支持斯巴達分裂政策，敘拉古

039　Alcibiade 被判死刑，逃走說：「要他們知道我尚在人間。」

懼雅典再起，亦傾向分裂，雅典拒絕，波斯採取封鎖政策，控制黑海，於西元前 387 年簽訂《Antalcidas 和約》，波斯變為西方最主權者，報復薩拉米恥辱。

斯巴達稱霸未及四十年，政治與外交違反希臘趨向，勢已傾衰。

雅典未能團結，內部分裂，希臘霸權轉入底比斯。底比斯改進戰術，用騎兵，復有名將 Pélopidas，於西元前 379 年恢復獨立，西元前 371 年取 Leuctres 勝利，四百斯巴達人死難。次為 Epaminondas，於西元前 370 年侵入伯羅奔尼撒，解放邁錫尼的奴隸。繼而又侵入三次[040]，死於 Mantinée 戰爭，然斯巴達軍力被毀，底比斯稱霸約十年。

‖ 第十章　中地中海的拓殖 ‖

腓尼基與希臘爭奪地中海霸權，迦太基建立是腓尼基的勝利。波斯興起，向西發展，臣服腓尼基，地爾航業衰落，西班牙南部銀礦與錫礦，轉入迦太基手。自西元前 7 世紀後，希臘控制麥西納海峽；西元前 6 世紀，其殖民地馬賽，開發底哈尼海，迦太基方興，與伊脫拉斯克聯合，與之拒抗，即東西的連橫，施以南北的合縱。

伊達拉里亞並非航海民族，他們自小亞細亞移民，定居義大利中部，建設了許多城市，Populonia 為岸口，由於海上運輸方便，工業很發達，西巴利斯為貨物交換地，Paestum 為出口貨的堆棧。西元前 6 世紀，伊達拉里亞發展迅速，北至波河流域，南至加普亞與沙來納，跨越羅馬，雖為無足輕重的城市，然以地形優越故，伊達拉里亞有時建立統治權。

伊達拉里亞文化受克里特影響，與迦太基聯合，形成一種強力，西元前 5 世紀，波斯西進，便與之匯合，抵抗希臘，但是伊麥爾失敗，迦太基與波斯遭受同樣命運。西元前 474 年，敘拉古敗其伊迦混合艦隊於古姆（Cu-

---

040　西元前 368、前 367、前 362 年三次。

mes）。然而地中海沿岸，仍屬迦太基掌握。

迦太基由 Magon 族統治，推行王政，約西元前 450 年，政體轉為貴族共和，此乃地中海共同趨勢，迦太基無法例外。金錢支配選舉權，議會為資產階級，平民不與焉。由議員中舉百人為裁判，政權操於貴族富人之手，時在鬥爭。是時，迦太基富，向外開拓，摩洛哥與塞納加（Sénégal）有其堆棧，而英國亦有其蹤跡。

迦太基與雅典不同，採取統制政策，如運輸，非洲沿岸的航權，小迦太基的貿易，撒丁、科西嘉、馬爾太等的貿易，排絕外人，以故財富特多。希臘內爭不已，而迦太基和衷共濟，獲得特殊的發展。

西元前 413 年雅典征西西里的失敗，結束希臘海上霸權，敘拉古民主派乘機而起，方此紊亂之時，迦太基託言救助 Ségeste，西元前 406 年興軍，取 Agrigente，雅典為波斯統治，西西里有被迦太基侵略的危險。

敘拉古人民舉東尼斯（Denys）為統帥（前 406），樹獨裁制，建二百艘戰船，雇五萬兵，增稅抽捐，取百分之二十，一切以抗迦太基。西西里藉此統一，盛極一時，以柏拉圖為中心，哲人與詩人群集，希臘中心向西移動。

大希臘以克洛東為核心，亦有團結傾向（前 392），斯巴達聯合敘拉古，稱霸大陸，以其與時潮相違，僅只曇花一現，而敘拉古自信堅強，西元前 379 年，兼併克洛東，又向北發展，而為達朗脫阻止。

達朗脫為哲人亞克達斯（Archytas）統治。亞氏是柏拉圖之友，利用數學，組織海陸軍，建石炮隊，內政修明，與敘拉古分中地中海。西元前 371 年，雅典力圖復興，控制海峽，敘拉古與之接近。達朗脫聯合北非西合納（Cyrène），軸心建立，希臘海上強力，又似恢復。唯東尼斯死，團結瓦解，羅馬初次參與，聯合薩莫奈，攻擊達朗脫，而迦太基即伸手西西里島。戰爭又起，敘拉古求助科林斯，提摩勒昂（Timoléon）至西西里，取得中層階級同情，呼號團結，西元前 341 年敗迦太基，救出希臘的文化，也保住了希臘的地位。

西西里實行開明政治，人人平等，四方來者日眾。西元前 339 年與迦太基和，經濟繁榮，中產階級執政，形成地中海政治的特色。此時西方實力，埃及復為波斯統治，擁有大陸；海上歸西西里與迦太基領導，重心西移，準備羅馬的降生。

‖第十一章　羅馬初始‖

地中海周岸活動時，義大利中部仍在孤立狀態，乃自然環境使然。

拉丁平原為火山遺跡，堅硬、貧瘠。居此者須有強倔意志，與自然鬥爭，始能生存。人創造了土地，土地亦創造了人的性格。此地缺少自然河流，以人工引水。生活被施以一種紀律，合作成為生存必須的條件。[041] 阿爾班山為政治與宗教中心，樹木叢生，產橄欖與葡萄。

又有火山遺口形成的湖，著名者有亞班納（Albano）及奈米（Nemi），景色宜人。山地與平原形成強烈的對照。

從西元前 10 世紀起，拉丁人居於這個平原，積久與阿爾班人、薩賓人形成一種小同盟，雖然宗教、種族與語言不同，以自然環境故，合作互助，成立了七山同盟（Septimontium）。他們以土地為基礎，重父權，形成貴族，所謂庫里亞[042]，集庫里亞組織議會，產生國王。

羅馬初史，非常殘缺，含有許多傳說[043]。到西元前 753 年，拉丁平原民族與文化已至複雜階段。羅馬居於希臘及伊達拉里亞兩集團之間，隨兩者勢力消長，羅馬逐漸成長。羅馬城的起源，受伊達拉里亞的影響[044]，始建一木橋，達爾干是科林斯 Démarate 之子，奪取政權，前此已有許多傳說。

041　19 世紀考古學者所發現的水道，證明其工作偉大，高一米半，寬七十公分，藏於地下有十五米深。Blanchère 對此說：「一切有統一性，正確的概念，有類螞蟻共同的作品。」

042　「庫里亞」（Curia）是同信仰家族的結合，羅馬初期 Comitia Curiata 包括三十庫里亞。

043　關於初期資料，甲，Cicéro：De Republica. Liv. II；乙，Titus-Livius, Liv. I；丙，Denys d'Halicarnasse：Liv. I.

044　按 Denys d'Halicarnasse 與 Plutarque 所言傳說，經 Fustelde Coulanges 研究，羅馬城市建立的儀式，是伊達拉里亞的。

奎利納山（Quirinal）居薩賓人，拉丁人據巴拉丁，兩者隔政議場，原是一池沼地帶，即是在此，羅慕洛與達西雨斯（Tatius）爭，拉丁人奪走薩賓的女兒。羅馬商業發達，伊達拉里亞侵略，創立城市，其儀式首定方向[045]，取方形，劃圓坑（Mundus），投以亞爾伯鄉土，是「父母的家鄉」（Terrapatrumpatria）。原始崇奉 Cérès，今塑朱比特居中，兩邊為繼維斯及雨農。

達爾干時，商業已發達，輸出鹽魚，繼為塞維斯（Servius Tullius）奪取政權，1857 年發現沃爾基（Vulci）壁畫[046]，是最好的證明。

約西元前 6 世紀末，貴族推翻王政，由十七族組合，推舉兩位執政官。羅馬社會遂分為貴族與平民，而爭執亦劇烈。平民並非無產階級[047]，感於政治不平等，藉霸業與退居聖山，西元前 494 年設護民官，保障利益。西元前 486 年，卡西烏斯（Suprius Cassius）第一次提出土地法（Lex Agris），將侵略所得的土地，分與平民。反動者阻止，不能執行。平民不退讓，促成十人委員會，制定《十二銅表法》（前 450）。

此乃羅馬法之基礎，貴族與平民在法律面前是平等的。貴族特權取消，而政治與軍事基礎，以資產為準則，此種演進與雅典相同，只遲二百年。地中海文化的基調是城市的，每個公民必需受法的保障，自由發展。西元前 390 年，高盧入寇，其影響羅馬史者至重，一為高盧人占據保河流域，伊達拉里亞受限制，羅馬免除威襲；一為李錫尼變法，為平民爭取執政官，西元

---

045 四方理論，出自巴比倫，而「圓坑」是生死兩世界關聯處，每年定日啟口，使死者與生者相見，普通為井，如漏門倒置，伽圖語「形似穹窿」，獻牲畢，血灑其上，居民繞舞，投以財物，在 Khorsabad 建 Sargon 宮時，「民眾投之以符」。

046 1857 年，Alexandre François 於沃爾基發現墓中壁畫，題名為「Cneve Tarchu Rumach」，是西元前 4 世紀作品，老達爾干與伊達拉里亞英雄的鬥爭，每個人物下有署名，自左而右，首繪：Caile Vipinas 斷 Macstrna 鐵鏈，Macstrna 是老達爾干俘虜。中間表現雙方殘殺。右邊表現 Marce Camitlnas 謀殺達爾干。里昂石刻，Clandius 讚高盧人說：「Servius Tullius 是 Caelius Vibenna 最忠實伴友，亦為許多冒險者同伴，自伊脫里出，率領 Caelius 的軍隊，駐紮在山上，將他領袖的名賜為山名，而自己亦更名為 Servius，其伊達拉里亞名為 Mastarna，對羅馬很好。史學家 Tacitus 論羅馬城 Caelius 山時說：「此山原名 Querquetulanus，以生許多橡樹故；繼更名為 Cælius，是伊達拉里亞領袖名，他曾帶兵至羅馬……」根據克拉尼解釋此傳說：老達爾干俘獲 Mastarna，Vibenna 兄弟為朋友復仇，殺死老達爾干，經許多波折，Mastarna 率 Vibenna 隊伍，居 Caelius 山，自己更名為 Serviustullius 為羅馬王。Le Génie Romain P.39-41.

047 平民（Protariat）需要註冊，結婚有子女，資產約二千五百元。

前 366 年達到目的[048]。此種成就，由於外族壓迫，需要軍隊，貴族有國家思想，與平民讓步，控制聶伯河入海處，事雖細微，實羅馬史上重要事實，與海相連漸次覺醒自然的使命。

羅馬踏進地中海國際的圈內，西元前 348 年與迦太基簽訂友好條約，迦太基放棄拉丁平原，羅馬任其邊疆外自由的發展。羅馬開始成為一國家，其演進與希臘不同。斯巴達有種觀念，其公民只限於多利安人，形成貴族軍人，目的在城邦。羅馬即反是，公民權普遍，外人或解放的奴隸皆改為公民，百人會議，以資產為準，為數一九三舉位[049]，政權操於人民，立法選舉，悉由人民決定，這不是城邦，這是國家。西元前 337 年，平民組成「Conciliaplebis」，擁有公民全權，西元前 326 年取消債務束縛，其民主思想已超過希臘任何城市。羅馬成為一個國家，公民即軍隊，不分種族，肩負西方世界的使命。

‖第十二章　地中海文化的趨向‖

自荷馬時代後，東地中海經濟發展，形成一種新文化，亞洲邊岸希臘的殖民地構成新文化的中心，詩歌領導著這種動向。由於蠻族入寇造成的災禍，激動鄉土的情緒，產生了一種政治性的詩歌，如 Callinos（埃弗斯人）、Mimnerme（高洛峰人）。由於生活的舒適，經濟繁榮，產生一種抒情詩，如 Alcée（米地來人）、Sapho（來斯保斯人）。由於政權爭奪，內戰不已，產生一種諷刺詩，如 Archiloque（巴洛斯人）。

此種詩歌質樸，美妙，卻是膚淺的，而真正代表時代者，當推思想的發展。泰雷斯創立愛奧尼亞派，吸收埃及思潮、中亞的成就，建立心物合一的理論。Anaximandre 倡導無窮的觀念、永久的運動。

048　Licinius 製法：一、平民任一執政官；二、所付子息，由母金扣除，餘者分三年清還。按土地法，李氏主張，貴族不得超過五百 Jugera。

049　在一九三人的百人團中，騎士占十八個，富者占八十個，中產者占九十個，工匠占四個，有子女的資產者共一個。

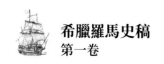
Anaximène 以氣為宇宙的原則 [050]。Pythagore 倡導神祕，Xénophon 推崇精神，到 Héraclite，誠不愧為獨特思想家，視有無相同，一切在變。

希臘吸收古代文化，而不為所拘，創立了邏輯，奠定哲學與科學方法的基礎，希臘走向邏輯途路，倡導純理性，逐漸與埃及神祕思想分庭抗禮，地中海文化即在此兩者之融化、衝突以推進。

波希戰爭後，希臘文化主潮在個人主義的發展。此個人主義並非自私，乃是個體意識覺醒，脫離埃及神祕彩色的羈絆，自己處理自己的問題。從此後，社會中心不是城市，也不是家族，而是獨立神聖的個體，由理智作為保障，在法律上推進自然法，在經濟上趨向自由貿易，在思想上尊重批評，在藝術上為半身像。一切集聚在你要認識你自己。蘇格拉底不願放棄他的主張，以身殉道。

繼 Héraclite 之後，Empédocle 亦倡導理想，然以人生苦悶，理想轉為煩惱，形成一種悲觀，此與埃及背道而馳，Parménide 主張變化為實有的表面，一切是停頓的。Anaxagore 視運動、秩序為宇宙大道，智慧為道之開創者 [051]。Leucippe 與 Démocrite 逐漸放棄埃及理想，以原子為宇宙起源，歸結至唯物論上。由唯物趨於懷疑，懷疑生詭辯，此 Protagoras 聳動一時，而蘇格拉底不能與之並存也。

事已至此，希臘與埃及分離。埃及視真理實有，不容置疑；希臘要探討，結果絕望，否認真理的存在。於是希臘思潮怒放之時，價值問題提出，蘇格拉底倡思想自由，以人類整體為準則，結果不為偏狹者所容，Euripide 的悲劇，Thucydide 的歷史，都能超脫狹小範圍，這是一種進步。

蘇格拉底死後，柏拉圖去埃及，他慎密考察後，綜合兩個極端，建立「思想的理論」。信仰與理智不能分，此柏拉圖為樂觀者，自人言為無窮，自社會言為正義，他綜合古代，去粗存精，建立起希臘正統的文化。

050　Anaximène 說：" notreâme, parce qu'elle est de l'air, est en chacun de nous un principe d'union; de même le souffle, du l'air, contient le monde dans son ensemble."

051　按照 Anaxagore, "A l'origine toutes choses étaient ensemble, infinies en nombre et en petitesse."

第二卷

‖ 第一章　馬其頓興起 ‖

　　亞該亞人侵入希臘後，馬其頓社會發生變化，脫離原始封建狀態，進入地方的組合。西元前 8 世紀起，科孚商人入 Epire，此山嶽地帶與海洋接觸，至西元前 7 世紀，科林斯於 Leucade 及 Apollonia 設立市場，更由 Épidamne（Durazzo）推進商務至伊利利。至 Chalcidique 地帶，科林斯亦建立 Potidée，地形重要，馬其頓不能孤立，受希臘的包圍。西元前 5 世紀時，波斯西進，臣屬馬其頓，然波希之戰之後，馬其頓確定了方向，走上希臘的道路。

　　西元前 5 世紀，馬其頓樹立王政，Perdiccas II 於萬山中建都城埃格（Aigai）。版圖由斯脫里蒙山谷，達到海上。西元前 436 年，雅典登峰造極之時，開發 Pangée 礦產，緣此與希臘最高文化接觸，王室變為世襲，移都至拜拉，其王 Archélaos 利用希臘人建立集權組織，築路鑄幣，增設市墟，聲譽日著，但如暴君，Zeuxis 與 Euripide 咸來依附。以故政治趨向反封建，走希臘道路，圖謀控制代沙利及加西地克。

　　腓利二世（前 359 － 前 336 年在位）繼位，消滅封建殘力，既非貴族的分割，亦非城市的獨立，而是以帝王為核心，扶植中產階級，穩定軍事與政治，開發 Dysoron 山的銀礦、Pangée 的金礦，裝備軍隊，積極推動侵略，分化希臘的團結。雅典政見分歧，私重於公，腓利取 Amphipolis，繼奪 Potidée，雅典在色雷斯資源，悉入馬其頓手，自是馬其頓成為強國，加強拜拉，延亞里斯多德為太子師，控制希臘大陸，希臘統一的命運已注定了。

　　馬其頓變為希臘有力的王國，希臘自身仍在分裂，為政治逐放的兩萬希臘人，分散在西亞，保守派傾向馬其頓，民主派卻對抗，狄摩西尼（Demosthènes) [052] 為領袖。因為時代已變，無法跳出城邦以外，其失敗已注定了。雅典集戰船三百艘，卻無力維持。

Thessalie、Béotie、Phocide、Thèbes 悉為大陸區，往昔封建特權，不能存在，因海洋激起的個人思想；城邦培植的文化，都促其轉變，中產階級變為撐持社會的重心，土地推動，趨於團結，馬其頓便利用時機，對雅典發動戰爭。西元前 338 年，敗雅典於 Chéronée，馬其頓取絕對的優勢 [053]。

馬其頓倡導泛希臘同盟，每個城市獨立，可參加議會，但是決定權卻操於腓利。他要做各城邦爭奪的仲裁，干預各城邦內政，不能以政治判死刑，要扶助中產階級。斯巴達拒絕，可是光榮已逝，變為無實力的城邦。

馬其頓演進中，大希臘以達朗脫為中心，給羅馬一種威脅。羅馬與大希臘的關係，不只是文化的，而且是經濟的 [054]。雅典既敗，達朗脫知希臘不可恃，轉求埃比爾（Alexandre d'Epire）之助，以其為腓利臣屬。達朗脫既強，與羅馬裂痕越深，戰爭不可免。

西元前 337 年，腓利召開泛希臘大會於科林斯，自任為盟主，反抗波斯，西元前 336 年卻為保沙尼亞（Pausanias）暗殺，功業由其子亞歷山大完成。

‖ 第二章　亞歷山大帝國 ‖

亞歷山大繼位（前 336）時，古代西方歷史入轉變階段，希臘城邦制障礙統一，致其死亡。波斯 Achéménides 朝，爭奪王位，自相殘殺，大流士三世（Darius III Codoman）雖安定內政，然帝國東西相矛盾，不能確定海路動向，失其統一，所幸財政穩固，賦稅悉遵先人遺則，尚能維持一時。至埃及

---

052 狄摩西尼於西元前 352 年說：「雅典人何日始盡你們的責任？是否你們還在街上徘徊？相互問有什麼消息？唉！最新的消息，無過看見馬其頓人戰敗雅典，統治希臘……」

053 狄摩西尼對陣亡將士說：「不，雅典的青年，不，你們不要尋死者，你們要找尋獨立與自由……」

054 Titus-Livius 記載：羅馬人於西元前 486 年、西元前 436 年、西元前 411 年由西西里購麥，酒與油也是從西西里取得。

於西元前 341 年，復入波斯之手，時傾向獨立，自身脆弱，難以實現。

雅典為狄摩西尼領導，囿於偏狹城邦觀念，欲聯波斯以抗馬其頓，昔日伯羅奔尼撒戰爭似又重演。方亞歷山大率軍北上，臨多瑙河，希臘流言突起，以亞歷山大遇險，起而叛亂。亞歷山大星夜撤兵返希臘，嚴懲底比斯，除 Cadmée 及 Pindare 故居外，悉皆焚燬。西元前 335 年，召開科林斯大會，決定征波斯，其目的很難確定，斷非英雄的冒險 [055]，柴納芬萬人冒險的故事，與他一種強烈的刺激，正確的消息。

亞歷山大率有限軍旅自拜拉出發 [056]，渡海峽，祭特洛伊戰爭時的英雄亞奇爾，南進，接連取克拉尼（前 334）與伊蘇斯（前 333 年）的勝利，埃及國家主義者，信其必勝，遣使求盟。敘利亞不戰而下，地爾拒抗，以其恨希臘，毀其城，奴其民，長驅直入埃及。他尊重埃及傳統，頂禮阿匹斯（Apis）神，埃及與希臘合而為一，亞歷山大自認埃及法老，建亞歷山大城，這是地中海的新生命，希臘與埃及的文化，將由它擔負。

亞歷山大拒絕講和，率軍征波斯。西元前 331 年，敗波斯大軍於高加美拉，焚波斯城，至蘇撒，大流士三世遁走，為臣屬暗殺。亞歷山大以五年時間，北至藥殺水（Iaxarte），東至印度河，南渡恆河入印度，敗 Porus 於 Hydaspe。後因士卒不肯前進，分三路撤軍，於西元前 324 年返蘇撒，兩年後，移蹕至巴比倫，他得發熱病逝世。[057] 帝國組織，悉以前轍為範，只濱海區，

055　當希臘叛亂平定後，亞歷山大決定征波斯。相傳亞歷山大將財物分散給諸友，朋友們問他：「那麼你留下什麼？」「希望！」他回答。

056　亞氏出兵時，率步兵三萬，騎兵四千五百，軍餉僅夠四十日，約七十達朗，此數目字見諸 Seignobos《古代文化史》，陳譯 143 頁。

057　Arrieu 與 Plutarque 敘述亞歷山大之死甚詳，6 月 3 日，經過第二次宴會後，早晨回來，發熱，洗澡，睡在床上，他休息，接見將領，確定 22 日大軍起程，23 日海軍起程。晚上為涼快一點，把病床從船上移到皇家花園別墅。19 日覺好一點，議論風生，與 Mèdios 擲骰，晚上又加重，後兩日，溫度升高，卻仍希望確定時期起程，奈爾克與其他大將報告一切的準備。21 日晚覺很嚴重。病至第六日，仍有任命缺額，指示機宜。第七天，參加最後聖禮，睡著，知病狀嚴重，命將領留在宮廷，守在門邊。到第八天，知不可挽救，移至宮內，他認識各將領，卻不能言語，仍經過四天才斷氣。第十天，士兵與水手，當已動身四五日，知危機，要看他們的大王，衝進宮內，沉默地要他檢閱，病者的動作便是敬禮。次夜，五位將領、兩位神職者討論是否要移在廟堂內，神答不要移動。28 日晚，亞歷山大斷氣。

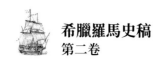

脫離波斯加入科林斯同盟，小亞細亞化為七省，敘利亞使之獨立，埃及復為君主國家，賽普勒斯仍保其傳統世系，印度與迦濕彌為附屬的王國。此空前大帝國，是聯邦制，各保其傳統制度，而亞歷山大為聯邦主腦的象徵。倘論其影響，海陸對峙的局面，從此破裂，蘇珊不能控制地中海，今以亞歷山大城代之，西方以海為中心，漸傾獨立。

政治演變，必然以經濟為基礎，此希臘聯邦帝國，開始發展國際經濟軸心，南北為紅海、愛琴海及黑海，東西為印度、波斯及敘利亞，此交點勢必向西延長，羅馬開拓高盧，即此種動向的結果。向東發展，游牧民族西進受阻，倒流塞北，此秦必採主動態度，修長城以示決心，不使南下，奠漢向西推進的政策，這是人類歷史上最重大的史實。

建立新城市使經濟發展，短短十年間創七十亞歷山大城，埃及亞歷山大，將為地中海希臘的中心。敘利亞北與幼發拉底河相接處，有小亞歷山大城（Alexandrette）。波斯海灣近底格里斯河上，建亞歷山大城。印度河三角洲上，有亞歷山大口岸。在俾路支，由蘇撒到印度的路上，有亞歷山大城。印度河上於巨流交匯處，又有亞歷山大城。帝國東部，控制興都庫什要險處，有亞歷山大城。藥殺水上，別建亞歷山大城，為入中國的起點。在中亞內，尚有許多名城，如犍陀羅（Qandahar）、Hérat（Alexandrie d'Arie）、Khojend 等。此等城市並非獨立，形成一種直屬的特區。

為了繁榮經濟，提高農產物產量，埃及、巴比倫、波斯皆倡導水利，使土地無法入於貴族者手，結果舊社會破裂，這是海洋的成功。

帝國不願囿於種族、國家觀念，倡導混合，亞歷山大與波斯兩公主結婚：一為大流士三世女 Statire 公主，一為阿爾塔薛西斯女 Parysatis 公主，如是波斯世系保存。希臘語逐漸擴張，通行帝國境內，帝王為「神」，同時每個城市執政者，由公民選出，海陸體系政治，亦起一種混合，而希臘城邦製為之破裂。

希臘毀滅了古代的束縛，鏟其障礙，使智慧再生，哲學與科學趨向新方

向，執炬火而導人前進者為亞里斯多德。

亞里斯多德斷絕懷疑與理想，樹立邏輯的原則，確立智慧的不朽，唯一的對象為永恆，智慧達到永恆，不由信仰，而由理智，由邏輯所確立的科學。他分為知與為用的知識，求真、求美與求善的類型，一切在和諧。這是時代的產物，人類思想開始了一個豐富的時代。

‖ 第三章　亞歷山大帝國瓦解後的演變 ‖

亞歷山大死，其帝國即行瓦解，以無統一基礎故。將領組織一攝政的機構，由 Perdiccas 主持，扶助 Roxane 所生幼子，此乃唯一的希望，脆弱異常。

埃及由托勒密負責，葬大王於亞歷山大城。埃及傾向海洋，往日中斷的傳統，現漸次恢復。西元前 321 年內戰起，一切以埃及實利為準則，不肯捲入，加山德殺亞歷山大後裔及親屬後（約前 310 －前 308），托勒密以埃及帝王自任，西元前 305 年加冕為「法老」。而 Lagides 正統世系，將埃及獨立恢復，這是當時唯一的實例。

馬其頓與希臘局面更混亂，經五十年戰爭與糾紛，無法統一，雅典變為文化城，已失經濟與政治作用，而鄉間久經戰亂，漸有國家情感，以同盟形式，構成埃陀利亞與亞該亞兩集團。埃陀利亞趨向民主，約西元前 275 年成立，政權操於公民。亞該亞集六十餘城市，趨向獨立，以後抗拒羅馬，英勇犧牲者以此。馬其頓受希臘牽制，無法擴張，埃比爾於西元前 289 年脫離獨立，馬其頓成為次等國家。

埃及與希臘如是，波斯亦欲復國，塞琉古 ·世（Seleucus I）遭遇困難與前相同，即向海向陸難以決定。初塞琉古以巴比倫為都，重視東方省分，以大陸為主，結果濱海區離散，彼地尼獨立（前 315），自舉國王（前 297），定都尼高麥地。西元前 3 世紀中，加巴多斯獨立，般特（Pont）起而效之，建樹自主權，環繞黑海，經濟與文化，悉入希臘範圍，舊日城邦制復活，Olbia、Cherson（Sebastopol）、Theodosie、Panticapée（Kertch）等城為長久的

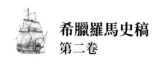

實例。

　　腓尼基與愛奧尼亞城市，入埃及範圍，浩德島為轉運站，塞琉古帝國為海陸動向分解，而陸地發展，宗教、語言、種族分歧，不能構成共同基礎，塞琉古又與舊世系無因緣，無法建樹以帝王為中心，因而大陸亦趨分裂，亞美尼亞在波斯時已獨立，麥地由 Atropates 領導，漸恢復舊日傳統。希臘影響雖不能根絕，卻漸次降低。印度亦趨離心，印度河與恆河流域為 Tchandra-goupta 控制，俾路支的甬路亦由印度控制，塞琉古有自知之明，即刻與印王結盟，他知道放棄海上，只能加速陸上的分裂。

　　西元前 305 年塞琉古敗於印度，決定轉變策略，向西推進，西元前 301年，得印度五百象之助，敗 Antigonus 於 Ipsus，敘利亞重入掌握，大流士政策復活，進取地中海，首先捨棄巴比倫，移都於安都。為使經濟繁榮，移民於塞琉古（Seleucie），位於底格里斯河上，五十年內，擁有六十萬居民。

　　往昔波斯以沙德、巴比倫、蘇撒為大動脈，與印度為對象，今以塞琉古安都代之，東進已終止，西進為必然趨勢，安都代替巴比倫，形成中心。但是愛琴海與希臘已為埃及支配，西進已受阻力，安都與亞歷山大之爭為必然的，戰爭為解決的必然路徑。海陸對峙，兩不相容，勝利將屬於控制敘利亞握有海上霸權者。

　　西元前 3 世紀，塔蘭托與敘拉古為中地中海經濟中心，兩者衝突，羅馬利用時機擴大。敘拉古自 Timoleon 後，陷入混亂，造成 Agathoclès 專制，以革命方式，取消債務，平均地權，武力統一西西里，西元前 306 年為王，但是人亡政息，其統一隨即瓦解。塔蘭托為意南首城，羅馬向南發展，自與其利益衝突，塔蘭托與那不勒斯聯合，羅馬與迦太基修好，簽訂條約（西元前306 年），意南與西西里為兩國勢力範圍。羅馬造船隊，向海上發展。

　　羅馬政治演進，含義至深，政權漸入政黨之手，貴族政權開放，西元前 296 年，平民亦可為宗教領袖，平民在城市雖弱，僅四族，然在鄉間勢力大，如是在政府中構成一種平衡，與之對抗，中產者舉足輕重。自平民有土

地，漸次轉為小資產者，殖民地建立，國稅確立，羅馬已不是農村的共和，而成了向外開拓的國家。

西元前 304 年，羅馬取那不勒斯，康拔尼與亞普里又為羅馬統治，塔蘭托知戰不可免，求助斯巴達，然斯巴達不可信，轉求庇洛斯，西元前 282 年戰爭起，庇洛斯率軍兩萬五千，像二十只，渡海進攻。

羅馬人不知象戰之術，西元前 280 年敗於 Heraclée，次年又敗於 Asculum。庇洛斯幻想建立帝國，至西西里島。此舉異常錯誤，致使羅馬與迦太基反抗。西元前 275 年，羅馬敗之於 Beneventum。

自是而後，羅馬侵入希臘，捲入國際間，迦太基戒懼羅馬，與 Locres 相聯，羅馬攻陷 Locres，繼取塔蘭托（前 272），統一義大利的工作亦完成，即是說確立海上基礎，與迦太基海上決戰漸成必然的途徑。

‖ 第四章　羅馬海權的發軔 ‖

短短五十年間，西方歷史有劇烈的變化，西方經濟政治的重心，移至地中海中部，亞歷山大、安都、迦太基、羅馬，代替了孟斐斯、底比斯、巴比倫、尼尼微及蘇撒的地位，由黑海與紅海，匯入西方財富與思想，此巴比倫消逝而羅馬所以登基的理由。此種轉變，世界歷史軸心形成一新局面，海陸對峙擴至兩個極端，秦漢奠定中土，樹立大陸國家完善的模型，西方開拓地中海，羅馬有三百年的稱霸，昔年文物昌明的中亞，成為一甬道，雖說重要，卻已失主動的作用，東方以印度為基礎與中國相通，西方以埃及為踏石，培植了羅馬。此歷史上之大事，吾人當特別注視的。

由紅海取得印度與遠東的財富，由黑海輸入俄國產物，由直布羅陀與不列顛及斯堪地納維亞接觸[058]，由馬賽向高盧發展，羅馬成為新生命，它配合這種新環境，摧毀了海上的城邦，埃及與羅馬控制地中海，西元前 3 世紀的

058　Pytheas de marseille 初次以斯堪地納維亞邊岸。

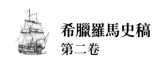

大戰爭是無法避免的。

埃及採取傳統政策：聯合希臘以抗塞琉古王國，托勒密一世據西頓與地爾，進占賽普勒斯及代洛斯，馬其頓與敘拉古為其盟友。塞琉古王國大陸政策失敗，轉向海上，與埃及爭雄。安提奧古一世（前 281 － 前 261）與托勒密二世衝突產生八年戰爭（前 279 － 前 271），埃及取得勝利[059]，希臘入其掌握。是時，羅馬敗庇洛斯，取塔蘭托，西元前 272 年遣使至埃及，埃及羅馬的同盟已成一雛形。

塞琉古王國放棄海上，轉向舊路，勢衰力弱，西元前 262 年貝加曼（Pergame）獨立，北部愛琴海脫離，使帝國更趨於分裂。西元前 250 年，裏海南 Arsacès 建帕提亞世系，大夏與康居隨即與之脫節。

安提奧古二世（前 261 － 前 246）知西進的重要，乘埃及兵亂，向西推進，埃及讓步，西元前 253 年簽訂友好條約，安提奧古娶托勒密女柏倫尼斯（Bérénice），愛奧尼亞海為嫁妝，以維持現狀。然政變起，安提奧古夫婦被暗殺。托勒密三世（前 246 － 前 221）與塞琉古二世（前 246 － 前 223）決戰，埃及又勝利，取敘利亞，控制黑海，貝加曼成埃及的與國，埃及成為海上的帝國，而亞歷山大城成為西方文化的中心。

羅馬據塔蘭托後，麥西納海峽為必爭之地，敘拉古由赫農二世（Hieron II）統治，欲侵其地，而迦太基以地哈尼海區利益，侵麥西納城。羅馬向南擴張，第一次布匿戰爭（前 264 － 前 241）遂起。原初敘拉古與迦太基聯合，現即中立，且有時供給羅馬軍需。羅馬利用薄弱的海軍，西元前 260 年獲米利都勝利，增加海上信心。由是進迫迦太基，迦軍由桑地撲指揮。西元前 255 年，羅馬陸軍敗於杜尼斯，執政官雷古洛斯受極刑。羅馬堅忍推進，對迦太基壓迫，西元前 241 年，加杜洛斯（C.Lutatius Catulus）獲埃加脫（Egates）勝利。

059　埃及取得 Cilicie、Pamphylie、Lycie、Cnide、Halicarnasse、Millet、Samos、Cyclades、Itanos、Arvad、Samothrace 等區，雅典與科林斯受其影響。

迦太基懼毀其商業，與羅馬結合，割西西里島，敘拉古為羅馬與國，餘則為羅馬屬地。迦太基由軍事失利，引起內戰，西元前 237 年以撒丁與科西嘉兩島易羅馬中立。迦太基和平恢復，不放棄海上，開發西班牙。西元前 223 年，亞斯德洛巴立小迦太基（Carthagene）為海上基礎。馬賽深感威脅，求羅馬援助，結約以埃布羅河為界，西班牙造成南北對峙的局面。

地中海為埃及、羅馬、迦太基所統治，又以埃及、義大利、西班牙陸地輔助，對希臘羅馬態度積極，漸次滲透實力，又因羅馬與埃及友好，貝加曼亦在其列，東方海陸均勢又建立，而馬其頓無法南下，東西為海軍排擠，自走向塞琉古的途路，為此馬其頓與迦太基相聯，自是必然的。此種複雜局面，羅馬舉足輕重，西方國際裂痕，以之更深。

‖第五章　地中海精神的轉變‖

城市發展，農民解放，這是西元前 3 世紀社會特別的現象，只有埃及是例外 [060]。私人資產增加，財富集聚，中產者消失，奴隸增加，許多人以債度日。如何平均土地，如何取消債務，這又是經濟發展形成的重要問題。商業國際化、專業化 [061]，交通工具與路線成為爭奪的對象，戰爭以此產生，各地有特殊的背景，形成了特殊的問題。

塞琉古步亞歷山大後塵，創立城市，扶助中產階級，他給予城市獨立。國王居於監視地位，市長由公民選出，宛如今日英國的自治領。沿著交通大路，新城市簇生，底格里斯河上塞琉古城代替了巴比倫，安都控制敘利亞及腓尼基，貝加曼乃小亞細亞的中心，兼有特洛伊及沙德的優點。

新城市有新氣象，市政廳、劇院、民居，都擁有舒適的設備，往昔寺院的大資產，轉入國家手中，鄉村奴隸漸次解放，這不是武力推行計劃改革，

060　由貸款利息比較，即知埃及特別：亞歷山大時，利息為 12%，西元前 250 年為 10%，西元前 200 年落至 6%，而埃及卻保持 24%。

061　亞歷山大城輸出麥，猶太為麻，本都為核桃，巴比倫為棗，安都為無花果，敘利亞為鬃，貝魯特為葡萄，多馬斯為李子，亞述為棉花，Cos 為絲織物，地爾與 Arvad 為紅顏料。

這是自然演進，法的權力提高，這也是因為塞琉古了解時代的動向，不與之做濫費的鬥爭。

馬其頓趨向塞琉古，以故沙羅尼亞等城，亦有同樣的發展，而古希臘城市，經濟失其重要，文化卻有新動向，米利都創立學校，確立女子教育，各種學會組織，構成一種個體的解放。哲學觀念，如柴農所代表者，認為人與人是平等的，沒有國家分別，奴隸不是「活的工具」，其價值與自由人相等，每個人應有極低生活的費用，法必立，立必行，社會問題日趨嚴重。斯巴達七百家族專橫，叛亂隨起，阿基斯四世（Agis IV）須取消債務，分散一萬九千五百田區，貴族反對，判處死刑。西元前 237 年，克萊曼納（Cleomène）又倡導改革，解放六千奴隸，分散四千田區，結果又遭反對，須逃走，這只促進革命的途路。

希臘海上城市，不願捲入漩渦，日趨中立，西元前 245 年米利都取得「非戰城市」，洛德變為國際市場，與拜占庭相連合，與亞歷山大城對抗。其競爭方式，由經濟實力決定，埃及利息在百分之二十四時，洛德資本家只取百分之八。它的文化 —— 特別是法學，亦很發達，重自由，並與迦太基帝國的方式相衝突。

貝加曼成為都城（前 262）後，與埃及聯合，發展工商業，它與洛德不同，洛德只是一大輸送站，而貝加曼有其經濟結構，一方面利用優越的地位，控制黑海及愛琴海貿易；另一方面實行商業保護政策，國營事業發達，如羊皮紙，抵抗埃及製紙草。它的文化很高，其圖書館僅次於亞歷山大城。

埃及以三角洲為中心，自沙以斯王朝後，與希臘關係密切，而希臘文成為通用的語言。埃及有其特點，不以奴隸生產為中心，雖然自由，卻採取保護政策[062]，求生產與消費的平衡；利息特別高，便是不重視金融特殊的發展的表現。

062　西元前 3 世紀，入口貨的關稅，按值抽稅，酒為 33.3% 至 60%，蜜為 25%，鹽、肉為 25%，油為 50%。

　　至於羅馬，已形成一龐大的國家，大希臘商業城市，義大利中部陸地城市悉在其掌握。羅馬公民有三十五族，凝為核心。其他半島地區，是「拉丁殖民」，組織與羅馬相彷彿。西西里及撒丁、科西嘉成為兩省，由羅馬任命官吏統治，任期一年。此種情形，民主與君主混合，以地置宜，不囿於偏狹的理論。羅馬公民權甚易取得，竭力推行自由政策。

　　自西西里兼併後，希臘人大批流入羅馬，經濟與文化趨向海上發展，中產階級迅速形成，以故羅馬人與外人關係，必有法的保障。

　　法的運動迅速，亦趨於個體的解放。2世紀離婚已為法律所許可，結婚成為民法事件，父權受限制。羅馬保守精神已為希臘擊破。東方宗教倫理，漸次侵入羅馬。

　　希臘思想的傳播，加強對個人的自信，將人戲劇化，大膽的姿態、野心成為光榮，小西庇阿（P.Cornelius Scipio）便是好的代表。與之相反者為伽圖（Cato），出自農家，家鄉觀念很深，愛紀律，有健壯的身體，他反對希臘奢侈的風習。而西皮雲破壞羅馬優良的傳統，這是一個行為主義者，重現實以求倫理價值 [063]。他著《探源》七卷，不肯提及希臘任何名字，除過庇洛斯的象。

　　伽圖保守，卻不能與時代對抗，他明白希臘的重要，科學的價值，在最後辯論中，他說：「要使別個時代的人了解現在生活的意義是最困難的。」他與時代決鬥，他失敗了。希臘風吹滿羅馬。他心雖焦急，卻無法補救，到晚年開始學希臘文，這也夠悽慘了。

　　3世紀，希臘文化傳播最快的時代，亞歷山大圖書館，擁有七十萬卷，安都、貝加曼、洛德等地，皆有圖書館的設備，雅典成為哲學的中心，柏拉圖、亞里斯多德派之外，又有禁慾派與享樂派，達爾斯（Tarse）為大城，各地競尚知識。歐幾里德講述幾何；西巴爾（Kidinnude Sippar）計算一年有365日5時41分16秒，其差僅7分16秒；亞里斯塔克（Aristarquede Samos）發

063　伽圖寫給其子馬爾古說：「……我相信，有一天如果希臘人傳入他們的文學，我們一切都完了，這是絕對的。」

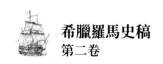

現地球與星繞日而行，曲高和寡，至哥白尼時始成定論。愛哈斯登（Eratos-thenede Cyrène）計算地球面積為 39.688 萬平方公里，主張自西班牙之西可至印度；亞西麥德創機械學；阿波羅（Apolloniusde Perga）創三角學。

希臘文學成為國際的，喜劇變為時尚，羅馬初有作，模仿希臘，卻有獨特作風，如 Livius Andronicus、Ennius 及 Plautus，研究個人性格，分析個人心緒，此 Theophraste 的「性格」成功。

‖ 第六章　羅馬海權的成功 ‖

羅馬既取中地中海，勢不能止，以故為海權鬥爭。

當安提奧古三世乘埃及內亂，取敘利亞，率兵南下，被阻於拉斐亞（前 217），放棄海上計畫，轉向大陸。自西元前 212 至西元前 204 年，組織步兵十萬，騎兵兩萬，復取亞美尼亞、帕提亞及大夏。西元前 206 年與印度結約，取其經濟與象，動海上雄心，此與馬其頓相結，企圖控制愛琴海，使媯水輸入貨物，得以暢銷西歐也。

腓利五世，西方受羅馬壓迫，南方為埃及與貝加曼排擠，為自圖生存，須賴塞琉古於東，賴迦太基於西，藉此與羅馬、埃及對抗。馬其頓不惜任何犧牲，建設海軍，而拜占庭與洛德有決定性的重要。

迦太基以軍餉故，雇兵叛亂，哈米爾卡三年努力始戡定，建立國家軍隊，抗拒羅馬。貴族忌其政策，逐放哈米爾卡，使之開拓西班牙，不幸死於西元前 228 年，遺志由其子漢尼拔承繼[064]，布匿戰爭又起。

西元前 225 年，高盧叛於北，羅馬安定保河流域，藉阿爾卑斯山固其邊防。繼羨西班牙礦產，擴大海權，而又與漢尼拔雄心相違，藉沙共特爭端，西元前 219 年，漢尼拔率軍五萬，像三十七頭，越阿爾卑斯山，於西元前

064　Titus Livius 說：「漢尼拔是士兵最信任的領袖，攻擊時非常勇敢，危機時很謹慎，不怕勞苦，不計寒熱，飲食起居只取所需，不顧享受，日夜一樣工作，完結後始休息，常見他穿著士兵衣服，與哨兵工作，他是很好的騎士，又是很強的步兵，戰時居先，退時居後。」

218 年，執政官西庇阿（Scipio Sempronius）先後敗於代桑河及特列比亞河。次年春，遭弗拉米尼（Flaminius）截擊，又敗於特拉西梅諾湖畔。西元前 216 年，執政官瓦宏（Varro）不改戰術，又敗於坎尼。羅馬失利，敘拉古傾向迦太基，漢尼拔與腓利五世相結，羅馬處於危難之中。

羅馬放棄黨爭，向人民徵集財物，採用游擊戰術，授大權於法比烏斯（Fabius Maximus），埃陀利亞同盟，實力雖小，卻能牽制腓利五世。羅馬不與漢尼拔決戰，向外出擊，西元前 211 年取敘拉古，西元前 209 年陷小迦太基，西元前 206 年取加代斯。漢尼拔急，向政府求助，忌功不與；攻羅馬，羅馬閉門不戰。

腓利五世謀目前利益，與羅馬結和（前 205），藉此統治亞德里亞海，但是此種行動，使漢尼拔失敗，羅馬信任小西庇阿（P.Cornelius Scipio）渡海攻迦太基，迦政府急招漢尼拔，西元前 202 年敗於札瑪，迦太基接受屈辱的條約[065]。

西元前 203 年，托勒密五世即位，年幼，啟馬其頓與塞琉古野心，馬其頓奪取海峽北部地帶，拜占庭與貝加曼受威脅，洛德懼海峽封鎖斷其商業，轉求羅馬，羅馬海軍直趨海峽，使腓利五世屈服，此時亞該亞同盟與羅馬合作，西元前 197 年取 Cynocephales 勝利。羅馬政策修明，未取希臘，馬其頓海軍毀，塞琉古亦以之挫敗。

安提奧古三世建立大陸帝國，擁有西亞邊岸，羅馬與馬其頓戰爭，未能即時攻羅馬，坐失良機，然國策所趨，必與羅馬作對，西元前 197 年取埃弗斯，次年占領海峽，漢尼拔知戰爭必起，逃至塞琉古宮廷，協助安提奧古作戰，希臘為戰場，以其不能團結，亞該亞同盟傾向羅馬，而埃陀利亞依附安提奧古。此次戰爭，實波希戰爭的重演，而又雜以內戰，結果羅馬勝利，西元前 188 年，結《阿帕梅（Apamée）和約》[066]。

065　條約內容：迦太基交出戰船與兵器，不得羅馬同意不能與他國作戰，割西班牙，紐米地亞為獨立國，五十年內賠一萬達朗（每達朗合關銀一千五百兩）。

066　《阿帕梅和約》內容：安提奧古交海軍；貝加曼獲小亞細亞海岸地；洛德取利西（Lycie），賠償一

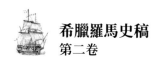

羅馬成為海上的主人，埃及與希臘受其支配。

‖第七章　羅馬侵略與社會危機‖

地中海海權漸趨於統一，傾向羅馬，往昔城邦形式已破裂，建立帝國，領土擴大，迦太基、馬其頓與塞琉古的賠款，迅速地完成了金融統制。約在西元前 180 年，羅馬第一次有交易所，投機者蜂擁而來；改良海港，以亞歷山大港為模型（前 179）；西班牙銀礦，國家侵占的產業，悉變為公賣；自由與統制兩種政策，交相運用，金融家成為政治的動力，而戰爭變成金融發展的方法。

腓利五世欲統治愛琴海，轉向希臘，希臘社會危機四伏，亞該亞同盟保守，禁慾派趨向民眾，階級鬥爭起，腓利傾向民眾，而羅馬卻偏向資產階級。當安提奧古三世失敗時，馬其頓侵占色雷斯，保衛海峽，貝加曼不肯放棄，求羅馬協助。西元前 188 年，腓利須退出。

當珀爾修斯（Persée, 前 178－前 168 年在位）立，仇視羅馬，戰爭遂起，西元前 168 年馬其頓軍隊毀於皮德納（Pydna），馬其頓從是消滅，希臘東方地帶變為羅馬保護地。

羅馬併吞馬其頓是領導國際決定的勝利，亦奴隸主主持國政的開始。羅馬太富有，戰爭變為掠獲財富的方法。但是羅馬向外開拓，掠取財富，必須借重金融家，加重被征服民族的稅務，對內放鬆，結果失掉統治內部的工具。由於野心家和資產者對政權的覬覦，羅馬銀行到處設立，銀行至處，危機隨起，希臘便是一例。

羅馬經濟侵略，希臘國家思想（政治的）與失業的平民（社會的），相率抵抗，科林斯工商業地帶，革命起，要求財富平均，取消債務，亞該亞同盟實力消逝，無法拒抗革命，羅馬遣姆米雨斯（Mummius），西元前 146 年毀

萬五千達朗，十二年本息付清。

科林斯城，其橫蠻行動，激起全希臘的反感。

另一件類似事件為迦太基毀滅。努米底亞為羅馬盟邦，其王馬西尼沙（Massinisa）劫掠迦太基貨物，困於條約，不敢抵抗，監察官伽圖，即以「毀滅迦太基」為口頭禪，注意迦太基行動，託辭侵入。

西元前 149 年，迦太基與努米底亞衝突，羅馬藉《札瑪條約》興兵。迦太基求和，羅馬迫其城向內地移十五公里，居民知羅馬意向，剪髮為弦，拆屋為舟，抗拒兩年，西庇阿（Scipio Emilienus）用封鎖政策，斷絕食源，大戰六晝夜。西元前 146 年，彼爾沙陷，羅馬鏟其城，咒為不祥之地。

羅馬毀滅迦太基與希臘，招致怨憎，政府雖改革，確定各省的賦稅，但是社會危機已伏，有錢者與騎士，變為支配政治的實力階級，與貴族及平民相競爭。中產階級漸次消逝，平民生存已成問題，土地與糧食須有合理的解決。

西元前 146 年時，政權操於貴族及騎士之手，互相合作，拒絕平民的要求。貴族不肯犧牲，賄置選票，收容食客，騎士轉向平民，與貴族分裂，以致哥拉古兄弟的改革。

羅馬接受希臘思想，已有成就，迨至社會危機擴大，禁慾派在羅馬發展更速，環境使然，池農的倫理思想，由理智以到正義，破除了羅馬狹小的見解，提比略·格拉古便是此種思想的實行者。這是一位優秀的貴族[067]，愛好希臘文化，與禁慾派哲人伯勞修斯（Blossius）友善，西元前 134 年被舉為護民官，提出土地法。公田已成問題，貴族利用奴隸耕種，據為己有，提比略亦知困難，要以溫和方法，要貴族讓一步，國家付價，使貧民每家有田七畝[068]，既可免除社會的危機，又可培植國家的元氣，伽圖說：「農家子弟身體健壯，戰爭時亦最勇敢……」適西元前 133 年，貝加曼王阿塔洛斯三世（Attale III）死，國土遺給羅馬，提比略主張交付人民，貴族反抗，賄護民官屋大維（Octavius），播散流言。提至公民大會，提比略宣說時，納西加

067　提比略·格拉古之父 Sempronius 是伽圖之友，母 Cornellia 為西皮雲女兒。
068　西元前 376 年，Licinius 法令規定不得超過 500 jugera。

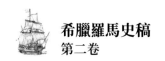
（Scipio Nasica）率浪人將之擊斃。

西元前 123 年，羅馬宣布貝加曼為行省，提比略之弟蓋約（Caius）承其遺志，倡導改革：已毀城市，如迦太基、科林斯、加普亞及塔蘭托等地，劃為墾殖區，任人民開拓。其次，國家以平價售食物，推行配給制，並擴大公民權，使成一均勢。最後，取消元老院審判權，授與騎士階級。這些改革，確合實際，然豪門自私，賄護民官杜里舒（Drusus）與之對抗[069]，蓋約知難而退，居亞望丁山，執政官奧庇米烏斯（Opimius）忌之，使人刺死於樹林，流血不能避免矣。

內政如是混亂，對外又捲入戰爭，西元前 125 年，馬賽受高盧壓迫，求羅馬扶助，經四年戰爭（前 125 － 前 121），始平定，推行移民政策，阿克斯（Aix）及納爾本（Narbonne）為對象，與西班牙相連，迅速地創成一行省。

西元前 112 年，非洲發生朱古達（Jugurtha）叛亂，朱古達是努米底亞王米西伯沙（Micipsa）的侄兒，劫掠羅馬財物，深知羅馬貪汙，如賄執政官加爾布尼（Calpurnius），肆行無忌，羅馬信威已失。西元前 108 年，馬略負剿匪實責，得金融界與平民之助，被舉為執政官，改編軍隊，容納無產階級，質低量增，從此軍隊非國家所有，成為野心家的工具。朱古達被困於加彼利（Kabylie）山中，被俘，西元前 106 年解赴羅馬，兩年後死於獄中。

方勝利之後，辛布賴人（Cimbres）與條頓人（Tentos）自丹麥南移，定居多瑙河，西元前 109 年越萊茵，漸次侵入虹河流域，西元前 105 年敗羅馬軍，北部義大利震動，元老院急遣馬略，西元前 102 年敗條頓於亞克斯，次年敗辛布賴人於維塞伊（Verceil）。馬略功高，連任第六次執政官，被推為民黨領袖[070]。騎士與貴族震驚。

貝加曼亡後，本都王米特里達德六世（Mithridate VI）控制黑海，奪取

069　杜里舒關於配給法（lex Alumentaria）主張政府不取分文，至擴大公民權，他挑剔說：「如果擴大公民權，你們（指羅馬人）在議會與劇場內還有同樣多的位置嗎？」

070　馬略提法令「De majestate」：凡違犯羅馬人民尊嚴者，悉處以死刑。按此律，馬略握有生殺予奪全權。

希臘城市，高加索礦產入其掌握，與亞美尼亞相連，深入兩河流域，由塞琉古城與印度及東方相連，但是，國力雖強大，不願與羅馬起糾紛，羅馬實力派，忌其勢，迫彼地尼封鎖海峽，使本都戰爭。

希臘痛恨羅馬掠索，悉趨赴本都，到處殘殺羅馬人，為數約八萬，米特里達德入雅典，解放奴隸，取消債務，由戰爭演為社會革命，羅馬深受其影響。西元前 92 年，本都與羅馬對峙之時，羅馬社會亦發生改革，義大利叛亂，馬略撲滅叛亂，蘇拉率兵征本都。意人失敗，卻取得公民權，從政治上論，義大利卻形成一民主國家。

‖第八章　凱撒與獨裁‖

西元前 87 年，義大利戰爭結束，馬略為民黨領袖，獲取政權，雖殘殺敵黨，卻做了不少事業，如分配土地，提倡教育，穩定幣值。是時，貴族蘇拉，遠征米特里達德，掠獲巨款兩萬達朗，洗劫希臘，滿載而歸，西元前 82 年入羅馬，元老院尊之為總獨裁，半年中日日在清除異黨，政權又入貴族掌握。

蘇拉為澈底貴族化，取消護民官及否決權，執政官不得有軍權。

人民會議雖存，但只是一種形式，一切無異議透過。西元前 79 年蘇拉自請退位，次年逝世，以為內亂永遠消逝。但是事實卻不如此！

蘇拉死後，斯巴達克（Spartacus）領導奴隸暴動，羅馬動員十個軍團，克拉蘇領兵去剿滅，克為羅馬首富，又為民黨首領，西元前 71 年始完結。東方米特里達德戰事又起，盧庫盧斯（Lucullus）欲政治與軍事並進，摧毀敵人，首在清除羅馬腐化公務人員，引起公務員的怨恨，內部叛亂，不使成功。羅馬金融界與民黨合作，克拉蘇握時機為自身著想，元老院懼，西元前 70 年舉龐培為執政官，誰知龐培已脫離貴族，與克拉蘇合作。

龐培為貴族，勇敢，有政治野心，卻沒有定見；不長於軍略，卻能取得勝利。西元前 67 年，騎士階級努力與龐培綏靖地中海重任，撲滅本都煽動

的海盜。繼而發兵征米特里達德，毀其同盟塞琉古，宣布為敘利亞行省（前64），亞美尼亞變為羅馬與國。龐培此次收入，約一萬達朗。

當龐培在亞洲時，貴族與政客相結，西元前 63 年，有加地里納（L.Sergius Catilina）叛亂，西塞羅（M.Tullius Cicero）揭其陰謀 [071]，義正詞嚴意正，將之平息，然內政不安，正說明時代的危機，而在劇變之中。西元前 62 年，龐培返希臘，解散軍隊，元老院欺其力弱，恨其無定，不承認亞洲功績，凱撒知時機成熟，居間合作，形成三頭政治。

凱撒為民黨 [072]，克拉蘇為騎士領袖，龐培為實力派，三者同不滿意現狀的。他們從埃及掠取錢財，維持托勒密十三政權，而三人平分軍權：凱撒得高盧，克拉蘇得敘利亞，龐培得西班牙，每個人都為自己著想，共和組織壽終正寢了。

凱撒為民黨領袖，其政策如何社會化，同時又建立帝國組織，他畢生事業即向此演進。

高盧經長期演進，已創立一種大陸典型，取萊茵河為界，與地中海經濟活動為軸心，至日耳曼幾次壓迫，卻仍處於原始狀態。西元前 58 年，凱撒利用高盧與日耳曼衝突，乘機出兵，與赫爾維特（Helvetes）及阿利維托（Arioviste）戰爭。繼向東北部，與比利斯人戰（前 57），轉向西部，臣服維奈特（Vénètes）與亞奎登。凱撒聲譽日著，又延長五十年任期。為解除外壓力，自西元前 55 年至西元前 53 年，深入日耳曼地帶，渡海至不列顛。時高盧民族意識覺醒，維桑多利克（Vercingétorix）倡導抵抗，凱撒遇強敵，用圍困方式，始將之平定。

西元前 50 年，戡定高盧，為羅馬史上重大事實，其權力遍及西歐，開拓歐洲大陸。克拉蘇在東方，異常不幸，帕提亞王奧洛德（Onode）與之對抗，西元前 53 年，克拉蘇戰死。帕提亞建泰西封（Ctesiphon），兩河流域定於其

071　Cicero：De Catilina 內，「元老院明白一切陰謀，執政官看得清楚，加地里納活著嗎？他活著，還來至議會……他以兇殘的眼睛，選擇應當死的人們。」

072　凱撒為貴族，卻與民黨接近，其姑母嫁與馬略，自己娶民黨領袖西納（Cinna）女兒。

位，不圖向西發展。時中國東漢中興，襲兩漢遺策，控制西域道路，中亞受其吸引，割斷西向的趨勢。

克拉蘇的失敗與凱撒的成功有同等的重要，西方大陸由凱撒開放，而東方大陸卻由克拉蘇封閉了。敘利亞及小亞細亞與兩河流域脫離，羅馬帝國此後無法控制甬路，僅保持地中海邊緣，其對亞洲只是海的，而在西方，卻需要大陸的發展，經濟、政治與文化的中心，移至聶伯河畔，羅馬成為西方首都（以地中海為中心），自是當然的。

羅馬社會不靖，元老院任命龐培為唯一執政官，以期秩序恢復，然議員們疑其利用軍權樹立君主政體。事實上，元老院懼凱撒，以故設法限制其權力，西元前 49 年 1 月 7 日，凱撒渡盧比貢河，率軍南下，入羅馬，內戰又起。龐培大軍屯西班牙，不及調回，偕議員逃往希臘，凱撒尾追，西元前 48 年，敗龐培於法爾沙洛（Pharsale），龐培逃向埃及，至拜魯斯登岸時，埃及王托勒密十四，遣人刺死。

凱撒定居亞歷山大城，是年娶克麗奧佩脫拉，襲阿門神子銜，如亞歷山大所為，由此結合，生子凱撒里昂（Caesarion），象徵地中海兩大國家的團結，埃及帝國將與羅馬共和混而為一。

凱撒遷就埃及傳統，元老院中以西方人為限，似說明欲建立王政，而為其子著想，他首先解決社會問題，三十二萬失業者，取貴族土地，使兩萬人有地可耕，構成中產階級，餘八萬使之他去，配以土地，貧者所負債務，停止付息，政府嚴格管理銀行，稅務直接受國家管理。為了對付貴族，使西班牙與高盧參加元老院，擴充數至九百，護民官雖存，無實權，財政管理形成一種特殊機構，統一各省徵稅，羅馬從此不是一個剝削者，而是一個統治者。

義大利各地仍保持獨立，任命行政與司法官，但是推行法令與制度與羅馬相同，西西里與納爾本入羅馬版圖，各地自由發展，造幣卻屬於羅馬。改革日曆，奇月 31 日，偶月 30 日，唯 2 月 29 日，四年閏一次，每年為 365 日，以 July 月紀念自己。凱撒有無上的威權，一切傾向帝國。

此時埃及王室，形雖柔弱，卻有久遠深厚背景。凱撒與克麗奧佩脫拉結婚，隨即變為法老及亞歷山大合法繼承者。由於政治思想的不同，埃及與希臘無條件接受，視凱撒為和平的救星，但是，凱撒所作所為，與羅馬精神相違，共和思想、法的概念深入到實利者心中，凱撒欲尊克麗奧佩脫拉為後，自視為神，六十多議員，形成反凱撒集團，布魯圖斯（M.J.Brutus）及卡西烏斯（Cassius）所領導[073]，西元前 44 年 3 月 15 日，凱撒被刺死，索留達克有不朽的敘述。

第三卷

‖ 第一章　奧古斯都 ‖

凱撒為帝國思想犧牲，西塞羅所倡導的共和亦無所存在。時變境遷，羅馬已非往昔的城邦，而是帝國的首都，集有各地居民，金融彙集。如羅馬推行共和，帝國各省必為一城將犧牲自由。凱撒去世，並非暴君消失，實人民感到恐懼，貴族與資產者剝削政策，又將開始，內戰必起，克麗奧佩脫拉攜子逃往埃及。安東尼雖粗野，卻理解局勢，一方面為凱撒善後，一方面建樹實力，孰知凱撒養子屋大維，自希臘歸來，要求繼位。

屋大維身體多病，怕雷聲與樹影，年僅十九，卻沉靜有決心。深知西塞羅憎惡安東尼，屋大維尊之為「義父」，獻媚元老院[074]，而得軍權，以抗安東尼，以討布魯圖斯。藉此進一步求執政官職，元老院不與，復與安東尼和好，更約凱撒騎兵指揮雷比達，形成第二次三頭政治。清理政敵，議員死難者三百餘，騎士兩千多，西塞羅亦不得倖免。

次之，屋大維與安東尼出軍，圍剿布魯圖斯，敗於腓利斯（Philippes），

073　布魯圖斯代表實力派，方出席議會，別人以紙條擲之：「布魯圖斯，你睡著，羅馬卻在鐵鏈中。」
074　西塞羅刊其：In M.Antonium Orationum philipp inarum libri。

布氏知大勢已去，西元前 42 年自殺 [075]。

西元前 40 年，新三頭結孛朗德（Brindes）和平，將帝國分裂：安東尼取東方與高盧，雷比達取北非，屋大維據義大利與西班牙。此種鼎立局勢與時代趨勢相違，安東尼定居埃弗斯，頃刻被克麗奧佩脫拉所迷，埃及與羅馬的決鬥，從此開始了。

克麗奧佩脫拉擁有希臘精神，首先開放經濟，與西方國際配合；武力感不足，求之安東尼，以高貴的姿態，她會安東尼於達爾斯（Tarse）。西元前 41 年，兩人同居於亞歷山大城。此時安東尼心志甚明，他要接受希臘的遺產建立王室。屋大維不惜東方沃土，誘帕提亞王奧洛德攻擊安東尼，取安都、耶路撒冷及敘利亞。安東尼急，集海上實力，驅逐帕提亞，自黑海至巴勒斯坦，建立一串小王國，有若衛星，克麗奧佩脫拉勝利，埃及又統治東方。

是時，雷比達反抗屋大維，失其政治地位。安東尼步亞歷山大後塵，欲建海陸帝國，征帕提亞，結果大敗，轉向海上擴張，恢復托勒密帝國。西元前 34 年，敘利亞、腓尼基、賽普勒斯悉入其掌握。

屋大維統一西方，卻不能建立王政。安東尼所為，羅馬人不能容忍，於是羅馬向埃及宣戰。西元前 31 年兩軍相遇於亞克興（Actium），安東尼敗，與克麗奧佩脫拉相繼自殺。埃及變為羅馬的行省。

西元前 29 年，屋大維慶賀武功，元老院頒以終身「勝利大將」銜。年始三十三歲，已作「萬物之主」（他自己語），他便是奧古斯都。

凱撒欲以希臘為基礎，創造「世界帝國」，羅馬成為帝國的一部分。奧古斯都與之相反，要以羅馬為主體，與元老院合作，化武力的獨裁為合法的統治，現在掌握政權，整理戶籍，取消債務，保存古有的共和制。元老院授予十年政權，繼及終身。自法理言，共和保存，奧古斯都僅人民代表的執行者；自事實言，帝國已創立，人民與議會僅只一形式。議員乃皇帝所任命的特權者，只保護他們自己的利益而已。

075　布魯圖斯最後留名言：「神啊，你只是一個空名而已！」

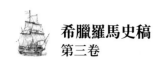

羅馬擴張與內亂，毀滅了共和。社會階層漸次確立，加以法律化。首先為議員，擁有百萬塞斯得斯（sesterces）[076]，高級行政官吏，悉由充任（只有禁衛軍軍長，須由帝王直接任命）；次為騎士，資產為四十萬塞斯得斯，可充上級軍官。公民分兩類：義大利人可任中下級軍官，非義大利人，僅服兵役而已。較之外人，仍屬上乘。外人亦有階級地位，西方人協助獲取政權，享受優越，東方人即受到歧視。希臘與敘利亞僅享有居住城市權。埃及成為皇家屬地，任意開拓，而奴隸生活，愈為悽慘，人道觀念泯滅，此乃希臘思想之反動。

奧古斯都不信人為平等，羅馬人係統治者。獎勵生育，女子沒有三個孩子就沒有社會地位。獨身無承繼權。這樣措施，無非承襲羅馬古思想，然此並未激起任何反動。究其原因，內戰經百餘年，人民渴望秩序與和平。奧古斯都安定社會[077]，羅馬成文化與政治的領導者。

在內戰進行中，戲劇、角鬥已成人民生活的必需品，羅馬居民有種變態心理，需要刺激。便是普勞圖斯的喜劇，亦難引人入勝。人民愛低級的啞劇，將凱撒風流韻事，亦放在舞臺上。此所以諷刺詩成為流行的作品。那些趣味較高者，傾向希臘文化，法理、唯美、理性等概念，逐漸成為探討的對象。保守的瓦宏[078]亦須重視希臘，凱撒《征高盧紀》表現侵略者民主的思想。近代史成為一種科學，沙流斯脫研究民主革命的原因。西塞羅代表時代精神，他愛羅馬，更愛世界，《共和論》與《法律論》述明法學哲學的基礎。羅馬政治結構，需要君主、貴族與民主混合。事實與他的理論相違。奧古斯都以利益為先，結果西塞羅犧牲了。呂克來斯為反宗教的思想家，加杜爾有唯美的完善詩歌。羅馬文化踏上文明的途程。

奧古斯都時代重視文人，如文藝大臣邁塞納（Mécène），保護作家。奧哈

076　約合 275,000 金佛朗。

077　奧哈斯詩：「因你，牛可安心在草地，田野萬物叢生，船可在海上平安遊行，信任吹散了疑雲。」

078　Varron 主要作品為：Delingua Latina, Rerum Rusticarum Libri III。

斯係解放者之子，維吉爾出自農家，悉以平等待遇。國家思想與忠君情緒，相混為一，李維的史學，維吉爾的詩歌，反映這種時代的趨向。奧哈斯取法希臘，著重普遍；奧維德、地布爾卻仿照埃及，享受、輕盈、充滿了肉慾的刺激。狄奧多洛（Diodore de Sicile）及東尼斯（Denys d'Halicarnasse）定居羅馬，刊行他們的歷史。凱西里烏斯（Caecilius）變為希臘文學的批評者，斯托拉本（Strabon）發表地理的名著。羅馬文化實希臘文化的擴大。

自凱撒後，羅馬執行一種經濟政策，限制資本家的發展，並統制銀行，免除對國家的限制，但是，資本家投資於礦產，如西班牙與馬其頓等處，實力仍大。奧古斯都返埃及舊路，收礦產為國有，解除資本家的武器，然以地中海統一，鼓勵向外發展，供各地恢復正常的狀態。於是，奧古斯都時代經濟生活，形成兩種類型：西方雖有城市開拓，商業繁榮，但是以土地為主，高盧、西班牙以及義大利北部形成大資產者。而東方卻仍注重流動的財富，注重國際貿易，亦如希臘埃及時代。由是，語言、社會與經濟的不同，其歷史發展亦受影響：西方貴族，多趨保守，拒絕希臘自然法的觀念，以羅馬為中心，拉丁文為工具。另一種，即以希臘為基礎，向海上發展。地中海團集兩者，凝結於奧古斯都自身，由是構成奧古斯都時代的偉大。

奧古斯都在位四十三年，盛極一時，亙古未有，此就外而言。若就內心而言，家庭所造成的不幸，則形成劇烈的苦痛。幼年與斯克利保尼亞（Scribonia）結婚，並不幸福，生尤利亞，活潑而美麗 [079]，因母親不得幸寵，與姑母住在一起，生活如監獄。奧古斯都寵愛的李維亞仇視前女，讓她草率地與表兄馬賽洛結婚，不幸一年後丈夫便逝世了。

李維亞未生一子，亞克利巴（Agrippa）助奧古斯都完成大業，因而欲以繼承大業，以女妻之，此時亞氏年已四十，離婚，俯受此幸寵。

但是亞氏為一戰將，冷酷枯澀，尤利亞隨夫至各地，生五子 [080]，可是亞

079　Macrobe 說：「柔和的人，反抗嚴屬，她接受了許多不幸。」
080　五子為 Caius, Lucius Caesar, Julia, Agrippine, Agripopa posthume。

克利巴五十二歲便去世。尤利亞受政治限制，須再嫁提比略（Tiberius）——係李維亞與前夫克洛地所生，性情沉悶——提比略亦須與維普沙尼亞離婚。兩人性格不和，同為政治犧牲者，夫婦日趨分裂，李維亞恨之，日向奧古斯都進言，誹謗尤利亞。奧古斯都家庭不寧，囚其女[081]，隱痛不能與人言[082]，七十六歲去世，帝國尊之為天神，李維亞勝利，提比略為正式繼承人。

‖ 第二章　羅馬帝國的裂痕 ‖

奧古斯都死，以其餘影龐大，如李維亞所期，提比略即位，年已五十六歲，身為貴族，卻領導民主實力，握有軍權，趨向集權制，組織皇家議會，排絕大資產家，以保護中產階級，於是與金融家衝突，退居加普利，死於 37 年。

卡里古拉繼位，以其受埃及影響，帝王神意說深入其心，逐漸恢復凱撒的政治思想。元老院與之對抗，提出代表貴族的羅馬為統治帝國的中心。卡里古拉卻以中心在皇帝，帝國各地皆平等，於是各省繁榮與和平，獨羅馬城在波動，皇帝與議會決鬥。卡里古拉欲遣居埃及，精神已不正常[083]，結果為禁衛軍長席萊亞（Chéréas）暗殺（41 年）。

元老院與席萊亞相結，欲恢復共和，但是羅馬人民與士兵，相率反抗。克勞狄賄賂禁衛軍[084]，開此惡例，獲取王位，一萬禁衛軍便可決定皇帝去留，法紀已喪。

但是在位十三年，帝國組織確立，開君主政治，財政與交通，悉有進步。克勞狄憎羅馬貴族，啟用釋放者，如波利比烏斯（Polybe）、納爾西（Narcisse）、加里斯脫（Calliste）。然最重要者為巴拉斯（Pallas），他從中鼓

081　尤利亞有許多情人，因居後，Sempronius Gracchus 逃往非洲，安東尼子 Jules 須自殺，尤利亞女友 Phoebé 亦自縊。Suétone 說：「奧古斯都寧願絕嗣，亦不願他女兒侮辱家庭。」

082　奧古斯都不願釋放尤利亞母女，他說：「我希望你們有如此的女兒與夫人，為著明白我的情感與行為。」

083　Sueton 記述：「……卡里古拉愛所騎之馬，特為它建一所大理石居處，置象牙槽，用許多人侍奉，並以馬的名義請客，繼任命馬為執政官。」

084　給每個禁衛兵一萬五千塞斯得斯。

動，建立世襲世系，為此與其侄女亞克利比納（Agrippina）結婚，因為她是奧古斯都的後裔。自48年後，各省平等，有法的保障，他曾說：「羅馬偉大的原因，乃在它的自由主義。」他尊重自然法，保障奴隸，大赦天下。他這種動向，卻為其妻終止了。

亞克利比納為陰謀者，54年毒死其夫，由禁衛軍長巴路斯（Barrus）支持，尼祿即位。尼祿年十七，性強倔殘酷，前此樹立君主政治，已走向專橫與獨裁。母子初尚相安，後受奴隸擺布，猜疑互起。亞克利比納欲舉其次子對抗，尼祿佯欲友好，將其弟毒死，母子衝突愈深，絞其母，其師塞奈加稱讚其罪行。

尼祿如卡里古拉，欲神化帝王，67年幸希臘，宣布希臘自由。但是帝王與元老院脫節，使政治不安。68年禁衛軍長沙比納斯（Nymphidius Sabinus）助加爾巴，尼祿逃至羅馬城外自殺。

加爾巴為西班牙軍團長，他與議員相結，取得王位，既不能入奧古斯都世系，以正其名，又不能有法權的根據，以強其位，只樹軍人幹政的惡風，他為少數貴族利用。羅馬平民起而拒抗，與尼祿至友奧東（Othon）對抗，加爾巴敗，69年即位。軍事政變已成普遍方式，高盧軍團舉魏德里（Vitellius），伊利利舉維斯帕先（Vespasien），內戰又起，結果維斯帕先勝利，有一時的安寧。

維斯帕先反尼祿政策，舉賢任能，充實元老院，以拉丁語為帝國基礎，偏重西方。他對羅馬貴族，不敵視，設法轉化為帝國，將公民權普及到西班牙，使之忠於皇室。他重視神權思想與建立世系，任其子為凱撒，整理財政。年老，其子提圖斯（Titus）協助，70年毀劫耶路撒冷，繼返羅馬，帝國昇平。79年即位，維蘇威火山爆發，毀龐貝城。兩年後，提圖斯逝世，其弟圖密善繼位，自尊為天神[085]。

羅馬變為帝國，模擬埃及與希臘，尊伊銳斯神，建音樂院，中產階級滲

085　自稱 Dominuset Deus（主與神）。

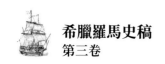

入高級行政人員，此與羅馬傳統思想相違。通緝議員，殘殺基督教徒，94 年驅逐哲人們出境。禁慾派哲人埃比克脫，出身為奴隸，生活窮苦，倡導倫理價值，其思想影響甚大。96 年，圖密善為人暗殺，史稱弗拉維王朝，由此終結，但是議會仍為合法的代表，而羅馬往昔共和體制不存在了。羅馬成為帝國首都，各省貴族群起，拉丁成為統一中心。此與東方希臘的實力，形成兩種對峙，如何保持團結，如何維持平衡，成了支配西方歷史主要的問題。

此時羅馬社會與經濟達到繁榮地步。東方諸省，如埃及與敘利亞，握交通要道。26 年，Pandya 派遣使臣至羅馬，錫蘭隨之，自 7 月至 11 月，乘信風，一百二十艘船出紅海，駛至印度河出口處，販賣酒、銅、鉛、錫以及奴隸，換取寶石、香料、珍珠以及中國絲綢，莫地里斯（Mauziris）有羅馬商人集團。但是，羅馬資本家，不肯經營商業，投資於土地，退出地中海經濟集團，而西方小地主，逐漸消逝，構成社會危機。證諸尼祿時代，六個羅馬資本家，擁有西非利加省之一半，自耕農降為奴隸，地主轉為地方行政長官，幾如獨立區域，社會趨於不安，生產減低，羅馬瀕臨饑荒，此克勞狄統治海運的理由。尼祿感於財政危機，須置羅馬六大資本家死刑，政府有人民擁護，卻招致資產貴族的勁敵，尼祿趨向專制，鬥爭愈烈，結局火燒羅馬（64），其過程至今仍曖昧，基督教冤負其責，彼得與保羅即以此犧牲。

便是宗教，亦起變化，往昔羅馬的神，「須為國家服務」[086]，以保護權力，國家安危與之關係至勁。希臘思想傳入，破壞舊日傳統。孛洛脫的 Rudeus 中說，「每天盡責任的人，一定可以得到代價」。當時所崇奉的東方神，如 Serapis 與 Isis，都已趨向倫理。西元前 58 年至前 48 年間，政府四次禁止 Isis 神，瓦宏宣說理由：怕羅馬神失落，人民將他遺忘了。

事實上，政府利用宗教統治人民。奧古斯都是一個宗教家，非常敏感，竟至有點迷信，一切自然現象，代表天意，宗教與政治仍是不可分割的。將

086　Cassius 與 Brutus 對話：「我希望有神的存在，不只可以保護我們的軍隊，而且可以證明我們的行動是合乎正義的。」

羅馬變為大理石城，神殿便有八十二所，其數可觀。西元前 7 年，分羅馬為十四區，每區有他的 Lares （家庭之神），國家是一大家庭，帝王便是神，人民須敬仰他，維斯帕先說：「我自己感覺得變成神了。」帝王行為受人民愛敬，死後，元老院可尊之為神，建專祠，派僧侶守護之。羅馬帝國境內，遍地有奧古斯都祠，帝王即神，此與基督教思想相違，以故摧殘基督教徒，精神上已起了裂痕。

‖第三章　羅馬開拓西方‖

　　羅馬向歐洲大陸開拓，播散地中海文化，成為不朽的工作。西元前 6 世紀，馬賽為希臘重要城市，凱撒拓殖高盧南部，馬賽為經濟與文化重心，埃及的希臘人，經營 Nimes，倡導內河航行，城市興起，如 Arles、Narrbonne、Orange、Aix、Vienne、Toulouse，在里昂，希臘與敘利亞等地人雲集，而日內瓦成為阿爾卑斯山山路的終點。

　　當克勞狄占據不列顛後，波爾島為重鎮，開大西洋門戶，自北海至虹河，簇生次要城市，如 Bourges、Clermont、Autun、Sens、Reims、Boulogne、Lutèce，據塞納河上，即將來的巴黎。在高盧北部，Bavai、Arras、Tournai、Tongres 為軍事據點，特別是科隆與馬因斯。自 4 世紀起，Trènes 成為高盧的首都。這些城市中，羅馬人與凱爾特人混合，拉丁文成通用語。劇院、神殿、澡堂、水道，按照羅馬建造，工商業隨之發達。地方分裂局勢，漸次減輕，地方貴族變為統治階級。每年 4 月，各地代表集里昂，解決高盧問題，傾向體制化，這是很重要的進步。

　　西班牙接受東方文化較早，腓尼基開發，希臘繼之，居民並不統一。南部為伊拜爾人，北部為凱爾特人。第二次布匿戰爭時，羅馬侵其地，形成兩省：Tarraconaise 及 Bétique。地多礦產，被羅馬無情的榨取。Cordoue、Carthagène、Valence、Tarragone、Bacelone、Emporia、Saragosse、Ségovie，羅馬影響至巨，圖拉真及亞德里安是西班牙人。1 世紀後，拉丁文化很高，

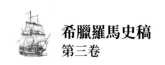

詩人呂坎（Lucain），教育家昆體良（Quintilien），地理家麥拉（Pomponius Mela），都是西班牙人，為此維斯帕先給於公民權。

自 43 年，大不列顛的錫為羅馬重要的資源，自倫敦闢路，與海上相通，如多勿爾。北邊為軍事地帶，以防伏利森及薩克森的侵略，因而創立新城市，如 Gloucester、York、Lincoln。羅馬文化深入到愛爾蘭及愛哥斯。

羅馬在中歐的影響較淺，奧斯堡為中心，各地由貴族統治，沿多瑙河有羅馬的駐軍。由匈牙利與西德里海及波羅的海相連，維也納應運而生，深入巴爾幹，便與希臘相接，成了東西分裂的界限。

地中海南岸，迦太基深受羅馬影響，凱撒時代變為經濟中心，羅馬與地主合作，利用佃農，迅速開展，成為帝國倉庫。帝國與北非關係，渾然為一，特別是保障地中海上的統治權。

羅馬開拓西方採用明智方式，重自由政策，供地方繁榮，以故到處建設城市，由各人民自行處理。他向西方民眾傳播兩種重要的成就：解放個體，保存普遍一統的觀念。

‖ 第四章　安東尼王朝 ‖

弗拉維王朝終結，並非君主思想的消逝，涅爾瓦繼位，身為羅馬貴族，卻仍承襲凱撒的傳統，給平民一種保障。除禁衛軍外，義大利人已不服兵役，軍隊皆外省人民，忠於帝王或將領，如是權力轉移，與羅馬貴族背道，此為危機。

涅爾瓦取傳賢原則，舉圖拉真為帝，羅馬停止地方彩色，元老院僅為諮詢機構，羅馬變為西方帝國，開拓多瑙河流域，征達西亞（Dacie），劃為行省。107 年，征阿拉伯、亞美尼亞，軍至兩河流域，最後征帕提亞，費時約兩年，不幸於 117 年，涅爾瓦死於西里西亞。

哈德良繼位，統治二十一年，帝國繁榮與和平，改革行政，啟用自由人，時禁慾派思想發達，以其富有責任心的養子安東尼繼位。迨至哲人馬

可‧奧勒留（Marcus Aurelius）繼位，視帝王為神意，人民平等，毀奧古斯都所建社會階級，如是帝王既居於人神之間，必然變為世襲，180 年，帝位傳於其子康茂德（Commodus）[087]，有如埃及所行者。

康氏實行世襲政策，遭元老院反擊，禁衛軍長 Cléandre 實行恐怖，帝國混亂，康氏為人暗殺。但是安東尼王朝政治演進，官階形成，代替社會階級，個人以能力為主，帝國既為能者所主持，公法私法皆有進步，以故文化有種特殊的進步。

達瑞脫說：「可以自由思想，想到便可說出。」[088] 安東尼王朝，傾向自由，史學與科學非常發達。阿庇安著《羅馬史》；穌埃東著《凱撒史》；保薩尼亞著《希臘志》；阿里安（Arrien）刊行馬古奧里的《對話集》，並著《亞歷山大史》；呂西安著《死人的對話》，充滿神祕思想。達瑞脫的史學作品，普利納的政論，托勒密的地理觀念，至哥白尼時始推翻。加連綜合醫學知識，集古代大全。羅馬成為西方文化發祥地。

不能保障中產階級，國家徵稅，使農村負擔過重，到 2 世紀，中產階級消逝，土地與財富集中到少數人之手。如是，普遍購買力降低，特別是義大利，工商趨向凋零。92 年，圖密善實行統治經濟，羅馬成了難民收容所，放債者寄生，結果羅馬失掉領導的地位。

羅馬經濟中心，仍在東方。約 1 世紀末，Marinus de Tyr 敘述新路：自安都，經埃克巴東、木鹿、巴克特（Bactres）到巴米爾，此《漢書》中有「恆帝延熹九年，大秦王安東尼遣使來朝」的記載。羅馬產金很少，多入超，圖拉真與哈德良開拓達西及葡萄牙，意即挽救危機。不只如此，通商水陸大路，須由政府控制。

此圖拉真進攻兩河流域及亞美尼亞，使亞洲西方大陸，與地中海經濟混而為一。只是此種東進政策，須有強大軍力，薩珊王朝往昔鬥爭又起，歷史

087　帝王神性化，康茂德說：「我生來是皇帝，我的父親已升天了。」
088　小普利納說：「你（指圖拉真）要我們自由，因而我們是人和公民。」

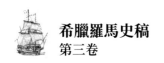

受地理支配成為必然的。

哈德良採取和平方式，軍隊總數約三十五萬，而服役者，又多係蠻人，以故軍隊地方化與靜止性超過流動性。圖拉真向東方發展，控制道路政策，逐漸放棄，這是明智政策，但是財政困難，自由經濟亦瀕於危境。

國家統治經濟，使貨幣貶值百分之三十，康茂德經濟與政治趨於混亂，為使士兵安心，只有提高待遇，但是現金奇缺，於是崩潰。一世紀久之繁榮，突然消逝。192 年，康氏瘋狂，為人暗殺，內戰隨之而起。

‖第五章　後期羅馬帝國‖

每次政變，元老院都欲奪取政權，193 年，舉佩提尼納克斯（Pertinax）為帝，以其可為羅馬貴族工具，然吝惜異常，僅八十七日便為人暗殺。王位虛懸，出重金者可得，不列顛、敘利亞及伊利利軍團，相繼叛亂，各舉將領為帝，伊利利支持塞維魯斯，羅馬疲於內亂，迎之為帝。

西氏為戰將，推行專制，元老院對抗，社會動亂又起，塞氏堅執，其子卡拉卡拉，亦能繼承其遺志，羅馬貴族與豪門悉被摧毀。兩帝大肆屠殺，將產業沒收，帝王權力加強，213 年制法 [089]，國家以其利益，推行平等，前此安東尼王朝之自由主義已拋棄了。

地方組織統一，民主思想受限制，法令劃一，如稅制中繼承者，國家不分區域階級，悉徵百分之五。

便是宗教方面，卡拉卡拉取埃及為法，欲崇奉埃及 Sarapis 神，羅馬倫理思想不統一，自然難以推行，宗教與政治不分，以故社會趨於紊亂。217 年，征帕提亞，卡拉卡拉遇刺，禁衛軍長馬克里努斯（Macrin）被舉為帝，隨亦被刺。按血統關係，敘利亞司祭埃拉伽巴路斯（Elagabal）繼位，年僅十四歲，喜著女子衣服，四年後為人所暗殺，傳其位塞維魯斯（Sévère Alexandre），

089　「凡居留在羅馬帝國境內者便為羅馬公民。」（Omues qui orbe romane sunt civis romani efficiantur.）

無足重要，仍為一少年。唯禁衛軍長烏爾比安（ulpien）思改革，皇帝掌行政權，七十議員中二十為法學者，餘為元老院議員，掌立法權，如是皇帝與少數議員共治，對宗教採取泛任態度，政府外形改變，社會問題仍然無解決，暫時安定，卻演進為形式化。

此時帝國文化已失創造能力，羅馬文化國際化的結果，西方用拉丁文，東方為希臘文，雅典、貝加曼、斯米爾納、埃弗斯仍為文化中心，卻沒有新動向。只有禁慾派思想，虔誠、清貞、自尊，配合著基督教的發展，蔚成大觀。但是個體消逝，形成一種普遍的平庸。

226 年薩珊王朝代替帕提亞，戰爭又起，須調用萊茵與多瑙兩河守軍，如是北方邊疆空虛，啟弗朗與阿拉曼侵入的機會。塞維魯斯欲採取懷柔政策，與蠻人結和，遭士兵反對，235 年為士兵暗殺。帝國沉淪在混亂中，有五十年之久，社會陷入無政府狀態。

混亂與分裂係羅馬帝國此後的整個動向。

自 235 至 268 年間，羅馬皇帝失掉權力，元老院只為貴族利益著想，地方失掉作用，繼承問題，只藉武力取決，此三十三年中，經歷二十三帝王，混亂的程度，可謂到極點了。

內亂如是，外患亦逐漸加重，中國兩漢戡定西北，產生民族的移動，自阿爾泰山西，如波推浪，西方日在劫蕩中；日耳曼人自北歐南下；哥德人渡多瑙河，入希臘，渡海劫埃弗斯；汪達爾人入色雷斯；非洲柏柏人（Berbères）攻擊羅馬人；波斯人西進奪取安都。

將領們如達斯（Dècc）與瓦拉利安（Valérien），先後欲樹立國家基礎，反國際，殘殺基督教徒。加連（Gallien）繼位，又須與基督教緩和，採取信仰自由。便在加連即位時（260），波司杜姆（Postumus）使高盧，西班牙及不列顛獨立；而東方奧德那（Odenath）、巴爾米爾（Palmyre）王公，拒抗波斯，據有埃及、敘利亞及小亞細亞。此時，羅馬軍隊失其戰鬥力，大地主為自己設想，建城牆，築碉堡，奴隸自行解放，社會在混亂中。

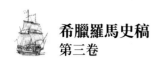

　　經濟情形更難設想。256 年後之銀幣，百分之九十五為夾金，用政治力量推行，生活提高到十倍以上。只有伊利利軍團，擁有實力。

　　270 年舉奧勒良（Aurelien）為帝。三年內，安定多瑙與萊茵兩河，收復高盧，奪巴爾米爾現金，他用武力 [090] 救出帝國，可是表面的。武力只是方法，非正常手段，他是專制者，將帝王神化，有違時代潮流。

　　奧勒良終為人暗殺，以無確定法律繼承，帝國又沉在混亂中。

　　戴克里先繼位（284），著手改革，分帝國為東西兩部。以語言為基礎，西方包括亞非利加，東方包括埃及。各方有領袖，戴克里先治東方，馬克西米安治西方，兩帝尊嚴相等，長者為首席，有立法權。兩者各擇繼承者，協助處理政務。傳賢原則又起，馬克西米安拒其子而擇君士坦丁克洛。

　　每部又分兩區，東方分：東區包括色雷斯、小亞細亞、敘利亞與埃及，尼告麥地為首都；次為伊利利區，包括希臘、塞爾比亞，以西爾米姆為都。西方分義大利區，包括多瑙河及非洲拉丁區，米蘭為都；次為高盧區，包括西班牙及不列顛，以脫來夫為都。每區又分六省，每省又分若干道 [091]。總數為九十六，各有首長負責。帝國統一仍在，立法權操於帝王之手，然軍事政治劃分，不得侵犯。羅馬被人放棄，元老院喪失實力，往昔建立共和地方實力，今已蕩然無存。戴克里先的改革，使帝國趨於滅亡。

　　帝國統一集於帝王自身，東方經濟繁榮，西方受蠻人壓迫，今以語言文化分裂，復加政治基本不同的本質，專制與共和，帝國與城邦，羅馬帝國已無法統一了。戴氏於 305 年退位，馬克西米安隨之，加來（Galère）與君士坦丁克洛承襲，四人制之幻夢又逝，戰爭又起。

090　奧勒良說：「以金與友，以鐵與敵。」
091　埃及分為三道，義大利分為十二道。

‖第六章　基督教的創立‖

　　自摩西受十誡後，希伯來民族組織起來，定居巴勒斯坦，希伯來開始長而無盡的痛史：環繞巴勒斯坦各帝王，以其地為甬道，各欲兼併；而希伯來宗教家，拒絕外來影響，使其人民孤立，虔信耶和華。耶和華為萬能之主，初並無永生的觀念，迨至所羅門時，受埃及影響，始有超性之說。西元前 722 年，薩爾貢毀撒馬利；西元前 586 年，尼布甲尼撒劫耶路撒冷，政治上的失敗反映到宗教上：以精神爭取勝利。以塞亞 (Isaïe) 破毀民族的界限，使之具有普遍性。亞摩斯 (Amos)、傑瑞米 (Jérémie) 譴責信者不德，提高道德標準。

　　希伯來人移至巴比倫，祆教善惡對峙的思想與以影響。西元前 538 年，大流士復原逐放者，耶路撒冷成為宗教中心，有兩世紀之久，完全為神職者統治。西元前 331 年，亞歷山大毀其孤立，西元前 320 年變為埃及屬土，又一次埃及予以不可抵抗的影響。迨至西元前 200 年，為安提奧古三世取得，希臘思想侵入，希伯來人散居四方，而亞歷山大變為希伯來人思想的中心。西元前 3 世紀時，《舊約》被譯為希臘文。希伯來自身分裂為兩派：一方面是保守的，以民族為前提；另一方面是希臘的，採取開放的態度。內戰起，西元前 142 年，耶路撒冷王國恢復。此時情緒激烈，但以理即產生於此，而「救主」的思想亦產生於此。

　　埃及、波斯與希臘思想匯於巴勒斯坦，靈魂不滅，福善禍謠，救主降臨，東方宗教神祕思想迅速發展，守舊與開放的內戰亦愈劇烈。

　　西元前 64 年，龐培受保守黨之請，率軍入耶城，變為敘利亞省之一部分。西元前 37 年，埃好德與羅馬談判，大興土木，開拓海港，如：切薩雷 (Cesarée) 與外通商，形成宗教、文化、經濟的復興，與克麗奧佩脫拉競爭，不能見容於舊派。埃好德死後（西元前 4 年），希伯來王國又分裂，思想混亂到極點，期待著救主的降臨。

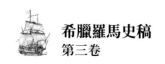

耶穌出身寒微，自幼即飄泊異鄉，約旦河受洗後，要人「懺悔，天國將降臨」。他的倫理異常簡單，幸福者是受飢寒、哭泣望正義者；達到天國的直路，不是教條與儀式，而是犧牲自我的博愛；他不分種族、階層，以慈愛克服暴力。由自己良心決定了一切的行為，恨不是他所有的。[092]

耶穌死後十二年，羅馬已有基督教徒蹤跡，自聖保羅皈依後，去掉希伯來人彩色，他往返的旅行，使宗教普遍化。安都[093]科林斯、埃弗斯、亞歷山大城，羅馬漸有團體形成。只是基督教平等的觀念，不能視帝王為神，與羅馬政治思想相違，結果遭受大屠殺，64年尼祿統治時，彼得與保羅喪命。

希臘與希伯來人之衝突，形成內戰，羅馬遣提圖斯遠征，70年毀耶路撒冷。即在此時，馬太與馬可以希臘文著《新約》，路迦又著《福音》及《使徒行傳》。又三十年後，若望刊其《福音》，而三位一體思想，由是創立。此時教會已有定形，非復往昔之散漫矣。

同時，禁慾派思想發展，倫理價值很高，政治上民主思想推進，又與基督教平等觀念相符，所以普魯塔克說：「我們不信神會因國家不同。」實質遭遇摧殘，而基督教發展上卻有和諧的氣氛，以柔和方式，與人以安慰。安東尼王朝時代，一切趨於放任。108年，基督教在亞歷山大城設立學校，知識階級深受影響，教會規章、受洗禮、聖體、守齋及祈禱漸成定則。此時學者輩出，如 Justin、Tatien、Aristide、Athénagore、Irénéede Smyrne、Théophile d'Antioche 等。此時，思想上染有悲觀色彩，精神與物質的對峙，似受印度佛教的影響。印度經紅海入亞歷山大城，基督教成為古代宗教集大成者。

塞維魯斯時代，一切要集中，以故殘殺基督教徒。自217年，政治趨於寬容，教會自行組織，解決信友所生的問題，主教變為精神的導師。時代趨於混亂，教會愈顯重要，選舉主教成為每個城市主要事件。主教要重視個人的良心，以慈愛保護人民的生命。它不是情感的，而是理智的；不是個人

---

092 「告你說，你要愛你的敵人，恨你者要善待他，害你者，你當為他祈禱⋯⋯」
093 是在安都第一次有基督教徒的名稱。

的，而是社會的。

當蠻人侵入，社會漸趨混亂，武力為唯一的憑藉，教會負起雙重任務：它是羅馬帝國居民的保護，又是蠻人的教育者。

‖ 第七章　帝國衰落 ‖

戴克里先的四人制，公私無法兼顧，與帝國政治思想相違，結果失敗而退位，君士坦丁知西方基督教的潛力，利用他父親軍事的地位、母親宗教的同情，擊敗馬克森斯（Maxence），313 年發表米蘭敕令，尊重基督教徒信仰的自由。[094] 當軍事向東推進，帝國趨於統一。

325 年召開尼西亞宗教會議，基督教亦隨之勝利了。

君士坦丁將帝國變為世襲，對基督教有好感，亦不排斥外教，隨時代思潮而趨，380 年基督教變為國教。由是政權觀念亦變，帝王不是神，而是神權的代表者。基督教政教分離的觀念[095]，以埃及神權觀念故，新宗教踏入一新階段。

基督教只有一教會，雖為國教，卻不與之混合。帝王成為神權與世權的聯合者。各郊區由人民選舉主教，而官吏卻由帝王任命。倘利害衝突，主教成為人民的代表，Ecclésia 便是人民集會，此帝國宗教會議，變為有力的工具。教會由民主產生主教，集主教而為貴族，由貴族以生君主。此帝國中之帝國，其權力係獨立的。381 年，君士坦丁堡宗教會議，羅馬主教有優越地位。

教會演進成為定型，集民主、貴族與君主於一體，又以獨身故，斷絕世襲觀念。此種政治原則，支配西方國家。羅馬為政治放棄，卻為宗教接收。有自己的立法權 —— 始於 318 年 Ancyze 宗教會議，神職者為特殊人物，教會法成為有效的工具。

337 年君士坦丁死，帝國仍分裂為二：君士坦提烏斯治西方，君士坦斯

094　米蘭敕令中說：「我們決定還給基督教徒們自由，為著使上帝保護他們跟我們一樣。」
095　耶穌說：「是凱撒的還給凱撒，是上帝的還給上帝。」

治東方。亞里安思想仍破壞基督教的統一。君士坦提烏斯死，353 年恢復統一，為了避免戰爭，355 年舉尤利安為繼承者，他善戰，虔誠，但是自 360 年後，受希臘影響，採取寬容態度，繼後對基督教敵視，禁止傳播教義，363 年，死於波斯戰爭中。

尤利安死，君士坦丁世系斷絕。軍隊舉瓦倫提尼安（Valentinien, 364 － 375 年在位）為帝，分裂統治復現，瓦倫提尼安治西方，其弟瓦倫斯治東方。西方續為其子克拉西（375 － 383 年在位）及瓦倫提尼安二世（383 － 392 年在位）統治。東方以無子嗣，容拉西安舉狄奧多西（Theodose）（379 － 395 年在位）為帝。392 年，瓦倫提尼安二世死，亦無子嗣，狄奧多西兼治，帝國統一似恢復，但是 395 年狄氏死，復分為二：阿伽底（Arcadius, 395 － 408 年在位）據東方，霍諾里厄斯（Honorius, 395 － 423 年在位）據西方，世襲成為定則，帝國永遠分裂矣。

自 3 世紀後，人口減少 [096]，軍隊無徵集，利用蠻人成為普遍習慣，而地主供給壯丁，多係市井無賴，士兵素養漸不可問，紀律亦崩潰矣。為了防守，須縮短多瑙與萊茵兩河防線。蠻人如波推浪，逐漸流入帝國。376 年，西哥德人衝破多瑙河，占據北巴爾幹，受南方財富誘惑，侵入色雷斯。

378 年，兵臨君士坦丁堡城下，狄奧多西與之和談，成為帝國的同盟，他們是特殊的集團，不受羅馬法裁制，瓦倫斯又禁止與羅馬人通婚，結果變為國家內的國家。帝國為安全起見，迫使地主出讓三分之一土地，各省有佛朗、阿拉曼、亞蘭及哥德人蹤跡，羅馬軍隊失其統一，而對帝國的威脅更大。

戴克里先改革，行政階級化，龐大組織，宛若一部機器。但是，此種階級制度與人民脫節，人民只是納稅，官吏亦只徵稅，而帝王需透過此種階層，使能與人民接近，一種形式養成，社會上又多添了一種官僚階級，特別是稅收人員。於是，高官多落於貴族，中級行政人員，漸成專職，帝國由三十多家庭統治，官銜、職位成了確定身分的條件。迨至帝國無法支持時，

096　猜想羅馬帝國居民，1 世紀時約七千萬，3 世紀降至五千萬。

必然分裂成一種割據，又況軍隊已落入蠻人之手。

官僚制度使帝王權力無法執行，而教會權力反日漸擴大，具有一種動力，構成時代的主潮。爾若蒲以希臘文著《教會史》，拉克坦斯以拉丁文著《歷史哲學》。兩者學識淵博，重視天意。同時，教會中穎出者，倡導苦修，排絕豪華與名利，凝神集志，退隱於荒野山澤之中。

如 Jean chrysostome 推贊 Thébaïde 的苦修；巴西爾建修院於本都；若洛姆校刊《聖經》，倡導嚴肅律己的生活，走向神祕的道路。《聖經》亦為絕對的真理，信仰支配了思想，宗教動力愈強化，分歧愈多，[097] 教會亦趨於專制。聖希來（St Hilaire）主張容忍：「上帝是大眾的，不需要強力來服從，亦不需要勉強崇拜。」聖奧古斯丁受安碧洛的影響，皈依基督教，著《天國》，倡導精神價值：「天地要逝去，真理卻永留下的。」一切要和諧，有序，不能混淆，不能顛倒；天愛與人愛配合，始能走向光明；德是個人的，法是公共的，德法並彰，始能自由。這些真理永存著。

‖第八章　西羅馬滅亡‖

羅馬帝國的危機，不僅是邊防，而且是由於政權的不定與經濟的困難。戴克里先於君士坦丁的改革，便知問題的嚴重。戴克里先視經濟危機僅只是財政問題，國家吸收黃金，為了減少籌碼，文武官員付以實物，於是政府採用自然經濟，商業卻用貨幣。政府為保留黃金，到處設立公營事業，供給需用，奧斯蒂亞為重要據點。如是農產物的銷售，趨於停頓，而農人的購買力降低，生產衰落，經濟陷入封鎖狀態，特別是交通不近農產地帶。大地主挾其雄厚資本，擴張土地，城市的商業淪為衰落地步。

為挽救此種困難，國家採用合作政策，於是各種合作團體成立，變為官僚的，亦即國家的。此封鎖動向，使個人自主活動毀滅，國家保護合作，禁

097　Manès（215—296）受波斯影響，倡二元論，善惡並存。296 年其說風行。Donat 為迦太基主教，於 311 年倡宗徒為唯一繼承者，使教會分裂。亞歷山大城主教 Arius（280—336）反對超性說。

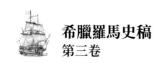
止轉讓,取得法人地位,有繼承權。在鄉間的演進,以鄉村為中心,走向同樣道路。要賦稅,需要保證生產,農人與土地結合,世世相襲,不能與土地分離,而職業工匠等依然。自332年後,雖無法令規定,卻已成為定型,墾民不能脫離土地,不能與外人結婚,須有主人同意始能有個體活動。法的平等漸為階級代替,而貴族制度,漸趨形成,土地過去為財產,現在變為支配人的工具,主客易位,喪失自由。

社會深刻的改變影響到政治上更大。國家與人民之間,有特殊階級的存在,中產階級,無法支持,求大地主保護,以抗官僚的壓迫,中產者降為墾民,宛如奴隸。338年,君士坦丁將大地主直屬國家,不受普通法令制裁,結果特殊化,因為他們是「官的」,享有特權,逐漸以力兼併,凡是有利可圖者,變為己有。中產階級自戴克里先後完全消逝。國家基礎動搖,此種濫用國家權力,結果只產生了少數土地貴族。

西方經濟的本質是農業的,東方是商業的。希臘人、敘利亞人、埃及人、伊利利人、猶太人握有商業與航業,亞歷山大城、安都、君士坦丁堡、埃弗斯仍能保持繁榮。而西方地中海邊外,城市已趨沒落,羅馬便是一證例。東方仍重自然經濟,不受貴族牽制,生產未封鎖,小資產者仍能存在,經濟的繁榮減輕了國家的統治,個人自由賴以保存。

因為東方商業的繁榮,4世紀時,西方經濟危機,證據是關稅提到12.5%,360年後,可以支付薪俸,不以實物,而以現金。但是此種現象不能久持,隨即帝國分裂。社會實力強大,個體消逝。國家合作化,領地實力加強,門戶派系取而代之。基督教定為國教,信友與公民兩觀念混亂,猶太人劃為法外,對非基督徒亦失掉容忍的態度。個體與普遍的觀念改變,所存者只有階層、宗派與門戶,這是一種倒退。

西方到沒落的地步。395年後,蠻人以壓倒的勢力湧來,哥德人,匈奴人,汪達爾人,相繼侵入,西羅馬陸上勉強應付,漸趨蠻化;海上由汪達爾人控制,羅馬被孤立起來。瓦倫提尼安三世(Valentinien III,425－455年

在位）時，財政收入約二百萬金穌[098]，要維持三萬軍隊，便需耗費財政的一半，到 470 年，義大利只留下一萬二千人的軍隊了。西方失其主動，內戰又起，帝王實權已不存在。475 年西方總督奧來斯托（Oreste）舉其子為帝，是為羅慕洛‧奧古斯都（Romulus Augustule），蠻族勢力擴大，日耳曼軍事領袖奧多亞克（Odoacre）係 Hérules 王，南下入羅馬，廢幼帝，取其衣冠，復徵元老院同意，寄予東羅馬帝柴農（Zénon）：「西方不需要一個特殊的帝王，你一人統治就可以了。」東帝承認統治義大利的特權。但是這不是帝國統一的恢復，而是西羅馬的滅亡。

結論

　　希臘羅馬歷史是地中海發展的歷史。最初，海是一種障礙，它的活動不能與大陸及河流並論的。因為東地中海天然優越的環境，復有克里特、埃及與腓尼基的伴侶 —— 有時又為敵人，希臘人竭其智慧，適應環境，每次磨練，每次擴大，每次澄清，發現了生命的可愛，此生命的淵源為「意識」。希臘哲人教人了解「自己」，人不僅要完善的體格，而要有晶明的心靈。如幾何，從複雜的圖案中表現一種單純，由奇離的結構中，反映出一種和諧，他們每個人容納相反的力量，使意識增高，由類比相推疑，發現了人類的意識及宇宙的意識。

　　這種成就不是突然的，他需要長久的時間，漸次的演進，個人意識的發展，限制本能，使那些人為的障礙漸次消除。但是每次消除後，新的障礙又生。這不是規律的循環，而是空間擴大後，提出新問題與發生的新現象。如池沼擴大為海洋，面積愈大，波濤起伏的狀態愈雄壯。

　　希臘羅馬的共同點，便是環境相同，都是海洋孕育成的。他們集合了許多不同的民族、語言與習慣，以個人為基點，以求與自然與人類配合，如何

098　一金穌（Son）重 4.48 格拉姆，值 15.48 金法郎，十二穌置一匹馬。

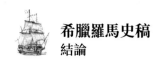
和諧，如何不損其基本的特質。為此，我們習慣上，稱「希臘世界」，它不是一個國家；稱「羅馬帝國」，它不是一個城邦。自希臘城邦演進到羅馬帝國，其間有千年之久，這並非偶然的。

最初，希臘羅馬的政治是城邦的，無論是君主或民眾，每個公民都不受干涉，有自由的決定，創立議會，制定法典，如何使集體中不毀滅個體，宇宙意識、人類意識與個人意識相調和。他們同受國際的影響，埃及、亞述、波斯、腓尼基等所發生的事實，無論巨細，都發生密切關係，但是到個體意識受到摧殘毀滅時，必與之爭，最後仍是勝利的。由特洛伊戰爭起，希臘即向此發展，波希戰爭給予一種信念。

亞歷山大有天人合一的思想，他是一個侵略者，他代表的實力卻別具一種偉大，其分裂為必然的。戰爭時起，只好放棄了統一世界的幻夢。

羅馬興起，地中海為它實力的儲蓄所，它的命運，便看握地中海霸權的久暫。它之毀滅迦太基，自文化言是一種罪惡，自國家言卻是必然的。帝國擴張，向西取得高盧與西班牙，足踏歐洲大陸，城邦亦隨而消逝，西塞羅與凱撒為不同的理想犧牲，而犧牲的意義卻是一樣的。奧古斯都較為聰明，給安東尼王朝開一坦路，自由與繁榮，代表城邦的議會與代表帝國的皇帝，日日決鬥，羅馬帝國漸次脫離了海上，轉為大陸。便是在此時，資本主義（海洋發展必然的結果）達到飽和點。那些代表者也便趨向唯物了，琉善與伊比鳩魯的產生又是必然的。

不幸得很，城邦轉為帝國，一切趨於形式，個體受限制，因為社會不同了。個體是一切進步的因素，但是資本主義發展的結果是窮困，個體有餓死的危險；物質享受的思想、尋找刺激的結果是懷疑和個體倫理衰落。此種演進，使羅馬社會混亂，禁慾派的帝王，如安東尼、馬可·奧理略，他們倡忠恕之道，使個人與社會協調，注意到土地與資源，隨即有監察銀行、礦產國有等制度發生。杜絕自由主義，後期羅馬帝國所求者，不是個體的自由，而是社會的平等。

羅馬為政者用意至善，欲使個人利益與社會利益平等。為此國家須採取集權制度，自塞維魯斯與戴克里先後，政治趨向集權。個人毀滅，得利者不是社會（社會是個體的結合），而是政府。絕對專制形成，少數官僚變為貴族，此 3 世紀後，西方城市產業衰落，倫理與經濟破毀，暴力成為生存的唯一方式。群雄割據，集權必毀，西羅馬滅亡是必然的。

西方受蠻族侵入，政治經濟發展又復如是，人民心理必然的憂暗，人受任何苦痛，仍然忍受求生，形成一種飄渺的希望。此時基督興起，它以愛著手，宣示一種自然的正義，此正義存於每個人心裡，它挽救了個人的意識，不是邏輯的，而是倫理的。倫理觀念並非階級、種族、宗派所私有，它是普遍的。以故基督教結束了古代的文化，同時保存了古文化最後的部分：集體中不毀個體，實利中不忘正義。由此，我得到一個結論，希臘羅馬史給予我們的教訓：個體與集體不能相違，經濟與文化不能脫節。

══ 附錄：關於希臘羅馬史主要資料 ══

關於希臘古代史，除 Schliemann 及 A. J. Evans 考古學上成就外，當於 Thucydide 及 Herodote 著作中求之，只須善於理解，便可得許多啟示。迨至荷馬時代，當取 Iliade 及 Odyssée，最好的版本為 A. Ludwich, 4 Vol. Leipzig, Teubner 1887 － 1907。那裡面有許多史事，特別是關於社會方面的。

自西元前 8 世紀至波希戰爭時，抒情詩、Tyrtée 關於斯巴達、Plutarque 關於 Solon 及 Thucydide 與 Herodote 短簡的提示、石刻與貨幣，亦為重要的史料。到波希戰爭時（前 492 －前 449），我們知之較多，Herodote 有全盤的敘述，Eschyle 的《波斯人》關於 Salamine 戰爭，Plutarque 關於 Thémistocle, Cornélius Népos，關於 Thémistocle、Aristide、Miltiade。

雅典全盛時期，Thucydide 有簡略的敘述，後人追記者，有 Diodore de Sicile、Cornelius、Plutarque，他們論到 Aristide、Pansanius、Pericles、Cimon……

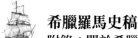
希臘內戰起，敘述 Peloponesse 戰爭者，有 Thucydide，一直到 411 年。次為 Xénophon 的 Helléniques 述 411 年後之演變。Aristophane 喜劇中所影射事件，Plutarque 關於 Périclès、Nicias、Alcibiade。

迨至斯巴達稱霸時，主要資料為 Xénophon 的 Helléniques、Agésilas，關於雅典，即以 Lysias 的演說。後人記者，有 Diodore de Sicile、Cornelius Nepos、Plutarque 關於 Canon、Lysandre、Agesilas……馬其頓興起，雅典雄辯者之言論，當為主要資料，如 Isocrate、Eschine，特別是 Démosthène。次要之資料，如 Diodore de silile, Plutrnque 關於 Phocion、Demosthine……亞歷山大時代，除石刻等外，即有 Diodore de Sicile、Trogue-Pompée、Quintecurce、Plutarque、Arrien 的敘述最好。以後至滅亡（146），即只有 Diodore、Plutarque、Cornelius Nepos，特別是 Polybe。

關於羅馬古代史之資料，大多為傳說，亦如其他民族一樣，須加鄭重。王政時代（前 753 －前 509），即有 Cicéron：De Re publica, liv. II；Tite live, liv. I, Denys d'Halicarnasse 不精確。次要資料為 Plutarque 的 Romulus 及 Numa。Polybe 亦有短簡記述，其他如 Diodore, Appien, Dion Cassius。

自西元前 509 至西元前 264 年，主要者有 Tite Line, Denys d'Halicarnasse（第五卷以後）、Diodore, Plutarque 關於 Camille。只知大事，無法精確。如 Pyrrlms 戰爭。自西元前 264 年後，資料即完全，Polybe 最好，Tite-live 對於第二次布匿戰爭，Plutarque 印記：Faleius Maximus, Marcellus, Caton l'Ancien, Paul emile, Flaminius, Les Gracques, Marius, Sylla。Saluste 關於 Jugurtha, Appien, Cornélius Népos（關於 Hannibal 及 Caton），Trogue Pompée, Diodore, Dion Cassius, Ciceron 文集中亦散見許多資料，題名是 Corpus InscriptionumI。

自西元前 78 年至前 29 年，Cicero 作品，特別是通訊。Caesar 的《高盧戰記》，一卷至七卷。《內戰記》，Hirtius：《征高盧》第八卷，Salluste: Catilina. Tite-Line 的 Periochae。Velleius Paterculus; Appien, Dion Cassius，特

別 Plutarque 中，Lucullus, Crassus, Sertorius, Pompée, Catonle Jeune, Cicéron, Caesar, Antoine, Brutus。Suétone 而論 Caesar, Augustus，以及題銘同上。

自奧古斯都以後，到 Dioclétien 時代（284），資料較少。1 世紀主要資料，即 Tacite, Suétone, Dion Cassius。小 Pline 關於 Trajan, Joséphe 與 Sénèque。2、3 兩世紀，即有 Scriptores Historiae Augustae，約自 117 年至 284 年帝王拉丁傳世時代的題銘及貨幣較多。入 4 世紀，即有拉丁史學家 Ammien marcellin 的歷史。自 96 年到 378 年，我們現存者，即僅 353 至 378, Aurelius Victor 著《帝王本記》，至 Constantin 大帝，Eutrope 著有羅馬史（至 Jovien 之死，364 年）。Brose 著歷史（417）。Jardanes 著錄德史；Grégoire de Tours 著 Historia Francorum。關於羅馬滅亡時重要敘述。希臘史學 Zozime 著《270 至 410 年史》，約作於 450 年。Jean d'Antioche 著通史。教會方面，即有 St Ambroise, St Augustin, St Jérôme。而教會史學家，即有：Eusèbe, Socrate, Sozomène。

此外有許多題銘。

關於文集，有 Bibliotheca Teubneriana, in 8, Leipzig, Teubner; Bibliotheca Oxoniensis, in 8, Oxford, Clarendon Press; Collection Budé, Paris, Societé les belleslettres。至於石刻與題銘等，即有柏林學會所刊 Corpus Inscriptionum Graecarum，統稱 Inscriptiones Graec ae, XV Vol。關於羅馬，即有 Corpus Inscriptionum Latinarum 辦《柏林學會所刊》XV Vol. 關於 Etrusques，即有同上出版的 Corpus Description Etruscorum, 2 Vol.

至於參考書，關於希臘方面，即有 Glotz(G.):Histoire Grecque, 5 vol. Paris, Presses uni. 1925; Cohen(R.):La Grèce et l'hellénisation du monde antique. Paris, 1934; Cavaignac(E.):Histoire de l'Antiquité, 4 vol. Paris, Fontemoing et Cie, 1913-1920; Duruy(V.):Histoire des Grecs 2 vol.Paris, Hachette, 1874; The Cambridge Ancient History, Cambridge, uni. press. Ⅳ - Ⅶ , 1926-1929; Bury(J. B):A History of Greece to the death of Alexandre the Great. London, Macmillan,

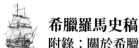

1913; Jouguet(P.):L'impérialisme macédonien et l'Hellénisation de l'Orient, Paris, Ren-naissance du Livre, 1926; Barbagallo(C.):Le Déclin d'une civilisation ou la fin de la Grèce antique, Paris, Payot, 1927; Roussel(P.)La Grèce et l'Orient des guerres médiques à la conquête romaine, Paris, Alcan, 1928.

關於羅馬方面，即有：Mommsen(th.):Histoire romaine. Trad. C. Alexandre, 11 vol. , Paris Frank, 1863-1889. Duruy(V.):Histoire des Romains, 7 vol. Paris, Hachette, 1875-1885. Piganiol(A.):Esquisse d'histoire romaine, Paris Alcan, 1931. Homo(L.):L'Italie primitive et les débuts de l'impérialisme romain. Paris, Renaissance du Livre, 1925. Ferrero(G.):Grandeur et décadence de Rome, Ⅵ , vol., Paris, Plon, 1903-1907. Fustel de Coulanges:La cité antique, Paris, 1868. 李玄伯譯，改名為：《希臘羅馬古代社會研究》，商務印書館，1929 年 6 月出版。Montesquieu, 1734 年刊。De la Grandeur et de la décadence des romains，書雖舊，卻是開一種新風氣，而 Pirenne(J.):Les Grands courants de l'Histoire universelle, T. I des origines à l'lslam. 3e ed., Ed. de la Baconnière, Neuchâtel, 1945，非常有見解。

世界古代史講稿

原始社會

‖緒說‖

　　根據科學家的猜想，人類最初的歷史到現在約有一百多萬年，這是夠長的了。相形之下，階級社會的歷史卻是很短的，最長也超不過四五千年。關於原始時代的歷史，過去沒有正確的解釋，大都是一些臆測。到了 19 世紀後半期，由於達爾文的《物種源始》（1859）、摩爾根的《古代社會》（1877），特別是恩格斯的《勞動在從猿到人轉變過程中的作用》（1896）和《家庭、私有制和國家的起源》（1884）等名著相繼出版，提出了這門科學的基本規律。從此原始社會的研究得到新的發展，而成為歷史科學重要的組成部分。[099]

　　首先，原始社會的研究須借助於考古學。荒遠古代生活的原始人，雖然早已絕跡，可是地下仍然保存著他們活動的遺物，如使用的石器與骨器、居住的遺址和埋葬的墳墓。考古學者按照出土的情況，推斷原始人生活的年代及活動的情形。其次，原始社會的研究須借助於人種學。在不少地區，如澳洲、非洲和美洲，仍存在著若干落後的部落。觀察他們的生活狀況，研究他們的社會制度，可以得到許多資料，說明原始社會的實況。在古代文化較發達的國家中，語言文字至今仍保存著某些原始的殘跡，反映在許多傳說、神話及文學創作中。這些都是研究原始社會重要的材料。

　　19 世紀開始了原始社會的科學研究工作。丹麥考古學者湯姆遜於 1836年，根據工具所用的主要原料，將原始社會分為石器、銅器及鐵器三個時代。繼後法國考古學者摩爾提埃於 1869 年分舊石器時代為初、中、晚三期，奠定了考古學分期的基礎。無疑，這種劃分法有一定的科學性，只是太簡單了。將古代社會的發展概括為僅是工具的改進，很難正確地說明社會發展的本質。

099　《世界古代史講稿》寫於 1963—1964 年。

摩爾根在《古代社會》中提出別一種劃分法。他將原始社會劃分為「蒙昧」與「野蠻」兩個時期，各時期又分為低級、中級、高級三個階段，並在每階段上列舉出物質與精神發展的特點。恩格斯研究原始社會便是採用了這種劃分的方法。

列寧對原始社會的分期有了進一步的發展。他劃分原始社會為「原始群」與「原始公社」兩個時期。原始公社就是氏族公社。按照生產力的發展，氏族公社又劃分為兩個階段，即母權制氏族公社時期與父權制氏族公社時期。

恩格斯說：「有了人，我們就開始了歷史。」[100] 人類歷史最初發展時期的特點在於結束了人類本身在生物學方面的發展。人與自然不斷地鬥爭，依靠集體的力量，有組織地共同勞動，共同分配。這時候，生產力極為低下，沒有階級與剝削，「每個人以社會一員的資格，同其他社會成員協力，結成一定的生產關係，從事生產活動，以解決人類物質生活問題」。[101] 隨著生產力的不斷發展，物質生活不斷地進步，由低級趨向高級，由簡單趨向複雜，原始公社逐漸解體，出現了階級社會。

‖ 原始群 ‖

19 世紀末，關於人類形成的過程始得到科學的說明。達爾文在《物種起源》的結論中說，須從生物界研究人類的起源。1871 年，他著《人類起源》時又說，人是東半球猿類的後裔。考古學者不斷發現人類的化石，證實了達爾文的認識是正確的。

人是由猿進化的。1954 年，在雲南開遠地區發現了森林古猿的牙齒。森林古猿的發展，有的發展為人，有的成為現代的類人猿。亞洲東南部、非洲及歐洲南部都是森林古猿活動的範圍。非洲的南方古猿是從猿到人的一個中間環節。

100　恩格斯：《自然辯證法》，1959 年，16 頁。
101　《毛澤東選集》，第一卷，1951 年，281 頁。

達爾文說明從猿到人是生物的進化，卻沒有說明古猿怎樣轉變為人。關於這一重要問題，恩格斯提出科學的解釋，「勞動創造了人類本身」[102]。最初古猿的前後肢是無區別的，繼後在長期的歲月中，由於勞動導致前後肢的分工，後肢荷負全身，逐漸直立行走，前肢變得靈活，形成雙手。所以，「手不但是勞動的器官，它還是勞動的產物」[103]。

隨著不斷的勞動與前肢的發展，猿類不發達的喉管，緩慢地被改造，逐漸發出清晰的音節，形成了語言。所以，語言是從勞動當中並和勞動一起產生出來。由於勞動的推動作用，猿的腦髓與其他感覺器官也隨著發展起來。這樣，人離開動物愈來愈遠，能力變得愈來愈強，不只是利用自然，更重要的是支配自然。人類勞動是「從製造工具開始的」，工具是劃分人和動物的標誌，也是征服自然界的開始。

1964 年 11 月，中國公布藍田猿人的發現，經科學家的研究，認為藍田猿人比北京猿人原始。就全世界來說，它代表目前世界上已經發現的最早的一種猿人類型，早於爪哇直立猿人。

1891 − 1892 年間，荷蘭殖民主義者在爪哇發掘的猿人，大致與北京猿人相當。這些猿人化石屬於低級階段的猿人，較南方古猿發達，已能直立行走，製造和使用粗糙的工具。根據這些特徵，藍田猿人等是最原始的人類。人類的形成是在特殊的條件下發生的。這是「有機世界史中唯一無二的不會重演的事件」[104]。原始人類的生存受到強大的自然壓迫，曾進行過艱苦與劇烈的鬥爭。他們的生活是十分困難的，並不如浪漫派詩人所幻想的那樣美妙。

1927 − 1937 年間，在北京西南的周口店，發現中國猿人的頭骨、火的殘跡，有手工痕跡的燧石，這便是距今四五十萬年前的北京人，它是最早利用天然火種的。猿人能掌握火是控制自然力量提高的表現。從此可以熟食、取暖以及防禦野獸，對人類生活是十分有益的。

102　恩格斯：《自然辯證法》，1959 年，137 頁。
103　同上，138 頁。
104　柯斯文：《原始文化史綱》，1955 年，15 頁。

最初人類的生活是集體的。在自然前面，人類的力量是十分薄弱的。人類吃的是樹果與槐根，居住在樹上，過著群居的生活。人類最初的社會，列寧稱之為「原始群」[105]。原始群的社會沒有分工，沒有壓迫，也沒有婚姻，而是一種雜交。猿人製造扁桃形的石斧，發揮了有力的作用。猿人過著群的生活，但是在最初，群與群之間彼此是孤立的。

由於勞動的需要，語言與思維得到發展。語言和思維是現實生活的反映，兩者同時發生，有著密切的聯繫。

猿人經過漫長的歲月，距今約十萬年，人類體質有新的發展，尼安德塔人便是這一時代的代表。尼人的分布最廣，亞洲、歐洲與非洲都發現過尼人的化石。尼人體質有許多特點，額低，眉骨粗大，頦部不突出，腦容量接近現代人，身體粗矮，卻很有力。

尼人是生活在舊石器時代的中期，即考古學上所稱的「莫斯特」時期。與此相適應的文化，在中國有河套與丁村文化。在丁村的遺址中，發現許多鹿和象的骨骼。他們以採集與狩獵為職務，不斷地改進工具，如穿刺的石錐，刮削的石刀，已能製造極簡陋的衣服。冰河來到的時候，尼人長期住在洞穴內，開始了定居生活，遊蕩的群開始形成固定的集團，他們的生活有了重要的變化。

到舊石器時代晚期冰河退去後，出現了真人。真人是尼人的後裔。考古學者發現凡有尼人遺跡的地區，其地質年代較近的地層都有真人的遺跡。真人分布得很廣，在歐洲有 1868 年發現的克羅馬儂人，在中國有 1934 年發現的山頂洞人。他們身體高大，腦容量已達到 1,400 立方公分。

人類散處在不同的地區，受自然與歷史因素的影響，其外形有可遺傳的特徵，緩慢地形成了種族。但是，人類的起源卻是共同的祖先。按照區域的不同，真人時代出現了三種類型，即黑人、歐洲人與蒙古人。這種不同只是皮膚的顏色、頭髮的形狀的不同，至於生理與心理的活動、智力的作用卻是完全一

105　列寧於 1913 年 12 月寫給高爾基的信。

樣的。種族的不同不是自始發生的，資產階級的人種差別說是反科學的。

原始群有了相對穩定的生活，居住在木棚與窯洞內。石製工具的加工，骨製與木製的工具向複合式方面過渡，表現出物質文化的提高。人工取火亦是舊石器晚期的特點。恩格斯說：「摩擦生火第一次使人支配了一種自然力，從而把人從動物界分離出來。」[106] 由於生產水準的逐漸提高，生活比較穩定後，原始群開始解體，血緣成為紐帶，形成了氏族制度。原始群解體的過程是緩慢的。由於生產的發展，原始群分裂為兩個「半邊」，隨著建立起新的婚姻秩序，便是說同半邊的人不能結婚。這種婚姻被稱為族外婚，與氏族形成有直接的關係。族外婚就是不同群的群婚，由此婚姻不再是生物的傳種，而是社會的制度了。幾個互通婚姻氏族組成部落，幾個部落的聯合又發展成聯盟，集體的力量更強大起來。

這時候，氏族成員共同生活，按性別與年齡實行分工，男子偏重狩獵，婦女與兒童偏重採集，女子的社會地位逐漸變得重要了。

在原始群的階段中，人類是沒有宗教觀念的。到尼人時期有了葬地，屍體塗染紅色，初步有了宗教觀念，反映出超自然的力量。在原始群解體的時候，氏族制度形成，同時也產生了圖騰制。圖騰為阿爾袞琴語，即氏族成員與某種物體有親屬的關係。

║母系氏族社会║

原始群解體後，母系氏族社會形成。兒童只知其母，不知其父，即兒童是按照母系計算的。母系氏族社會儘管發展有不平衡，卻是普遍存在的。

新石器時代不斷地改進工具，生產有顯著的提高。石器的磨光與鑽孔，鑽子與斧頭的製造，生產技術有顯著的革新。這時候武器從工具中逐漸分離出來。

弓箭的發明是人類征服自然的飛躍，狩獵經濟得到很大的發展。弓箭比

106　恩格斯：《反杜林論》，1956 年，117 頁。

標槍完備，既靈活又有力。標槍可投擲三十公尺，弓箭射程卻超過它三倍。優秀的射手每分鐘可射二十發箭，這對於獵獲鳥獸是非常便利的。

陶器製造的發展含有重要的意義。原始的陶器是黏土壓製深窩，在火上燒成的。螺卷法的製造也是很古老的，將黏土揉成長條，螺旋盤起來，內外擠壓，在火上燒成陶器。陶器大量的製造，不只解決液體貯存、烹調食物，更重要的是適應定居生活的需要，促進了男女的分工。

母系氏族社會的經濟特點在於：採集經濟向原始農業過渡，狩獵經濟也向原始畜牧業過渡。這種發展使經濟得到繁榮，改變了社會的面貌。

原始農業起源於採集經濟，婦女是農業的發明者。她們觀察塊根野生植物，經過選擇種植，予以鬆土、灌溉及除草，這樣就產生鋤耕農業。通常男子從事狩獵，遇到整理土地與播種工作，亦與婦女共同進行勞動。農作物主要有大麥、小麥、黍、稻、穀、豆等。為了防止減少產量，他們開始實行輪種制，即在同一地段種植不同的農作物。

畜牧業是從狩獵發展起來的。圍圈式的狩獵為馴養動物創造了條件，被圍圈的動物得到繁殖的機會。圍圈式是有困難的，卻是很重要的，因為這是活的肉食的儲藏。馴養動物是十分艱巨的工作，選種與配種需要豐富的經驗。可馴養的動物有十四萬種之多，而所能馴養的僅只四十七種，這真是微不足道了。關於古代馴養家畜問題，至今仍未得到解決。僅知狗的馴養是最早的，可以協助狩獵與運輸。其次為山羊與豬。到湖上居住的時期，馴養的牛也出現了。最後馴養的是馬，很可能起源於亞洲。

農業與畜牧業的發展，促進知識領域的擴大。由於農業的需要，人們注意到時節的變化。在畜牧業方面，牧人也注意到地理與氣候的情形。這就發生了計數與記事的必要。知識與經驗的累積，強化了鬥爭的能力。

母系氏族社會，婦女掌握經濟實權，有很高的威信。母系氏族組織實行民主制，雖有許多家庭，但是成員們集體生產，共同消費，氏族成員是平等的。母系氏族有時很龐大，有三百多成員。婦女權力很大，假使男子懶惰，

隨時有被驅逐的危險。

這時候，偶婚制代替了群婚制，卻不是很穩固的。婦女主動選擇自己的丈夫，配偶「望門而居」，各自住在母系氏族中。由於生產的需要，男子「從婦而居」，遷至妻的家中，家庭逐漸鞏固起來。偶婚制保存了族外婚的習慣，卻又有群婚制的殘餘。偶婚制經常是姑表婚。印第安人的兩千例婚姻中，有 1799 件是姑表婚姻。母系的氏族成員須參加會議和復仇，這既是權利，又是義務。

隨著生產力的提高，每個母系氏族都有或多或少的財產累積。

這種情況的發展，開始了經濟的個體化。母系氏族社會逐漸為父系氏族社會代替了。

‖父系氏族社会‖

母系氏族社會向父系氏族社會的過渡係人類歷史上的大事，它反映出經濟起了深刻的變化。在生產中，男女地位轉換，男子掌握經濟的實權，父權制由此而建立起來了。

犁的運用提高農作物的產量，代替了鋤耕，這是男子參加農業生產最重要的成就。犁的產生年代是很難確定的。有的考古學者以為犁的使用是在青銅時期，可能這是指帶鏵的犁。最初的犁是木製的，以驢或牛來牽引。由此土地得到深耕，提高了產量。

同樣，畜牧事業的發展促進父權制的建立，形成了游牧部落。在草原地帶，畜牧事業得到發展，游牧部落擁有大畜群，繁殖迅速，得到大量的肉、乳酪與皮毛。牧人部落的出現標誌著第一次大分工。畜群是屬於氏族公有的。隨著父權制的發展，畜群往往變為族長的私有，在畜牧部落中最先發生了私有財產，恩格斯稱這種變化為「家族革命」。

金屬的使用是父權制建立的重要因素。原始時代，金石不分，所以易洛魁人稱銅為「紅石」。西元前 5000 年時，亞洲出現了銅的提煉，沒有發揮很

大的作用，銅質軟，熔點又高，須在 1050 － 1330 度之間，因而這時候仍是銅石並用。西元前 4000 年時，埃及與中亞出現了青銅。青銅為銅與錫的合金，熔點在千度內，既堅而又易煉鑄，對生產有推動作用。

最初使用的鐵是來自隕石，古蘇美人稱鐵為「天降之火」。西元前 1300 年時，始有礦石提煉的鐵，熔點很高，最高達到 1530 度。

到發明風箱後，煉鐵產量始得到提高。冶鐵地區很廣，工具與武器有迅速的改進。鐵犁出現後，農業生產有顯著的提高，促成了第二次大分工，手工業脫離了農業。

手工業的專職化提高了鐵工、陶工與織工的生產，引起等價交換，免除往日的偶然性。由此發生了一系列的新事物，價值與貨幣，度量衡的規定，集市的貿易，經營貨物交換的職業商人。

當父權制建立的時候，婚姻亦發生了變化。男子掌握經濟實權後，女子從夫而居，偶婚制演進為一夫一妻制。子女不再屬母系氏族，而留在自己家中。這樣經過很長的時間，父系大家族也就出現了。

父系家族是一個經濟集團，主要是以土地為基礎，包括著三四輩的成員。家族首長是以民主原則選出來的，通常選舉正直與勇敢的男子。但是，這樣家族到一定的階段，很難維持整體，勢必分裂為幾個家族。他們雖然分開，因為有血緣關係，仍有某種共同的經濟，如土地仍為集體所有。宗族便是在這種情況下出現的。每個宗族是一個自治體，也是一個軍事單位。它的外形特徵是「姓」。

父系氏族社會的發展，形成財產的私有。財產私有並非如資產階級所說是天賦的。由於奴隸與鐵的使用，生產力有所發展，產品有所剩餘；又由於家長地位特殊，隨著家族的分裂占據土地，私有制逐漸出現了。因而私有制擴大了剩餘產品，反過來剩餘產品又鞏固了私有制。財產不斷地分化，介乎新老家族、大小家族之間，產生了公開或隱藏的財產鬥爭。其結果，財富逐漸積聚在少數家族的手中。

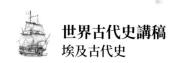

部落有會議，透過會議解決部落的重大問題。部落首長有特殊的權力，統率氏族成員，實行軍事民主制，可以發動聯盟，進行掠奪性的戰爭。儘管如此，軍事首長的個人權力還是受部落會議的限制，沒有達到國家元首的地位。但是，隨著這種情況的發展，父系氏族社會發生了變化：經濟利益占主要的地位，血緣關係逐漸變成次要了。

便是說氏族地區的完整性難以維持，不同宗族的村落出現，這種新社會就是農村公社。農村公社的特點便是社會向階級社會過渡，土地向私有制過渡。土地、牧場與森林歸集體所有，房屋、牲畜與器具為個體所有。積而久之，階級社會形成了。

為了鞏固統治階級的利益，統治者創造了國家機構。舊部落變為國家，氏族首長變為國王。國家與舊氏族組織不同，居民以地域劃分，公共權力凌駕於全體成員之上。國家成為階級專政的機構，原始公社不復存在了。

埃及古代史

‖前言‖

埃及是一個古老的國家，到現在已經有五千多年的歷史了。

埃及位置在非洲的東北部，受沙漠與海洋的包圍，在遠古時期對外的聯繫是困難的，卻不是隔絕的。尼羅河出自中非與衣索比亞，由南向北奔流，長達六千五百餘公里。自卡爾杜姆起，藍、白尼羅河相會合，行經不到五十公里寬的河谷地帶，兩岸土地肥沃，物產十分豐富。尼羅河到開羅附近，如扇展開，形成著名的三角洲，其面積有兩萬三千七百多平方公里。

埃及的氣候是乾燥的，天氣炎熱，雨量缺少。由於尼羅河季節性的泛濫，淤積成肥沃的土地，於農業十分有利，埃及雖然可耕的土地不多，每年卻能得到豐富的收穫。埃及人民經常投入防洪、排水與灌溉的戰鬥，始取得豐收，並不像希羅多德所說「埃及是尼羅河的贈禮」那樣輕鬆的。

關於埃及古代居民的問題，爭論雖多，但主要是由河谷地帶的居民與東非及北非的居民形成的。考古學者在涅伽達發現的頭骨、在法雍發現的穀物，說明與東非居民有深切的關係。古肥胖女神的畫像，說明其形態含有北非哈種的因素。最古的埃及象形文字所涉及的，多是當地的動植物，很少是外來的。所以，埃及古代的居民是當地的，外來說是沒有根據的。

在尼羅河兩岸遼闊沼澤的周近，埃及古代居民過著原始公社生活，以漁獵為業。繼後公社出現小規模的水利工程，培植大麥、小麥與亞麻。1953 年，開羅附近發現的遺址，有蘆葦茅屋、儲糧倉庫，這證明農業生活很早便開始了。

公社促進了農業生產的發展。在實踐的過程中，小型的水利建設遠不能適應生產的需要，由此產生了公社的聯合，其實質也就是部落聯盟。在公社聯盟的過程中，氏族制度逐漸解體，出現了階級社會，亦即「州」的形成。州的任務，最初是衛護水利灌溉。所以，埃及古象形文中，州為「土地加河渠」。

大約在西元前 4000 年時，埃及形成四十二個州，其中二十二個在上埃及，其餘的二十個在三角洲。每州有自己的圖騰，如鷹、蛇、羚羊等。氏族首長為州的統治者，兼任宗教與軍事的職務，掌握州的實權。繼後，隨著社會的發展，各州之間經常發生衝突，勝利者劫走居民、牲畜與糧食，互相兼併，出現更強大的州，向著統一方向進行。這時候，上埃及以尼赫布特為中心，以鷹為圖騰、蘆葦為國徽，國王戴白冠。下埃及以布陀為中心，統一較早，以蛇為圖騰、蜜蜂為國徽，國王戴紅冠。埃及南北分治，常常爭奪埃及的領導權。

‖由埃及統一至西克索人的入侵‖

西元前 3200 年時，傳說中美尼斯以西尼斯城為中心，由南向北進發，征服了三角洲，建立起統一的王國，其過程是相當模糊的。希拉孔波利斯石刻，繪著「蠍王」戴白冠征服埃及北部的勝利。埃及統一後，相傳於三角洲的南端，美尼斯建設孟斐斯新城，亦稱「白城」，發揮政治與軍事重要的作

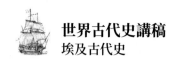

用。這些事實說明埃及的統一是長期的，第一、二王朝的歷史，如巴勒摩石刻所說，含有濃厚的神話因素。

從美尼斯統一埃及起，到西元前 525 年波斯人侵略埃及止，總共經歷了二十六個王朝。除最初的兩個王朝外，通常劃分埃及古代史為：古王國時期，由第三王朝至第十王朝；中王國時期，由第十一至第十七王朝；新王國時期，由第十八至第二十六王朝。現在，將古王國與中王國兩個時代的主要事蹟敘述如次。

■ 古王國時期的社會經濟

在農村公社逐漸解體的基礎上，埃及統一形成，出現了奴隸社會。隨之人的關係也便改變了，有統治階級奴隸主，有被統治階級奴隸（包括廣大的自由人），由此產生了不斷的階級鬥爭。

法老，埃及國王的別稱，為奴隸主統治階級的代表，擁有政治、法律、宗教、軍事最高的權力，由官吏與僧侶協助，形成強大的專制國家。

公社解體後，其組織形式依然發揮著重要的作用。被法老奴役的人民，仍舊被組織在發揮奴隸制國家基層作用的公社內。國家透過公社這個機構，向人民徵收租稅，抽調徭役，進行大規模的工程建設，人民的負擔是十分沉重的。國中勞力不足，即向外用兵。古王國時期不斷地向紐比亞、利比亞及西奈半島進行侵略，捕獲戰俘，以供奴隸主階層使用。所以這時期的經濟特點，主要是滿足奴隸主的需要，法老、官吏與寺廟的財產不斷成長，加強他們的實力。

古王國時期政府權力強化後，重視水利工程，擴大耕地面積，進行灌溉。巴勒摩石刻有尼羅河水位的紀錄。第六王朝大臣涅海布，在墓誌中提到在南北埃及進行的開渠工作。農具亦有改進，採用金屬鐮刀、裝置烏木的耕犁、新創造的木耙。蔬菜種類繁多，有萵苣、黃瓜與蘿蔔；果木中有橄欖、椰棗與葡萄等。農民透過公社使用土地，土地是屬於國王的，每年向國家交納五分之一的實物。

　　埃及統一後，手工業得到發展，使用大量奴隸勞動，有很高的水準。金字塔的建築與墓中的壁畫表明：手工業的種類有冶金、造船、紡織與石工，所用的工具，有鑽、斧、鋸、錘、切削器等。工人技術已到精湛的地步。

　　在奴隸制發展的過程中，農業與手工業產品不斷成長，商業出現，經售多餘的產品。最初採取物物交換形式，如以穀物換取裝飾品。繼後，經濟範圍擴大，與海外發生貿易關係，巴勒摩石刻提到，在第三王朝時，從畢布勒「得到滿載杉木的船四十艘」。杉木是造船最好的原料。

■ 古王國時期的專制政治及金字塔的建造

　　第三王朝法老約塞確定孟斐斯為首都，專制政治逐漸強化起來，奴役埃及的人民。法老是氏族的首領，又是最高神的體現者，代表著奴隸主統治集團的利益，擁有絕對的權力。但是，法老權力的執行，卻受首相與僧侶的限制。

　　首相管理國家的大事，是行政的首長，也是最高的法官，常由法老的親近擔任。首相管理下設有糧食部、金銀部、軍事部、工程部、祭祀部等，每部有大批的書記。

　　宗教是外界力量在人們腦中虛幻的反映，採取了非人間的形式。法老是歐西里斯等最高神的體現者，其所利用的廣大僧侶成為專制統治的基礎。僧侶是世襲的，有廣大的土地，成為政治上重要的力量。第五王朝的創立者烏塞卡夫，便是黑利歐波里斯賴神殿的高級僧侶。

　　地方政府的行政組織，仿照中央分設各部門，保存著公社的傳統。州長是由法老任命的，為中央徵收賦稅，供給兵力與勞力。州長是地方實力的統治者。

　　從第三王朝起，埃及實力成長，不斷向西奈半島發展，掠取銅礦；又向南進攻，越過第一瀑布，從紐比亞掠取俘虜與牲畜。各地的財富聚集在政府的手中，給建築金字塔創造了條件。

　　金字塔是墳墓。在薩卡拉地區，首相伊姆赫捷普為約塞建造六層的墳

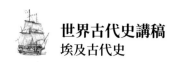

墓，開始了金字塔巨型的建築。到第四王朝時，在孟斐斯與開羅之間，建立古夫、卡夫拉、門卡拉三位法老的金字塔及獅身人面石像，其間尤以古夫金字塔最為壯觀。古夫塔修建了三十年，經常有十萬人勞動。塔高一百四十六公尺，邊長二百三十公尺，繞塔一周有一公里，係二百三十萬塊石頭所築成。附近的獅身人面石像，有二十公尺高，七公尺長，象徵著法老的威嚴。這一群陵墓，巍然靜立在沉默的荒原上，睥睨一切，其目的在鎮壓人民。

第四王朝修築金字塔，耗費巨大的人力與物力，形成嚴重的社會問題，激起全國人民的反抗。孟斐斯曾發生暴動，據傳說，人民將法老屍體從金字塔內拋擲出來。高級僧侶黑利歐波里斯，利用人民暴動的新形勢，與地方實力結合建立起新政權。第五與第六王朝便是反對中央集權，形成地方割據的。那些地方貴族們，為了緩和群眾反抗的情緒，虛偽地表示與群眾友好，如貴族涅哈布墓銘說：「我經常送給貧民與饑民衣服、糧食與酒，他們愛護我。」這是虛偽的，奴隸主怎麼會愛護被剝削的對象呢？

從第六王朝以後，各地獨立，廢除中央紀年，以州的紀年來代替。關於這個時期的資料缺乏，大約在西元前 2200 年，古王國便結束了。

■ 中王國的統一與農民大暴動

經過長期的混亂，西元前 2100 年末，底比斯的統治者曼圖霍特普，利用中層奴隸主新興力量，發展農業，又團結各州的實力，向埃及北部進攻，取得勝利，建立起第十一王朝。到曼圖霍特普三世時（前 2070），已有「桑杜伊」的稱號，意為「統一南北兩地」，中王國從此開始了。

埃及雖然統一，中央與地方經常處於對立的狀態。各州既不重視中央派去的代表與監督，又保存司法、稅務與武裝的獨立，因而地方執行中央的命令是有條件的。但是，法老團結中層奴隸主，任命為官吏，稱之為「信任者」，這對於州長是一種打擊。此外，中央規定：不得以州長名義建立寺廟；州長死後，如女子繼承，必須經法老批准。這便限制了州長的權力。

中央政權穩定後，十二王朝以經濟建設為主，如阿蒙涅姆赫特三世（前1817－前1772），徵用許多勞力，在孟斐斯西南窪地處，修建堤壩，成為著名的美麗多湖，有兩千五百多公頃土地受到灌溉。為了與國外貿易，他一方面向南深入，越過第三瀑布；另一方面開鑿運河，連接紅海與地中海，成為蘇伊士運河的前身。

中王國的階級鬥爭是十分尖銳的。奴隸主階級殘酷剝削人民。農民受中央與地方雙重的剝削，生活極為悲慘，挨打不准喊痛。

卡呼恩是中王國新建的城市，城東為官吏與僧侶住宅區，宮邸豪華，而城西貧民街坊，都是密集的茅屋，幾乎不是人所能居住的。這種劇烈的階級矛盾，激起埃及人民大暴動，《伊浦味陳詞》是高級官吏所寫的，反映出這些起義的情況。

大約在第十三王朝晚期，埃及發生城市貧民和奴隸的大暴動，宮殿被搶劫，皇宮居住者被趕到街頭，貴族們靠乞討過活，租稅冊被搶走。人們趕走國王，殺死官吏，占據國家機關，富人恐懼失望，窮人歡欣鼓舞。過去買不起草鞋的人，現在擁有巨大的財富；過去以「頭」計算的奴隸，現在穿著華麗的衣服，強迫奴隸主們來服務。這是一次真正的革命，既廣泛，又持久。

◼ 西克索人的侵入

西元前1700年前後，中亞游牧部族向外移動。西克索人[107]乘中王國的衰亂，沿著蘇伊士土腰，侵入埃及，占領阿發里斯城，其王阿波比遣使至底比斯，要求埃及屈服，廢止對阿蒙神的崇拜。

西克索人有較強的軍隊，兵種複雜，有戰車與騎兵，武器亦進步，有青銅刀劍及複合式的弓。他們以阿發里斯為都城，建立起第十五、十六及十七王朝，史稱「牧羊王朝」。埃及本土實力微弱，退守底比斯，成為外族的附庸。

107　西克索字源為：Hega-khast，意為「沙漠王」或「外國王」。埃及字 shasu，意為「牧羊者」，以音意兼近，故稱西克索的統治為「牧羊王朝」。

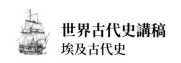

西克索人統治埃及有一百多年，輸入馬及新式武器，在強盛時控制了全埃及。

西元前 16 世紀初，底比斯國王卡摩斯，團結愛國力量，掀起反外族的運動，可是不久便去世了。其弟阿赫摩斯（前 1539 － 前 1514）繼其遺志，與西克索人多次戰鬥，最後攻陷阿發里斯城，建立起第十八王朝。從西元前 1570 年起，西克索人退回巴勒斯坦，可能與當地居民混合了。

‖ 由新王國時期的復興到古埃及王國的覆滅 ‖

■ 新王國集權的建立與向外擴張

阿赫摩斯反外族鬥爭勝利後，開始新王國時期，歷時有四百年之久，經歷了第十八、十九與二十王朝，古埃及奴隸社會有進一步的發展。

阿赫摩斯統一埃及的過程中，著重軍隊建設，設常備軍，分駐各地，國家擔負軍隊全部的給養，改良戰鬥武器，建立戰車隊，強化軍隊實力。從此，中央集權制不斷加強，地方分裂受到嚴重打擊。

在另一方面，埃及統一後，著重經濟建設，設置官吏，管理農業與水利。農業技術有改進，使用長柄犁、鬆土耙，有的地區實行輪作制，農業生產有顯著的提高。在手工業方面，阿蒙神殿壁畫反映作坊種類繁多，採用立式織布機，紡織技術有顯著的改進。埃及經濟繁榮，擴大愛琴海與紅海的貿易。

新王國的經濟繁榮是與向外侵略分不開的。從圖特摩斯一世造成圖特摩斯三世，埃及向紐比亞進攻，越過第三瀑布，又向西亞侵略，經巴勒斯坦、米丹尼，深入兩河流域北部，至「倒流」地帶，看到積雪的山頂。由於圖特摩斯三世與阿蒙神殿密切的關係[108]，新王國對外的掠奪，轉入僧侶集團的手中。阿蒙神殿僧侶充任首相，掌握政權，與武人相對抗，削弱了法老的統治，潛伏著嚴重的政治危機，反對阿蒙神殿僧侶的專橫。

108　西元前 1525 年，圖特摩斯三世與其後哈特謝普蘇共治埃及。四年後，哈特謝普蘇獨掌政權，迫其夫在阿蒙廟為僧。西元前 1503 年，哈特謝普蘇失蹤，圖特摩斯三世復位，因而與阿蒙廟有特殊的關係。

■ 阿蒙霍特普四世的宗教改革

新王國強盛的時候，人民的生活並未改善，農民和奴隸是一樣的。統治階級本身並不協調，新興的軍事貴族擁護法老，與地方實力相對抗，特別是阿蒙神殿的僧侶。

當阿蒙霍特普二世（前 1427 －前 1392 年在位）即位後，看到阿蒙神殿僧侶的專橫，倡導宗教改革，以「阿頓」代替阿蒙。他解釋阿頓是真理，不是埃及所獨有的，藉此羈縻敘利亞地區的國家，同時也違犯了埃及古老的傳統。

阿蒙霍特普自認為是阿頓的象徵，改名為「阿肯那頓」，意為「阿頓之光」。又於今埃爾・阿瑪爾納，在萬山環抱之中，建立「埃赫塔頓」新都，意為「阿頓視界」。1887 年在此發現的資料，證實這是反傳統實力的革新時代。壁畫反映現實生活，法老不是神，而是人。他手抓吃肉，毫無拘束地與兒童遊戲。

阿蒙霍特普的晚年，由於沒有人民的支持，逐漸被孤立了，西元前 1336年於國中騷動中逝世。其九歲的繼承者圖坦卡門，被迫與僧侶妥協，還都底比斯。十年後，圖坦卡門[109]去世，霍倫赫布掌握軍事實力，與阿蒙僧侶結合，建立起十九王朝。

■ 新王國的解體

霍倫赫布的政權，實際上是僧侶統治的恢復。拉美西斯二世（前 1279 －前 1212 年在位）為最後法老中的最強者，亦無法脫離阿蒙僧侶的控制。多年來，埃及對外的侵略戰爭，耗盡人民的血汗，而所掠獲的財富，又多為寺廟所占有。《哈里斯紙草》說，底比斯阿蒙神殿占有全埃及十分之一的土地，四十二萬頭牲畜，六萬八千五百奴隸，還經營紐比亞的金礦，其財富超過埃及的國王。

109　1922 年，在底比斯發現圖坦卡門陵墓，內有許多有價值的物品與畫像。

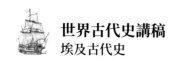

　　當拉美西斯二世掌握政權後，為了鞏固西亞的屬土，不得不與西臺進行長期的鬥爭。西臺為敘利亞北部軍事奴隸主強國，其王穆瓦達里組織強大的聯盟與埃及對抗。西元前 1275 年，埃及與西臺戰於卡迭石，拉美西斯二世幾乎全軍覆滅，此後十六年的鬥爭中，勉強維持奧倫特河上的優勢。西元前 1269 年，埃及與西臺簽訂和約，共九個條文，刻於阿蒙神殿的牆上。1906年，在波伽茲科易發現西臺的原文。拉美西斯二世六十七年的統治，進行了多次掠奪戰爭，受實惠者是僧侶階層。他完成了阿蒙神殿柱廳的工程。

　　西元前 12 世紀，埃及的局勢是十分困難的。《哈里斯紙草》反映出埃及人民的困難，國中陷入分裂狀態；國外敘利亞等掀起反埃及的活動，地中海居民與利比亞人聯合，連續向三角洲進攻，埃及僅保持搖搖欲墜的局面。西元前 1085 年，阿蒙僧侶赫里霍爾宣布為王，開始了神王時代，亦即埃及南北分治。南埃及階級鬥爭十分尖銳，經常出現罷工與搶糧等事件。西元前 8 世紀，那巴塔成為一個獨立的國家。

　　當新王國強盛時，由於軍隊缺乏，僱用利比亞人為主要的武力，因而利比亞的貴族逐漸掌握軍事與政治實權。西元前 941 年，利比亞謝松克即位於布巴斯底，建立第二十二王朝，統治北埃及。人民窮困，歲月是在與困難鬥爭中度過的。

　　西元前 8 世紀末，波克霍里斯即位，感於社會問題的嚴重、利息超過百分之百，進行反貴族與反特權的運動。他主張取消債務，禁止販賣奴隸，利息不得超過百分之三十三。這些改革，雖得到人民的擁護，卻沒有組織，反促進貴族與僧侶的團結。敵人利用紐比亞沙巴卡（前 716－前 701 年在位）的實力，進行反改革的活動。沙巴卡北上，攻陷孟斐斯城，捕獲波克霍里斯而將之焚死，埃及在外形上暫告統一，建立起第二十五王朝。

　　但是，埃及局勢並未緩和，內部依舊分裂，鎮壓人民；外部亞述興起，威脅埃及的獨立。西元前 671 年，塔哈爾卡繼位後，聯合特洛伊抵抗亞述的

侵略，結果聯軍失敗，孟斐斯被亞述占領，塔哈爾卡只好退回那巴塔。便在這年，亞述利用三角洲賽斯城王公維持北方的局面，埃及成為亞述附屬的地區。

■ 賽斯王朝

亞述依靠賽斯貴族尼科的統治是不穩定的。尼科死後，其子普薩美提克繼位，得到北埃及人民的支持，於西元前 655 年發動反亞述的戰爭，占領了底比斯，建立起賽斯王朝，亦即第二十六王朝。

賽斯王朝統治了一百二十餘年，埃及並未統一，僅維持北方局部的政權。在海上，埃及受希臘城邦的侵略。希臘的僱傭兵與出口商人，不斷侵入埃及，建立起諾克拉底斯新城。到尼科二世（前 609－前 595 年在位）時，希臘的擴張達到頂點。尼科為了對抗，僱用腓尼基海員，率領艦隊環繞非洲航行，曾到赤道的南邊。又開鑿運河，溝通紅海與地中海，因勞力死亡過多，被迫停止下來，並未產生積極的作用。

在陸上的情形即更困難了。新巴比倫興起，其王尼布甲尼撒向亞述進攻，威脅埃及。埃及為自身利益著想，被迫與亞述聯合，抗拒新巴比倫。西元前 605 年，亞述失敗後，西亞濱海地帶完全為新巴比倫掌握，埃及受到嚴重的威脅。西元前 586 年以後，波斯帝國興起，向兩河流域進攻，埃及得到喘息的機會。但是，波斯帝國的巨影籠罩著埃及，賽斯王朝處於新的困境之中。

西元前 568 年，賽斯國王阿瑪西斯，為了抵抗波斯，與呂底亞、巴比倫、斯巴達結為聯盟，貌似強大，實際上未發揮作用，呂底亞與巴比倫先後為波斯征服了。西元前 525 年，波斯國王岡比西斯進攻埃及，擊敗普薩美提克三世，征服埃及，劃為波斯第六省。從此，埃及長期喪失獨立，結束古代的歷史。

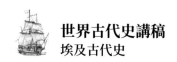
■ 埃及古代文化

（一）文字：遠在氏族解體的時候，埃及陶器上已出現圖畫形的文字，稱為「象形字」，約有七百多個，通常用在石刻上。僧侶所用的，形體簡化，便於紙草上速寫，稱為「僧侶體」，其基本字母有二十四個。

埃及文字是有歷史意義的。中王國時期，畢布勒利用埃及字母，創造了二十四個字母。透過腓尼基商人，向敘利亞與希臘等地傳播，成為日後歐洲各民族的文字。

埃及古人用紙草書寫，蘆管為筆，煙渣與菜汁調和為墨，成為埃及古文化傳播最好的工具。

（二）文學：埃及民間口頭文學產生得最早，卻沒有保存下來。金字塔與寺廟的石壁，刻有頌歌，繼後發展為宗教文學。奴隸主階級表彰他們的戰績，如《卡迭石戰役敘事詩》，讚揚拉美西斯二世的英勇。又如《伊浦味陳詞》，表現出統治階級的恐怖與仇恨。

遊記占埃及古文學重要的地位，產生了不少的優秀作品。如《西努海特冒險故事》，事蹟離奇，文字生動，記述西努海特如何逃往北敘利亞，晚年思念家鄉，回到埃及，「再一次睡在床上」。《失望者與其靈魂的對話》表現出懷疑的精神。失望者藐視雄偉的墳墓、豪華的葬儀，他覺得死是不可怕的。但是，這些作品缺乏戰鬥的精神，不敢正視現實，表現出無可奈何的神氣。

（三）美術：埃及古代美術是很發達的。從遠古時候起，埃及藝人規定比例，雕刻正面，線條是十分明確的。埃及雕刻表現出高度的寫實性，如巴黎魯佛博物館所藏的《史官像》。

陵墓與寺廟的浮雕，同樣是從寫實出發。藝人們大膽表現工人與農民、漁人與舞女的日常生活。第十八王朝的藝術有高度的發展。繪畫跳出古老的傳統，1887 年在埃赫塔頓發現的作品，大膽地反映現實生活。

（四）建築：在建築方面，埃及古人留下輝煌的典範。第四王朝的金字塔雄偉壯麗，至今使人驚讚，體現出人民的偉大。

在底比斯廣闊的廢墟上，於卡納克與路克索，新王國建立宏偉的阿蒙神殿。拉美西斯二世所建的圓柱廳，排成十六列，共有一百三十四根粗重的圓柱，宛如一座石林。在這樣廣闊的建築群中，點綴著象徵法老威嚴的獅身人面像，建築藝術達到高度的水準。

（五）科學：由於尼羅河定期泛濫與農業的實踐，埃及人觀察到，每經三百六十五天，從孟斐斯可看到天狼星與太陽並升於天，尼羅河亦開始泛濫，由此確定曆法。一年為三百六十五天，分三季，即泛濫季、擴種季、收割季。每季有四月，每月為三十日，餘五日為節日。

這樣計算的誤差，後經凱撒修訂，補救了埃及曆的缺點。

由於農業與建築的實踐，數學有高度的發展，幾何學最為突出，可計算梯形與圓面積，已用 3.16 圓周率。計數採用十進，代數能解一個未知數的方程式。

埃及醫學已分婦科、外科與眼科。由於木乃伊的製造，人們對人體結構有進一步的了解。埃及醫生已知心臟為主要器官，人體有二十二根脈，並由血管變化探討疾病發生的原因。

（六）宗教：最初，埃及居民知識不發達，視自然界有神祕的力量，如孟斐斯崇拜公牛，布陀敬重蛇。埃及統一後，隨著政治實力的擴張，州神變為全國的主神，如底比斯的阿蒙神，黑利奧波里斯的拉神，拉神即太陽神。法老為最高統治者，逐漸也神化了。阿蒙霍特普四世自稱為阿頓太陽神的化身。

埃及到處建立神殿，僧侶成為左右政治的實力派，他們創造復活理論，認為阿比多斯的歐西里斯神有復活的職能，歐西里斯管理死後的一切，只要得到他的保護，人永遠是幸福的。所以古埃及人十分重視墳墓、葬禮與死人書，這都是奴隸主階級鎮壓人民的反映。

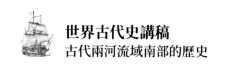
古代兩河流域南部的歷史

‖兩河流域最初的國家‖

兩河流域,即底格里斯河與幼發拉底河構成的平原。這兩條河發源於梵湖附近的山區。每年山地冰雪融解後,向南傾瀉,形成了兩河的定期泛濫。底格里斯河沿扎格羅斯向南奔流,水勢湍急,有一千八百多公里長;幼發拉底河初向西流,阻於多魯斯山,轉向東,復轉南下,有二千六百多公里長,與底格里斯河平行入海。兩河流域南部為沖積地,幾千年的演變,真是滄海桑田,現在兩河於古爾奈會合,改名阿拉伯河,注入波斯海灣,古今海岸的距離,約有二百多公里。

兩河流域東部,沿著扎格羅斯山區,與伊朗高原相毗鄰。南部為波斯海灣,很早就發生海上貿易。西部與阿拉伯沙漠地區相接,受游牧部族包圍。西北部經過山區,與東地中海相連。北部為山嶽地帶。

因此,兩河流域常受游牧部族的侵擾,居民經常處於戒備狀態之中。

兩河流域氣候變化劇烈,八月炎熱,植物枯焦。冬短,北部遍地皆雪,南部溫暖,巴格達地區即少雪了。這一帶經常為西北風所困擾,九月始轉南風降雨。土地沃肥,宜於發展農業。

直到現在,兩河流域南部,很少發現石器時代的遺物,到新石器時代的晚期,始有著彩色的陶器。所以對遠古時期的居民的情況很難說清楚。有關古代居民的問題,比較信而可徵的是蘇美人與閃族人。蘇美人體格健壯,可能起源於吉爾吉斯草原,有似蒙古人的類型。閃族人自敘利亞移入,居阿卡德附近,孟斐斯石刻稱他們是「沙上居民」。

▨ 蘇美時期

兩河流域最初移入的居民是蘇美人,過著游牧的生活,以弓矢獵獲鳥獸。當他們生活安定後,住在茅屋與窯洞內,逐漸形成村落。大約在西元前

4000 年，兩河流域南部有了簡單的農業，居民種植大麥與小麥，畜養牛和驢，形成了最初的公社。土地屬於公社的，社員從事有組織的勞動，有時與鄰社戰鬥。公社首長，亦即氏族領袖，兼任僧侶職務，有很高的權力，稱之為「巴達西」，實際上就是國王。

西元前 3000 年後，兩河流域南部出現二十多個城邦，進入青銅時代。這說明氏族社會的解體，開始出現了階級社會，奴隸制得到發展。各城邦有自己的土地，利用奴隸勞動。男奴稱為「烏魯」，女奴稱為「吉姆」，生產有顯著的提高。每個城邦是一個國家，其國王，亦即氏族首長，是世襲的，不是選舉的。

西元前 2600 年，兩河流域南部富強的烏爾建立起第一王朝。於王室陵墓出土的軍旗，織繪著戰爭的勝利，證實了這個城邦是強大的。

蘇美人建立的烏爾城邦是繁榮的，經濟發展，財富集中。奴隸主們自稱為「大人」，而一般自由民為「小人」了。為了提高農業產量，烏爾大力修建水渠，進行灌溉。大麥產量達到種子的三十六倍。手工業亦很發達，製造精美的銅器，《拉爾沙銘文》提到烏爾鑄銅像十九尊。蘇美人稱經濟管理者為「魯班德」，大商人為「塔木加」，經常與外地貿易，如從高加索取銅，埃蘭取金，伊朗取白玉。

西元前 2500 年初，烏爾城邦的領導地位被拉伽什奪去了。拉伽什是兩河流域南部強大的城邦，有三萬多居民。西元前 2470 年代，安那吐姆利用新興的奴隸主，征服烏爾，統一南部兩河流域，《鷲碑》證實了這次事變的真實性。

拉伽什建立起奴隸主貴族政權，不斷侵占土地，與溫瑪爭奪水利，經常發生戰爭。其次，人民負擔很重[110]，利息高，激起強烈的階級鬥爭，反對貴族與僧侶的壓迫。西元前 2400 年時，烏魯卡吉那利用新形勢，以武力奪取政權，進行改革。

---

110 埋葬一個死者，須交納麥酒七瓶、麵包四百二十塊、穀一百二十卡，還有衣服、床與羊羔等。

　　烏魯卡吉那的改革，得到廣大群眾的擁護，首先裁減重裝部隊三分之二；減輕社員的負擔，使配給品增加一倍。其次，規定物品價格，繁榮市場，促進貿易。特別是頒布新法令，解放債務奴隸，不使「強者欺凌孤兒與寡婦」。

　　由於沒有堅強的組織，烏魯卡吉那的改革遭受到國中外反動者的破壞。溫瑪國王路加爾・沙吉西組織聯盟，向拉伽什發動戰爭，在烏魯卡吉那統治的第七年，即西元前 2370 年，拉伽什被征服了，將都城移至烏魯克。路加爾・沙吉西採取擴張政策，向兩河流域北部侵略，不斷與閃族發生衝突，經二十餘年，烏魯克為阿卡德所征服。

■ 阿卡德時代

　　長久以來，閃族侵入兩河流域的下游，以阿卡德為活動的中心。

　　蘇美的資料中，不斷地提到閃族的官吏與工人，這說明在政治與經濟上，閃族人發揮重要的作用。

　　當蘇美政治上發生變化時，薩爾貢（前2371－前2316）利用閃族武力，乘機奪取政權，好像沒有費特殊力量，建立起阿卡德王國。

　　薩爾貢自稱是「挑水夫與種果者」，擁有五千多名常備隊伍。他利用這種實力，南下征服拉伽什與烏爾兩城，征服了全蘇美地區，自誇「洗劍」波斯海灣。於北返途中，輕取溫瑪與蘇撒兩城，得到石料與木料的資源。軍隊經過休整後，薩爾貢向「扁柏與銀山」地帶遠征，即今之黎巴嫩與多魯斯山區。這種征伐，目的在榨取貢賦與掠奪奴隸，其政權是不鞏固的。當里姆什（前2313－前2305 年在位）繼位後，蘇美地方統治者，為了獨立，經常發生暴動，反抗閃族的統治。

　　其後繼者，如瑪尼什吐蘇、納蘭新等經常在戰鬥中，並未改善混亂的局面。

　　西元前 2228 年，庫底人來自扎格羅斯山區，侵入南部兩河流域，劫掠許多城市，居民受到嚴重的損失。蘇美古歌說：「居民擔負重稅，河渠與水溝

荒廢。」這種混亂情況經歷了百餘年，兩河流域下游受到嚴重的破壞。

拉伽什的領導者古德亞，團結蘇美人，宣布獨立，脫離阿卡德的統治，並展開與庫底人的鬥爭。古德亞做了許多努力，如改善對奴隸的待遇，其成效並不顯著。到烏爾第三王朝時，兩河流域南部始恢復了正常的秩序。

■ 烏爾第三王朝

烏爾第三王朝經歷了百餘年，其創立者為烏爾納姆，自稱為「蘇美與阿卡德國王」，強化軍事與經濟實力，政權掌握在少數奴隸主手中，實行中央集權制。

烏爾第三王朝重視農業、興建水利，不斷擴大國王與寺廟的農莊。許多公社成員，由於債務過重，淪陷到奴隸地位。經過舒爾吉（前 2042 －前 2100）長期的統治，這種情況更得到發展，土地、房屋可以買賣，法律保護奴隸主權益，私有制得到進一步的鞏固。一個農莊管理者可有十五公頃土地。在勞動力方面，十個城內王室與寺廟占有兩萬一千多名奴隸，這說明國家經濟集中在少數奴隸主的手中。

舒爾吉維持強大的武力，九次向外遠征，進攻伊蘭·扎格羅斯山區、敘利亞等地。由於烏爾第三王朝的擴張，與西北部阿摩利人發生衝突，積而久之，阿摩利人威脅烏爾王朝的獨立。

烏爾第三王朝的不斷地征伐，勞動強度過大，由此喪失了許多勞動力。奴隸死亡率很高，《經濟報告》指出：在五個月內，於四十四個男奴隸中死了十四個。在一年內，於一百七十名女奴隸中死亡了五十多名，這是一方面。在另一方面，阿摩利人不斷地擴張，既有強大的軍隊，又有閃族人的支持，到伊比新統治時期，阿摩利人未用特殊力量，占領阿卡德城。在西元前 2007 年，烏爾第三王朝被征服了。

當阿摩利人勝利後，在政治上的措施是十分謹慎的，採取柔化政策，避免激起居民的反感。兩河流域南部建立起兩個國家，北部為伊新，南部為拉

爾沙。這兩個國家為蘇美與阿卡德的繼承者，繼承烏爾王國的傳統，統治百年。西元前 1894 年，巴比倫宣布獨立，隨即兼併伊新，而這時候拉爾沙亦為埃蘭征服了。

‖ 古巴比倫王國 ‖

■ 古巴比倫王國的建立及其社會

巴比倫橫跨在幼發拉底河上，控制著海陸交通的要道，在經濟與政治上占有重要的地位。西元前 1894 年，阿摩利人蘇姆阿布姆於此建立起新的國家，即古巴比倫王國。

巴比倫為奴隸社會，其成員有三種階層：上層名阿維林魯，係貴族與僧侶；中層名穆什根努，係職員與商人，脫離生產；下層名沙伯，係一般勞動者，其地位與隸奴沒有什麼分別。

巴比倫承襲古老的傳統，以農業為經濟基礎，土地占首要的地位。土地是「國家的生命」，國王是最高所有者。土地私有制是存在的，卻並不發達，擁有十公頃以上者，全國是沒有幾家的。這種情況的出現不是偶然的。巴比倫浩大的水利工程，需要有強大的勞動力，這不是小私有者所能勝任的。其次，公社仍有強大的力量，社員常受氏族首長的剝削，喪失土地，成為僱傭勞動者。土地聚集在少數奴隸主的手中，徵收重租，糧食徵三分之一，果木徵三分之二。有時因有利可圖，租到土地後，分為小塊，轉租給第三者耕種。這樣，勞動者受雙重的剝削，生活十分困難。

巴比倫王國繁榮的時候，手工業得到發展，有陶業、冶金、皮革、成衣及石工等，設立工場與店鋪。手工業者的待遇很低，靠技術維持家庭生活，生活是十分困難的。

商業亦很發達，國王與神殿設立商店與貨棧，經營糧食、毛織物與金屬等行業。塔木卡掌握實權，同時亦兼營高利貸事業。

在巴比倫奴隸制發展的過程中，有的奴隸是戰爭的俘虜，過著牲畜般的生活。奴隸買賣是沒有限制的。有的因社員喪失土地，只有借債維持生活。利息很高，通常穀物為三分之一，銀息為五分之一。不能償還者，即淪陷為債奴，服役三年。

巴比倫社會保存著強固的家長制，一切財產由父親支配，稱為「父的產業」。長子權大，弟、妹常受虐待。婦女受壓迫，但可掌握自己的財產，與人訂立契約。婚後不生育者，男子可娶妾，妾的地位很低，可是所生的子女是自由的。

漢摩拉比的統治及其法典

漢摩拉比（前 1792 －前 1750 年在位）即位後，利用阿摩利人有利的地位，掌握公社與寺廟的領導權，在軍事與政治上展開一系列的活動。首先，漢摩拉比聯合埃蘭征服伊新與烏魯克，穩定了巴比倫南部。其次，漢摩拉比轉向北方，與瑪里王國結盟，脫離亞述的統治，強化了巴比倫的實力，同時也引起埃什努那與拉爾沙的不安。漢摩拉比的擴張是十分穩重的，西元前 1762 年，始征服了埃什努那，次年又將拉爾沙滅亡了。巴比倫不斷的擴張，引起瑪里的疑懼，兩國關係逐漸發生矛盾。西元前 1759 年，漢摩拉比攻瑪里，城陷，淪為廢墟。隨著北上，征服亞述，強大的巴比倫王國便建立起來。

漢摩拉比長期的統治，建立起中央集權政治，國王有最高的權力。在行政上，漢摩拉比根據民族與歷史的情況，採取南北分治政策。在北部，國王任命代理人，稱「蘇卡盧」，專管行政、軍事、財政及稅務。南部由地方官治理，稱「西尼丁納木」，直接對國王負責，以示對地方的尊重。漢摩拉比關心水利，設置河渠官，專管水利工程，農業得到有效的提高。

漢摩拉比吸取《蘇美法典》有用的部分，結合巴比倫當時的情況，制訂新的法典，反映出當時社會的真實情況。這部法典是用巴比倫語寫的，刻在

玄武岩石柱上，柱端有浮雕，刻著漢摩拉比立在太陽神的前面。1901年，這部重要的文獻在蘇撒城被發現，現藏在巴黎博物館中。

漢摩拉比稱這部法典是「公正」的，實際上是保護奴隸主的利益，對貴族、僧侶與商人是有利的。法典內容，分序言、正文與結語三部分，共四十六欄，二百八十二條。現存的法典，有五欄已毀，除殘缺者外，尚有二百五十七條，涉及刑事、親屬、財產、繼承與債務等。這部法典是奴隸時代重要文獻之一。

■ 巴比倫的衰落與加喜特的統治

漢摩拉比晚年，察覺外族隨時有入侵的可能，威脅國家的安全，他建立屯兵制守衛邊疆。從此後，在很長的時間內，抗拒外敵成為主要的任務。

西元前1600年，西臺人侵入巴比倫境內，大肆劫掠，居民受到嚴重的損失。國王沙莫蘇·地塔那（前1625－前1595）面對國中的困難，束手無策。西元前1595年，西臺人撤退後的局面，加喜特人奪取巴比倫的政權，建立起新的王國。

加喜特人居於扎格羅斯山區，過著半農業與半游牧的生活。從西元前1741年甘達斯初次建立王國起，經常劫掠兩河流域下游。現在，加喜特人得到尼普爾僧侶的支持，變成巴比倫的統治者。

當加喜特人取得政權後，國王擁有最高的權力，徵收公社土地，分賜給有功的貴族與僧侶，並將賜贈土地命令，刻在界石上，稱之為「庫土路」，免除交納貢賦。貴族與神殿土地，由此得到迅速的發展，最多者有二百公頃，這是前所未有的。

長久以來，加喜特的統治使財產分化，加劇了貧富懸殊，隱伏著社會危機，階級鬥爭是十分尖銳的。西元前1345年，兩河流域中部，掀起農民大暴動，殺死國王加拉哈達什，情況如此劇烈，巴比倫成為恐怖的城市。

為了保護奴隸主階級利益，貴族與僧侶聯合，向亞述求援，鎮壓起義的

人民。亞述乘機入侵，屠殺起義人民，恢復了王室的統治，同時亞述肆行無忌，西元前 13 世紀中葉，亞述曾一度占領巴比倫。因而加喜特的處境變得更困難了。

西元前 1176 年，埃蘭侵入蘇美地區，劫走許多財富，《漢摩拉比法典》便是這次移至蘇撒的。西元前 1165 年，伊新貴族發動政變，推翻加喜特的統治，閃族建立起新政權，古代巴比倫王國也便從此結束了。

‖新巴比倫王國‖

■ 新巴比倫的建立及其社會

西元前 12 世紀晚期，伊新推翻加喜特的統治後，控制了濱海地帶，在漫長的時間中，建立起新巴比倫王國，亦即閃族系統的迦勒底王國。

新巴比倫的興起是依靠奴隸主貴族與僧侶支持的。閃族的統治者，長期與亞述進行鬥爭，團結新興的奴隸主，重視經濟建設，奴隸制有進一步的發展。

沿襲古老的傳統，新巴比倫的土地是國王所有的。但是土地私有制十分發達，獎勵農業，深耕細作，大量種植穀物與果園。巴比倫成為國際貿易的中心，亞述、波斯、埃及等大商人，經營各種貿易，出現了少數有名的商家，如巴比倫的埃吉貝，尼布爾的穆拉樹 [111]，在政治上也是十分有地位的。高利貸占重要的地位，國家的河渠亦私有化，高利貸者經營出租河渠，向居民勒索很高的利息。剝削奴隸的方式變得複雜了。有的奴隸主，如果奴隸每年交出規定的金額，允許他經營自己的土地或手工業，這種做法稱為「曼達圖」。有的奴隸主派遣奴隸學習技藝，學成後給與資本，獨立工作，每年交納規定的金額。這種做法，實際上是變相的高利貸，奴隸的處境是十分困難的。

111　穆拉樹家族，經營十二個礦坑、十三所房屋、三個建築區，有奴隸九十六人。

奴隸的處境困難,從兩方面得到說明。首先是債奴服役的期限,原初為三年,現在延長為十年了。其次,奴隸反抗壓迫,經常逃亡。所以出賣奴隸者,要保證「服從與不騷動」後,始能進行交易。這說明階級鬥爭是嚴重的。

■ 新巴比倫王國的強盛與衰落

閃族建立新巴比倫王國後,長久以來,常受亞述的控制,處於半獨立的狀態。西元前 626 年,當亞述國王阿薩爾巴尼帕死後,其駐巴比倫軍長那波波拉沙,係迦勒底人,乘機獨立,取得新王國的政權。

由此更進一步與米底聯合,向亞述進攻。西元前 605 年,在卡爾赫米什,亞述戰敗後,隨即滅亡,同時奠定新巴比倫向西亞擴張的基礎。

當亞述滅亡後,尼布甲尼撒(前 604 一前 562)向西亞擴張,與埃及發生劇烈的衝突。尼科二世聯合希伯來王國,僱傭希臘軍隊,企圖鞏固埃及的地位。西元前 597 年,尼布甲尼撒劫掠耶路撒冷,希伯來一度屈服。埃及即時組織力量,由海上占領西頓,軍事上得到成功,迫使巴比倫退出耶路撒冷。西元前 586 年,尼布甲尼撒再度進攻,焚燬耶路撒冷,俘走許多猶太人。為了從海上擊潰埃及,巴比倫進攻腓尼基,特洛伊頑強抵抗十三年。埃及暫時受到屈服,可是新巴比倫也是難持久的,這種戰爭招致人民強烈的憎恨。

尼布甲尼撒執政時,劫掠許多財富,大興土木。在兩河流域平原,修建防禦米底的長城。巴比倫城增設三道城牆,牆上裝置三百多箭樓,圍以護城河,強化防禦工事。城內修建豪華的宮殿、富麗的寺廟、聳高的塔、懸空花苑,巴比倫成為古代世界的名城。

尼布甲尼撒死後,巴比倫的局勢是很不穩定的,六年間更換了三個國王。西元前 555 年,那波尼德即位,國中形勢更為嚴峻,國外波斯興起,征服米底與呂底亞後,形成圍困巴比倫的局面。西元前 539 年,居魯士進攻巴比倫,那波尼德倉促抵抗,節節敗退,困守孤城。次年秋天,居魯士攻陷巴比倫,廢那波尼德,新巴比倫王國便滅亡了。

■ 古代巴比倫的文化

（一）文字：巴比倫最初的文字是一種圖畫。在實踐的過程中，圖畫發展為符號，形成楔形文字。楔形文是簡化的文字，書吏用木筆在濕泥板上刻寫，燒乾，堅硬如石，非常笨重，卻能保持很久。

詹姆特·那斯爾發現的泥板，有四百六十三個文字。有的符號表音，有的表意；有的符號既代表一字，有獨立完整的概念，又代表音的符號，僅只是發音，所以楔形文是十分複雜的。但是，楔形文產生了重要的作用，阿卡德、埃蘭、巴比倫、亞述、西臺及波斯等，受這種文字的影響，創造了自己的文字。腓尼基創造最初的字母，亦受到楔形文的影響的。

（二）文學：古代巴比倫的文學很多是遠古的傳說。如《洪水故事》，敘述烏特納比什提製造方舟，滿載動物與植物在洪水中飄流，迨至洪水退後，放出所載動植物，大地開始恢復了生命。《舊約》的諾亞方舟，便是根據這個傳說寫成的。

《吉爾加美什詩史》是人民口頭創作，是一部傑出的作品，刻在十二塊泥板上。詩史敘述烏魯克國王吉爾加美什得到恩奇都的幫助，為國家除去禍害。當恩奇都死後，吉爾加美什感到十分沉痛，不斷地在田野狂奔。他不清楚生死問題，為何神不死而人卻要死呢？吉爾加美什要尋找烏特納比什提解決這個問題。經過許多許多困難，他找到了，問題卻沒有得到解決，失望地回來。詩史敢於大膽懷疑，與神堅決鬥爭。他要求精神的解放，同時也批判了宗教的專橫。詩史的結局不是表現精神的妥協，而是認識上有局限性。

《主人與奴隸的對話》反映奴隸主盡情地享受，感到失望，覺得一切是空的。奴隸譏笑他「既不能上天，又不能填滿大地」。當奴隸主要殺他時，他說「我死後，你也僅能活三天」，充分表現出反抗的精神。

（三）科學：古代巴比倫的僧侶，從觀察天象中，分出恆星與行星的不同，確定黃道，給五個行星專門名稱，即金、木、水、火、土五星，並觀察到這五星是在太陽軌道的附近。

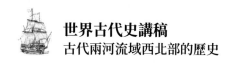

由於對天文的知識和實際需要，巴比倫產生了太陽曆法，確定一年為三百五十四日，每年為十二月，每晝夜為十二時。為了符合地球公轉差數，設置閏月。在漢摩拉比時代，置閏是由國家規定的。

從實際需要出發，巴比倫的數學亦很發達，採用六十進法。西元前二千年代，巴比倫已知四則法、開方、測量面積，在古代土地區分圖上，附有地區新算法。在代數上，能解含有三個未知數方程式。

巴比倫的醫學分外科、內科與眼科。醫生觀察症狀，在治療書上，經常提到「兩眼發黑」、「昏迷倒下」、「太陽血管」等病。有時也施行手術，說巴比倫沒有醫生是不對的，但是居民卻迷信巫術與占星。

（四）**宗教**：古代兩河流域崇拜各種自然力，在城邦發展的時候，自然力的神變為城市的保護神，如烏爾的月神新，拉爾沙的日神夏馬斯，特別是巴比倫的馬爾杜克，隨著政治的發展，成為諸神中的最高者。兩河流域的神與政治緊密結合的，當兩城發生戰爭，人們以為兩城主神在決鬥；兩城發生聯盟，其主神亦建立親屬關係。國王是神的代表，神殿是活動的中心。

神殿為方形高塔，頂上觀察天象，建立起占星術。巴比倫以為天是一部大書，由星星寫成的。每個人的行動與天星有著聯繫，僧侶掌握星辰的知識，權力很大，可預卜吉凶，因而產生了占卜符咒，欺騙群眾。

古代兩河流域西北部的歷史

一、西臺與敘利亞

■ 西臺的形成及其社會

西臺位於小亞細亞哈里斯河流域，東、南兩方面為高山環繞，係兩河流域北部、黑海與地中海交通的要道。這塊地區宜於畜牧，境內有豐富的銀鐵礦產，農業不是很發達。

西元前 2000 年以前，西臺人[112]為高加索北部草原游牧部族之一，繼後南下入小亞細亞，定居於哈里斯河畔，逐漸與當地居民相混合，其過程是緩慢的。西臺的語言是複雜的，字形依部首而變化，從這一點說是與印歐語相近的。

當西臺人定居後，氏族社會解體，出現部落聯盟，在庫薩爾地區建立起國家，其王阿尼塔征服涅薩與哈圖什。國王是奴隸主的領袖，也是軍事的首領，掌握著全國的財富。農村公社是國家的基礎。西臺農村公社有強固的氏族特點，土地是世襲的，每個家庭必須擔負國家公共勞役，稱之為「魯采」。同時農民必須擔負軍事義務，稱之為「薩含」，可以有軍人份地。隨著軍事掠奪的擴大，奴隸制的發展，土地是可以轉讓與買賣的。

西臺是軍事奴隸主的國家，經常發動戰爭，掠獲財富與奴隸。西臺形容國家的繁榮是「人畜皆增，俘虜生活好，沒有死亡」。每次戰爭結束後，貴族與武士可分到奴隸。有時國王也可賜給下屬[113]。奴隸所受的待遇是十分苛刻的，《西臺法典》規定：「假如奴隸反抗自己的主人，則奴隸應被投入水中。」因此，階級鬥爭是十分尖銳的，奴隸經常起來暴動，西臺文獻中說：「王子的奴隸暴動起來，破毀宮室，背叛主人，發生了流血事件。」

■ 西臺的強盛與衰亡

西元前 1640 年以後，西臺向外擴張，哈圖喜爾移都城至哈圖什。到穆爾西里時代，強化貴族政權，於西元前 1595 年，舉兵劫掠巴比倫，搶劫了許多財物與俘虜。《以西結》諺語，有「汝父乃一阿摩利人，汝母乃一西臺人」，說出巴比倫人對西臺的憎恨。

由於西臺社會的發展，國家原有的統治機構不能適應現實的需要，西元前 1535 年，鐵列平即位後，即著手進行改革。首先，軍事民主制的全體會議，參加者限於貴族、軍隊中的首長及國王的衛隊，便是說由民意機構變為

112　埃及稱銀為 Khat，有謂赫梯名稱即由此而得。

113　阿努曼達二世賜予一婦人的奴隸：有廚夫二人，鞋匠一人，成衣匠二人，馬伕一人，製造武器者五人。

國家的統治機構。其次，建立國王世襲制，由嫡長子繼承。如無嫡男，依次由庶子或嫡長女婿遞補。最後，為了鞏固王權，禁止血親復仇，不經貴族會議的同意，國王無權處決兄弟姊妹。鐵列平的改革完成了西臺國家形成的過程。

西臺依靠部族貴族與富商，組織軍隊，進行軍事的掠奪。從蘇比魯力烏瑪（前 1400－前 1360 年在位）統治起，即向米達尼、敘利亞與腓尼基進行掠奪戰爭，扶植親西臺的政權，奪取軍事要地阿來普。倘使實力不足，西臺即用挑撥手段，掀起內戰，如西臺支持西頓與特洛伊鬥爭。到穆爾西里二世（前 1345－前 1320 年在位）時，與埃及直接發生衝突，隨時有戰爭的可能。

而這種衝突是奴隸主的爭奪，對敘利亞是一次殘酷的災難。

西元前 1275 年，法老拉美西斯二世，率領四個軍團，北上征西臺。西臺國王穆瓦達里糾集同盟軍隊，戰車二千五百輛，藏於卡迭石。埃及北上大軍，突然陷入西臺包圍，發生遭遇戰爭，埃及僅免於全軍覆沒，並非如埃及銘刻中所說：「取得奇蹟般的勝利。」西臺雖然阻止埃及北上，保存了敘利亞，可是它的勝利並不是鞏固的，北部常受伽茲齊亞人的威脅。西元前 1269 年，哈圖喜爾三世（前 1307－前 1272 年在位）時，被迫與埃及妥協，簽訂友好條約。雙方放棄敵對行動，締結同盟，互相支援，共同對付敵人。

西臺為軍事奴隸主國家，依靠掠奪來維持。每次戰爭完結後，內部奴隸暴動，外部被征服者反抗，西臺處於動盪之中。哈圖喜爾三世死後，其後繼者如杜達里亞、阿努曼達等，波加茲凱伊的文獻已不提他們的事實了。亞該亞亞人從海上襲擊西臺與埃及後，西臺開始崩潰，分裂為許多小公國，已沒有影響力了。

西臺文化是一般的。建築多用石材，質樸而雄壯，給克里特與斯巴達一定的影響。《西臺法典》係西元前 14 世紀的作品，有二百多條文，多著重於經濟方面，對奴隸主是十分有利的。西臺受巴比倫影響很深，在強盛時期所用的文字便是仿自巴比倫的楔形文。

■ 古代敘利亞的簡史

介乎黎巴嫩與幼發拉底河間，敘利亞是肥沃的地區，在政治與經濟上，自古與兩河流域有密切的聯繫。由敘利亞南下，沿著約旦河，與埃及同阿拉伯半島相連，係亞非交通的樞紐。敘利亞地形複雜，資源豐富，畜牧業、農業很發達，有許多商業繁榮的城市。

古代敘利亞的居民為閃族與胡里特人。西元前 2000 年代，敘利亞氏族社會解體，形成階級社會，使用駱駝為交通工具。當埃及擊退西克索人後，侵入敘利亞，勒索居民，不斷引起敘利亞人的反抗，給埃及嚴重的打擊。

西元前 14 世紀，西臺興起後與埃及爭奪敘利亞。西臺利用敘利亞反埃及的情緒，聯絡首領阿細魯，排擠埃及的實力，西臺成功，由此與埃及展開長期的鬥爭。到西元前 1296 年簽訂和約後，埃及與西臺對敘利亞的爭奪始停止。乘此時機，敘利亞商業得到復興。北部以卡爾赫米什為中心，將腓尼基字母，傳入亞述與波斯。

南部以多馬色為根據地，向埃及與阿拉伯進行貿易。敘利亞成為西亞的經濟領導者。

亞述帝國興起後，不斷向西擴張，侵入奧倫特河流域，於西元前 732 年占領多馬色，敘利亞又受到外族的統治。便是亞述滅亡後，敘利亞仍長期喪失獨立，而為外族所奴役。

‖ 二、亞述與烏拉爾圖 ‖

■ 亞述的形成及其社會

亞述在兩河流域的北部，係山區與河谷地帶，宜於發展畜牧業與農業。東北部扎格羅斯山區，草木叢茂，有利於畜牧與狩獵。在底格里斯河谷，冰雪解凍後的泛濫，可以施行灌溉，種植小麥與葡萄。

西元前 2000 年代，胡里特人侵入亞述，建立起公社，隨後與當地居民混

合，在亞述城形成了亞述王國，最早的國王為奧什比亞，其名為胡里特人悉用。亞述城在底格里斯河西岸，距巴比倫有三百多公里，為古代西亞貿易的中心。

當巴比倫崛起的時候，亞述在經濟與文化上是落後的。亞述社會強烈地反映出氏族制的特徵，農村公社的領袖稱「伊沙孔」，實際上是家長，掌握著最高的統治權。亞述人利用優越的地位，與西臺人、高加索人、伊朗人等貿易，並在這些地區設立金屬、木材、高利貸商業機構，逐漸形成亞述的殖民地。這些外出的商人，一方面與亞述統治者保持著聯繫，他方面與當地奴隸主合作，進行殘酷的剝削[114]與鎮壓。亞述強大的軍事力量便是在氏族制的基礎上，依靠殖民地的支持所形成的。

西元前 14 世紀初，亞述向外擴張，控制伊朗與敘利亞。到沙爾馬那沙（前 1290 －前 1260 年在位）統治時，亞述執行侵略政策，擊敗烏拉爾圖聯盟，拆散西臺與米丹尼的聯合，一度占領了卡爾赫米什重要城市。

但是，亞述征服的地區住著不同的部族，內部是極不統一。因而亞述的歷史時而統一，時而分裂，變化無常。強盛時，氣焰萬丈，不可一世；衰落時，土崩瓦解，支離破碎。所以這些部族貌似強大，實際上是虛弱的。從西元前 13 世紀到西元前 10 世紀，由於海民在濱海地區的騷擾，亞拉米亞游牧部族的劫掠，亞述一跌不振而衰落了。

■ 亞述帝國的擴張及其衰落

西元前 9 世紀初，埃及、西臺、巴比倫相繼衰落，亞拉米亞人定居在兩河流域西北部，亞述又得到掠奪的機會。沙爾馬那沙三世（前 859 －前 824 年在位）統治三十五年，便進行了三十二次掠奪戰爭，尼尼微成為政治與經濟的中心。

依靠侵略戰爭，亞述形成了新的統治集團，貴族、軍人、僧侶為主要部

114　亞述高利貸利息很高，有時到百分之一百六十。不能償還者，即淪為債奴。

分。國王擁有最高的權力。隨著不斷的掠奪戰爭，公社成員負債過重，許多到了破產境地，這便促成土地私有制的發展。為了保證兵源，亞述採取屯兵制，移民到邊境，國家予以土地，不得轉讓，屯田者須承擔兵役義務。

亞述征服一個國家後，隨之移走居民，變為奴隸。奴隸數目的增大，貴族與寺廟擁有千百名，便是極普通的小奴隸主，亦可有二十名。奴隸是農業與手工業的勞動者，也是公路與建築的主力。西元前 7 世紀，由於軍事與商業的需要，亞述成為公路網的中心。公路幹線，用石鋪成，有堅固的橋梁，路旁有井，設專人保護。這種築路技術給波斯與羅馬很深的影響。

西元前 8 世紀時，提格拉特帕拉沙爾三世（前 746－前 727 年在位）統治時期，亞述已成為一個軍事奴隸主帝國。首先建立常備軍，推行募兵制，包括著許多兵種，有戰車隊、騎兵、重裝與輕裝步兵、攻城隊與輜重隊。軍隊的編制，武器與服裝統一起來。在被征服地區，建立聯軍組織，受亞述軍官指揮。亞述軍隊有最強的戰鬥力量，戰術靈活，經常發動突擊與夜襲，正面與側面相配合。底格拉特非拉沙運用這種實力，於西元前 732 年，侵入敘利亞，占領多馬色。三年後，又占領巴比倫。亞述開始了軍事奴隸主帝國侵略時期，也是反亞述鬥爭激烈的時期。

亞述的統治有不同的類型：對兩河流域地區，保存傳統形式，國王任命親信治理城市，如巴比倫與尼布爾，有的免徵賦稅，有的享有某種特權；在新徵服地區，國王任命地方長官統治，保存原有習慣，如西頓與特洛伊，只交納規定的貢賦；在反抗亞述侵略的地區，如敘利亞與以色列，以恐怖進行統治，移其居民，建立殖民地。亞述以暴力維持其政權，因而反亞述統治的暴動不斷發生。

西元前 722 年，薩爾貢二世即位後，標誌著軍事奴隸主的強化。

在侵略地區，如攻陷撒瑪利亞後，薩爾貢移走兩萬居民；侵入烏拉爾圖後，他又掠走兩萬居民。塞納海里布（前 705－前 681 年在位）執政時，征服猶太王國，繼續向埃及進攻。便在此時，迦勒底人暴動，巴比倫形勢嚴

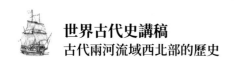

重，亞述放棄埃及，安定內部，於西元前 689 年，巴比倫局勢暫時穩定下來。也是在這一年，亞述移都至尼尼微。

亞述與埃及的矛盾是尖銳的。埃及聯合特洛伊，試圖推翻亞述在西亞的實力，阿薩哈東（前 681－前 669 年在位）安定巴比倫後，迅速向埃及進軍，於西元前 671 年，占領孟斐斯，埃及喪失獨立。亞述版圖之大是史無前例的，歷史上埃及與兩河流域第一次同處在一個國家的疆界裡。

亞述建立起龐大的帝國，卻沒有穩固的基礎。阿薩爾巴尼帕（前 669－前 626 年在位）執行恐怖政策，各族人民的反抗十分劇烈。西元前 655 年，普薩默科斯利用亞述的困難，宣布獨立。西元前 647 年，亞述鎮壓了巴比倫的叛亂，卻並沒有穩定下來。

西元前 626 年，米底與巴比倫聯合，向亞述進攻，節節勝利。西元前 612 年，聯軍攻陷尼尼微，亞述從此便滅亡了。納海姆說：「尼尼微之亡，有誰憐之！」

亞述的文化與巴比倫是分不開的。如《亞述法典》是從《漢摩拉比法典》改編的。亞述建築表現出壯麗之一面，牆上刻著戰功、國王浮雕，門口有張翼公牛，這從卡拉赫、尼尼微，特別是 1843 年發現的都爾·沙魯金遺址中反映出來。阿薩爾巴尼帕圖書館，藏有天文、醫學、文學與科學等著作，亞述自身沒有什麼創造。

■ 烏拉爾圖

烏拉爾圖即今之外高加索，係山區，富有銅鐵礦產，多森林，畜牧業很發達，養馬與駱駝。在梵湖附近，土地肥沃，多種黍麥。

西元前 13 世紀，亞述銘刻首次提到烏拉爾圖，長期處於氏族時代，有八個部族，結成一種聯盟。這種聯盟主要是抗拒亞述的侵略。

西元前 9 世紀，烏拉爾圖氏族解體，出現了階級社會，薩爾圖爾建立國家，以吐什帕為都城，接受屬地的貢賦，擁有大量的土地。當其孫明努亞

（前 810 －前 781 年在位）繼位後，由於兩河流域西北部的變化，著手經濟與軍事建設，開鑿河渠，發展農業，修築堡壘，以資防守。西元前 8 世紀中葉薩爾圖爾二世（前 760 －前 730 年在位）統治時，烏拉爾圖已成為亞述北部的強國，擊退亞述的侵略。這是軍事奴隸主統治的國家，與西臺同亞述一樣，不斷征服鄰近的部落，掠獲大批的奴隸、財物與牲畜。奴隸所受的壓迫與亞述又是一樣的。

西元前 8 世紀的後半期，烏拉爾圖北部的游牧部族南移，受到嚴重的威脅。亞述帝國向西亞擴張，與埃及爭奪巴勒斯坦，必須安定後方。西元前 714 年，薩爾貢出兵征烏拉爾圖，敗其王魯士，亞述石刻高傲地說：「當烏拉爾圖國王知道軍隊已失敗，心中為恐怖所激動，有如一隻飛逃鷹隼追逐的小鳥！」經過這次毀滅性的破壞後，烏拉爾圖一蹶不振，延續到西元前 6 世紀初。以後的情況，至今尚未見有更多的說明。

古代腓尼基、巴勒斯坦與愛琴海區域

‖ 腓尼基 ‖

▓ 腓尼基的城邦

腓尼基背山面海，形成南北長而東西狹的地帶。黎巴嫩山三面環繞，向西直趨海濱，遍山滿植扁柏、杉樹與月桂。濱海地區，宜於灌溉，多種橄欖與葡萄。海岸線曲折，有很多良好的港灣，出現了烏加利特、畢布勒、西頓、特洛伊等著名的城邦，是最早發展航海事業的國家。

腓尼基人是閃族的一部分，最初以捕魚為業，過著氏族社會生活。西元前 2000 年前後，農業發展，氏族制度逐漸解體，形成許多城邦，烏加利特便是最早的城邦之一 [115]。烏加利特是商業城邦，其國王代表大奴隸主階級利

115　1929 年，於拉斯·沙姆拉發現的銘刻中，已提到孟斐斯與克里特。

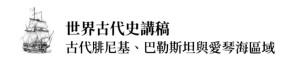

益，擁有強大的權力。當西臺與埃及鬥爭時，烏加利特受西臺的壓力，反對埃及，其影響已不突出了。

西元前 15 世紀時，腓尼基各城邦向海上發展，西頓居強盛的地位。這個城邦深入地中海東部各島嶼，採購各種貨物，特別是西達爾島上的螺，製造珍貴的紫紅染料。又深入黑海，直至高加索。西頓商人在孟斐斯設立商店，與巴勒斯坦斐利斯人發生衝突，長期在戰爭中。當海民向西亞侵略時，除特洛伊損失較輕外，腓尼基其他城市受到嚴重破壞，西頓因而衰落。

西元前 13 世紀以後，特洛伊為腓尼基重要的城邦。從東地中海航行，向西發展，經西西里島、北非，一直到直布羅陀海峽。西元前 1000 年左右，特洛伊環行了整個地中海，於西班牙建立起迦迪斯，於摩洛哥建立起利克索斯，並向大西洋推進，到英格蘭採購錫礦，特洛伊獲取重大的暴利。希拉姆（前 969－前 936 年在位）統治時，得到富商的支持，擴大特洛伊城，集許多島嶼修建新城，有三萬五千多居民。西元前 814 年，在今突尼斯境內，建立迦太基。這個城很快發展為商業國家，實力強大，與羅馬爭奪地中海上的霸權。西元前 7 世紀，西亞局勢變化，希臘自地中海興起，腓尼基喪失了政治與經濟地位。

■ 腓尼基的社會與文化

原始公社解體以後，腓尼基出現大奴隸主的城邦，貴族與富商就是這個政權的支柱。每個城邦的居民交納重稅，服兵役與勞役，實際上與奴隸沒有很多的分別。每家貴族與商人有大批的奴隸，擔負沉重的勞動，特別是用奴隸划船入深海採螺以製染料。在這些城邦國家中，奴隸是貨物，可以如青銅一樣出賣，也可作遺產給繼承人。

因此，腓尼基的階級鬥爭是十分尖銳的。從僅有的敘述中，如畢布勒國王拉巴狄致信埃及國王阿肯那頓，敘述農民與手工業者的暴動。

又如史學家猶斯丁敘述特洛伊大暴動，奴隸與貧民結合，殺盡奴隸主，

占有他們的妻子，選舉僅有的自由民斯特拉頓為國王。這點資料，真是吉光片羽，說明階級鬥爭的劇烈，是十分珍貴的。

腓尼基是商業與航海的國家，各城邦有自己的「殖民地」，實際上是僑民地。僅特洛伊一城就有三百多處。腓尼基原料缺乏，各城邦的商人對海上的航線、原料產地、貿易情況，都是相互保密，不肯告人的。畢布勒占領賽普勒斯島後，獨占銅礦的開採。特洛伊占據西西里島與北非，獨占這些地區的資源。他們採購原料，進行加工，向外輸山葡萄酒、橄欖油、玻璃器皿、紫紅染料，換取東方的香料與寶石。

他們在孟斐斯設立商店與堆棧。在邊遠地區，選擇軍事與貿易地點，定期交易。大奴隸主商人謀取暴利，《以西結》中說：「商人較國王更富。」

腓尼基商人販賣奴隸，有的在發生戰爭時，尾隨軍隊，收購俘虜，運到市場出售。有的在海上劫奪，商人就是海盜。荷馬史詩提到：「要我與他（腓尼基人）乘一艘漁船，向利比亞遠處航行，藉口跟我經商共分利潤，實際將我如貨物出賣給人。」說明奴隸主榨取方法多種多樣及如何搶劫橫財的。

腓尼基的城邦制給希臘樹立了榜樣，希臘以後的發展有所循守。在文化上，在古代西方有積極的影響。巴比倫文字傳入敘利亞後，在實踐中得到簡化，形成二十九個字母。這從拉斯·沙姆拉發掘的資料證實了。在西克索人侵略埃及後，埃及象形文字起了變化，出現二十四個子音符號。西元前 13 世紀，腓尼基商業發展，在巴比倫與埃及文字簡化的基礎上，創造出二十二個簡便的字母，對文化交流有重要的影響，首先受惠的是希臘與羅馬。

腓尼基造船術最發達。黎巴嫩山的杉木，係造船最好的原料。畢布勒所造的船，以帆航行，既穩而又能載重，適於遠程航海。希羅多德說：「行駛最好的船是腓尼基人供給的。」西元前 7 世紀時，腓尼基受埃及委託，甘倫率領六十只船，由紅海出發，入南海，經三年的時間，環繞非洲，經直布羅陀海峽回埃及。當向南航行時，觀察出中午太陽在北部，這證實已到赤道的南邊。

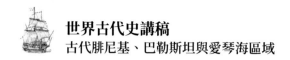

‖巴勒斯坦‖

巴勒斯坦是兩河流域與埃及之間的走廊。約旦河發源於黎巴嫩山，經伽利略湖，注入死海，形成一條狹長地帶。河之西為濱海區域，多小河，宜於灌溉，發展農業。河之東，土地貧瘠，宜於畜牧，生活是比較困難的。

西元前 2000 年前後，迦南人居住在巴勒斯坦的北部。迦南人是閃族的一部分，過著畜牧與農業生活。埃及常提到輸入的無花果與橄欖。在伯善發現的古物中，陶器、銅劍與紡織物說明迦南人的手工業是進步的。

當西克索人入侵埃及時，希伯來人侵入巴勒斯坦，與迦南人進行了長期的鬥爭，迦南人趨於衰落。「希伯來」，意為外來的，他們初來時，過著畜牧生活，有確定的牧場，保存著氏族制度。繼後學習農事，蓋傑爾的曆書中，有亞麻收割月、大麥收割月等，說明希伯來農業的發展。

希伯來比較可靠的歷史，始於《梅林普達銘文》，在西元前 1230 年左右。那時候，希伯來人尚未形成一個國家。當西元前 12 世紀時，非利士人由海上進據濱海城市，希伯來人頑強地反抗，長期進行了鬥爭。在鬥爭實踐的過程中，由於現實的需要，希伯來形成了聯盟，傳說中舉撒姆耳為盟長，代表貴族們的利益。在這樣情形下，掃羅（前 1025 －前 1013 年在位）依靠貴族與僧侶，建立起以色列王國，繼續與非利士人戰爭。

掃羅死後，大衛（前 1013 －前 974 年在位）合併以色列，建立起猶太王國，定都於耶路撒冷。大衛依靠氏族首長與武士，發動與非利士人的戰爭，取得迦斯的勝利。所羅門（前 97 －前 936 年在位）繼承王位後，對內施加高壓政策，壓迫以色列；對外與特洛伊聯盟，修建埃西雲伽伯港，出紅海，與阿拉伯及南非貿易，獲取厚利。他徵收重稅，興建宮殿與神殿，以炫豪華，激起人民強烈的反抗。多少人將田地與葡萄園抵押借錢，交納賦稅。《阿摩斯》說：「為了銀子傷了義氣，為了一雙鞋傷了窮人，他們見窮人頭上蒙的

灰也垂涎。」由此可見希伯來的階級鬥爭是十分嚴重的。

　　當西元前 941 年，謝松克即位於下埃及，與敘利亞聯合，謀向海上發展，與希伯來競爭。以色列反所羅門的領袖若羅波安逃往埃及，受到埃及的歡迎。所羅門死後，於西元前 928 年，若羅波安得埃及之助，返回巴勒斯坦，洗劫耶路撒冷，以色列獨立，埃及又一次占領猶太王國。

　　以色列雖取得獨立，定都撒瑪利亞，卻並不鞏固，敘利亞不斷的蠶食，摩押部族的西侵，使以色列動盪不安。當亞述興起後，於西元前 722 年，向巴勒斯坦進軍，攻陷撒瑪利亞，劫走兩萬七千居民，從此以色列便滅亡了。

　　當亞述衰落的時候，西元前 622 年，猶太王國乘機興起，約書亞著手改革，凡滿六年的債奴，須恢復自由，並予以一定的財產。但是，這些措施並沒有發揮多大的作用。

　　西元前 597 年，新巴比倫與埃及爭奪巴勒斯坦，尼布甲尼撒占領耶路撒冷，劫掠許多財物。繼後於西元前 586 年，再度進軍，滅猶太王國，俘走猶太居民，因於巴比倫者有七十多年。

　　希伯來的文化是一般的。資產階級稱頌它的一神教，實際上有它產生的根源。希伯來最初的宗教是自然界神祕力量的反映。雷電風火等現象，賦以一種超自然的力量。當希伯來歷史發展的過程中，與埃及、巴比倫等相接觸，大商業奴隸主們又賦予其社會屬性。積而久之，綜合自然屬性與社會屬性，反映在萬能的「耶和華」身上，而這個神又只是抽象人的反映。「耶和華」一詞是猶太人因於巴比倫後，突出使用的，那些預言家絕望的呼聲，正是大奴隸主們在困難中的要求，依舊是統治階級的。《舊約》是古迦南人的遺產，有神話與傳說，有詩史與法典，其間受巴比倫與埃及影響很深的。《舊約》中有許多文學作品，富於哲理的散文，對歐洲文學與藝術發生極深刻的影響。

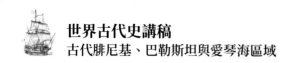
‖ 愛琴海區域 ‖

■ 愛琴海區域的自然環境

愛琴海區域，即古代的希臘，它的面積是狹小的，卻又是很複雜的。它包括小亞細亞西部的沿岸，愛琴海各島嶼及巴爾幹半島的南部，其面積約有六萬四千多平方公里。

愛琴海是多島的地區，形成希臘半島與小亞細亞間的「足踏石」，海岸曲折，相距又近，利於航海的發展，既有防風的良港，又有陸地在望，不會迷失方向的。

愛琴海東北部，透過赫勒斯滂海峽入黑海，古稱攸克幸，意為「友誼」。在愛琴海中，群島林立，宛若浮出海面的山峰，北起色雷斯，經勒摩諾斯、列斯堡斯南下，靠近希臘有西克拉底群島，形如項圈，以提洛斯島為中心。靠近小亞細亞邊岸，有斯波拉德群島，自薩摩斯島起一直至羅得斯。由此向西至克里特與西特拉，形成一個大合攏。

其間以克里特與尤比亞島面積最大。希臘西部島嶼較少，伊達加與科西拉較為著名。由此經過愛奧尼亞海至西西里及義大利半島南部，在經濟與文化上與愛琴海區域聯合，故有「大希臘」的名稱。

希臘半島形似一張楓葉伸入紫羅蘭色的海內，全境多山，構成許多區域。北部有賓都斯山、分成庇洛斯、帖撒利亞與馬其頓。中部有巴那撒斯山。厄達山橫貫東部，形成八個地區，其中以彼阿提亞與亞狄加為最大。南部為伯羅奔尼撒半島，有七個區域，中有代吉特山，山頂積雪，拉哥尼亞在其東，麥塞尼亞在其西。從東北部，經科林斯土腰與亞狄加相連。大陸希臘，每地與海相接，海水連接起來，凝結成一個整體，統一而又分散，最適宜於初期歷史發展的。

愛琴海氣候溫和，歐里庇得斯說：「冬不甚冷，夏不甚熱。」在二十年內，雅典很難遇著一次結冰。希臘雨量不大，缺水，在訂盟約時，有「勿斷聯盟公

社的流水」，臨別時，經常以「一路平安，沿途有水」表示祝願。希臘面積不大，土地貧瘠，種植大麥與豆類，產量不高，須從黑海運購糧食。很多地區種葡萄與橄欖，峽谷地帶又多橡、松、桂等樹。愛琴海各島嶼，礦產很富，金銀銅鐵都有，陶土與大理石極知名，為工商業發展創造了有利的條件。

愛琴海最古的居民為皮拉斯吉人，從小亞細亞移殖過來的。這從希羅多德的著述，帖沙利的地名，雅典的傳說，證實這種說法[116]。再從地名學上，如小亞細亞地名的語尾與希臘許多地名的語尾是相同的，這也可作為旁證。因為這種地名的語尾 -ssos、-ada，既不是希臘的，也不是閃族的，而是小亞細亞的[117]。

■ 克里特時期

由於施里曼在特洛伊與邁錫尼的發掘、伊文斯在克里特的考古工作，我們對愛琴海古代的歷史，有了新的認識。所發掘的資料證實了愛琴海的古代史，於西元前 3000 年代已開始了。

愛琴海區域的歷史是以西克拉底群島與克里特開始的。在新石器時期，麥羅斯島上的居民已有進步的生活，巨大的住宅、集體的墓葬、黑曜石所製的石刀，說明他們的經濟繁榮，愛琴海已進入氏族解體的階段。西元前 3000年後的克里特，伊文思分為早期、中期與晚期，反映得更為明白。

克里特是愛琴海中的大島，東西長約二百五十公里，南北最寬處有六十公里，有肥沃的土地與良好的港灣。克里特早期的歷史，普遍使用銅器，手工業有發展，西元前 2200 年前後，與埃及已有接觸，器皿與印章所刻文字係象形文，可能是受埃及影響的。

西元前 2000 年時候，克里特的原始公社解體，出現最早的奴隸制國家，

116　希羅多德的《歷史》卷一中說：「皮拉司吉人是講著異邦話的。」帖沙利有地名為：「皮拉司吉奧底德。」雅典因為皮拉司吉，建築了亞克波羅。

117　小亞細亞與希臘地名語尾相同，如小亞細亞：Iassos, Ariassos, Aeinda。希臘：eissos, Parnassos, Tyrinrkos。還有許多地名語尾相同。

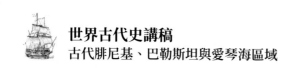
克諾索斯為主要城市，是愛琴海對外貿易的中心。從考古發掘的遺物中，青銅的冶煉、薄殼的陶器、長柄劍，色彩鮮明，繪有生動的圖案。西元前 1750 年前後，米諾斯實力擴大，統治雅典，形成忒修斯的傳說[118]。米諾斯修建壯麗的王宮，三層樓房，宴會賓客的大廳，石砌的密室，繪著秀麗的壁畫。克諾索斯宮，即著名的「雙斧迷宮」，為傑出的工程師戴達羅斯[119]所建，象徵著克里特的強盛與繁榮。

克里特中期，奴隸制得到發展，有專管貿易、糧食、慶典與軍事的官吏，建立起希臘人所稱的「海洋帝國」。手工業十分精巧，彩金器具、紡織品、陶瓷、葡萄酒、橄欖油是著名的輸出品。克里特經營錫的貿易，獲利至厚，埃及與西臺有克里特的商品與物品。由於實際的需要，象形文字逐漸簡化為線形文。線形文 B，經文特里斯等努力，現已找到閱讀的方法。克里特的強盛有一百五十年，向外經常掠奪，有如海盜；向內徵收重稅，奴役社員。從發掘的資料中，居民與奴隸主的生活是相距很遠的。不僅只此，在米諾斯時期的晚期，克里特島上的城市，如費斯多斯與底俐落斯等，被暴動人民焚燬或占領，反抗貴族殘暴的統治，階級鬥爭是十分嚴重的，給奴隸主政權致命的打擊。

但是，促成克里特衰落的主要原因，是游牧部族亞該亞的入侵。

亞該亞人從巴爾幹半島進入希臘後，深入伯羅奔尼撒半島，自西元前 1600 年起，克里特開始喪失大陸上的統治地位。亞該亞人不斷向海上發展，占領克里特島。從西元前 15 世紀後半期起，克里特島上的建築，如凱拉多斯河畔的宮殿，伊索普達的墳墓，補修的王宮，係美加拉的風格，即亞該亞人的建築方式。米諾斯王朝的政權，遭受許多困難，勉強維持到西元前 1180 年，克里特由伊多麥奈統治，參加特洛伊戰爭，變為亞該亞人的屬地了。

118　克里特強迫雅典每年送七男七女，使怪物吞食。忒修斯為雅典王太子，去克里特島，得阿里阿德涅公主的幫助，殺死怪物，勝利而還。

119　戴達羅斯係克里特傑出的建築師，遭米諾斯的忌妒，傳說製造一鳥，駕之而飛向西西里島，以飛得過高，接近太陽，膠溶墜海而死。

邁錫尼時期

西元前 2000 年時，游牧部族亞該亞人[120]從巴爾幹北部向南移動，沿河而行，和平地移入希臘的中部與南部，而以邁錫尼為居留的中心。當亞該亞人定居後，征服原有的居民，與克里特人發生密切的關係。他們學會製造青銅工具與武器，由鋤耕轉為犁耕，於西元前 1400 年前後，學會了航海技術。這些都促使亞該亞人的氏族社會解體，形成邁錫尼王國，與克里特一樣是君主統治的。也便是在這時候，亞該亞人開始征服克里特。

從 1874 年在邁錫尼地下的發掘和 1939 年在派洛斯發現的泥板來看，亞該亞人起了很大的變化，經濟與文化取得突出的成就。雄厚的堡壘、壯麗的獅門、二十公尺厚的石牆、礦坑式的墓葬、阿特魯斯的陵墓，這一切說明亞該亞的奴隸制得到很快的發展。派洛斯銘刻指出，四人中即有一人為奴隸；特洛伊戰爭的領導者阿加門農，擁有巨大的財富，居於特殊的地位。根據西臺的資料，在卡迭石戰爭後，亞該亞人與希臘其他民族聯合，從海上向埃及與西亞海岸進攻，即所謂「海民的入侵」。此時，邁錫尼實力雄厚，克里特與雅典為其附庸。西元前 12 世紀初[121]，亞該亞人占領列斯堡斯島，形成對特洛伊城的包圍，引發了十年的戰爭，其目的是爭奪赫勒斯滂海峽（現達達尼爾海峽）的財富。

但是，在特洛伊戰後半個世紀，多利安人侵入希臘，征服邁錫尼，逐漸擴大，奴役亞該亞人，邁錫尼便這樣滅亡，開始了古代的希臘。

120　亞該亞的語根為「Ack」，意為「水」，指游牧部族沿江河而移入。
121　按照埃拉多斯狄納所說，可能在西元前 1193—前 1184 年間。

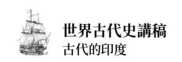
古代的印度

　　古代的印度大致包括印度河流域與恆河流域，亦即現在的印度與巴基斯坦兩國的領土，從古至今，沒有統一的名稱。印度一名始於波斯人，繼後西傳至希臘與羅馬，便襲用波斯人的稱謂。至於中國，漢時稱之為「身毒」，魏晉時稱之為「天竺」，唐時始稱為「印度」。印度《往世書》中，有著名的國王婆羅多，為了紀念他，印度人自稱為婆羅多國。

　　印度是亞洲的一個半島，北以喜馬拉雅山為屏障，南部伸入印度洋內，東界孟加拉海灣，西臨阿拉伯海，周圍島嶼較少，在古代與外界接觸比較困難，只靠西北部的峽谷與亞洲大陸上的國家聯繫。

　　印度中部為德干高原，有山區，有叢林，也有草原，氣候是乾燥的。德干高原向東傾斜，河流多注入孟加拉海灣。南部為錫蘭島，古稱僧伽羅國。西北部為印度河流域，即旁遮普，雨水缺少，依靠河水泛濫及人工灌溉，有利於農業的發展。恆河流域，土沃肥潤，雨量充足，農業發達。西南季候風是決定印度氣候的主要因素，在北部，向東雨量大，南部相反，向東雨量小。印度物產豐富，有許多奇花異草、名禽珍獸，動植物的種類是繁多的。

　　印度古代的居民，從考古學者的證實，是達羅毗荼人，現在移居到印度的南部了。自西元前 2000 年後，雅利安人、伊朗人、希臘人、月氏人、突厥人相繼入侵，印度古代的歷史和原初的居民，必然受到強烈的影響，從而發生了深刻的變化。

‖印度河流域初期的文化‖

　　西元前 3000 年前後，印度河流域已有高度的文化。經 1922 年遺址的發掘，證實達羅毗荼人是哈拉巴文化的創造者，有力地駁斥了雅利安人創造印度歷史的謬論。

　　西元前 2000 年以前，達羅毗荼人過著氏族生活，其會議稱之為「沙米

底」，所選舉的首長稱「拉德查」。哈拉巴為活動的中心。這時候農業上栽種大麥與小麥，用石製造的犁頭；工業有陶器與紡織，用石製十進的砝碼，說明經濟有一定的繁榮。這時候城市興起，自亞姆利到哈拉巴，特別是摩亨佐‧達羅的遺址，市容規模宏大，其建築技術是很高的。

摩亨佐‧達羅的遺址占地二百五十多公頃。街道整齊，房屋由東向西，從南向北，並行排列，最寬處有十公尺左右。宮殿與堡壘占市區中心，係用石與磚建造的。城內有地下水道、供水設備，又有市場、商店、作坊、浴室等建築，充分反映出人民生活的狀況。考古學者掘出許多石製、象牙與黏土的印章，共有 396 個象形符號，至今尚無法辨認。

西元前 2000 年後，印度河流域出現貧富分化，已進入奴隸時代。這從考古學中，我們看出有華麗的宮邸與簡陋的茅屋，有精緻的飾品與粗笨的工具。那些巨大的倉庫、離奇的印章，都反映出階級分化，貧富不同了。

‖雅利安人的入侵‖

雅利安人過著游牧生活，保存著母權制的殘餘，他們的命名是根據母親的。在西元前 21 世紀，雅利安人從伊朗出發，越過興都庫什山，侵入印度河流域，與達羅毗荼人發生強烈的衝突。《梨俱吠陀》中說：「必須應付敵人一百個有柱子的堡壘。」這說明雅利安人征服達羅荼毗人是不容易的。

「雅利安」一詞，不是種族的名稱，而是指社會的地位，含有「高貴的」意義。雅利安人侵入印度河流域後，接受達羅毗荼人農業上的知識，放棄了原初的畜牧業。農業發展很快，《梨俱吠陀》提到用六匹牲畜耕地，《摩奴法典》提到以井水灌溉。雅利安人稱領袖為「瞿波提」，意為「牝牛的領有者」，亦即「耕地的得主」。冶金業發展很早，稱鐵為「暗青色的銅」。

雅利安人入侵後，形成掠獲當地居民的軍事集團，掌握分配公社產品，居於統治地位。家長制強大，長子有權獨繼父業，沒有子嗣的人是最不幸的。《薩爾貢達羅》中國王說：「沒有子嗣真可怕啊！」印度的奴隸社會便

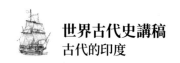

在家長制的掩護下發展起來。

當雅利安人入侵後，印度居民被迫南遷，其留住原地者淪為奴隸，或接近奴隸階層。原有的氏族機構，雅利安人用之鎮壓人民，因而產生了種姓制度。在一定的地區內，具有共同宗教與職業者，稱之為同「瓦爾納」。「瓦爾納」意為「顏色」與「品質」，即世所習稱的種姓制度。

按照《摩奴法典》的規定，種姓制度有四種，即婆羅門，包括僧侶與有知識者；剎帝利指武士；吠舍包括農民、牧民、工匠與商人；首陀羅，指窮人與外來者。婆羅門與剎帝利為奴隸主，吠舍不斷分化，但是三者都為「再生人」。首陀羅為奴隸，永遠為「生人」，長期為統治者服務的。

‖ 恆河流域的發展與佛教興起 ‖

西元前 1000 年前後，恆河流域出現了許多小公國，經常發生劇烈的爭奪，形成十六個國家，其間薩羅與摩揭陀為最強者。薩羅以舍衛城為首都（即今之薩瓦提），在伽姆蘇統治時，占領了伽尸公國。摩揭陀以王舍城為首都（即今之比哈爾），係恆河流域最強的國家。於頻毗沙羅（前 519 －前 491 年在位）統治時，征服了東部鴦伽王國。繼後於伽拉索伽統治時，建立華氏城，即今之帕特那，為古代恆河岸邊最壯麗的城市。

雅利安人為了鞏固他們的政權，利用種姓制度，透過宗教，鎮壓被征服的人民。婆羅門居首要地位，稱國王為神人，僧侶為重要者。

所征服的居民變為奴隸，其價格僅比馬貴四分之一，比牛貴兩倍半。

他們創造出婆羅門教，以為苦痛與窮困是不存在的，而真實存在是梵天。梵天為極樂世界，人在肉體毀滅後，靈魂始能解放，與梵天結合。這種理論是反動的，因為它認為人民的窮困與苦痛，不是來自奴隸主的剝削，而是來自人民自身。

大雄筏陀摩那（約前 528 －前 468）創立耆那教。他綜合民間傳統信仰，反對婆羅門，否認《吠陀》為聖書，卻維護奴隸主階級利益，主張逆來順

受。「耆那」意為「戰勝情慾者」，他主張苦行學道，禁止殺生，相信輪迴業報，起了麻痺階級鬥爭的作用。

釋迦牟尼（前 623 －前 534）創立佛教，他觀察現實，勸人解悟四諦，奉行中道。解脫慾望的執，排除無常的幻，以入凝神的境界，這就是涅槃。只要禁慾，不論是哪種種姓，都可為僧，婦女亦可為尼，佛法是平等的。他說法時用大眾語言，促進佛理的傳播。他反對婆羅門的壓迫，破除種姓的界限，這是進步的。但他主張忍受一切，麻痺鬥志。

他所活動的地區，係婆羅門壓迫最深的地區，佛教的創立是與民族運動有關係的。摩揭陀尊崇佛法，在阿闍世時，佛教舉行第一次集會。

西元前 6 至西元前 4 世紀，私人土地占有制發展了。在公社之外，有奴隸勞動的莊園。三種高級種姓者開始著棉織品的衣裳，棉花是在西元前 8 世紀發現的。奴隸的數量不斷地增加，自由社員處境困難，除交付貢物外，還負擔沉重的徭役，其處境與奴隸是一樣的。

西元前 365 年，當伽拉索伽死後，摩揭陀國勢衰弱，經常發生暴動，建立起「九難陀」統治時期。傳說難陀是英雄人物，係首陀羅婦女所生。由於資料特別缺乏，正說明這時期的階級鬥爭是劇烈的。

‖ 孔雀王朝的建立 ‖

西元前 327 年，亞歷山大從康居與大夏南下，侵入印度河流域。在卡拉河谷地區，進行了多次戰鬥，保洛斯英勇抵抗，雖然失敗，卻是十分光榮的。印度河其他地區，頑強抵抗西方的侵略者，直至桑哥拉城夷為平地。亞歷山大想越過沙漠，侵略摩揭陀國，隨後終止了，其終止的主要原因，在於氣候的不適與印度人民的頑強抵抗。阿里安敘述印度的戰術，遠超過其他部族。西元前 325 年，希臘被迫向波斯方面撤退了。

旃陀羅笈多（前 321 －前 297 年在位）係難陀的後裔，出身微賤。他受哲人考提里亞之助，圖謀起義，未成功，避難至旁遮普，聯絡山地領袖，反

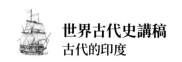
抗希臘的專橫，取得統治地位。繼後率軍南下，入恆河流域，建立起孔雀王朝，統治了一百三十多年，定都於華氏城。

西元前 305 年，塞琉古進攻印度，慘遭失敗，兩國以興都庫什山為界，並派麥伽斯蒂尼為使臣，埃及亦遣使駐華氏城。當賓頭沙羅（前 297 － 前 272 年在位）統治時，實力強大，越過德干高原，除羯陵伽國外，都受孔雀王朝統治，一直到買索爾。

考提里亞著有《政事論》，反映孔雀王朝的情況，這是奴隸主專制的國家，吠舍種性淪陷為奴隸，藉修堤築路來維持生活的。政府設有祕密組織，監視官吏行動。中央官吏管理城市，地方官吏管理農村，他們擁有龐大的機構，僅高級官吏有三十二種之多！

孔雀王朝的經濟是繁榮的。農業上興建水利，種植棉花與亞麻。

《政事論》提到中國的絲織物、阿拉伯的馬。商賈塔為象牙工會所雕刻，那西克石窟由紡織行會來維持，這都說明孔雀王朝的經濟是繁榮的。

‖ 阿育王的統治與印度的分裂 ‖

阿育王（前 272 － 前 232 年在位）即位前任坦義始羅與鄔闍衍那的總督，取得豐富的經驗。當他掌握印度政權後，安定中國，於西元前 261 年發動羯陵伽戰爭，俘獲十五萬人，建立起印度歷史上的大國。

阿育王充滿了矛盾，一方面侵略羯陵伽，屠殺無數居民；另一方面又崇信佛教，於西元前 253 年召開第三次結集，編纂經、律、論三藏經典。他曾派遣公主桑伽蜜多羅，帶菩提樹，經海上至錫蘭，佛教得到傳播。他興建許多塔和寺廟，有很高的藝術價值。阿育王重要的詔誥，刻之金石者有三十多種。從文告中看出，摩揭陀與恆河流域由中央直轄管理，羯陵伽、阿槃底等處由附王管理。阿育王時代是繁榮的，卻是不鞏固的。

印度為奴隸社會，梵文稱奴隸為「達薩」，《政事論》提到有十四種之多。奴隸大多數用於家庭作業，特別是女奴，其所處的地位是十分悲慘的。

《摩奴法典》稱國王為大地的主人，所有的土地是屬於國王的，其剝削方式卻是透過農村公社的。公社有固定土地，圍以籬笆，通常供給國家六分之一的收穫，遇有困難，擔負特殊任務。

阿育王死後，羯陵伽、安達羅先後獨立，西北部犍陀羅亦脫離統治，大夏國王狄米特裡占領旁遮普與信德區。西元前 184 年，孔雀王朝最後的國王為部將普西亞蜜多羅殺死後，建立起巽伽王朝（前 184 － 前 72）。

巽伽王朝的統治者反對佛教，擁護婆羅門教，形成一種地方割據，沒有起特殊的作用。西元前 72 年，巽伽為堪瓦王朝所替代，國勢日衰，勉強維持了四十多年。印度西北部出現新的局面，貴霜帝國成為中亞強大的實力。

‖印度文化簡述‖

古代印度的文化是豐富多彩的。西元前 3000 年紀，旁遮普已出現圖畫形的文字。迨至雅利安人入侵後，西元前 6 世紀，印度已有了銘刻，而波爾尼著的《八牽書》為梵文文法的典範。

印度文學有突出的成就。《吠陀經》除迷信部分外，有許多傳說是有歷史與文學意義的。《摩訶婆羅多》與《摩羅衍那》是兩部長期形成的巨型詩集，表現出人民高度的智慧。迦梨陀婆是《薩爾貢達羅》

的作者，著作豐富，推進印度文學的發展。

孔雀王朝的藝術是莊嚴的，形式優美，有熟練的技巧，如商質塔的雕刻、阿育王的石柱、伽耶附近的石窟。但是最值紀念的是醫學與數學上的成就，起很大的作用。

印度最初的醫學是和巫術相聯繫的。《吠陀經》中保存了解剖知識。從病理學與治療術中，可看到黃疸病、關節病與頭痛等。印度多用草藥治療，《壽命吠陀》舉了七百六十多種草藥。印度醫學分內科、外科與眼科。恰羅迦是著名的醫生，著有《蘇列虛多醫錄》，有很高的科學價值，為後人所推重。

印度在數學上的貢獻也是巨大的。西元前 3 世紀時，印度已有數目字，繼後發展為現代所用的 1、2、3……8、9 等數字。中世紀時，阿拉伯航海家將其傳入歐洲，而西方人不恰當地稱之為阿拉伯字母。西元前 2 世紀，印度發明了數字位，解決了進位問題，將孤立的數字結合起來。也是在這時，創造了代表「無」的數字「0」，解決了補位問題，數學得到進一步發展。在幾何學上，印度人很早知道直角三角形三邊的關係。

古代的伊朗 ── 古代米底與波斯簡史

‖ 伊朗的自然環境 ‖

伊朗是中亞乾燥的高原，四周環山，中部為大荒原，許多河流從峽谷流出，在細砂流磧中消失了。扎格洛斯山沿著伊朗西南邊境，與兩河流域形成天然分界線。北部埃爾布爾斯山聳立，面對裏海南岸，構成狹長而肥沃地帶，向東伸延，與鹹海盆地相連接。南界波斯海灣，夏熱雨少，《魏書》說「地多沙磧，引水灌溉」，很早便利用坎兒井。

風向很規則，居民很早創造風車。伊朗物產豐富，棗和馬都是很著名的。

古代伊朗居民是來自東北部的。北部為米底人，南部為波斯人，他們同操印歐語言，過著游牧生活。西元前 837 年，為了頌揚沙爾馬那沙三世的武功，亞述石刻鐫有米底與波斯的名字，這是歷史上最早的文獻，米底成為亞述奴隸與牲畜掠獲地。

‖ 米底的建國 ‖

古代米底人駕著馬車，帶著獵犬，侵入伊朗高原，過著游牧生活。他們有粗淺的冶金知識，製造極簡陋的用具。西元前 1000 年代，由於生產技術的改進，逐漸定居下來，形成農村公社，而階級社會開始出現了。《阿維斯

達》稱畜牧富豪為「畜群富有者」，稱播種者為「善人」，驅除害蟲者為「正直人」。農業很發達，到處有坎兒井，契爾門・雅布水渠長達二百多公里。儘管如此繁榮，米底是亞述侵略的對象。

西元前 715 年，米底領袖達猶古（亦稱臺奧賽斯）被亞述俘獲，米底的二十二個部族宣誓，服從亞述的統治。達猶古在被禁期間，研究亞述情況，爭取亞述信任，得到釋放。他仿效亞述軍隊的編制，實行軍事民主制；建築埃克巴坦那城（今之哈馬丹），與亞述進行貿易。

西元前 675 年，達猶古逝世時，米底已統一，成為中亞的強國。

其子弗拉奧提斯繼位，征服波斯，擴稍米底實力。西元前 633 年，這位愛國者發動反亞述戰爭，戰於埃蘭，結果米底失敗，弗拉奧提斯犧牲了。當貴族選出基亞克薩里斯後，強化騎兵建設，與新巴比倫聯盟，這是中亞政治上的新事件，亦反亞述最有力的措施。西元前 615 年，新巴比倫與米底夾攻亞述，三年後陷尼尼微，亞述從此滅亡了。

米底驅兵向西推進，與呂底亞發生七年戰爭（前 592 － 前 585 ）。

西元前 585 年日食（5 月 28 日），雙方不解日食的原因，以為大禍將臨，倉促締結和平。不久，基亞克薩里斯逝去，其繼承者阿斯泰若無能，不久便為波斯貴族居魯士征服了。

‖ 波斯帝國的建立 ‖

波斯位於伊朗高原的西南部，濱海，住著自西北部移入的部族，操印歐語，為數約有十種，過著游牧的生活。當定居後，向埃蘭發展，接觸兩河流域南部的文化，受米底統治，逐漸形成聯盟，阿奇麥尼德族為領袖。

西元前 558 年，居魯士乘米底衰弱，統一波斯，向埃克巴坦那進軍，推翻米底的統治，建立阿奇麥尼德王朝，開始了波斯帝國。

居魯士擁有精銳的騎兵，他的統一標誌著部族聯盟的瓦解，伊朗國家機

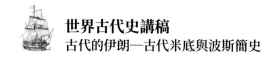
構的建立。波斯接受亞述與米底的傳統，西元前 546 年，向呂底亞發動進攻，蔑視埃及與巴比倫的支持，突破深冬停戰的慣例，攻陷沙爾底斯城，俘獲國王克萊蘇斯。從此，波斯掌握小亞細亞，與希臘發生強烈的矛盾。

當居魯士征服呂底亞後，為了鞏固後方，深入大夏與康居地區，於藥殺水畔，建立起居魯士城，即中國史籍中的貳師城。西元前 539 年，波斯向新巴比倫進攻，幾乎是和平地進入巴比倫，廢除國王那波尼德，解放猶太人，宣布自己為巴比倫的國王。為了結歡巴比倫人，不使其有受外來人統治的感覺，他們完全尊重當地的習慣。

西元前 529 年，裏海附近游牧民族暴動，反抗波斯的侵略，居魯士北上遠征，遭受到慘重的失敗，而在陣中身亡了。

居魯士長子岡比西斯（前 529－前 522 年在位）繼位後，波斯各地發生暴動，反抗奴隸主的統治。岡比西斯用四年的時間始鎮壓下來，但是並沒有解決。他利用柏杜因人的駱駝，發動侵略埃及的戰爭，穿過沙漠地帶，占領喀沙。西元前 525 年，波斯軍隊入埃及，攻陷孟斐斯，俘獲法老普薩默科斯，宣布埃及為波斯的一個行省。岡比西斯在埃及的活動，除北非得到局部的成功外，其他在努比亞、撒哈拉等地區都是失敗的。當岡比西斯在埃及活動的時候，聽到波斯政變的消息，西元前 522 年，急忙回國，行經敘利亞時墜馬而死了。

‖高墨達暴動與大流士即位‖

居魯士創立的政權，經常遭受米底人的反對，岡比西斯遠征埃及，久離國土，給米底術士高墨達創造了暴動的機會。

長久以來，米底貴族圖謀推翻阿黑內尼德族的統治。乘波斯王室爭奪政權的機會，術士高墨達偽稱岡比西斯之弟斯麥底斯，掌握波斯政權，進行改革，一方面廢除兵役制度，另一方面免除三年賦稅。這些措施得到廣大群眾的擁護，這種改革是含有社會意義的。

　　高墨達的暴動是嚴重的。波斯六家貴族，擁護青年軍長大流士，鎮壓高墨達的暴動，於西元前 521 年取得勝利。大流士廢除高墨達的命令，恢復兵役制，將其勝利刻在貝伊斯頓的石崖上，長達四百行，成為古波斯史重要資料。銘文中說：「與叛者決戰，連戰連勝，凡十九戰，降九君。」當高墨達被殘殺後，希羅多德說：「除波斯本國人外，亞洲全體人民齊聲惋惜。」這說明高墨達暴動的意義了。

　　大流士承襲居魯士所建的帝國，代表著奴隸主階級的利益，是極不鞏固的軍事聯合體，但缺少統一的經濟基礎。他經過七年的戰鬥，安定內部，著手進行改革，建立起中央統一政權，成為西方的強國。

　　波斯劃全國為二十三省，每省設置三個高級官員，職權獨立，互相監督，推進各省的工作。首先是省長，掌握政權，審判案件，一切以國王名義施行。其次為總督，掌握軍權，維持地方治安。再次為皇家祕書，亦稱國王的耳目，直接向國王反映各種情況，權力最大。

　　國王掌握軍權，感於實際的需要，大流士建立常備軍，由波斯與米底人充任。設禁衛軍一萬名，武器與服裝整齊，係戰鬥的主力。衛士一千名，由貴族擔任，保衛國王的安全。戰事發動後，按需要分配兵種與數量，招集軍區與地方部隊，國王為最高指揮者。

　　在經濟方面，波斯獎勵農業、手工業與商業，修建由蘇撒至沙爾底斯的大路。按著地區的不同，波斯徵收稅賦亦有分別。從米底與巴比倫徵收實物，從埃及與小亞細亞則徵收現金。每年有巨大的稅收，除實物外，有入庫現金一萬五千達朗特。採用呂底亞方法，大流士鑄統一金幣，重 4.8 克，有箭手射擊圖案。地方只鑄銀幣，重 5.6 克，非常便於貿易的。大流士的改革，加強波斯奴隸主的統治，反映了強烈的氏族殘餘，成為貴族的專政，其基礎是極不鞏固的。

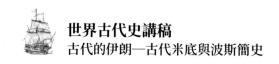

‖ 波斯帝國的擴張與滅亡 ‖

為了解除西徐亞人的威脅，西元前 513 年，大流士侵入多瑙河流域，發動征服西徐亞的戰爭。西徐亞領袖丹吉爾斯，採用游擊戰術，挫敗入侵的波斯人。波斯於敗退之餘，占領了色雷斯與馬其頓，給希臘嚴重的威脅。

波斯的擴張政策與希臘的民族政策是相矛盾的。從西元前 500 年起，有半個世紀之久，波斯與希臘發生戰爭，經西元前 490 年馬拉松戰爭，雅典以極少兵力，挫敗強大的波斯，大流士於四年後在煩悶中逝世了。薛西斯繼位，繼續執行西進政策，於西元前 480 年，發生沙洛米斯戰爭，希臘取得輝煌的勝利。西元前 449 年，兩國簽訂和約，波斯承認希臘各邦的獨立。從此，波斯一蹶不振了。

當伯羅奔尼撒戰爭時，波斯國王大流士二世，為了恢復小亞細亞的統治，給斯巴達軍事與經濟的援助。雅典反對斯巴達，為了削弱波斯的援助，鼓動埃及與腓尼基的暴動，波斯受到嚴重的損失。

馬其頓興起後，改變希臘原有的局勢，使波斯遭受嚴重的困難。西元前 334 年，亞歷山大發動侵略戰爭，向埃及與波斯進攻。波斯國王大流士三世，雖然積極準備，節節抵抗，終於西元前 330 年，經柯克麥拉最後一戰，波斯實力被擊破，馬其頓占領波斯，而大流士三世北上犧牲，波斯帝國由此覆滅了。但是，波斯的滅亡，不等於馬其頓的成功，因為它們同是沒有統一的經濟基礎，又同是反人民的。這便是為什麼馬其頓越往東發展，所遭受的抵抗越頑強，而所遇的困難越嚴重。阿黑內尼德王朝結束了，波斯在另一種意義下是常存的。

‖ 波斯文化略述 ‖

波斯受兩河流域影響很深，遵守亞述建築形式，蘇撒與柏舍波里的發掘的遺址，反映出用大理石建築，柱形輕巧，彩色鮮明，已不像亞述建築的笨

重了。但是，波斯文化反映出實用性，他建築道路，樹立了榜樣，以解決商業與軍事的需要。從蘇撒至沙爾底斯，全長兩千四百公里，沿路有一百一十站，每站有旅店，「信使在路上跑得比仙鶴還要快」，給羅馬路政樹立模範。

波斯文化最為人稱述的是波斯宗教，其發展是與生產有聯繫的。當波斯居民知識未開化時，敬重山神與水神，崇拜馬和牛。繼後與外界接觸較多，國王為精神貴族，認為光是日月的精華，火便成象徵。到大流士統治期間，形成曹赫斯特傳說，創立祆教，其理論載入《阿維斯塔》中，包括〈格塔篇〉與〈稚胥資篇〉，共二十一卷。南北朝時，祆教傳入中國。

祆教為二元論，宇宙間受善神霍爾米茲德與惡神阿里曼相統治。善神是天、地、人的創造者，是生命，純潔與真理的象徵。惡神是黑暗、疾病與殘缺的代表，與善神為敵，經常發動鬥爭，亦即真與假、善與惡、明與暗等的鬥爭，最後勝利者為善神。在中亞一帶，祆教影響很大，成為倫理基礎。

古代希臘

‖ 希臘城邦制的發生與發展 ‖

■ 荷馬時代的希臘

西元前 12 世紀至前 8 世紀左右，即希臘重新出現文字的時候，希臘史上稱之為「荷馬時代」。相傳這時候有一位盲詩人荷馬，將世代口傳的民間故事，用文字記載下來，形成了西方古代偉大的詩篇。

荷馬史詩敘述特洛伊戰爭，約發生在西元前 1193 至西元前 1184 年，是有歷史意義的。第一篇名〈伊利亞德〉，反映邁錫尼文化末期的事情，希臘聯盟攻擊這個「多金多銅」的特洛伊國家，爭奪由愛琴海通向黑海的海峽。希臘英雄亞奇爾雖然英勇戰鬥，卻不能以力屈服，採用奧德賽的木馬計策，特洛伊人失掉警惕，而為希臘人所征服。

第二篇詩為〈奧德賽〉，敘述於戰爭完結後在海上冒險的生活。奧德賽離開裴亞基田園，裝作乞丐，回到伊達卡，建立起新的秩序。兩篇詩各二十四章，每章長短不等。西元前 6 世紀，庇西特圖拉特首次編為定本。

荷馬時代反映出希臘氏族社會的解體、日常的風俗習慣。在這時期，奴隸制帶有家庭性質，數目不多，體力勞動仍受到尊重，如納西卡亞，身為公主，卻偕女奴到河邊洗衣，受到奧德賽的讚揚。多數居民還是自由的，氏族首長可乘車作戰，擁有份地，但是，這種「私有制」仍受到限制，不能隨心所欲去處理。到荷馬時代晚期，由於鐵的使用[122]，財富的累積，在農村公社內，貧富的區分逐漸顯著起來。〈奧德賽〉中，反映出乞丐數目的增加，說明自由民生活的惡化，而在貴族家庭中，卻擁有大批的廚夫、馬伕與女奴。隨著希臘階級的形成，生產水準有顯著的提高，農業、畜牧業與手工業是相當發達的。西元前 8 世紀，隨著階級分化的過程，也就加速了國家機構的形成。

■ 多利亞人的侵入

西元前 13 世紀，多利亞人自伊利里亞向南移動，伸入帖沙利地區。當特洛伊戰爭完結後的 1280 年代，邁錫尼損失慘重，多利亞人侵入伯羅奔尼撒半島，入拉哥尼平原，征服了土著居民，建立起斯巴達，這是經過長久歲月的。斯巴達是由五個村子組成的。

拉哥尼平原是肥沃的，居民經營農業，每年有豐富的收穫。當多利亞人侵入後，征服土著居民，束縛在土地上，供給斯巴達人使用。

這些土著，即希洛特人。他們沒有自由，每七戶固定在一份地上[123]，完全和奴隸一樣。他們人數較多，經常聯合起義，反對斯巴達人，而斯巴達人採取高壓手段，鎮壓希洛特人。希洛特人沒有任何財產，他本身及一切是屬於公社的。加之，當時生產力低下，產量不高，勞動者的生活是十分困難

122　〈伊利亞德〉提到鐵有二十三次，〈奧德賽〉提到鐵有二十五次。
123　每份地約有十至十五公頃。

的，因而希洛特人經常起來暴動。

多利亞人繼亞該亞人之後，經四百多年的時間，在希臘本土及各島嶼安定下來，其經濟基礎與社會關係發生了深刻的變化。首先生產技術的改進，促使農業與手工業發生變化。在農業上採用鐵犁，講求選種，開發水利，使農業田園化。手工業方面，開奧斯島的煉鐵，雅典的陶器，米利都的紡織，造艦業的發展，使經濟得到繁榮。

城市不是往昔戰鬥的堡壘，而是工商業集聚的地區，出現了新興的奴隸主，城區擴大，雅典、米利都與科林斯城市，人口稠密，貧富區分也十分顯明的。西元前 7 世紀起，隨著貨幣經濟的發展，高利貸事業擴大，加劇了階級矛盾。埃西奧德的《老鷹與夜鶯》中說：

誰和有力者較量，那是不智的，贏不了他，只有悲哀上更加恥辱。

有力者就是有錢者的別名。從此以血緣為基礎的公社組織破壞了。其過程是合併公社而成為獨立的城邦。城邦不完全是城市，它也包括著農村。城邦是狹小的，科林斯為當時最大者，其面積僅只有八百八十平方公里。

■ 希臘移民的發展與僭主政治的建立

由於社會的發展，階級壓迫的強化，從西元前 8 世紀起，希臘居民不能在本土居住，被迫移居到海外，尋找居住的場所。移居者，不僅是被壓迫的勞動群眾，而且還有被排擠的新興貴族，這說明階級鬥爭是劇烈的。

從西元前 7 世紀起，希臘人向西部發展，在義大利南部和西西里島，尤比亞人建立起那不勒斯；科林斯人建立起敘拉古；弗西斯人到高盧南岸，建立起馬賽，由此採購西班牙錫礦；斯巴達人到義大利南部，建立起達倫頓。隨著向北非發展，在三角洲主要建立起諾克拉底城。其意義不只繁榮貿易，更主要的是保證了糧食的供應。

當希臘人向西擴張時，他們並沒有放鬆東北部的開拓。科林斯人經色雷

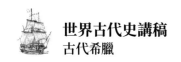
斯，達到多瑙河畔；米利都人建立塞斯托斯；美加拉人建立拜占庭，由此控制入黑海的海峽。希臘開發黑海，興建許多著名城市，如奧爾比亞、法那哥里亞等，從而與斯基泰人和薩爾馬特人發生密切的關係。

希臘建立起許多城邦，它們是獨立的，引起了經濟與文化的變革，加劇了階級鬥爭，而使貴族喪失氏族的地位，出現了僭主政治。

僭主可能是貴族出身，形似君主，卻自認為平民的代表，同情革命。在政治地位上，僭主以法律為武器，掌握軍政大權，反對富人與貴族，卻又不敢正視階級鬥爭，所以他是很難持久的。但是在氏族解體的過程中，僭主政治有一定的積極作用。西元前 7 世紀，無論在希臘本土，如科林斯與美加拉等，無論在新建城市，如西西里島，各城邦都經過僭主政治，反抗貴族，對生產是有利的。但是必須指出，平民仍是奴隸主，奴隸為主要勞動者，卻不能過問政治，從這方面說，階級鬥爭依然是尖銳的。僭主政治是奴隸制國家形成的過渡形式，有進步的一面，同時也有陰暗的一面。

■ 斯巴達的形成

當多利亞人侵入伯羅奔尼撒半島後，有三個主要部族居於統治地位。西元前 1074 年，埃基德部族移走後，斯巴達的統治者即由阿基亞德與歐利奔底德兩族治理，這可能就是二王制的由來。

斯巴達人征服土著居民後，建立起貴族統治，有深厚的氏族殘餘。斯巴達人分居民為三等，自居貴族奴隸主的地位，享有特權。其次為庇利阿克，意為「鄰居」，經營工商業，有部分的政治權利，戰時須服勞役。第三為希洛特人，他們是奴隸，生活最苦，如「負最重擔的驢子」。希洛特人多次暴動，反抗斯巴達的統治。而斯巴達人經常殺害有嫌疑的希洛特人。

斯巴達殘酷的統治，從來庫古的變法中反映出來。來庫古為傳說人物，約生於西元前 880 年，卒於西元前 804 年，受命編纂法典，即實行貴族政治，土地是國家的，要以武力來保護。他的言辭是簡潔的，斯巴達卻按照這

種精神執行的，而也是最反動的。斯巴達最高權力機構為元老院，由兩王與二十八位委員組成。委員為六十歲以上的貴族，須經人民大會選出，任期終身。人民大會限於斯巴達人，在西元前 6 世紀後，便成為形式了。斯巴達真正實權，掌握在監察官之手，由五人組成，處理國家一切重大事件。

在斯巴達，初生的嬰兒須受國家檢驗，不健壯者，即從懸崖投擲深淵。兒童自七歲起，開始受國家嚴格的軍事教育，設置許多困難，訓練青年的性格，使其忍受飢寒，沉默寡言，絕對服從貴族奴隸主的利益。青年隨成年人學習，參加十五人的聚餐會，自二十至六十歲為軍人，隨時準備戰鬥，統一服裝，統一武器，三十歲始允許結婚。譏笑那些「不幸的懦夫」，要他們保衛奴隸主們的利益。

斯巴達人要求財產平等，嚴格禁止貿易，不使發生財產不平均的現象。他們使用沉重的鐵鑄的貨幣，儲蓄也便困難了。斯巴達的統治者是不愛好和平的，從西元前 735 年起，發動侵略美塞尼亞的三次戰爭，斯巴達曾稱霸一時，奠定伯羅奔尼撒同盟的基礎，卻不能消除危機，奴隸暴動經常威脅著斯巴達。但是，在帖撒利等較為落後地區，斯巴達式的統治卻發揮了很大的影響。

■ 雅典的形成

雅典是亞狄加半島的城邦，有便於航海的港口與海灣，很早與米利都有關係。米利都是小亞細亞邊岸的城市，古希臘唯物哲學的發源地，當她受波斯統治衰落後，雅典承受了光榮的傳統，成為希臘本土先進的城邦。

雅典發展得較早，所走的道路與斯巴達有所不同。亞狄加最初有四個部族，忒修斯反抗克里特暴力的統治，將分散的公社團結在雅典的周圍，分居民為貴族、農民與工匠。貴族們累積了大量的財富，形成了階級社會，其他居民因債務關係，逐漸受到奴役。這便是說雅典的奴隸制是由內部分化而產生的。最初，雅典的政權是貴族的，執政官任期完畢後，轉入國家最高會議元老院，即是說一種監察機構。

　　廣大的農民，為了免除債務的奴役，須將六分之五的生產交給大土地所有者，否則，便被賣為奴隸了。西元前 7 世紀的後半期，雅典產生了暴動，反對貴族的專橫。德拉柯制法，保護私有制，禁止貴族專橫，可是問題並未得到解決。

　　西元前 594 年，梭倫被選為執政官。他雖是貴族出身，卻和人民群眾站在一起，利用他廣博的見識及埃及晚期防止奴役農民的經驗，他堅決實行改革，廢除債務。凡土地上豎有債碑者，根據梭倫命令，一律都取消，債務同時也廢除。禁止以剝削手段把自由人變為奴隸，在改革前淪為奴隸者，國家以公款贖回。所以，梭倫詩中說：「她以前是奴婢，而今是自由人了。」這種改革保證雅典人都是自由人，至於外籍人，仍舊處於奴隸地位。

　　在實行改革中，梭倫制定憲法，按照財產的多寡，把所有的居民分為四等，財產越多的享受政治權利越大。為了使大土地占有制迅速瓦解，梭倫允許個人有遺囑自由，土地可以轉讓與分割。採用尤比亞的幣制，使原有者貶值百分之二十七，保護工商業。他獎勵技術改革，反對浪費，要青年必須學會一種手藝。在政治上，他將雅典成年男子組成最高權力的民眾大會；又從四個舊部落中選出四百人，經常擬訂法案，提交民眾會議討論。這就嚴重地打擊氏族貴族，不以出身來規定人的身分。

　　梭倫改革，打擊氏族貴族，不使雅典人成為奴隸，這是進步的，卻沒有解決群眾的問題。他被迫離開雅典，政權一度為庇西特圖拉特僭主所掌握。庇西特圖拉特沒收政敵土地，分給農民並予以貸款，編訂荷馬詩，組織悲劇競賽大會。他獎勵工商業，修建艦隊，向黑海發展，徵收十分之一所得稅，農民負擔過重，不久，庇西特圖拉特便死去了。雅典得斯巴達之助，又為貴族所掌握，從此又掀起進一步的改革。

　　西元前 509 年，克里斯提尼取得政權，著手改革，完成梭倫遺留的工作。他打亂氏族區域，重新劃分，把雅典分為十區，每區包括不相毗連的內地、城區、海岸三部分，這便徹底打破舊四部落的界限，肅清氏族貴族的殘

餘。新選區由村社組成,全雅典有一百多村社,社籍代替了族籍,從此建立起民主奴隸制的共和國,所有國家事務都由人民直接來決定。自然,這時候奴隸是不包括在人民內的。

為了鞏固改革的成果,不使野心家篡奪政權,克里斯提尼創立陶片放逐制。在民眾會議上,與會者可在陶片上寫有獨裁嫌疑者的名字,經過投票後,如果某人有嫌疑,即驅逐某人離開雅典國境,十年內不得重返故里。這種措施只是防微杜漸,無損於個人聲譽的。這樣改革後,雅典的物質與文化得到新的繁榮,民主的奴隸制國家由此鞏固起來。

‖希臘奴隸社會的繁榮及危機‖

▓ 波斯與希臘的戰爭

西元前 5 世紀時,希臘發生過兩次較大的戰爭:第一次是波斯與希臘戰爭,第二次是伯羅奔尼撒戰爭。

當西元前 6 世紀末,波斯已成為龐大的帝國,它利用腓尼基的海軍,不斷向愛琴海發展,既影響各城邦的貿易,又威脅各城邦的安全,這對希臘人是不能忍受的。

西元前 5 世紀初,波斯多次鎮壓小亞細亞城邦,企圖摧毀希臘的僭主政治。米利都帶頭反抗波斯,終於西元前 494 年,波斯利用腓尼基與埃及艦隊取得勝利,而將米利都燒燬了。更進一步,波斯要征服新興的雅典。

雅典的政治革新和經濟蓬勃地發展,成為希臘的領導者,對波斯懷著極深的仇恨。波斯帝王大流士,以雅典協助米利都,要予以懲罰,舉兵進攻亞狄加。西元前 490 年,雅典採取主動,動員奴隸參加軍隊,首先攻擊,敗敵人於馬拉松平原。

波斯失敗後引起國中的混亂,埃及與巴比倫相繼發生暴動。西元前 486 年,大流士憂悶去世後,其子薛西斯繼位,繼續執行侵略希臘的政策。雅典

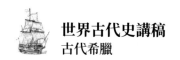
深知波斯必然要報復，民主派德米斯托克擴充海軍，建造一百艘三層槳座戰艦，應付事變。西元前 480 年，薛西斯率領海陸大軍向希臘進攻，陸軍通過溫泉關時，受斯巴達國王列奧尼達斯殊死的抵抗；海軍入薩拉米海灣，暴發激烈的海戰，雅典艦隊獲取光榮的勝利。薛西斯見艦隊失敗後，怕遭遇截擊，留一軍團在希臘，而將主力撤退至小亞細亞。次年，所留駐希臘的軍隊在布拉底被聯軍擊潰，而殘餘海軍又毀在米卡爾海角。在西西里島，協助波斯的迦太基，同樣為敘拉古擊敗了。

希臘勝利後，斯巴達沒有海外利益，退出聯盟。雅典進一步掌握希臘的領導權，派艦隊占領海峽，控制黑海；糾合愛琴海及小亞細亞各城邦，於西元前 477 年組成提洛同盟。大者出戰艦，小者給納款，盟邦平等，為數約有二百餘城邦，相繼加入，受雅典指揮，實質已成雅典的附庸。納克斯要求退盟時，雅典視為「變節」，竟予以無情的鎮壓。西元前 454 年，未得會員國同意，移提洛斯金庫於雅典，據為己有，激起希臘各城邦的戒懼。

西元前 449 年，雅典強大，內部卻有不斷的鬥爭。富豪卡里阿斯至波斯首都蘇撒，訂立和約，波斯承認小亞細亞希臘各邦的獨立，放棄西進政策，爭奪愛琴海的霸權，由此而結束了波斯與希臘的戰爭。

▓ 雅典奴隸制的繁榮

波斯與希臘戰爭後，希臘奴隸制得到繁榮，奴隸是「最好的財產」和「最完善的工具」，可以自由買賣的，沙摩斯島就是最有名的奴隸市場。奴隸是活的工具，用於作坊、採礦與划船，奴隸主獲得豐厚的利潤。剝削奴隸的方式很多，除通常自己使用外，還有出租奴隸，如尼西亞斯家有千奴，轉租給礦山勞動。這些奴隸在礦坑勞累，「疲憊不堪，大批地死亡、倒斃」。雅典為最繁榮的城邦，約有奴隸四十萬。恩格斯論到雅典也說：「每個成年的男性公民，至少有十八個奴隸。」[124]

124　恩格斯：《家庭、私有制和國家的起源》。

　　這樣對奴隸殘酷的壓迫，希臘的階級鬥爭是異常尖銳的。西元前5世紀，希臘發生多次奴隸起義，其間規模最大而又確切所知者，一為阿爾果斯奴隸大暴動，於西元前494年，占據太林斯城堡，奴隸主經十年的戰鬥，始取得勝利；一為希洛特人的大暴動，於西元前464年，不堪斯巴達人的壓迫，乘地震機會，發起第三次美塞尼亞戰爭，斯巴達極為恐慌，甚至向雅典求援。

　　雅典勝利後，國中不斷發生黨派鬥爭。西元前470年，民主派失勢，由於西蒙作戰有功，貴族派掌握政權，激起平民的不滿，卻又無可如何。迨至西蒙援助斯巴達失敗後，西元前461年，逐放西蒙，雅典政治為民主派埃非亞爾特所掌握，他說：「窮人是國家的主人。」他得到伯里克利（前499－前429）的幫助，加強公民會議，提出「不法申訴」法案，澈底粉碎貴族的實力。但是，貴族懷恨在心，不久將埃非亞爾特暗殺了。民主派在伯里克利領導下繼續鬥爭，把雅典民主政治推向較高的階段。在伯里克利統治時期，擴大民主政策，各階層公民有充分政治權利，公職有津貼，貧窮者也可擔任。雅典成年公民都可參加公民會議，討論議案，可是奴隸、外籍人與婦女不得參與。這種民主是為奴隸主服務的，僅在奴隸主階級內部的調整，其實質依舊是對奴隸殘酷的專政。

　　雅典的實力日益擴大，西元前445年，雖與斯巴達簽訂三十年的和約，卻不能解決與科林斯的矛盾。科林斯是斯巴達的同盟者，必然導致與雅典的衝突。西元前444年，為了鞏固海上的實力，伯里克利組織黑海遠征隊，沿岸城邦落入雅典之手。次年，雅典又到義大利南部，建立杜利伊城，武裝移民，既解決農民的窮困，又有常駐軍以防不測的叛亂。

　　雅典無厭地剝削，大量使用奴隸，致使農民與手工業者陷入破產的境地，引起同盟者的不滿，沙摩斯的起義就是這樣促成的。為了解決公民的生活問題，伯里克利修建許多公共建築物，成為奴隸時代不可踰越的典範。雅典住著許多哲人、藝術家、建築師與科學家，雅典成了人文薈萃的中心。但是，雅典潛伏著嚴重的危機，很快便發生了伯羅奔尼撒戰爭。

■ 伯羅奔尼撒戰爭與希臘城邦的危機

雅典的發展與其稱霸希臘的野心，激起斯巴達的反對。斯巴達為伯羅奔尼撒半島的盟主，抱有統治整個希臘的野心，害怕雅典的強大。它與雅典的戰爭，也就是兩個城邦爭奪霸權的戰爭。其次，斯巴達是一個落後的國家，支持各城邦的貴族和反動勢力，反對雅典的民主。這兩個城邦霸權的爭奪，實際上也就是貴族制與民主制的爭奪，儘管它們同是屬於奴隸主階級的。最後，科林斯是商業繁榮的城邦，常為雅典的勁敵，當它加入伯羅奔尼撒同盟，勢必增加雅典與斯巴達的矛盾。伯羅奔尼撒戰爭始於西元前 431 年，結束於西元前 404 年，雙方損失慘重，而希臘各城邦的繁榮也便消沉下去了。

雅典自己認為陸上不及斯巴達，不防守亞狄加，而把所有的軍力置於海上，攻擊斯巴達的後方。當戰爭發動後，斯巴達侵入亞狄加田野，雅典不加抵抗，任其蹂躪。結果亞狄加變成一片荒野，大批農民逃至城內避難，人民受到巨大的損失。在戰爭期間，難民都集中在雅典城內，引起鼠疫流行，人們情緒低落，思想混亂。儘管雅典在海上取得勝利，但擋不住瘟疫到處蔓延。西元前 429 年，伯里克利也死於鼠疫了。在戰爭的過程中，雙方各找對方的弱點，鬥爭更尖銳與複雜化了。斯巴達境內有大量的希洛特人，非常不穩定。雅典占領派羅斯城後，抓住這個弱點，在希洛特人中間大肆宣傳，被壓迫的希洛特人集體逃至雅典方面。

斯巴達感到困難，為了打擊雅典，從陸地深入愛琴海北岸，在安菲波里與雅典主戰派克里昂決戰，於西元前 422 年，雙方戰鬥激烈，主將陣亡，導致雅典海上同盟的瓦解。次年，雙方感到戰爭的困難，締結《尼西亞斯和約》，為期五十年，雙方恢復戰前的狀態。

和約實際上是停戰協定，為期不久，雙方戰爭又爆發了。為了斷絕斯巴達糧食的來源，雅典接受亞西比德的意見，遠征西西里島的敘拉古城。雅典組織戰艦一百三十四艘，進擊敘拉古，在緊要關頭，雅典划船的奴隸卻逃跑了，這對雅典是一個毀滅性的打擊。同時，斯巴達派軍隊援助敘拉古，內外

夾擊，雅典全軍覆沒，生還者僅幾十人。

不僅只此，斯巴達又派軍侵入亞狄加，占領狄西里亞城，開始有計劃地破壞附近地區。這時候，雅典陷入半圍困狀態，兩萬多奴隸乘機投奔斯巴達，許多工場完全停頓了。雅典經濟日趨衰落，盟邦也相繼脫離了。西元前 411 年，雅典發生政變，內部極不穩定。斯巴達依靠波斯建立強大的海軍，西元前 405 年，敗雅典艦隊於羊河，從此商業與糧運路線都斷絕，雅典的威力遭受到嚴重的打擊。次年，斯巴達占領雅典，締結和約，規定雅典必須撤除城防，解散提洛斯同盟，僅保留十二艘戰艦，承認斯巴達在希臘的領導權。

伯羅奔尼撒戰爭，使整個希臘民窮財盡，農民受害最深，階級鬥爭十分尖銳。伯羅奔尼撒戰爭以後，斯巴達財產分化迅速發展起來，財產平均制的原則澈底被破壞了。西元前 400 年，埃比達德斯頒布法令，財產與土地可以自由贈送與轉讓，領有份地的九千公民，而今只留下一千五百人了。財產分化，希臘社會上出現兩種特殊情況。首先，由於經濟困難，推行雇兵制，吸收無產者參加，改重裝部隊為輕裝盾兵。軍隊如商品，指揮將領可與各城邦及外國簽訂合約，進行戰鬥。其次，投機事業在發展，希臘是糧食不足的國家，居民依靠輸入糧食維持生活，而奴隸主們乘機壟斷穀物，謀取橫財。李西亞斯說：

「在和平時期，我們處於被圍困的狀態……」這正是壟斷糧食者造成的困難。這樣，希臘各地掀起反貴族的鬥爭。西元前 399 年，斯巴達人基納頓組織不滿分子掀起反貴族的暴動；西元前 392 年，科林斯發生毆打貴族的事件；其他地方，如西元前 370 年，阿爾斯棒擊事件，反貴族層出不窮，而階級鬥爭是十分尖銳的。

西元前 4 世紀的前半期，雅典與斯巴達日漸衰弱，底比斯沿著雅典所走的道路，反對貴族制，並逐漸興盛起來。西元前 379 年，底比斯民主派掌握政權，農民受到鼓舞，組織強有力的軍隊，在伊巴米南達領導下，兩次擊敗

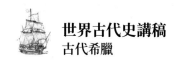
斯巴達的軍隊，從此斯巴達的強盛就一去不復返了。但是，底比斯的強盛不會比斯巴達更長的，它是一個經濟落後的小城邦，西元前 362 年，在曼德那會戰時，底比斯失敗，結束了它短促的歷史生命。

當底比斯強盛時，雅典有組織第二次海上同盟的機會，有七十多城市與島嶼加盟，維持了二十三年的霸權（前 378 －前 355）。雅典吸取以往的教訓，各盟邦平等，互不干涉內政。但是，雅典利用底比斯的衰弱，對盟邦強加掠索，於西元前 357 年發生同盟戰爭，其結果，於兩年後同盟瓦解，雅典失去領導地位，給馬其頓創造了興起的機會。城邦由此而衰落。

‖ 馬其頓的形成與希臘的崩潰 ‖

▇ 馬其頓的興起

馬其頓是希臘北部山區地帶，有豐富的礦產與森林，並有較廣的平原，居民多為農民與牧人，經濟發展是緩慢的。西元前 6 世紀末，馬其頓受到波斯的統治，貴族掌握政權，進行統一。當波斯與希臘戰爭後，馬其頓與希臘接觸較多，農村公社漸為貴族所掌握，農民成為軍隊的基礎，同時開發般若山的金礦。到阿奇拉時（前 419 －前 399），移都城至拜拉，設立墟市，修建道路，竭力吸收希臘的文化，尤里庇底斯是宮中的貴賓，寫一本悲劇獻給好客的主人。

當腓利二世統治時（前 359 －前 336 年在位），馬其頓已成一個強大的國家，保護農民，抑制氏族領袖，建立起強大的常備軍。按經濟情況編制，貴族為騎兵，農民富者為重裝部隊，貧者為輕裝部隊。有嚴格的訓練，擴大方陣，建立起密集隊。同時積累財富，實行金銀並用的雙金制，與希臘及波斯進貿易。

腓力在幼年時，留心希臘情況，追隨底比斯的活動。自西元前 357 年起至西元前 348 年之間，馬其頓爭取出海口，占領了色雷斯濱海的城市。西元

前 352 年，馬其頓干預希臘人的事務，擊敗弗西斯人。雅典對馬其頓的野心引起不同的反映。伊索格拉底（前 436 － 前 338）代表大奴隸主的利益，接受馬其頓的統治；狄摩西尼（前 384 － 前 322）代表工商界利益，竭力反對馬其頓。兩派鬥爭激烈，一直至西元前 338 年，馬其頓擊敗希臘軍隊，取得喀洛尼亞勝利後，始暫時平靜下來。

馬其頓勝利了。西元前 337 年，在科林斯召開泛希臘同盟大會，只有斯巴達沒有參加。該會議確定馬其頓與各城邦關係，作出有利於奴隸主階級利益的決定。在這次會議上，腓力提出遠征波斯的計畫，藉此掠奪東方的財富，緩和各城邦垂死的危機。但是，西元前 336 年，腓力突然為人暗殺了。腓力的死，激起反馬其頓的怒潮，其子亞歷山大（前 356 － 前 323）迅速組織軍隊，撲滅色雷斯暴動後，南下希臘，粉碎反馬其頓的運動。在西元前 335 年，於科林斯召開第二次會議，繼其父志，決定向波斯進軍。

亞歷山大東侵及其帝國的分裂

亞歷山大即位時年僅二十歲。雖受哲人亞里斯多德（前 384 － 前 322）的教育，卻沒有改變他暴躁的性格，他向東方的侵略代表了希臘奴隸主階級的利益。

西元前 334 年春，亞歷山大由拜拉出發，率步兵三萬，騎兵四千五百，渡海峽，向波斯進軍。波斯內有危機，倉促應戰，於克拉尼（前 334）與伊蘇斯（前 333）相繼被挫敗。繼後，馬其頓長驅南下，占特洛伊（前 332），入埃及，勾結埃及僧侶，成為埃及法老，建立亞歷山大城。西元前 331 年春，馬其頓侵略軍隊離開埃及，取道巴勒斯坦，至亞爾伯來地區，擊敗波斯大軍。巴比倫、蘇撒相繼淪陷。西元前 330 年，亞歷山大進占柏舍波里城，把輝煌宮殿付之一炬，劫掠十七萬達朗的財富。繼後，亞歷山大北上，追蹤波斯帝王大流士三世，而大流士被部將殘殺了。馬其頓合併波斯，亞歷山大成為波斯的統治者，由此結束波斯阿黑內尼德王朝。

亞歷山大穩定波斯後，即向中亞進軍，經巴克特里亞，一直至大宛。但是馬其頓到處遭遇人民的抵抗，尤其是反侵略英雄斯皮泰蒙，使馬其頓多次受到慘重的損失。西元前 327 年，馬其頓軍隊南下，入印度河流域，保洛斯雖然失敗，卻英勇抵抗侵略的軍隊。由於居民抵抗，軍隊思鄉，行軍困難[125]，加之暴雨、酷熱及疾病，亞歷山大不得不撤退，西元前 325 年回到巴比倫，除建立了據守的城堡外，其他是無所得的。

約有十年的時間，亞歷山大建立起龐大的帝國，但是這個帝國沒有統一的經濟基礎，僅只一個軍事聯合體。他依靠上層奴隸主，自居亞、非、歐三洲的統治者，卻不得不沿襲舊的統治機構，起用降臣，鼓勵士卒與當地女子通婚，但作用並不顯著。西元前 323 年，亞歷山大患惡性瘧疾去世了，活了三十二歲。

亞歷山大死後，馬其頓將領各據一方，展開劇烈的鬥爭，西元前 301 年，在伊普蘇斯戰役後，安提柯失敗，而帝國從此便分裂了。在不太長的時期內，形成三個國家，托勒密統治埃及，安提柯統治馬其頓和希臘，塞琉古統治伊朗、兩河流域及西亞，稱塞琉古王國。

■ 希臘的滅亡

亞歷山大死後，隨即發生以雅典為首的反馬其頓運動，產生拉米亞戰爭（前 322），而雅典失敗了。繼後雅典又聯合斯巴達與埃及，又發動反馬其頓戰爭（前 266 －前 263），雅典又失敗了。這時，希臘處在馬其頓統治下，內部仍是舊城邦，多數農民到破產境地。各個小國結成同盟，以維護現存的制度，埃陀利亞同盟與亞該亞同盟便是這樣形成的。前者在希臘的西北部，後者在伯羅奔尼撒西北部，兩者同是反動的堡壘。

斯巴達一向是落後的，現在卻變成民主運動的中心。由於公社農民的破

125　克萊·達爾克 (Clei Tarchus) 說：「馬其頓人生還者很少，活著的都感到絕望。馬蹄因長途損磨了，武器因多次使用不銳利了。」

產，斯巴達破毀財產平均制度，少數奴隸主發財致富，增長了群眾不滿的情緒。統治者鑑於破產人數增加，波及軍隊基礎，影響國家前途，試行改革，安定農民情緒，藉以阻止農民破產的繼續發展，維持他們的統治。

國王埃吉斯四世（前 245 － 前 241）堅決執行改革：廢除債務，免除淪為奴隸的危險；禁止出賣土地，阻止財產不平均的發展；擴大公民權，強化軍隊實力。這些改革遭受貴族的反對，終於失敗，而埃吉斯犧牲了。幾年以後，新王克萊奧米尼茲（前 235 － 前 221 年在位）繼位，繼續執行埃吉斯的改革，採用暴力手段，舉行政變，廢除土地私有制，沒收富人財產分給貧民，將公民權給外籍人，強化軍隊的實力。這種改革引起各地的民主運動，同時也激起奴隸主們的恐懼。亞該亞同盟與馬其頓聯合進攻斯巴達，最後斯巴達失敗，克萊奧米尼茲逃往埃及而被殺害了。

這兩次民主改革失敗後，斯巴達的社會問題日益嚴重。西元前 207 年，內比斯採用暴力，發動政變，不只依靠自由公民，而且還依靠奴隸。他驅逐富人，重新分配土地給農民和奴隸，建立起強大的傭兵，組織直接生產者到法定社團內，這便撼搖腐朽的奴隸制度。其所以不能及時過渡到封建制，由於奴隸制羅馬的興起，常時干預希臘的內政。西元前 192 年，內比斯檢閱軍隊時為人暗殺了。

羅馬支持希臘貴族，掀起反馬其頓的活動。西元前 168 年，羅馬戰勝馬其頓後，隨即併入羅馬版圖。雅典與斯巴達已不起作用，科林斯象徵沒落的希臘，社會危機重重，卻是反羅馬的。西元前 146 年，羅馬擊潰亞該亞同盟，毀科林斯，從此希臘受羅馬監督，完全被統治了。

■ 古代希臘的文化

（一）**哲學**：希臘古代的文化是豐富多彩的，對西方發揮極重要的影響。西元前 7 － 6 世紀，希臘各城邦發展時，各種學派的哲學已形成，特別是米利都和以弗所。米利都的泰利斯，生活在西元前 7 世紀末，首創樸素的

唯物論，認為萬物源於水，經常在動，否認神為萬物的創造者。

以弗所的赫拉克利特（前530－前470）係傑出的唯物論者，列寧語為「辯證法奠基人」，他主張「一切皆流，一切皆變」，一切在不斷地生生死死。到德謨克里特（前460－前370）時，希臘唯物主義有進一步發展，他主張物質是原子構成的，原子是不可再分的粒子，常在運動，運動就是原子的本質。

西元前5世紀，詭辯派興起，普羅泰戈拉克（前481－前411）為典型，他主張「人是萬物的尺度」，一切可以因人而異。當時與唯物主義相對立的有蘇格拉底（前469－前399），著重精神價值，要人認識自己。其次為柏拉圖（前427－前347），著有《理想國》，極端反民主的。其弟子亞里斯多德（前384－前322），知識淵博，搖擺於唯心與唯物之間，創立形式邏輯，在思想史上發揮重大的作用。

（二）文學：當氏族社會解體，城邦制形成的時候，荷馬的〈伊利亞德〉與〈奧德賽〉反映了時代精神，表現出自發的現實主義。西元前8世紀，詩人埃西奧德著《田功農時》，表現農民所受的迫害。在城邦形成的過程中，有的詩人作雄壯的進行曲，有的詩人歌頌愛情。班達爾（前521－前441）以抒情詩見稱，成為希臘古詩的典範。在散文方面，有希羅多德（前484－前425）的《歷史》，保存許多資料；修昔底德（前460？－前395？）著有《伯羅奔尼撒戰爭》，探討史事發生的規律。狄摩西尼為雄辯者，煽動雅典人反抗馬其頓。

西元前5世紀時，戲劇占主導地位，這同雅典民主生活分不開的。埃斯庫羅斯（前525？－前456？）著《波斯人》和《釘鏈中普羅米修斯》，充滿了反抗的精神。索福克利斯（前496？－前406？）著《伊底帕斯王》，讚揚人的偉大，卻又受命運的支配。在希臘戲劇中，歐里底得斯占有卓越的地位，更為現實，敢於批評，如：「聽人說天上有神，不！不！神是沒有的！」阿里斯托芬（前446－前385）是偉大的喜劇家，著有《騎士》、《蜂》、《雲》等劇本，與民間事件緊結合在一起，常使人深思與大笑。

（三）藝術：希臘奴隸制形成的時候，藝術有高度的發展，建築、雕刻、繪畫取得很大的成就。建築上最突出的是波塞東海神殿，樸素而莊嚴，反映出團結的精神。伯里克利時代，雅典衛城的建築群，係古代藝術最高的典範。菲迪亞斯為傑出藝人，在他指導下，伊克地納斯建成雅典娜神殿，三角楣與腰線飾以傑出的雕刻。

當雅典全盛時，雕刻藝術發展很快，米隆的《擲鐵餅者》表現出動的美，使人覺得鐵餅要從手中飛出去。菲迪亞斯雕刻的《雅典娜》，寧靜而壯麗，腰線與三角楣的雕刻表現出愛國的行動。波里克里托斯天才橫溢，精確觀察人體結構，雕刻成《荷槍者》。

西元前 5 世紀中葉，波里納特在衛城的門上，繪伯羅奔尼撒戰爭的壁畫。稍後一點，蔡若斯繪葡萄，形象逼真，人說有鳥飛來要啄走。古代希臘藝術有卓越的成就，成為奴隸時代不可踰越的典範。

（四）科學：古代希臘的科學經常與哲學混合在一起的。泰利斯是哲人，也是日蝕的推算者；畢達哥拉斯確定數的概念，卻又將數運用到唯心的哲學中。西元前 4 世紀後，哲學與科學逐漸分離，歐幾里德為數學界的領袖，著有《幾何原理》，至今引為典範。阿基米德（前 287 －前 212）係力學的奠基者，創製槓桿理論、圓周與直徑比率。阿里斯達克（約前 320 －前 250）提出地球繞日運行。基希納為希巴爾人，推算出一年的時間，與今天只差七分三十秒。埃拉多斯西尼（前 275 ？－前 195 ？）著《地理》三卷，計算地球面積，接近實際；又研究海潮，主張由西班牙向西走可至印度。在奴隸時代，希臘的科學成就是輝煌的。

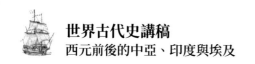
西元前後的中亞、印度與埃及

‖古代中亞與印度‖

中亞的疆域是遼闊的，東起天山，西至裏海，北起鹹海，南至興都庫什山，構成向西傾斜的一塊盆地。在這塊盆地上，山嶽占四分之一，多沙漠，而以卡拉·庫姆為最大。這裡氣候乾旱，河流稀少，較為著名的有錫爾河、阿姆河、傑拉扶桑河與德詹河。這些河流，有的注入湖泊，有的在沙漠中消失了。但是，從遠古起，居民就利用這些河谷，修建水利工程，發展農業。

中亞最初的居民可能是土著，過著狩獵、畜牧與農業生活。土庫曼所發現的遺物，說明遠古居民早已能製造工具了。西元前 2000 年前後，操印歐語的游牧部落，由西伯利亞向中亞移動，其間主要有粟特人與巴克特里亞人。居於帕米爾高原的為塞種人，以後他們受月氏人的推動，向中亞南部發展，建立起塞與罽賓。與塞種人相鄰為馬薩革特人，居於裏海之東，堅決反抗馬其頓的侵略，隨後分裂為阿蘭與奄蔡人。中國西北部的烏孫與月氏人，亦即史籍中所稱的赤狄，與中亞各部落有深切的關係。

■ 巴克特里亞

巴克特里亞人為塞種之一，居於阿姆河上游，即阿富汗的北部與帕米爾的山區。他們逐水草轉移，過著游牧生活。繼後開始學習耕種，逐漸定居下來。巴克特里亞人有自己的語言，屬於伊朗系統，《史記》說：「自（大）宛以西至安息國，雖頗異言，然大同，自相曉知也。」這是很正確的。他們很勇敢，戴尖頂氈帽，穿緊褲，持自製的弓、短劍與特種斧頭。

西元前 8 世紀，巴克特里亞已有繁榮的城市，巴爾克是其中最美麗的，係中亞的名城，建立在西元前 708 年前。當波斯帝國興起後，一度向東方擴張，於西元前 545 至前 539 年間，居魯士占領巴克特里亞，並宣布為波斯的

一個省，列在省區表中第十七名[126]。西元前 330 年，馬其頓征服波斯後，為了抵抗希臘的侵略，巴克特里亞總督貝索斯宣布獨立。這種正義的行動，得到東北部游牧部族的支持，愛國的波斯人也投到貝索斯的這邊，聲勢浩大，亞歷山大侵略者必須重新考慮他的部署。

西元前 330 年的秋天，亞歷山大越過興都庫什山，由南向北進攻貝索斯。貝索斯處境困難，向北撤退，遇有機會，予敵人沉重的打擊，取得重大的勝利。繼後馬其頓採取分化政策，貝索斯為叛徒出賣而犧牲了。

粟特貴族斯皮達門繼續鬥爭，多次挫敗希臘人，收復瑪拉干達，即今之撒馬爾罕。亞歷山大知地方武力強大，不得不採用武力與羈縻政策，收買游牧部族部分領袖，對抗斯皮達門，也在多次取得勝利後而被殺害了。從此，亞歷山大用兩年多時間，勉強統治這塊地區，而這種統治是極不鞏固的。

西元前 323 年，亞歷山大死後，因為部將們的混戰，馬其頓帝國瓦解了。塞琉古統治東方，成為巴克特里亞的主人，經常遭受當地居民的反抗。西元前 3 世紀中葉，巴克特里亞總督狄奧多杜斯，利用塞琉古與帕提亞的矛盾，他以希臘人的身分，聯合當地貴族，發動政變，進行獨立運動，得到成功，但是很不鞏固。既是奴隸主貴族的統治，又是外族的領導，巴克特里亞的政治常在動盪之中。西元前 3 世紀末年，歐提德姆利用粟特人的支持，奪取巴克特里亞的政權，擊退塞琉古的入侵，締結和約，塞琉古放棄侵略的企圖。西元前 189 年，歐提德姆去世後，其子德麥特里繼位，向南發展，侵入印度河流域，又向西擴張，占領伊朗的東部。當其向外侵略時，其部將歐克拉提德斯宣布獨立。約於西元前 175 年，巴克特里亞便分裂成兩個國家了。

好景不長，二十年後，巴克特里亞陷入混亂局面，分裂成許多小國。巴克特里亞即《史記》中所說的大夏，論到大夏時，《史記》指出「無大君長，往往城邑置小長」，這證實於西元前 2 世紀中葉，巴克特里亞王國結束

---

126 巴爾克，中國古籍中譯為縛底野。唐代段成式在《酉陽雜俎》中說到縛底野城是「古波斯王烏瑟多習之所築也」。烏瑟多習為波斯帝王大流士之父，曾任巴克特里亞省長，他不是巴爾克城的創立者，卻是這座名城的重修與擴建者。

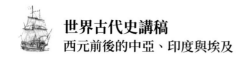

了。根據斯脫拉波記述，推翻希臘人統治者是北部游牧部族的塞種人，其中包括原有的粟特人，也包括吐火羅人。

貴霜王國

當馬其頓侵入巴克特里亞後，經過長期的戰爭，農田與水利遭受到嚴重的破壞，許多居民逃入山區，又過著游牧生活，從事反抗外來的侵略。

西元前 2 世紀中葉，巴克特里亞分裂為兩個國家。張騫到中亞時，大夏正處於分裂狀態，已沒有統一的政府了。《漢書》與《後漢書》都提到五翎侯分裂的情況，而貴霜翎侯為其中的最強者，居於特殊的地位[127]。

伽膩色伽一世是貴霜王國的創立者。其即位時間大約於西元前 58 年，統治了二十八年。他的繼承者胡韋斯迦統治了四十年，大夏依舊繼續分裂，佛教開始傳入中國。《魏略》說：「漢哀帝元壽元年，博士弟子景盧受大月氏王使伊存口受浮屠經。」按元壽元年為西元前 2 年，大月氏王為貴霜王胡韋斯迦。此後三十年中韋蘇特婆統治時期，貴霜王國仍處於停滯狀態，貨幣流通不很廣泛，僅在印度河流域發現過。

西元 40 年代，丘就卻著手進行統一，貴霜國勢日漸強大，兼併其他翎侯的領土。藉安息內部有事，丘就卻奪取高附及與之相近的罽賓。丘就卻死後，其子閻膏珍繼位，統治了有三十多年，掃清希臘的殘餘力量，向印度進兵，一直至摩頭羅。《後漢書》說到印度分裂狀況：「雖各小異，而俱以身毒為名，其時皆屬月氏。」這時候貴霜疆域遼闊，北起花剌子模，南至恆河流域，成為中亞的大國。

閻膏珍死後，貴霜知名統治者為伽膩色伽二世，其統治時間約為西元 125 至 150 年間。伽膩色伽崇尚佛教，舉行第四次結集大會。

---

127 論說貴霜的資料不多，最主要的是范曄的《西域傳》，說：「初月氏為匈奴所滅，遂遷於大夏，分其國為休密、雙靡、貴霜、肸頓、高附凡五翎侯。後百餘歲，貴霜翎侯丘就卻攻滅四翎侯，自立為王，國號貴霜。侵安息，取高附地，又滅濮達，罽賓，悉有其國。丘就卻年八十餘死。子閻膏珍代為王，覆滅天竺，置將一人監領之。月氏自此之後，最為富盛。諸國稱之皆曰貴霜，漢本其故號，言大月氏云。」

　　貴霜王國表面上是繁榮的，實際上卻是極不鞏固的。貴霜王國常受游牧部族的威脅，伽膩色伽晚年說，他臣服了東、西、南三方面，只有北方不能安定下來。

　　貴霜奴隸制經濟有所發展。人民修整河渠，引水灌溉，農業很發達，產量很高，葡萄成為著名的產品。畜牧業很有進展，除家畜外，奇珍異畜，無所不有。從「阿姆河寶庫」的什物中，貴霜的紡織、鑄造與陶業有很高的技術，手工業很精巧。但是最值注意的是商業，巴克特里亞為亞洲大陸的中心，各國貨物集聚與分散的地區，從中國到羅馬有名的絲路，便經過中亞與波斯。當張騫到大夏，已看到蜀布與邛竹杖，並說其人善賈市。考古學者所發現大量的貴霜貨幣，便是商業繁榮最好的說明。貴霜經濟繁榮的情形，從中國古籍中也得到證實。當宋雲經過貴霜都城富樓沙時說：「川原沃壤，城郭端直，居民殷多，林泉茂盛。」由此可想見當年的盛況了。

　　但是，我們不能美化過去。貴霜內部的階級鬥爭是劇烈的，奴隸主的剝削是殘酷的。伽膩色伽是大奴隸主的代表，據傳說，人民不堪壓迫，揭竿起義，將伽膩色伽扼死了。不論這種傳說真實程度如何，伽膩色伽死後，貴霜王國陷入分裂狀態，而以後的歷史，只有零散的記述了。

　　西元 229 年（太和三年），《魏書》說：「大月氏王波調遣使奉獻，以調為親魏大月氏王。」按，波調即韋蘇特婆二世，印度河流域發現他的貨幣，證實了他是貴霜的統治者。也是在這時候，阿爾達希爾（226 － 242）建立起薩珊王朝，波斯成為中亞的強力，侵入貴霜王國。

　　西元 293 年，柏庫里亞石刻證明貴霜仍是獨立國家，然僅占有喀布爾地區，小得多了。到 356 年，波斯柏舍波里石刻，有「塞琉古，喀布爾的最高裁判者」，說明喀布爾已非貴霜所有了。

　　5 世紀初，嚈，西史稱「白匈奴」，自東北侵入，貴霜受到嚴重的掠奪，《魏書》說到貴霜「其王寄多羅勇武，遂興師越大山，南侵北天竺。自犍陀羅以北五國盡役屬之。……太武時，其國人商販到京師」。這說明在世祖

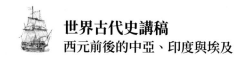

時（424－451），貴霜國王寄多羅受噠的壓迫，南下入犍陀羅區域，形成一種偏安局面。繼後465年，噠舉兵南下，貴霜也便結束了。520年（正光元年），宋雲經犍陀羅，指出這個國家「為噠所滅，遂立敕勤為王，治國以來，已經二世」。所謂二世的時間，大致在470年前後了。由此，貴霜王國的滅亡是在5世紀的後半期。

在貴霜統治時期，從阿姆河流域至旁遮普，遺留下許多有價值的雕刻，習慣上稱此為犍陀羅藝術。犍陀羅藝術是貴霜人民智慧的表現，它既受到印度的影響，也受到波斯與希臘的影響，而不是像西方有些學者主張只是受希臘影響的。

■ 安息王國史

亞歷山大死後，龐大的馬其頓帝國隨著分裂了，在波斯帝國的基礎上建立起塞琉古王國。帕提亞人為馬薩革特的聯盟者，當他們侵入伊朗後，建立起帕提亞省，仍保持著游牧的習尚。他們經常與統治者對立，反抗暴力的統治。

西元前3世紀時，帕提亞領袖安息反抗塞琉古王國的統治，宣布獨立，建立起帕提亞王國，亦即中國史籍中所稱的「安息」。西元前2世紀中葉，來特拉達梯改革軍制，建立騎兵，鞏固東方邊境，安息王國逐漸強大起來。這時候，來特拉達梯向西部擴張，抗拒塞琉古王國，進據兩河流域，移都至百牢門。又過百年，奧洛德統治時，更向西擴張，移都至底格里斯河上的泰西封。從此與向東方侵略的羅馬展開強烈的鬥爭。

西元前53年，羅馬政變後，克拉蘇被任命為敘利亞總督，搶劫東方的財富。羅馬劫掠行動，遭受安息強烈的抵抗。當克拉蘇戰敗後，安息斷其首，作為劇中道具，以泄對羅馬的仇恨。由此，安息繼續向西推進，攻陷安都，形成與羅馬對峙的局面。羅馬帝國幾經慘敗後，奧古斯都改變武力政策，利用金錢與女色，籠絡安息的統治者，以圖挑撥內部的鬥爭與腐蝕安息的領導。但是，安息發現這種陰謀後，繼續展開鬥爭，亞美尼亞成為鬥爭的交點，羅馬又遭受

新的挫折。羅馬利用安息內部的矛盾，多次反攻失敗，於西元 123 年與安息締結和約，保持底格里斯河以西地區，但是這個和平是不穩定的。

安息與羅馬爭奪西亞有兩世紀之久，其過程互有消長，為了奴隸主們的利益，塗炭勞苦人民。阿爾達班五世執政時，雖然擊敗羅馬的進攻，卻不能挽救安息的覆亡。西元 226 年，阿爾達希爾發動政變，攻陷泰西封，安息王朝從此終了，薩珊王朝建立。

安息的社會仍是奴隸制，保存著深厚氏族的殘餘。阿黑內尼德時期，奴隸來源，有的是當地居民，因窮困與債務淪為奴隸，稱「般達克」，供家庭使用；有的是戰爭俘虜，稱「安沙赫利克」，可以如貨物來處理。安息奴隸制未得到充分發展，仍有原始公社解體的殘餘，人民依附貴族，含有宗法關係的因素。為此地方權力強大，經常與中央對抗，這同他的社會情況分不開的。

安息大部分土地是屬於國王的，掌握在貴族與寺廟的手中，形成大奴隸主。所餘的土地由公社掌握，分配給農戶，以便耕種及修建灌溉工程。農民的生活是慘痛的，接受了土地，不敢荒蕪，長期依附在土地上。土地成了他們不可分割的一部分。

安息商業發達，《漢書》說其「商賈車船行旁國」，與印度、中國、羅馬進行貿易。安息是亞洲貿易的中心，常受外部的影響，經濟雖有繁榮，卻是不穩定的。

安息有自己的語言，安息語後稱碧爾維語，成為中世紀波斯的語言。安息人崇尚祆教，婦女蒙有面紗，男女界限極嚴。

■ 3 世紀至 6 世紀的伊朗

西元 224 年，阿爾達希爾得到伊朗貴族與祆教僧侶的幫助，反抗安息，兩年後建立起薩珊王朝，占領了泰西封。阿爾達希爾實行中央集權制，繼承安息的傳統政策，堅決反抗羅馬的侵略。當沙普爾一世統治時（241 — 272），波斯占領安都，俘獲羅馬皇帝瓦來里安及大軍，並用以建造大堤，這

說明波斯與羅馬的鬥爭是異常劇烈的。

在內政方面，薩珊王朝與安息有所不同，著重中央集權制。主管財經的大臣、軍隊將領及祆教僧侶都是帝王的助手，過著豪華的生活。由於階級分化，層層的剝削，許多自由農民的生活處於極度困難中。這引起被壓迫人民抗議。在薩珊王朝統治初，波斯發生了摩尼教的運動，實際上是農民起義。

摩尼於 215 年生於兩河流域。長大後，綜合當時所存在的宗教，創造光明與黑暗鬥爭的二元論，透過不殺生、不葷酒、禁慾、簡樸的生活，對統治者的奢侈進行一種批評，對他們的豪華進行一種抗議。

摩尼反對國家的壓迫，揭露社會的不平，他的學說迅速發展。沙普爾敬服其理論，曾追隨十年，隨後轉向舊有的祆教了。薩珊迫害摩尼，摩尼去國。沙普爾死後，273 年摩尼返國。祆教神職者憎其理論，將摩尼逮捕，處以極刑。其門徒受壓迫，須逃往外國，摩尼教在國外發展，一部分傳至埃及與西班牙，另一部分經中亞傳入中國。

西元 4 世紀初，薩珊王朝經濟有特殊的繁榮，掌握中國絲綢貿易，取高度的利潤。羅馬既不吸取往日的教訓，又念念不忘東方，於 363 年羅馬帝王喬維恩侵入波斯，結果死在標槍之下。約維安臨時被士兵舉為帝王，即刻締結和約，撤退軍隊。此後不久，羅馬帝國便分裂了！

嚈興起後，侵入貴霜王國，波斯受到威脅。薩珊名將查米爾給嚈壓力，迫使談判，釋放波斯的俘虜。但是，當時薩珊內部鬥爭更為嚴重，階級鬥爭異常尖銳，許多奴隸放棄工作，反抗奴隸主們。5 世紀初，長期災荒，瘟疫流行，人民遭受各種災禍，加速馬茲達克的運動興起。

馬茲達克生於呼羅珊，他看到被壓迫者的苦痛、貴族與僧侶的專橫，主張廢除私有制，因為私有制是人民災禍的根源。原始公社是美好時代，必須重建公社所有制，人在經濟與政治上也就平等了。馬茲達克的理論吸引廣大人民，甚至也吸引了國王喀瓦特本人。這不是由於國王的進步，而是他想藉這種新力量削弱貴族的專橫。到國王的反動勢力鞏固後，轉而又迫害馬茲達克運動。

事實正是如此。馬茲達克運動以宗教形式出現，始於 488 年。伊朗北部勢力較強，占領貴族土地，搗毀富室財產，重建農業公社，得到廣大人民的擁護。這是新時代，雖然帶有復古的彩色，實質是反抗奴隸制的。馬茲達克是摩尼的繼續者。殆奴隸制最後破毀，波斯轉入封建時代。

科斯洛埃斯（513 － 579）鑑於馬茲達克勢力強大，採取高壓政策，於 528 年底開始殘殺馬茲達克教徒。被殺害者大約有幾千人，馬茲達克也犧牲了。在大屠殺後，科斯洛埃斯實行稅制改革，清查耕地，確定一年兩次徵收；在軍事上，建立鐵甲騎兵與正規步兵，加強中央集權制。波斯由奴隸制過渡到隸農制，這就是封建制的形成。

另一方面，中國絲絹輸出，無論是經陸路與海路，完全由波斯壟斷。拜占庭不放棄商業利益，它避開波斯，由葉門獲取中國絲綢。當突厥興起後，康居利用突厥實力，迫使波斯放棄絲業的壟斷，波斯拒絕。突厥轉而與拜占庭勾結，慫恿拜占庭攻擊波斯，遂產生二十年戰爭（571 － 590），雙方損失是慘重的。此後波斯內部混亂，最後的波斯帝王為伊嗣俟三世（Yazdi-gird III，632 － 651）。其時阿拉伯進攻波斯，於 638 年陷泰西封。642 年又戰於尼哈溫，波斯失敗。伊斯特洛德欲求康居援助，而木鹿省長馬哈，於 651 年，將他暗殺了。隨著，波斯古史也便這樣結束了。

■ 笈多王朝

當貴霜王國衰落時，於西元 4 世紀，旃陀羅笈多一世（320 － 335 年在位）與梨車族聯姻，「繼承了以前為他妻子的親屬所握有的權力」，建立起笈多王朝。從此兩個小王國得到合併，占據了整個摩揭陀與孟加拉的一部分。繼後，其子沙摩陀羅笈多（335 － 380 年在位）即位，力求印度政治的統一，征服恆河上游與中印度小國。由於這種威力，許多部落「支付各種捐稅，服從他的命令」。笈多王朝威信逐漸提高，貴霜與錫蘭可能成為同盟者。

旃陀羅笈多二世（380 － 413 年在位）時，笈多王朝到極盛時代，高僧法

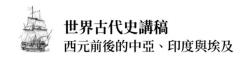

顯便是在這時候到印度的。笈多王朝實行中央集權制，下設省與縣，行政單位是村，村長有實權，受縣與省官吏的領導。法顯說「王之侍衛左右，皆有供祿」。國王是世襲的，官吏是國王任命的，高級者多為皇族的親王，文武職官是沒有分別的。

在笈多時代，奴隸制已不適應社會的需要，封建因素逐漸增加，如封建的依附與土地集中。國王將土地贈送給高級官吏與寺院，作為食邑，食邑具有永久世襲性質。國王賜贈田宅、園圃、民戶、牛犢，「並書鐵券，王王相傳，無敢廢者」，這是《佛國記》中所提到的。鐵券載明封地的四至及其他有關事項。但是，這是封建發展萌芽時期，法顯說：「唯耕王地者，乃輸地利；欲去便去，欲住便住。」種地者尚未附著在地上，只交納賦稅而已。

笈多王朝經濟是繁榮的，有乘坐百人的大船，定期遠程航行，海陸兩方面與中國已有接觸。冶金術很發達，可以樹立七米多高的鐵柱，至今未生鏽。在農業上已實行輪作制，出現較大規模的灌溉工程。

西元 5 世紀中葉，印度開始受嚈進攻，笈多王朝疲於奔命。西印度各部落相繼脫離，成為獨立的小國家。塞建陀笈多（455 — 467 年在位）死後，笈多王朝僅維持摩揭陀一小部分，成為偏安局面，到 6 世紀便完全結束了。再過百年，玄奘到印度，封建制度已成為主導的生產關係。

∥ 西亞與埃及 ∥

■ 塞琉古

在亞歷山大死後，經過部將們互相爭奪，西元前 312 年，塞琉古建立起新的王朝，稱塞琉古，承襲了馬其頓帝國最大的部分，包括部分小亞細亞、敘利亞、巴勒斯坦、兩河流域、伊朗與巴克特里亞等地。

這個新國家貌似強大，卻是十分複雜與軟弱的。每個地區有自己傳統歷史、風俗習慣，而最重要的，不能減輕勞動者的負擔，經常激起暴動。

　　當塞琉古（前312－前280年在位）即位後，著手進行改革，劃全國為七十二個省區，有謂至多二十五個，統一貨幣，統一曆法。這些措施，因為經濟上沒有統一的基礎，起的作用也便微不足道了。

　　為了鞏固東方的地位，塞琉古舉兵侵印度，旃陀羅笈多王朝強盛，抗拒塞琉古，結果雙方談判五十年之久，放棄舊日馬其頓所占地帶，換取五百頭戰象。由於反希臘人的活動，約於西元前250年，大夏總督狄奧多杜斯獨立，脫離塞琉古。安提奧古二世（Antiochus II，前261－前246年在位）雖進軍鎮壓，因為大夏與帕提亞聯合抵抗，塞琉古遭受嚴重的打擊。到安提奧古三世（前223－前187年在位）時，為了控制商道，約於西元前210年，向東方進攻，欲征服大夏，反為大夏所擊退，放棄侵略的企圖。

　　在西方，從西元前226年起，長期進行敘利亞戰爭，前後經歷五次，與埃及爭奪東地中海地區。第四次（前221－前217），塞琉古失敗，埃及占有敘利大部濱海地區。第五次，塞琉古利用埃及內部動盪，報復前次的失敗，深入愛琴海。西元前190年，羅馬正向東發展，擊敗塞琉古。從此塞琉古衰落了。

　　西亞經過長期戰爭，羅馬虎視眈眈，塞琉古王朝無論是政治上還是經濟上都陷入困境，居民不堪忍受苛捐雜稅、高利貸剝削。西元前168年，耶路撒冷掀起馬卡比父子領導的暴動，經過將近四十年的鬥爭，巴勒斯坦宣告獨立。羅馬支持反塞琉古的活動。安提奧古七世（前138－前127年在位）做復國的嘗試，在與安息戰鬥中，全軍覆沒，自己也犧牲了。塞琉古疆土日蹙，處於癱瘓狀態。西元前64年，羅馬舉兵侵入西亞，龐培未用很大的力量，便將塞琉古征服了。對居民來說，塞琉古代替波斯，而今羅馬又代替塞琉古，不管更換多少統治者，他們都是受奴隸主剝削的。

　　此時，小亞細亞地區尚有許多小國，帕加曼即其一。西元前301年，伊普索斯戰後，這個小國屬於李西馬克統治，西元前284年分裂出來，獨立自主有一百五十餘年。阿塔羅斯（前241－前197年在位）統治時，利用國際有利局勢，脫離塞琉古的統治。但是他又採取親羅馬政策，保持苟延殘喘的

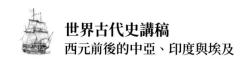
局面。到阿塔羅斯三世統治時（前 138 － 前 133），完全依靠羅馬，阿塔羅斯三世死時竟留遺囑，將國家由羅馬統治了。帕加曼是小國，在古代文化史上，由於所產的羊皮紙非常有名，便以帕加曼名羊皮紙了。此外，帕加曼圖書館藏有珍本二十多萬部，成為古文化的中心，其收藏之富，僅次於埃及亞歷山大博物館。

■ 托勒密時期的埃及

亞歷山大死後，經過部將們的鬥爭，西元前 305 年，托勒密（Ptolemy I）正式即位，在埃及建立起新的王朝，一直到被羅馬滅亡（前 30 年）。托勒密取得政權後，埃及成為海上的強國，保存了舊有的政治機構，籠絡埃及貴族與僧侶，強化奴隸主的剝削。國王是最高的統治者，他的命令是神聖的，臣民必須服從。埃及的政治、神權與武力相結合，不允許任何人有所懷疑。財政大臣有特殊的地位，除財務外，掌管一切行政職務。

埃及土地是國家所有的。私有制是存在的，但是執行起來，卻受國王限制，即國家干預一切活動。埃及的居民基本是王室的佃農，透過公社，政府管理他們的勞動，沒有選擇的自由，更沒有退出公社的權利。埃及有多少土地是很難說清楚的，但是在一種文獻中，於一千二百三十公頃中，王室占有七百公頃土地，餘者為官吏與寺廟所占有。士兵的份地，品質低劣，面積亦小，不能與貴族相比擬。人民生活很困難。西元前 2 世紀，埃及中部和尼羅河流域，除起義者外，許多農民避免苛捐雜稅，拋棄家園，逃亡於荒漠。這種抵抗產生了很好的效果。

在手工業與商業方面，埃及有很高的水準。造船業很發達，有的可容數千人 [128]。對外貿易很發達，到處有兌換所，輸出織物、紙草、玻璃、糧食等物品，輸入多為奢侈品，如中國的絲綢與印度的象牙。對於工業與商業，國

128　托勒密二世下令造一艘 40 槳戰艦，長 85.4 公尺，寬 11.59 公尺，船頭高 14.64 公尺。全船可容數千人。

家採取專制制度，如榨油業為國家壟斷，不准私人經營，價格亦由政府規定，其他日用重要商品，國家亦壟斷專制，每年榨取到一萬五千達朗。這是很重的剝削。

托勒密是埃及傳統的保護者，希臘的影響是微不足道的。將近三世紀統治的時間，除納克拉底斯與托勒密兩城外，埃及沒有城邦式的城市。亞歷山大城是新建的，也是古代最知名的，那是政治中心，埃及的首都，也是文化中心，雲集各地的詩人與學者，其圖書館藏書有七十萬卷，學術得到發展。亞歷山大城有豪華的建築、寬闊的街道、博物館、體育館等，港口建有著名的燈塔，吸收了各族人民的優秀傳統。這是埃及人民的美德，願與外族友好的。

在對外政策上，托勒密向外擴張，向地中海及敘利亞發展。這種政策引起塞琉古的抵抗，發生了多次戰爭。埃及有時取得成功，如西元前 217 年拉斐亞勝利，托勒密四世（前 221－前 203 年在位）卻付出重大的代價。

不僅只此，埃及人受外族與階級雙重剝削，不斷逃亡，根據一個鄉的資料，由於農民逃亡，國王土地收入在五十年內減少一半。

另一方面，埃及人民不斷反抗，在托勒密六世（前 181－前 145 年在位）時，於西元前 165 至前 164 年間，亞歷山大城發生大暴動，領導者為帕托薩拉庇索，形勢嚴峻，埃及人群起進攻。在亞歷山大城失敗後，在上埃及繼續反抗，大批農民參加。雖然暫時鎮壓下去，托勒密的統治卻削弱了。西元前 80 年，底比斯爆發起義，堅持三年之久，最後起義人民與歷史名城同歸於盡，而托勒密的統治已瀕於崩潰的地步了。

由於稅捐繁重，高利貸加深剝削，人民不斷起義，托勒密的統治到滅亡的境地了。在困難情況下，托勒密王朝依靠貴族、軍人與僧侶，維持搖搖欲墜的政權。到克麗奧佩脫拉七世（前 51－前 30 年在位）時，因羅馬侵略，又因爭奪王位，埃及實力削弱，羅馬輕而易舉地奪取了埃及。亞克興戰爭後，克麗奧佩脫拉不肯投降而自殺了，埃及淪陷為羅馬帝國的一個行省。

古代羅馬

‖ 古代義大利與羅馬的形成 ‖

■ 義大利的自然環境與居民

義大利半島伸入地中海內，三面環海，海岸線長有六千七百公里。東臨亞德里亞海；西瀕第勒尼安海，較遠處有撒丁與科西嘉兩島；南部的港灣，多為希臘人所占據。因此，義大利古代航海事業是發展較晚的。義大利的北部為阿爾卑斯山，有如「牢固的圍牆」，藉山谷與歐洲大陸相連。

義大利半島約有三十萬平方公里，亞平寧山像一根脊柱，由北向南，形成許多丘陵地帶。較大的河流，北部為波河，可以航行，中部為聶伯河，近海處興起羅馬城。這個半島氣候溫和，土地肥沃，種植穀物、葡萄與橄欖，很早就成為農業國家。

義大利的居民是古老的，這從利古利亞的洞穴，「特拉馬拉」、「維蘭諾瓦」文化得到證明[129]。

西元前 9 世紀末，伊達拉里亞人由北方移入，在義大利文化形成中發揮重要的作用。由於各民族移動的原因，義大利至少有十二種獨立語言。這說明義大利古代的居民是複雜的。

■ 伊達拉里亞優勢時期

拉丁平原位於義大利半島的西岸，係火山遺址，土質堅硬，宜於畜牧與農業。居民為拉丁人，治澤排水，頑強地與自然作鬥爭。他們於山岩或地形優良的地區，建造成簡陋的城市，據傳說有三十多個，而阿爾巴·隆加為重要城市，係宗教聯盟所在地。

129　「特拉馬拉」，意為肥沃的土地，大約在西元前 3000 年前後，於波河流域出現。「維蘭諾瓦」係波羅尼亞城附近的地名，是義大利最初製鐵的地方。這裡所發現的古物與多瑙河流域的相似。

　　拉丁平原的北部，距聶伯河入海二十公里處，有分散的七座小山。山上草木叢茂，山下又多池沼。拉丁人與薩賓人各據山頭，開發這塊地區。架木橋於聶伯河上，這是運鹽的大路，逐漸形成交易場所。這塊場所初名維里亞，繼後改名為羅馬。

　　拉丁人占據巴拉丁山，薩賓人占奎利納山。隨著形勢的發展，於西元前8世紀，拉丁人與薩賓人建立兩個公社，進一步組成「七山」聯盟，於是產生了羅慕洛與卡西烏斯共治羅馬的傳說，成為後日兩個執政官的起源。羅馬學者瓦宏以西元前754年為建城的年代，是沒有足夠的理由的。傳說中的七王，除後三者為歷史人物外[130]，其他大都是不可置信的。

　　當原始公社解體，生產力發展的過程中，拉丁平原南部沿海地帶，滿布著希臘移民城市，如那不勒斯、達林敦等，接觸到希臘各城邦的文化。在拉丁姆的北部（今天的托斯坎納省），住著伊達拉里亞人，他們在各部族中發揮主導作用。伊達拉里亞人來自呂底亞[131]，工商業發展，遠在西元前7至西元前6世紀間，建立起十二個城市，如愛維、塔奎尼等。他們已經進入階級社會，稱貴族領袖為「盧加蒙」，擁有最高的權力。城市聯盟的領袖，享有無上的尊榮，著絳衣朱履，有十二扈從隨行。其宗教麻痺廣大的群眾，僧侶用符咒、鳥飛、獸臟，藉以占卜人的吉凶禍福。

　　西元前7世紀，伊達拉里亞人建立起強大的國家，統治了拉丁平原，羅馬就是這個行省的都城，其名稱的由來，出於伊達拉里亞[132]。所謂王政時代，實際上是伊達拉里亞人掌握政權，統治了有一百多年。最後的三個國王都是歷史性的人物。老達克文，羅馬傳說稱他是「盧加蒙」；其繼承者瑟維厄斯·塔利厄斯，根據1857年發現的壁畫，他是伊達拉里亞人，推翻達克文

130　傳說中的七王及其在位時間分別為：1.羅慕洛（前754—前716）；2.紐瑪（前715—前672）；3.杜路斯（前672—前640）；4.安古斯（前640—前616）；5.老達克文（前616—前578）；6.塞爾維·圖里阿（前578—前534）；7.達克文二世（前534—前510）。

131　希羅多德《歷史》提到是從小亞細亞來的，見一卷九四節。1885年，在勒摩諾斯島發現的墓誌與伊達拉里亞文字相近，加強了羅馬從小亞細亞移入的論證。

132　羅馬（Ruma）原出於伊達拉里亞，與 Ruma 氏族有關。

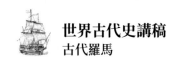

的勇士馬斯達爾納。達克文二世為伊達拉里亞最後統治者，他以暴力迫害人民，人民不堪負擔苛捐勞役，大約在西元前 500 年前後，將他逐走了。

傳說中所謂「瑟維厄斯・塔利厄斯的改革」是伊達拉里亞人統治時，不同措施的綜合。在氏族社會解體過程中，每五年舉行居民財產登記，按五種財產「級別」劃分，占二十猶格（五公頃）土地者為第一級，以此為準，有四分之三者為第二級，二分之一者為第三級，四分之一者為第四級，八分之一者為第五級。居民沒有土地者只按「人頭」來計算。城市與郊區劃為四部分，按財產與地區分配兵役與勞役，沒有土地者充任非戰鬥性工作。全數為一百九十三個百人團，亦即羅馬軍隊的兩個軍團。恩格斯對此改革說：「這樣，在羅馬也是尚在所謂王政廢止以前，以個人血統關係為基礎的古代社會制度便被破壞了，代之而創立了一個新的，以地區劃分及財產差別為基礎的真正的國家制度。」[133]

■ 平民與貴族的鬥爭

當羅馬氏族解體的時候，據傳說有三十個庫里亞，形成庫里亞會議，由國王召集，表決重大的事實，非氏族的平民是不准參加的。

每個庫里亞有十個氏族，總共有三百個氏族。這樣整齊劃一，似有人為的因素，主要適應軍事的需要。氏族首長奪取公有的土地與財富，氏族中的貧困者淪陷到被保護的地位，通稱為「食客」。食客與平民不同，食客可用氏族的名字，死後可葬在祖墳；而平民處在公社之外，他們是被征服的居民或自外移來的，既沒有氏族組織，又沒有集體經濟，因而不能參加軍隊，與貴族是完全分開的。

西元前 5 世紀初年，羅馬奴隸還不多，只承擔些家庭工作。所謂羅馬人民，實際上為氏族的貴族，他們所壓迫的不是奴隸，而是平民。平民沒有政治上的保證，因為窮困，隨時有淪為債務奴隸的危險。在王政推倒後，羅馬

133　恩格斯：《家庭、私有制和國家的起源》。

十幾個貴族家族，如發比阿、發勒略、克勞狄等，力圖保持他們原有的地位，占有新獲得的公有土地。平民中的富有者，如李錫尼等，竭力要求政治上的平等，擔任高級官吏，與貴族通婚。平民中的中下層樂於支持這種要求，展開劇烈的鬥爭。據傳說，在西元前 494 年，城市平民起來鬥爭，退居聖山，建立新城與貴族對抗。貴族知道形勢嚴重，被迫妥協，設立兩個保民官，有否決權，保護平民的利益，反對貴族的專橫。

制訂法律是平民與貴族鬥爭的另一種形式。西元前 452 年成立十人委員會，經過鬥爭，由五個平民與五個貴族所組成，阿‧克勞狄任主任委員。西元前 450 年，制訂《十二銅表法》，原文沒有傳到今天，除了羅馬法學家引用的個別條文。這個法典是古老的，將習慣法加以系統化，守著「以眼還眼」的原則。西元前 445 年，卡努優斯為保民官，修正《十二銅表法》，取消與貴族通婚的限制。次年，開始選舉具有執政官權力的軍事保民官，通常為六個，仍未獲得元老院議員的資格。元老院是貴族權力機關，實際上是很保守的。西元前 443 年起，平民經過鬥爭，取得如下權利：參加監察官，掌握戶籍調查，評定財產，編制元老名單，有權撤銷不合格者。權力是非常廣泛的。也是在這個時候，為了處理國家特殊局勢，羅馬可設立獨裁官，集權一身，權力無限，但半年必須交卸職權。

由於羅馬發生動亂，保民官李錫尼與綏克斯圖要求改革，於西元前 376 年提出法案。第一，羅馬公民以平等身分使用公地；第二，減輕債務人的負擔，所付息金由母金中扣除，餘者在三年內還清；第三，恢復兩執政官的選舉，其中一人應由平民擔任。這些法案，經過十年多的鬥爭，平民始取得勝利。西元前 326 年，羅馬透過重要的法律，禁止使羅馬公民負債者淪為奴隸。這項法律與梭倫的改革相似。

從此羅馬奴隸來源主要是俘虜，是外籍人，而不是羅馬公民。由此羅馬氏族制度受到摧毀，平民與貴族的差別也幾乎消失了。

■ 義大利半島的統一

當伊達拉里亞人被驅逐後，羅馬須集聚力進行最殘酷的戰爭，從西元前447年起延續到西元前366年，征服了伊達拉里亞人。

西元前4世紀初年，高盧人越過阿爾卑斯山南下，深入羅馬境內，取得輝煌勝利。不得已，羅馬予高盧人重金，使之撤退，隨後羅馬編造了許多傳說，粉飾自己的慘敗。

在內部鬥爭的同時，羅馬侵略鄰邦，創立了最完備的軍隊。西元前354年，羅馬與薩姆尼特締結同盟。到西元前343年，坎巴尼亞反抗薩姆尼特的侵略，請羅馬援助，羅馬雖感到左右為難，為了自己的利益，便發動與薩姆尼特的戰爭。戰爭前後經過三次（前343－前341，前328－前304，前298－前290），最後由執政官頓泰塔斯指揮，取得決定性的勝利。

由於羅馬自義大利中部興起，侵占了坎巴尼亞，逐漸威脅希臘的殖民地，與達林頓發生劇烈的衝突。達林頓鑑於所處的困境，請庇洛斯援助。庇洛斯國王於西元前280年率兩萬重兵，配二十隻象，到義大利南部擊敗羅馬軍隊。次年，第二次會戰發生，羅馬失敗，但是庇洛斯也坦白承認：「要再來一次這樣勝利，那我就沒有軍隊了！」

庇洛斯得意忘形，渡海征西西里島。他在西西里停留三年，沒有什麼成就，而羅馬與迦太基聯合，積極準備，於西元前275年，庇洛斯再返義大利時，羅馬人在貝尼溫杜姆嚴陣以待，澈底擊敗庇洛斯。

庇洛斯沒有軍隊，沒有錢，不得不逃回希臘。三年後，他死在阿爾哥斯巷戰中。羅馬自陸地，迦太基自海上，雙方合力包圍達林頓及庇洛斯的殘部，於西元前272年，使他們全部投降羅馬，結束了義大利半島的分裂，地中海強大的帝國形成了。

■ 羅馬與迦太基的鬥爭

西元前 3 世紀，羅馬人已征服了義大利半島，北起盧比康河，南至麥西納海峽。但是，羅馬人採取謹慎的態度，建立一種「同盟」關係，即在戰爭時提供一定數量的軍隊，在內政上仍保持一定的自主。

羅馬人力圖在海上擴張，爭奪市場與奴隸。這時候希臘奴隸制開始瓦解，斯巴達不斷發生民主運動，而迦太基在地中海西部與北非，擁有廣大的殖民地，成了羅馬海上擴張的障礙。迦太基為腓尼基的殖民地，羅馬人稱腓尼基為「布匿」，所以與迦太基的戰爭，亦稱布匿戰爭，前後經歷三次，羅馬建立起西方的世界霸權。

由於西西里島麥西納問題，西元前 264 年，第一次布匿戰爭開始了。羅馬經過兩年戰爭的經驗，認識到沒有足夠的海軍是不能與迦太基作戰的。羅馬決心建造一百二十艘戰艦，船頭裝置吊橋，上有扣鉤，與敵人接近時，扣在船上，如在陸地戰鬥。這樣於西元前 260 年，羅馬取得海上的勝利。戰事在海陸進行，雙方互有勝負。西元前 241 年，羅馬擊敗迦太基艦隊後，第一次布匿戰爭結束了，羅馬占據了西西里島。

迦太基認識到羅馬的危險，準備與羅馬作戰，西元前 237 年，哈米爾卡率大量軍隊至西班牙，建立政治與軍事根據地。當西元前 221 年，其子漢尼拔掌握軍權後，發動第二次布匿戰爭（前 218 －前 201）。他率領迦太基精銳部隊（步兵五萬，騎兵九千，像三十七頭），由西班牙北上，經高盧，越過阿爾卑斯山，到達義大利北部，先後擊敗羅馬軍隊於特列比亞河與特拉西梅諾湖畔。西元前 216 年發生了著名的坎尼大戰，迦太基以少一倍兵力，善於圍攻，消滅了羅馬的大軍。

漢尼拔雖然取得很多勝利，但是最後的勝利還是屬於羅馬的。

漢尼拔猜想義大利各族人民起義，可是內部矛盾尚未到爆發的程度；相反的，迦太基奴隸占有制比羅馬更高，矛盾更深，羅馬避開漢尼拔常勝的隊

伍，進攻西班牙，不斷取得勝利。西元前 205 年，西庇阿被舉為執政官，次年率軍渡海征迦太基。迦太基看到危機，命漢尼拔撤退，於西元前 202 年，發生劇烈的札瑪戰爭，迦太基失敗了，漢尼拔逃往小亞細亞。從此，羅馬成為地中海的強國。

不久以後，迦太基重新恢復起來，但已不是羅馬的對手。但是，它在商業上卻威脅到羅馬。伽圖決心消滅迦太基，在任何場合下，他講話的結尾總說：「此外，要消滅迦太基！」西元前 149 年，羅馬發動第三次布匿戰爭。在這次戰爭中，迦太基人英勇捍衛自己的獨立。羅馬圍困迦太基三年，迫於飢餓，羅馬攻陷這所名城，而將他毀滅了，大多數迦太基人變為奴隸，這是一次最殘酷與最不義的戰爭。

‖ 羅馬的擴張及其共和制的顛覆 ‖

■ 西元前 2 世紀的羅馬

第二次布匿戰爭以後，羅馬成為西方世界的強國，很順利地征服了希臘和其他國家。當羅馬與迦太基第二次戰爭時，西元前 215 年，馬其頓國王腓力與漢尼拔締結同盟，抗拒羅馬。羅馬利用埃陀利亞同盟牽制馬其頓。西元前 205 年，雙方結約講和。

當札瑪戰爭結束後，漢尼拔至小亞細亞，策動反羅馬的活動。羅馬知馬其頓的不可靠，發生第二次戰爭，於西元前 197 年利用希臘，擊敗馬其頓，宣布希臘獨立。羅馬有一定的策略，他們不只使希臘人忠於羅馬，更重要的是使希臘人與敘利亞對立。

塞琉古國王安提奧古，既不放心埃及，又欲染指希臘，與羅馬處於對立的地位。羅馬支持希臘的貴族派，反對希臘的民主派，最後使希臘從屬於自己。西元前 195 年，漢尼拔依靠安提奧古，直趨小亞細亞，於西元前 189 年，西庇阿擊敗安提奧古的軍隊，成為西亞舉足輕重的政治力量。

腓力去世後（前 179），其子珀爾修斯繼位，又掀起反羅馬的活動，結果產生了第三次羅馬與馬其頓的戰爭，羅馬取得勝利（前 169），馬其頓從此滅亡了，成為羅馬的一個行省。

經過一百三十多年的擴張，羅馬已不是一個城邦，而是地中海奴隸制的強國，奴隸制得到空前的發展，卻隱伏著嚴重的危機，迦太基與希臘是望塵莫及的。每次戰爭結束後，奴隸商人獲得大量的奴隸，提洛為有名的奴隸市場，每天出售奴隸幾千名。因為奴隸數量的增加，大量使用奴隸勞動，供過於求，奴隸價格低落，因而有「像撒賓人那樣便宜」的諺語。羅馬人是公民，不准因債務而淪為奴隸，這是平民鬥爭的結果。但是在羅馬征服的地區或殖民地，其居民不完全是羅馬的公民，而成為羅馬的奴隸。

西元前 2 世紀，由於賠款、掠獲、賦稅，羅馬變成金融集中的國家，實行包稅制。這是一種投機事業，承包者預付大宗現款，居民受到殘酷的剝削，利息高到百分之四十八。農民地位惡化，常年戰爭，負債過重，破產者流入城市，變為食客或乞丐了。這時候，羅馬的實權掌握在貴族與騎士的手中。西元前 218 年，《克勞狄烏優斯法案》禁止元老院議員經商，騎士階層穩固地掌握金融，形成社會上強大的力量[134]。羅馬社會的階級鬥爭是尖銳的，矛盾重重。羅馬有奴隸主與奴隸的矛盾，有羅馬人與被征服者的矛盾，又有羅馬人與義大利人的矛盾，以及貴族與騎士內部的矛盾。

騎士於此時已成統治集團的成員，僅次於元老院的議員了。羅馬社會是非常不安的，奴隸起義已成不可避免的事實。

■ 西西里島兩次起義

西元前 137 年，西西里島的敘利亞人，不堪生活的苦困，舉攸努斯為領袖，在海納城掀起大暴動，殺死大奴隸主達摩底勒。同時在島的西部，克萊

134　普魯塔克論克拉蘇說：「財富的較多部分是從火焰與戰爭中撈來的，他利用社會災難，作為大利潤的累積手段。」

溫起來響應，組織奴隸與攸努斯會合，挫敗羅馬的軍隊。起義者成立「新敘利亞王國」，保護農民。羅馬看到形勢嚴重，增派大軍鎮壓，克萊溫在戰鬥中陣亡，攸努斯被俘，隨後死於獄中。西元前 132 年，西西里島第一次奴隸起義被鎮壓下去了，但是他的影響卻是巨大的。

西西里島的奴隸起義，加劇了貝加曼的社會危機。國王阿達路斯是親羅馬的，西元前 133 年，他死時留有遺囑，將王國傳及羅馬。

這種荒謬的措施，激起阿里士多尼庫斯的反抗，他舉起反羅馬的大旗，建立起太陽國，在這個國度裡人都是平等的。西元前 130 年，羅馬為了鞏固自己的地位，集聚所有的力量，向貝加曼進軍，擊敗起義的軍隊，將阿里士多尼庫斯處死了。

西西里島奴隸起義的條件依然存在。西元前 104 年發生了第二次起義，也是在兩個地區爆發。領導中部起義的是敘利亞人薩維斯，奴隸出身，馬上聚集到兩萬多人；領導西部起義的為雅典尼，是小亞細亞出身的奴隸，不久便達到一萬多人。兩相會合，舉薩維斯為王，雅典尼為總指揮，以特里奧卡為都城，經常挫敗羅馬大軍。西元前 102 年，薩維斯去世，雅典尼獨當大局，羅馬派大軍鎮壓，雅典尼陣亡後，起義大軍始被撲滅。羅馬將一千名奴隸運到羅馬，要他們做鬥獸場的角鬥士。他們不願為羅馬人開心而自殺了，這是奴隸起義史上壯麗的一頁。

這次西西里島的起義，影響本都人反羅馬的統治。本都是小亞細亞的小國，卻做出有聲有色的事件。國王米特拉達德利用起義人民，占據小亞細亞，根據他的命令，殺死羅馬人有八萬多人。他解放奴隸，廢除債務，依靠起義的奴隸與貧民，與羅馬對抗。西元前 85 年夏天，蘇拉遠征東方，始締結了和約，本都被迫退還所占的土地，戰爭沒有結果，義大利仍有許多嚴重問題，需要解決。

■ 義大利的農民運動與軍事獨裁的建立

　　奴隸主沉重的剝削，使義大利的農民負債過重，瀕於破產。即使有法律規定，羅馬人不能因債多而淪為奴隸，但農民迫切要求土地，以解決生活問題。農民因債務不能服兵役，軍隊日漸減少，有些貴族明白土地問題的嚴重性。

　　西元前 133 年，提比略‧格拉古被選為保民官後，提出土地法案。即公田所有者，不得超過五百猶格，所餘土地須交還國家，以每份三十猶格分給農民，不得轉賣。貴族仇恨他的改革，乘選舉保民官時，進行大屠殺，將提比略與三百多同伴殺害了。

　　改革過了十年，西元前 123 年，提比略之弟蓋約‧格拉古被選為保民官，繼續執行土地改革。由於格拉古兄弟的各種措施，義大利有八萬多人得到土地。蓋約提出穀物律，使糧價低於市價；又提出裁判律，為騎士階層奪取裁判權；他希望得到義大利人民的支持，試圖賦於羅馬的同盟者以公民權。由此蓋約引起羅馬人的不滿，貴族乘機鎮壓，屠殺三千多人，蓋約為了不落在敵人的手中，命令奴隸將他打死了。

　　蓋約死後，份地被允許出賣，許多農民破產，變為流氓無產者，依靠富人的施捨。沒有羅馬公民權的農民，發動「同盟戰爭」，於西元前 90 年開始，經歷兩年，有馬略與蘇拉等的勝利，終於賦予義大利人羅馬公民權，加速了羅馬化的過程。

　　在奴隸暴動與農民問題嚴重的時候，羅馬貴族與騎士的矛盾尖銳起來。當北非朱古達起義時，馬略以普通身分，驍勇善戰，提升為執政官。繼後，他參加對森布里與條頓的戰爭，也參加過同盟戰爭，由於實際需要，將徵兵制改為募兵制，擴大軍隊的來源。為了鞏固自己的地位，他與貴族的女兒結婚。馬略第六次被舉為執政官，充當騎士的代表，成為特殊人物，遭受貴族的忌恨。於是貴族舉蘇拉為代表，藉以對抗。蘇拉出身貴族，受過好的教育。當同盟戰爭結束後，本都問題發生，貴族與騎士各欲派遣自己的代表，

因而蘇拉與馬略發生衝突。起初，元老院任命蘇拉遠征，由於騎士的反對，改由馬略統帥。蘇拉拒絕服從命令，率軍占領羅馬城。在武力壓迫下，蘇拉又重新被任命遠征，向東方出發了。在此期間，馬略宣布奴隸為自由人，組織奴隸占領羅馬，第七次被任為執政官。隨後馬略便去世，西納掌握羅馬政權者有三年，民黨又重新抬頭了。

西元前 83 年春，蘇拉從東方回到羅馬，建立起獨裁政權，實際上羅馬已變成一個君主國家。表面上羅馬仍維持著共和制度。元老院誤認蘇拉的獨裁是暫時的，利用他鎮壓國中的人民。蘇拉與貴族關係很深，西元前 79 年，蘇拉宣布交卸獨裁政權，退出政治舞臺，一年後他也就死了，得到貴族的推崇。

■ 斯巴達克起義

蘇拉死後不久，羅馬國內外形勢變得緊張了。小亞細亞與西班牙相繼發生暴動，但是，國中斯巴達克的起義，聲勢浩大，震撼羅馬，從西元前 74 年到西元前 71 年，延續了三年之久。

斯巴達克是色雷斯人，在加普亞當角鬥士，不堪壓迫，他聯絡高盧人起義。他真做到了登高一呼，四面響應。在短期間，斯巴達克便集聚了七萬多人，擊潰克勞狄烏優斯的圍攻。斯巴達克率領大軍北上，由於意見分歧，只好又退返南方。斯巴達克又謀渡海到西西里島，海盜欺騙他，沒有實現運輸的諾言。起義軍隊不能團結，高盧人與日耳曼人分裂出去，義大利人沒有消滅奴隸制度的企圖，而只想奪回失去的土地。羅馬乘這種機會，竭盡全力，派龐培與路庫路斯，率領大軍，協助克拉蘇鎮壓起義者。經過多次戰鬥，西元前 71 年春，斯巴達克在戰鬥中犧牲了。羅馬人折磨被俘的奴隸，釘死在加普亞大路上有六千多名。起義被鎮壓了，但是歷史意義卻非常重大的。

很多史料說明，斯巴達克是精明的領袖，人格高尚，到處保護人民。因而奴隸主們恐懼萬分，被迫改變他們剝削的辦法，將土地租給破產者，使農民依附於大奴隸主。這是佃農的由來，佃農便是隸農，這是封建制度的萌芽。

■ 共和政治的顛覆

經過斯巴達克的起義，羅馬奴隸主們力圖恢復像蘇拉那樣鐵的統治，但是一時很難做到。因為羅馬政權操在克拉蘇與龐培的手內，他們有矛盾，互相仇視。他們都是貴族，又都是蘇拉的將領。

這時候，朱利亞·凱撒聲譽漸高，成為羅馬的活動家。他雖然是貴族出身，因他姑父馬略的關係，將自己扮成民主制度的擁護者。西元前 66 年，龐培被任出征小亞細亞，取得勝利，而米特里達德全家服毒自殺了。這時候羅馬形勢動盪，要求廢除債務，發生加底利納的密謀。雖然元老院平定密謀，卻懷念強有力的政權。

西元前 60 年，凱撒從西班牙返回羅馬後，看到形勢的需要，利用元老院對龐培強硬政策，結合龐培與克拉蘇、凱撒，形成三人的密盟，瓜分羅馬政權。龐培勢力最強，留居羅馬；克拉蘇出征侵略亞洲，不久在與安息人作戰中被消滅了；凱撒被任命征服高盧。從西元前 58 年秋天起，凱撒向高盧擴張，在七年中，經過多少次征伐，鎮壓多少次起義，如對高盧民族英雄維桑多利克，終於將高盧併入羅馬版圖，同時強化了凱撒的政治地位。因此，對龐培來說，凱撒變成嚴重的威脅。西元前 49 年，凱撒返回義大利，與龐培發生戰爭。這次鬥爭實際上是馬略與蘇拉鬥爭的繼續，議員們支持龐培，騎士們支持凱撒，鬥爭的結果，龐培失敗了，他逃往埃及，並在那裡被殺了。

凱撒是蘇拉後第二次建立起獨裁政權。在他心目中，共和早已傾覆了。從他致元老院的信中，不自覺間，驕情溢於言辭[135]。西元前 47 年秋，凱撒返羅馬，任十年獨裁。隨後消滅龐培的黨羽，向北非與西班牙戰鬥，取得勝利。西元前 45 年，又被任命為「終身獨裁」。

他建立行省制，制訂稅則，改革曆法，羅馬逐漸走上帝國的道路。但是，凱撒的專制太露骨了，他猜想自己過高，猜想元老院勢力不足，結果於西元前 44 年，凱撒被一部分議員暗殺了，從此共和政治也便覆滅了。

135　凱撒致元老院信中，相傳只有三字，其意為：「我來，我見，我征服。」原文為：Vemi, Vidi, Visi。

‖ 羅馬帝國 ‖

■ 羅馬建立君主專政

　　凱撒死後，政權又落在武人的手中。西元前 43 年，實力派安東尼、雷比達與凱撒養子屋大維，結為第二次三人政治。事實上仍是武人的割據，安東尼取東方，雷比達取北非，屋大維取西方，義大利為三者共管的地方。

　　塞克斯都‧龐培利用他父親過去的影響和奴隸的支持，發動起義，聲勢浩大，不論塞克斯都的目的如何，奴隸是主要參加者，可以說是西西里島的「第三次起義」。屋大維採取鎮壓方式，西元前 36 年出動大軍，擊敗起義者，塞克斯都逃往東方而為人暗殺了。羅馬的奴隸主視屋大維為救星。同時，也便加深了與安東尼的矛盾。

　　經過西元前 31 年亞克興的海戰，安東尼失敗，逃往埃及而自殺。西元前 30 年，羅馬政權全部掌握在屋大維的手中。屋大維以隱蔽的方式，建立起帝政，採用「奧古斯都」銜，意為「神聖的」，成為羅馬的第一人。他處事非常謹慎，表面上尊重羅馬法律，採用懷柔政策。

　　奧古斯都執政時期，羅馬帝國兼併了埃及、小亞細亞、北非若干地區，這是沒有重大意義的，因為這些地區早已在他的勢力範圍內。

　　羅馬帝國，在凱撒征服高盧後，又出兵征服日耳曼地區，卻遭受嚴重的挫敗。羅馬國家是由城邦演變成的。在當時人力與物力條件下，羅馬已達到極限而再不能擴張了。奧古斯都統治了四十三年，採取防守政策，維持奴隸制，竭力保存原有的領土與威信。關於繼承問題，從羅馬傳統來說是不存在的，但是在骨子裡，奧古斯都卻十分重視。

　　西元 13 年，底柏里優斯被確定為繼承者，係李維亞第一次結婚所生之子。從此開始元老院與皇帝之間的鬥爭。

　　從奧古斯都到其繼承者，騎士等級的概念改變了。騎士們變為帝國的官吏，而元老院的議員卻依舊是羅馬的貴族。皇帝是大地主，其領地分布在各

省，採用隸農制，這是較為先進的生產方式。為了擴大皇帝的社會基礎，皇帝依靠的各省貴族，同樣也採用了隸農制。但是，議員們卻抓住舊傳統，沿襲舊的生產方式，保持優勢，不願與各省貴族分享政權。因而，從底柏里優斯繼承起，皇帝經常殺害議員，而議員發動陰謀對付皇帝，事實上加利古拉與克勞狄烏優斯都是為陰謀害死的。

在尼祿執政期間（54－68），元老院與皇帝之間的鬥爭更加尖銳了。尼祿採取高壓政策，處死許多議員，哲人辛尼加也是犧牲者之一。經過多年殘酷的剝削，流氓無產者充滿街關。西元 64 年夏天，羅馬發生大火。大火後，有人謠傳是尼祿下令放火的，事實卻好說明群眾對政府的不滿。為了事態不致擴大，政府安定人心，說大火是異教徒放的，藉此處死很多異教徒。西元 66 年，巴勒斯坦猶太人起義，反抗羅馬的統治。羅馬派韋伯先遠征，占領耶路撒冷。在此期間，各省暴動，尼祿無力應付而自殺了，這是在西元 68 年。

尼祿死後，野心家企圖篡奪政權，開始武裝鬥爭。東方貴族與軍隊舉韋伯先為皇帝，開始了所謂弗拉維王朝。韋伯先即位後（69），留其子提圖斯繼續鎮壓猶太人。他整頓軍隊，緊縮開支；依靠地方貴族，擬訂元老院議員名單；堅決與保守派作鬥爭。他確定帝王的法令與元老院批准是同樣的。在其子提圖斯繼位的那年（79），維蘇威火山爆發，造成巨大災害。81 年，其弟圖密善即位後，繼續與羅馬貴族鬥爭，鬥爭很劇烈，而為貴族暗殺了。弗拉維王朝於 96 年也便結束了。

繼弗拉維王朝而起者，史稱安東尼王朝，統治了將近一個世紀。

羅馬奴隸社會，表面上繁榮，實際上卻隱伏著危機。大地產制，即隸農制得到發展。奈爾瓦高齡，起用西班牙人圖拉真，以其戰功卓著，作為養子，繼承了羅馬的元首之位。圖拉真（98－117）統治期間，侵略達西亞（今羅馬尼亞），將拉丁語傳過去。又去侵略兩河流域，遭受安息人的抵抗，被迫停止了侵略。到哈德良（117－138）即位後，羅馬與安息締結和約，退出兩河流域。這時候，官僚制有所發展，繼續與貴族鬥爭，帝王的意志就是法令。

西元 2 世紀中葉起，羅馬發生變化，各省人民起義，埃及就是證例。北方民族移動，威脅帝國的安全。各地城市繁榮，羅馬城已不是西方的中心。這些事實，意味著帝國處在崩潰的前夕。到 2 世紀的後半期，馬庫斯・奧里利厄斯（161 － 180 年在位）為羅馬皇帝，係傑出的人物。但是，帝國矛盾重重，日耳曼人突破邊境，侵入義大利北部，形勢十分嚴重。羅馬不敢正面抗拒，須自達西亞襲擊日耳曼人背後，始暫時解除威脅。西元 180 年，其子科莫德斯繼位，更無能為力，192 年安東尼王朝也便結束了。

在此期間，中國稱羅馬為大秦，《後漢書》論到時，稱其王「常欲通使於漢，而安息欲以漢繪彩與之交市，故遮閡不得自達。至桓帝延熹九年，大秦王安東尼遣使自日南徼外，獻象牙、犀角、玳瑁，始乃一通焉。其所表貢，並無珍異，疑傳者過焉」。按，延熹九年為西元 166 年，他們是由海路到中國的。

■ 羅馬帝國初期的經濟

奧古斯都統治後，生產技術上有改進，如水磨、滑車、割穀器等的使用。工作程序亦較前精細，冶金、陶瓷、玻璃、呢絨都有所發展。

但是，在生產方面，仍是使用奴隸來帶動。各省經濟發展較快，埃及、希臘、西班牙、高盧等地，工商業蓬勃發展，擴大了帝國對外的貿易。

但是羅馬的奴隸主仍然抱著舊觀點，剝削奴隸，而柯魯美拉在《論農務》中指出：奴隸對勞動不感興趣，農業日趨凋敝。在羅馬帝國擴張到極限的時候，戰爭俘虜日漸減少，奴隸來源缺少，再用奴隸勞動是不可能的。羅馬帝國成立幾十年間，大地產制發展很快，奴隸生產已是不可能的。在破產農民增加、奴隸獲得份地的情況下，隸農制逐漸占據優勢，給封建制度提供了前提。

羅馬帝國初期，隸農制是一種過渡的形式，隸農還是自由的佃農。到羅馬帝國滅亡時，他們被束縛在土地上，儘管在法律上與奴隸不同，卻沒有權利可言了。

這時候，在隸農制發展的基礎上，羅馬帝國各省的經濟高漲起來，貿易

發展很快，商業城市繁榮，連羅馬最痛恨的迦太基也開始復興了。各省的繁榮遠超過羅馬，但是這種繁榮，仍屬於自然經濟範疇。因此，經濟的高漲，並不能導致國家的統一，相反地卻促成帝國趨於分裂。西元 2 世紀時，隸農已成為主要勞動力，較奴隸制有改善，卻比封建農民生活苦痛。實行隸農制的地主們，也希望脫離帝國的統治。羅馬帝國的分裂與滅亡是必然的。

■ 羅馬的文化

西元前 5 世紀中葉，羅馬的《十二銅表法》是奴隸主利益的辯護書。其保護私有制的思想，在資產階級社會裡起的作用是很大的。

在文學方面，無論是喜劇與悲劇，都是模仿希臘。西元前後，散文與詩比較有獨特的發展。西塞羅的演說，鏗鏘有力；凱撒的《高盧戰記》，文字簡潔。奧古斯都時代，維吉爾（前 70 －前 19）作《埃涅阿斯紀》，成為拉丁文學中重要的作品。抒情詩人奧哈斯（前 65 －西元 68），係被解放奴隸的兒子，作《頌歌》，充滿了風韻。奧維德（前 43 －西元 17）著《變形記》，文辭秀麗，敘述許多神話，成為優秀的作品。

在史學方面，李維（前 59 －西元 17）著《羅馬史》，現存三十五卷，讚揚古老的傳統。1 世紀末，塔西陀（約 55 －西元 120）著《日耳曼尼亞志》，正確地敘述了日耳曼人的風俗。又著《編年史》與《歷史》，分別記述了奧古斯都與弗拉維王朝，反映出史學的才能。普魯塔克（46 － 120）著《傳記集》，喜述奇聞逸事，形成心理的描寫。

在哲學方面，羅馬深受希臘的影響，西塞羅為代表之一。哲學界的突出者為盧克萊斯（前 99 －前 55），他著有《自然事物》六卷，反映出樸素的唯物思想，重視勞動工具。辛尼加（前 5 －西元 65）崇尚智慧，要人保持精神的安定。在社會黯淡的時候，皇帝馬克·奧理略著《沉思集》，要人克制欲望，做一個道德高尚的人。

羅馬人是講求實用的，所以羅馬成為強國後，竭力表彰他的實力，以服

務於統治。在建築上，先後建立政議場、凱旋門、神殿等。韋伯先的競技場可容五萬人；提圖斯的凱旋門，刻著銘文與浮雕；圖拉真的紀功柱，表現出當年戰爭的情形。帝國繁榮時期，在建築上表現出豪華的風氣。

在科學方面，伽圖（前 234－前 149）著《農業志》；瓦羅（前 116－前 27）的《農業論》，綜合了各種技術與經驗。天文學很平常，凱撒的改革是受埃及影響的。老普林尼（23－79）著有《自然史》，包括各種自然科學知識，是古代科學的總匯。整體來說，羅馬文化實踐性多，模仿性較強，創造方面是遠遜於希臘的。

‖ 羅馬帝國的分裂與西羅馬的滅亡 ‖

▓ 羅馬帝國的危機

由於隸農制的發展，實際上是封建制的關係，羅馬貴族力量愈來愈軟弱，帝國依靠的支柱愈來愈狹窄了。當安東尼王朝結束後，邊防將領與近衛軍長成為政治上的中心人物，視「贈禮」的厚薄，左右政局。在混亂中，伊里利亞軍團舉塞維魯斯為元首，建立起塞維魯斯王朝。西元 213 年，其子卡拉卡拉在位時，宣布著名的法令：凡住在羅馬帝國境內的居民，都是羅馬的公民。這個法令反映出一個事實，從此各省居民與羅馬人沒有差別，這是多年來鬥爭的結果。也反映出各省不重視中央政權，中央政權顯著地削弱了。

塞維魯斯王朝結束後（235），羅馬沒有穩定的政治力量。從西元 235 年到 268 年三十三年中，羅馬換了二十三個帝王，「蠻族」左右局勢，軍隊決定一切。在帝國境內，兵變、陰謀、瘟疫、劫掠，使人民終日惶惶不安，同百年以前完全不同了。在最嚴重的時候，各地總督、各省省長都稱帝稱王，在同一時期達到三十個皇帝。

西元 284 年，戴克里先即位後，著手改革，以挽救帝國的危機。

首先實行徵兵制，每個大地產者，必須組織一部分農民服兵役，其結果

不是強化帝國，而是強化了大地產者的實力。其次改革稅制，將成年男子與土地相結合，按「人頭」納稅。五年調查一次，稅收增加，農民卻讓土地滿生荒草。第三種改革，將帝國以義大利為界，分為東西兩部分，實行四人制，即兩個「奧古斯都」，兩個「凱撒」，有主有次，分而統治，西部服從於東部，在理論上帝國仍是統一的。

戴克里先為東方奧古斯都，住科米底亞，任命一個凱撒協從治理。西方奧古斯都為馬克西米安，住義大利北部米蘭，另任凱撒住高盧。為了穩定局面，共同進退，兼加親屬關係。但是戴克里先的改革，實際上是反動的。他竭力鞏固奴隸制，阻礙封建生產關係的發展，其結果必然要失敗。事實正如此，306 年的戰爭中，君士坦丁取得勝利，被宣布為皇帝。

■ 各地農民的暴動

由於統治者殘酷的壓迫、不斷的戰爭與饑荒，在塞維魯斯王朝後，非洲掀起奴隸與農民的大暴動。大地主們利用這種不安的形勢，反抗羅馬的統治。西元 238 年後，經過多次戰鬥，始殘酷地鎮壓下去，可是問題並沒有解決。這時，埃及三角洲發生暴動，農民逃到蘆葦叢中，組織部隊，襲擊行政中心同羅馬軍隊。對埃及來說，羅馬的苛捐雜稅是苛刻的，實物稅在五十種以上，貨幣稅有四百五十多種。

羅馬對埃及的掠奪是繁重的，每年僅穀物的掠獲，就有二千萬麥斗。

3 世紀 70 年代，高盧發生著名的巴高達運動。巴高達意為「戰士」。農民、隸農、奴隸結為聯盟，推舉埃里安納與阿曼德為領袖，反抗羅馬的統治。暴動者聲勢浩大，「農夫變為步兵，牧人變成騎士」，富人只有躲在大城市內。經一個世紀，羅馬費很大力量始將這次起義鎮壓下去。同樣，西西里島也發生暴動。

在羅馬帝國混亂的局面中，奴隸與農民歡迎外族入侵，擺脫富豪與官吏的壓迫。山區農民帶阿拉曼尼人，透過阿爾卑斯山小路到義大利，解放許多

奴隸。便是在羅馬本土,暴發了鑄幣工人起義,經過劇烈的戰鬥,皇家七千多士兵被打死,這說明起義規模是很大的。

3 世紀羅馬的階級鬥爭是十分尖銳的,帝國統治頑固地守著奴隸制,實際上帝國已在瓦解之中。

■ 基督教的興起與君士坦丁的改革

西元前後,巴勒斯坦經常發生奴隸暴動和人民起義,反抗羅馬的統治者,根據 1952 年於庫蘭寺院[136]發現的文獻,巴勒斯坦有祕密活動的教派,感於亡國的苦痛,反抗奴隸主統治階級,實行財產公有,對基督教起源是有影響的。

傳說耶穌是被壓迫者的保護人,宣說人人平等而被釘死在十字架上。事實上,耶穌是不存在的。這個傳說是神學家菲倫所創造,他將希臘哲學與祕密教派結合起來,在被壓迫人中間廣泛地流傳。當尼祿統治時,羅馬發生大火,在他鎮壓的群眾中已有基督教徒。基督教徒是羅馬社會的下層人民,主要是奴隸。他們於絕望中,將自身的解放置放在未來。他們相信人是平等的,禁止有財產不平均的現象。

他們痛恨富人,說富人入天堂比「駱駝穿針孔」還難。這種思想遭受二百多年的迫害。在奴隸時代的晚期,基督教的生命力是強大的,在反對羅馬統治上,有進步的作用。

基督教在群眾中廣泛地傳播,到君士坦丁統治時期,不採取鎮壓,而採取利用的態度。313 年,君士坦丁給予基督教徒信仰自由,發還沒收的財產,基督教變成帝國的精神支柱。到 325 年,在君士坦丁政策的影響下,召開宗教會議,排斥阿里安派,統一教義,從此開始了中古的精神活動。

君士坦丁統一羅馬帝國後,修建拜占庭,移來希臘羅馬藝術作品,使

136　1947 年、1952 年在死海邊庫蘭寺院 (Qumnran) 發現經卷。經研究,西元 68 年,羅馬人鎮壓暴動而毀庫蘭院,這是祕密教派活動地點。埃斯納 (Essene) 派實行財產公有,反抗統治的宗教,對基督教興起有影響。見《光明日報・史學》284 號,1964 年 5 月 6 日。

之成為西方美麗的城市。330 年舉行落成典禮，賜名為君士坦丁堡。形勢險要，抗拒外敵，持續為十一個世紀的首都。西元 332 年，君士坦丁頒布禁止隸農脫離土地的法令，完成了奴役隸農的過程，從而農村封鎖起來。羅馬自由人向外族那裡逃跑。因為「蠻族」的奴隸有自由，而羅馬自由民卻變成農奴了。

■ 羅馬帝國的分裂及西羅馬的滅亡

在奴隸制消滅的過程中，羅馬帝國的上層建築逐漸崩潰，龐大帝國的統一是維持不住的。君士坦丁死後，他的繼承者不能掌握社會的趨勢，帝國越來越分崩離析了。西元 364 年，帝國又分裂為兩部：瓦倫蒂利恩治西方，著其弟維倫茲治東方。東方形勢嚴重，匈奴人與哥德人結為聯盟，自裏海草原向西移動，侵入多瑙河下游，住在羅馬帝國境內，形成一種獨立的局面，真成了國家中的國家。這種局面是不能持久的。378 年，西哥德人起義，反抗羅馬，得到奴隸的響應。在安德里亞堡附近，發生大規模的戰鬥，羅馬帝國遭受到慘敗，而羅馬皇帝維倫茲陣亡了。繼之而起者為西奧多希厄斯，僅維持局面，帝國時時刻刻在動搖中。395 年，西奧多希厄斯死後，帝國永遠分裂了，長子阿伽底治東方，次子霍諾里厄斯治西方，在那時候，世襲成為不變的制度。

由於農民暴動，西哥德人侵入西羅馬，其領袖阿拉里克解放好幾萬奴隸。410 年，西哥德人進攻羅馬城，奴隸開門迎納，名城受到劫掠，實際上西羅馬帝國滅亡了。但是在形式上，西羅馬延續到 476 年。在這年，日耳曼領袖奧多亞克南下到羅馬，廢幼帝奧古斯都勒，取其衣冠，並得元老院同意，寫信給拜占庭帝王柴農說：「西方不需要一個特殊帝王，你一人統治就可以了。」這不是帝國統一的恢復，這是西羅馬帝國的壽終正寢。這是一件好事情，西方由奴隸社會進入封建社會，展開了新的歷史。

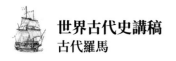

論文

李維史學研究

‖ 一 ‖

[137] 弗林特（Robert Flint）論李維（Titus-Livius）說：「苟其歷史主要的目的（好像他所設想的），在乎供給前例和激勵美德和愛國心，我們便不應當責備他不顧史家的本職。」[138] 史家本職是什麼，這不只是難解決的問題，而且是不可能解決的問題。所以李維在史學的貢獻，須從他的時代著手，由是看出他所表現的歷史，含有何種意義與價值。

屋大維即位後，史稱奧古斯都時代，注意內政，充分發展國家思想，享有秩序與和平。羅馬是一切的中心，加埃奈（Eneas）初至拉西幼姆（Latium）說 Hicdomus, haecpatriasest.[139] 西元前 29 年，安東尼戰敗，屋大維返羅馬，維吉爾（Virgilius）誦其名著，以彰德威，「在綠野田間，沿著小溪，我建立大理石廟堂，明齊（mincis）河畔，飾以輕柔的蘆葦。中間豎立凱撒之像……」[140]

‖ 二 ‖

詩人維吉爾使奧古斯都不朽，可是沒有李維的史籍，仍會留下許多殘缺。維吉爾讚美奧古斯都是超時間的 —— 賢主明君應得的褒獎。李維卻按照時間，敘述時代逐漸的實現，刻繪那一個民族的命運。所以李維的歷史觀念，完全與現在流行者不同，歷史不是科學，而是一種倫理，其目的在有用於政治。

人類精神，單獨不能創造科學，因為科學需要資料與工具，它需要必須的準備工作，更需要環境，促成科學精神的發展。奧古斯都時代，視科學為

137　原載《桂林師範學院叢刊》創刊號，1944 年。
138　Flint(Robert):Introduction to History of the philosophy of History.
139　中文意為：這是居停的故鄉。Virgilius:Emeides, 7.V.122.
140　這真是一個動人的時代。

一種博聞強記，伽圖（Cato）與老普林尼（Olde Pline）知識淵博，卻沒有系統與組織。奧古斯都執政後，視歷史為政治上最好的工具，政議場兩邊的豎像與題銘，目的不在「述真」而在「讚揚」。克拉尼（Greniev）說：「將過去復活，與現時一種教育的意義，這是當時最流行的。」[141]

敘伊東（Suetone）記載奧古斯都，我們更可明白當時對歷史的概念：「奧古斯都嘗讀希臘羅馬史學家的著作，尋找陳例，對公私有裨益。他節錄許多史事，寄贈家人與官吏，有所資鑑。有時他向元老院，讀整本史學著作，如麥德洛（Metellus）論生育重要；茹提利烏斯（Rutilius）反對大興土木，為著使人明白，他的主張係繼續前人的遺訓。」[142]

｜三｜

李維的歷史觀念，便在「適用」。他的《羅馬史》[143] 缺點很多，沒有嚴密的方法，時常夾著情感的衝動，可是他能握住史實的重心，用心理分析，使過去的史事再現出來。為此，他在《敘言》中說：「倘使歷史知識是有用的，便在靜觀過去壯麗的遺跡，或者為自己，或者為國家，使眾人有所取法⋯⋯」

李維著《羅馬史》的目的有二：第一在與人以教訓，第二在讚揚羅馬。兩者以載道為職志，誠如羅馬傳統的精神：「做一個好公民，做一個好士兵。」[144] 這種理想，並不是孤獨的，但是李維卻能更進一步。

伽圖著《述源》一書，教其子明白羅馬的偉大；沙呂斯脫（Salustro）的著述，在於反抗貴族，讚揚平民；凱撒《征高盧紀》，即是一種自我的讚揚。而李維在使羅馬整個復活，使每個羅馬人得到一種政治教育，這與奧古斯都政治理想非常吻合的。

141　Grenier(Albert):Le Genie Romain, P.395.
142　Suetone:Angustus 87.
143　原書名：Aburbecenditalibri。
144　拙作：《歐洲文化史論要》，第六章。

李維的歷史作品，富有羅馬帝國傳統的精神。可是缺少批評，不考究資料的價值。他深知波里比（Polybius）的著述，如關於漢尼拔戰爭事蹟，但是他不喜歡那種嚴謹史學的精神，那種枯澀的考證，冷酷的博學，完全與李維的精神相違。李維說：「精神淘育在古時，我的靈魂便是古人的。」[145]

李維視歷史是一種雄辯，並非求真與探討因果關係。它是一種藝術，在文辭上莊諧兼有，有類西塞羅（Cicero）。

在希臘羅馬作家中，李維敬服者有二：第一是反抗腓利（Philippe Ⅱ）的狄摩西尼（Demosthene），其時雅典執政者[146]，怯弱與投降，而德氏焦唇敝舌，以過去之偉大來刺激人民，挽救雅典的獨立；第二為西塞羅，西元前 63 年加地利納（Cathelina）叛亂，以大勇行為，拯救共和。

這種政治行動，李維確定了他對歷史的概念。[147]

西塞羅說：「史學家不僅要敘述人物行動，為著更有聲色，須描寫風度，性格與生活……」[148] 因之，李維把對真的敘述，置放在次要地位。

‖四‖

泰納（H.Taine）論李維說：「李維敘述人物，讚揚善行，順便提及原因，不善排列史實，許多遺漏，而且也不善選擇……他能敘述出意想不到的概念。」[149] 大約對李維的評論，有局部是正確的。他受了科學運動影響，將人類活動歸納在時間、環境與種族概念中，以求達到求真的目的。然而李維著《羅馬史》，自成一家之言，與其說在闡明過去史實，毋寧說是以史實來佐證自己的思想。李維是典型的羅馬人，有類伽圖，他憎惡不能代表傳統精神者，所以他反對凱撒。

145　Tite-live: 43. 13.
146　如：Schine, Isocrate, Phocion。
147　李維致其兒子信中，曾言研究狄、西兩氏作品。
148　Cicero(Tulliuswarcus):De Orat, 2.15.
149　Taine(Hypolite):Essaisur Tite-live. 1856. P.127.

李維在《羅馬史》第一卷中，釋城市的建立，在不可信徵的傳說中，流露出一種高傲，不談羅馬城的地理與經濟，而只強調城市來歷的特殊，他說：「在城市建立先，完全充滿了詩意，其根源是可靠的。

我不否認，也不贊成，最好讓人神相授[150]的傳說，使此城建立時更為壯麗。」[151]

到第六卷時，他有寶貴的資料，雖然仍是取捨，卻能充分利用。

他說：「至此，我所敘述的歷史甚為模糊，因為時代久遠，如相距太遠之物，僅見其存在。次之，史料不足，不能有史實信徵。最後因高盧人入寇[152]，全城著火，文獻焚燬。但是從此後，對內外皆可清確地敘述。」[153]

‖五‖

奧古斯都時代，表現昇平氣象，奧哈斯（Horace）詠歌：

由於你，牛在田間詳靜吃草；

萬物叢生，船可安行海上；

信任吹散了疑雲[154]。

李維以散文表現時代的偉大，他運用古人著述，卻不加批評，證明奧古斯都為傳統代表。他對史實選擇，只要「近似」[155]，使人「感」到羅馬帝國的可愛，他的任務達到了。

李維視史學與文學無大區別，他沒有凱撒《高盧戰記》的純樸，也沒塔西陀（Tavitus）史學的嚴謹，可是他善於分析，運用技巧，刻繪出他的心意。

試舉一例：在蠻人侵入，中產階級消滅，羅馬感受危險時，他說：

150　指 Rha-Sylvia 與 wars 相合，生 Romulus 與 Rensus 事。
151　Tite-live，序言。
152　指西元前 390 年 7 月 18 日，Allia 之戰役。
153　Tite-live.6.1.
154　Horace：Carmen.4.16.
155　Grenier 說：「在所有著作中，如開始一樣，『像』便是真的標準。」

有一不幸的老人到政議場，衣僅蔽體，破爛不堪，蒼白，瘦弱，長的髮鬚，呈顯出分外難堪的神色。縱使如此，人們卻認識他。他曾當過隊長，有特殊戰績。群眾對他很同情，繞著他，問他何以至此？他說：當與薩賓（Sabins）作戰時，敵人毀其田舍，掠走家畜，不幸之上，又有重稅負擔，須借債，利高無法償還，失掉祖遺田產，有如毒蛇，侵入自身。債主變為兇手，將他毆打，背上有許多鞭痕……

群眾忿怒，準備暴動，要求取消債權，元老院無法，忽傳外敵侵入，民眾立刻提武器，去與敵人作戰。[156]

李維這種描寫，宛如小說，夾有許多想像成分。一個史學家可否如此寫歷史，我們無法加以可否，但是古人如此做，我們覺得分外生動與親切。

‖六‖

我們不能以現代的史學觀念，來批評李維的著述，須要了解他的時代與環境，始能明白他的價值。羅馬精神寄託在政治上，李維利用傳說，表彰過去的史事，將歷史變成一種教育的工具，深合時代的要求。為此，加地斯（Cadix）的居民千里特來游羅馬，瞻仰李維的儀容，這可看出他的影響，而羅馬史也從此有了定型。

奧古斯都時代，版圖擴大，李維將羅馬介紹給失敗者，其態度和平，使誤會減少，這方面，李維有很可寶貴的貢獻。也是為此，5世紀的高盧詩人納馬地安（Rutilius Namatianus）說：

Fecisti patriam diversis gentibus unam, profuit iniustis te dominante

capi.[157] 意為：世上不同的民族，將你造成唯一的故鄉。

現在研究李維者，只看他是一種史料，那完全是錯誤的。李維有他歷史的觀念，並非沒有盡史家的職責。

156　Tite-live. 2. 23。
157　E. Lavisse: Histoire de la France t.1.2.

16 世紀經濟革命

‖上 地理發現‖

一

封建勢力衰弱，君主政治奠立，經濟機構受到最大的影響。各國有力的君主，深知政治的統一須以經濟統一為基礎。里昂市場的設立，不只要與日內瓦對抗，且要爭取義大利中北部商業，使法國經濟繁榮。路易十一創設路政，英國亨利七世修造橋梁，雖為政治與軍事設想，實際受惠者，卻是一般商家。[158]

商業是國家經濟的命脈，因之，商業的競爭，不是個人，而是國家。鹽、穀物、明礬為當時最需要的用品，國家予以一種變相的統治。

英法兩國，急切注意工業，英國的羊毛與毛織品，法國的絲與地氈，都是國家經濟的中心。經濟國家化，在歐洲 15 世紀末，成為每個國家的新動向。

這種動向，促成國與國鬥爭的新工具，每個國家企圖在國外擴張經濟實力，爭取市場，因而現金的需要，變成歐洲急切的問題。

當地理的大發現未實現時，歐洲人首先在本土採礦，中歐成為金銀的礦區，軍需原料銅的缺乏非常嚴重，因為炮的使用，已成為戰爭有力的工具。這種礦工業的突然發展，形成一種自然的專利，哈布斯堡的財產建立在礦業上，巨商符若領取地洛（tyrol）採礦權，於 1487 年，須付出 23,677 金佛羅郎押金，次領取斯瓦池礦權，又付 15 萬金佛羅郎押金數目。穌伯論到採礦工業發展，指出現金的需要。他說：「在 15 世紀末與 16 世紀初，從未感到如是需要現金的流通，而銀的購買力最高，這是不可忘掉的。」

歐洲採礦的活動，事實上沒有顯著的成效，以先天不足故。須特殊努力，衝破埃及與威尼斯在地中海的障礙，另找新礦區，始能解決「歐洲的經濟危機」。這有待於地理的大發現。

---

158 原載《廣西日報》，1946 年。

■ 二

一位詩人敘述葡萄牙的航海者：

> 他們駕輕舟，
> 在無把握的大海上，
> 尋找從未走過的海路，
> 靜觀天上新的星星，
> 那是他們國家的人從未見過的。

這種驚心動魄的大事件，並非偶然。由於十字軍與土耳其西侵，阿拉伯科學知識輸入歐洲，西人地理知識有特殊的進步，戴利（P.Dailly）刊行《世界》一書，雜以古人議論，主張西班牙之西與亞洲之東相距不遠。取亞里斯多德、賽奈加薄利納諸氏之說：「如有順風，在幾日內，便可達到印度。」這種真偽相半的理論，給人一種強有力的刺激。

航海工具同時亦加改良，義大利首用指北極的磁針，葡人改良航船，每小時可航行十公里。從葡萄牙親王亨利組織航行工作，經七十二年努力，迪亞士發現「風波角」。

便在迪亞士由海路進發時，高維漢由陸路出發，至非洲東岸，環繞非洲航行的準備，亦已完成了。

■ 三

歐洲向西航行至印度的觀念，使哥倫布完成他的大業。這個織工的兒子，身體高大，有鬈髮與深藍色的眼睛。他的性格偏執，堅持歐洲西岸距中國不遠的見解，許多人以為他的主張，係受託斯堪內里信中啟示的。1474年，多氏致葡萄牙宗教者說：「較葡國經幾內亞更短的航路，便可達到香料地帶。」

我們很難想像他們何以如是重愛香料，可是葡國對抗威尼斯，西班牙又對抗葡萄牙的原因，便是爭奪香料。假如再往深處看，現發金銀，應付

當時經濟的演變，實為有力的推動。馬可·波羅的遊記中，如何稱讚中國的富庶！

哥倫布的計畫遭葡王拒絕後，1486 年至西班牙，得平沉助，於 1492 年 8 月 3 日，自巴洛斯起程，經三十三天，至巴哈馬。

這次航行，自然是一種冒險，從水手的日記中，可看出發現新大陸時實況：「十月十日禮拜三：所有的人都覺得旅途太遠，不願前進了。船長安慰他們，不要失掉勇氣，並說不久便可致富；船長又要他們清楚，一切不能變更他的計劃……十月十一日：大海，向西南行，又西進。平達船手新發現蘆葦，用刀製的小木棍，還有陸上生的草及一塊木板。有的船員看見一棍上有許多花，很快樂。船長下令向西進，平達撐起三帆，前進，做發現大陸的表記，第一個看見大地者，為水手脫利亞納……船長也看到一點微光，四周密布著黑暗，他還有點懷疑，他舉起火把，不時地運動……」十月二十七日至古巴，稱之為小西班牙。

次年，三月十五日，西班牙王宣布新發現，慶祝哥倫布的勝利，接著又有第二次航行，以其沒有如馬可·波羅所言者富庶，哥倫布聲譽漸低。這證明渴望黃金，實為有力的推動。

哥倫布死後的次年（1507），地圖學者瓦爾德斯姆來，將參加四次航行者亞美利加之名，授與所發現之地，新大陸由是降生。

■ 四

西班牙的統一，加強經營美洲，提高西班牙的地位，使歐洲歷史起很大的變化，爭奪的範圍擴大。對新發現的新地，西班牙特別組織一個委員會，哥倫布第二次出發，有一千五百工人與勞動者隨行，十七艘西行的船中，沒有一個女子參加，這證明對所發現地尚無一定把握。可是，西人深知新大陸未來的價值，忌妒地不肯放鬆，而此後的世界，須重新劃分，確定發現的主權。

費迪南為虔誠信徒，將哥倫布攜回的金子，裝飾羅馬聖母大教堂。教宗亞歷山大，處理西班牙 1493 年 5 月 4 日請求：向西百里外，所發現的土地與島嶼以及由此向印度而未發現者，皆屬於西國。是年 9 月 26 日，教宗正式承認。

■ 五

中古時期，埃及與威尼斯控制歐洲的對外貿易，到 15 世紀，這種現象突然改變。第一，穆罕默德二世攻陷君士坦丁堡，阻塞巴爾幹甬路，中歐大陸商業城市衰落，使地中海邊岸增加重要性。第二，葡萄牙發現好望角後，創立新航路，舊日自紅海到開羅的路徑，既困難而費用又大，故埃及與威尼斯商業的專利，被葡萄牙奪去了。

從此以後，香料集聚地，不在亞歷山大城，而在里斯本。威尼斯去埃及運香料者，在 1503 年時，空船返回，因為里斯本香料市價，較威尼斯低五倍。自 1504 年後，里斯本經常有十二艘船向東航行，採購香料與珍寶，而地中海航路，停止利用，一直到蘇伊士運河開創的時候，始恢復它的繁榮（1869）。1506 年普利尤利寫道：「近年來失掉對德國商業市場，造成威尼斯的不幸，完全係葡萄牙所致……」

當伽馬二世去印度（1502）以 240 萬佛郎貨，換取 1,200 萬佛郎厚利，阿拉伯人忌之，又受威尼斯推動，戰爭遂起，葡人敗之於地雨。

阿布該克繼迪亞士與伽馬之後，構成 5,000 海里的航線，1510 年取臥亞為開拓殖民地的中心。1513 年取亞丁，次年又攻陷奧姆池，葡人封鎖了紅海波斯海灣航路。威尼斯無法對抗，其商業一落千丈。

■ 六

葡萄牙對於船舶的構造，航路的情況，有如古代腓尼基，祕而不宣。伽馬向東出發時，曼紐埃說：「由於非洲東岸的發現，我們有了新頭銜，新財富，長此努力下去，除過到達威尼斯、熱那亞、佛羅倫斯致富的東方外，還

有什麼期待呢？」事實上，新大陸的發現是偶然的，也可說是錯誤造成的。但是，好望角的發現，卻是經驗積累，一種推理與意志的成功，一種渴望致富的要求。

1498 年 5 月 18 日伽馬抵卡里庫特後，里斯本與香料地接連的夢現在完全實現了，這些開創者，曾「經過多少恐懼」，始取得東方不可思議的財富，馬可·波羅並非是愚人的謊言者！次年，伽馬返抵葡京，葡王授與「印度洋上將銜」，雖然損失船一艘，犧牲三分之二的同伴，算起來仍獲利六十倍，這是如何致富的捷徑！

伽馬是一個實利者，並沒有政治眼光，也沒有合理的宗教精神。

當他到了印度後，他對德里蒙古帝國、德康印度王國並沒有重視，而只是看作一個空名！他的目的，只想利用地方的糾紛，保持商業的利益，建築防禦工事，離間地方的團結，必要時，便是一種大屠殺，使土人屈服！

這種態度，自然引起反抗，印度、開羅、君士坦丁堡及威尼斯共同聯合，結果沒有優良的武器、精練的海軍，完全失敗，印度開始進到滅亡的途程。西方人初次至東方，便留下一種「強盜式」的印象，阻礙了民族合作的路徑，這是非常可惜的。

▉ 七

1511 年，阿布該克由臥亞出發，焚燬與劫掠麻六甲（明史作滿拉加），報復初次的失敗。滿拉加為中國藩屬，不能拒抗，作有效的援助，僅只一張公事，便以為解決。《明史》中說：「後佛郎機強舉兵侵奪其地，王蘇端媽末出奔……遣使告難。時世宗嗣位，敕責佛郎機，令還其故土。逾暹羅諸國王以救災恤鄰之義，迄無應，滿加拉竟為所滅。」

葡人不只不退，麻六甲成為東進的基地，入暹羅與中國的足踏石。阿布該克推進，至安孛納，這真是香料地帶，《明史》中說：「地有香山，雨後香墜，沿流滿地，居民拾取不竭。」阿布該克是葡國國家經濟建樹者，他給歐洲

開創了殖民地的坦途，1515 年阿氏之死，在歐洲經濟史中，劃分了兩個時代。

在使人迷離的 16 世紀初，英法雖步葡西後塵，欲於海上有所發現，卻無特殊成就。葡西兩國，以其地理環境，多年與阿拉伯人鬥爭的經驗，對地理的發現上，成就特大。1537 年，紐奈斯寫道：「發現新的島嶼，新的土地，新的海洋，新的人民，特別是新的天空，新的星星。」葡西兩國表演一種競賽，爭取香料地帶，事實上也便是儲蓄黃金。兩國維持海岸的出口處，西班牙的爪達桂維、加地斯、塞維魯斯，代替了瓦倫斯與巴斯洛納。

■ 八

當西班牙人到了巴西與中美後，並未見遇如人傳說的中國與印度的財富。他們猶疑不決，1512 年，巴爾包亞穿達利英土腰，登其峰頂，始看到「南海」的新大洋。這證明哥倫布所發現者為別一個世界。

西班牙沿著好望角的路徑，續令航行，以達香料地帶。這種環遊世界的偉業，留給不朽的麥哲倫。

麥哲倫係葡萄牙貴族，有學識，確知地球的面積與海洋的統一性。他曾協助亞麥達與阿布該克工作，繼以不能與國王合作，入西班牙籍。1517 年向西王查理申言：「不經葡人航線，亦可達到香料地帶。」查理與之簽訂十年的合約。這個消息使葡人非常不安。

1519 年 9 月 10 日，麥哲倫起程，同行者二百三十九人，他有精確的科學知識，有必然成功的信念。領航者中，有彼加發達，曾記述這次航行的經過：風波、恐懼、失望、飢餓與發現「太平洋」的狂喜，1520 年至關島，又至列賓，以志發現，遂用西班牙太子之名。1521 年四月與土人衝突，麥哲倫犧牲。

主艦「脫利尼達」毀於海風，由勝利號載之西還，由加納領導，經好望角，葡人多方阻礙，終於完成使命。當他們回到西班牙時，僅二十二人，其間尚有四個土人。

里德論到航行世界時說：「一個西方人而突然變成東方人了。」

這實是一件不可思議的事。麥哲倫西行的成就，係哥倫布發現的結果，從此後，歐洲人再不能保存他們固有的世界觀念！近代歐洲史中，世界觀念的演變最有趣味的，希臘羅馬人的世界，只是一個地中海，中世紀的世界，僅只是基督教，自從馬可・波羅的見聞記問世，多少人只認為「神奇的」著作，對日望神長所在地，印度女子有無靈魂，蒙古人的由來，都作一種奇離的解釋，不敢違背《聖經》的解釋。現在發現了世界的整體，基督教古老的文化外，尚有許多更古老的文化，歐洲只是世界的一部分，基督教只是世界宗教的一種，在中古文化崩潰轉變之時，這是如何有力的打擊！人類歷史須以新的觀念去理解。西方人的意識上起了不可猜想的變化。

‖下　資本主義形成‖

一

中古經濟，由於封建制度割據局面，瀕於危絕的境地，葡西兩國地理的發現，歐洲經濟凍結的狀態，突然進入革命狀態。亞萊斯「語此為文藝復興的個人主義」。

16 世紀初，西方人的心理與中世紀不同，中古寄託在未來，以刻苦儉約自持，時時在恐懼中。百年戰爭結束後，隨著時代的轉變，他們愛生活，重物質，有無窮的欲望、好奇，事事都要嘗試，發覺生命的可貴。

16 世紀經濟革命的特點，首在物價的提高。杜莫森認物價上漲係自 1524 年，他說：「從這年起，一切物價皆提高，那種高漲，不是偶然的，而是經常的。」這種現象，貨幣論者，咸以缺少抽碼流通故，各國囤積現金，不能流通，交易入停滯狀態。證據是在 16 世紀初，為了解決交易停頓的問題，各國有改革幣制的發動。

從別一方面看，自新大陸發現後，許多現金流入歐洲。波丹在 1568 年說：「自從六十年來，物價提高在十倍以上。」有人猜想自 1541 年至 1544

年三年間，新大陸輸入歐洲，有 1,700 萬金佛郎，這雖不能視為定數，卻可說明現金大量輸入的現象。到 1545 年波多西銀礦的開發，構成一種過剩的危機，西方人心理上起一種變化。

總之，地理的新發現，加強了國際貿易，原有的經濟機構，不能去應付環境，勢必加以一種改革。

■ 二

從威尼斯奪取的香料商業，為了推銷，從規模較大的組織，施以一種統制，一切要國家化。胡椒一項，係葡王獨有的專利。

商業組織擴大，舊有的地中海邊城市，漸次失掉重要性。里斯本為 16 世紀海外貿易的中心，居民僅有十萬，而葡國經濟實力又薄弱，無法大規模開發，武裝必需的船舶。不得已，只有借助荷蘭的運輸，德國的現金始能有所成就。

因此，安特衛普成了歐洲國際貿易的中心。自 1499 年起，葡王派有半官半商的代表駐此。十一年後，西班牙亦有同樣措施。紀西地尼說：「安特衛普如是繁榮，始於 1503 年與 1504 年。其時葡萄牙得到加利古王特許，將印度香料與藥品運回，復後葡國轉運於此……」

歐洲經濟重心移至大西洋後，安特衛普成了商業重要城市，亦因接近德國南部，那些金融家便於活動。在這個繁榮的城中，德國商家經常駐此者，有富若、魏爾斯、來令若、高生普洛特、伊莫夫、荷斯泰德等，他們有組織，可以與葡王對抗。

這種金融組織，使資金大量流入葡西兩國，到查理五世合併荷蘭後，德商魏爾斯成為西班牙財政中心。1516 年查理向魏爾斯借巨款 27,000 金鎊，須出百分之十一的利息，由安特衛普城做擔保。每次選舉時，富若與魏爾斯成了後臺策動的人物。

富若也是西班牙重要的債權者，198,121 杜加的債務，查理無法償還，以值 135,000 杜加田莊抵押。富若變為西班牙大地主，一直到腓利二世時代。

■ 三

　　16 世紀歐洲的國家，就政治言，已有集權的政治組織；就財政言，向受封建傳統力量的支配。因為事實的需要，政府與金融家的結合，構成近代化特徵之一。

　　金錢是戰爭的神經，要作戰，便須要金錢，可是封建化的財政組織，不能即刻集聚大量的現金，以供運用，不得已須向外借貸，付以抵押，於是產生了「信用貸款」。馬克西米連要參加戰爭，同盟者與以 17 萬杜加的協助，而解決問題的樞紐，卻操在富若的手中。這個金融家允諾半月內支付一半，餘者六個禮拜內付清，馬克西米連的軍隊始可動身。

　　當時歐洲各國中，以法國財政較為健全。可是查理八世、路易十二、法蘭茲一世諸王，所以能夠發動義大利戰爭，是因為得到里昂銀行家的支持。里昂為金融活動的中心，那些金融家消息難通，深悉歐洲政治活動的背景，從日納亞購買，出賣給西班牙與德國，傳統的經濟活動陷入停止狀態，這時歐洲產生一批金融政治家，杜其便是一位最活動的人物。

　　原始「信用」只是一種工具，現在他本身具有一種價值，金融交易成為一種有力的商業，與貨物交易分道揚鑣，這已踏上資本主義的路徑，舊目的商業機構逐漸被淘汰。1528 年，納瓦若羅寫道：「每年里昂四次墟集期，從各處流入許多金錢，義大利、西班牙與荷蘭金錢交易很活躍。」這是當時普遍的傾向，不只里昂如此，貝桑松、日納亞都有同樣演變的動向。

　　金錢交易漸次超過貨物交易，盈餘數目超過人意想以外。中古的貨物交易場，漸次含有近代交易所的意味。關於這一點，安特衛普城為很好的證例。1531 年，安特衛普新建交易廳，門上刻著：「In usun negcaiatorum Cnjus Cum aus nationjs ac linguae.」意為：「為各國與各種語言交易而用。」對於這種新的活動，詩人羅銳伊說：「說著各種語言，穿著雜色的衣服，這裡是世界的縮影。」

■ 四

16世紀經濟的演變，帶有濃厚的資本主義色彩，其現象之一，即吸收游資，產生一種有款制度。1526年荷斯泰德企圖囤積大量的酒麥與木材，首先運用這種方法向民眾收資金。對於此事，奧斯堡編年史學者桑德說：「王公、侯爵、貴族們，資產階級的男女之人，都向荷斯泰德投資，受到百分之五的利息。許多佃農們僅有十個佛羅朗的資金，也要參加這種事業。有個時候，荷斯泰德付出的利息，有百萬佛羅朗以上。」

縱使桑德的記述有過分誇張的地方，至少我們看出信用存款的發展。教會反對這種生財之道，那些金融家又說此為慈善事業，藉此維持那些忠實人們的生計。在亨利二世時，政府也利用這種組織。

經濟的演變，形成資本家階層，在社會上創立許多新事業，富若為最好的例子。其先人自1368年後移居奧斯堡，不久便創設紡織工業，繼後收集棉花、絲、香料、銅、水銀等貨物，壟斷歐洲市場，歐洲重要城市都設立富若的匯兌所。桑德寫道：「富若與其親屬之名，不只全國皆知，便是非基督教的國家都知道。皇帝、王公、貴族派遣使臣，教宗亦向他致敬，認為他是最忠實的信徒。那些樞機主教在他面前，亦須起立。」

■ 五

金融企業的發展，造成許多貴族，富若與威爾斯是當時顯赫的代表，有如佛羅倫斯美第奇家族。他們的勢力龐大，義大利、法國、西班牙，直至南美洲，到處有他們的機構，他們是當時政治上的重要人物，查理五世與法蘭茲一世的鬥爭實際上便是他們在背後操縱。

這些金融家成了特殊的階級，他們也要包養許多藝術家，以裝飾新貴的身分。奧斯堡成了藝術的中心，收藏著許多珍貴的物品，豪華生活將中世紀質樸與簡陋的生活完全破壞了。

民眾仍過著清苦的生活，對這些新貴抱有強烈的反感。新貴們控制著大

量的現金與貨物，物價上漲，以為他們統制所致，於是民眾攻擊他們，教會中宣道者批評他們：「一個城中有四五個交易所，則是一種危險，而且是極大的罪惡。違反博愛的道理。他們會囤積全國的酒……任其規定價錢，而且還說：非如此價，我們無法出售。他們將窮人置放在困難的生活中。」縱使教會禁止，其結果仍是徒然的。

物價上漲，經濟不景氣，構成社會重大問題，經濟恐慌，農村破產，雖不像現在這樣嚴重，但在當時已夠為政者窮於應付了。法國自路易十一時起，手工業低落，無產階級的團結，資產階級的壓迫，形成一種鬥爭。城市代替農村，有組織的工業代替手工業，工人運動現象亦已發生。1509 年埃爾夫，1513 年烏爾母與科隆諸城，都發生過工人的運動。

里昂是工業的中心，是資本家集聚地，罷工風潮層出不窮。在 16 世紀中葉，歐洲大城市已脫離中古社會，向近代社會演進，其特點乃在經濟發生的革命。

義大利文藝復興的特質

‖ 文藝復興與義大利 ‖

15 世紀，歐洲的精神上，開始一種新動向，便是直接研究希臘羅馬古物，創立一種新文化。這種大膽的企圖，思潮的劇變與影響，被法國史學者米什萊（Jules Michelet）稱譽為「文藝復興」，1855 年刊其名著。繼後又為布克哈特（Iacof Burckhardt）學者加以一種有力的傳播，遂成歐洲史上重要的史實。[159]

這種運動，非特要與中世紀判別，而且要與之斷絕。所以文藝復興的本意，是一種「再生」。「再生」含意非常空泛，可有種種不同的解釋。如果「再生」是跳過中世紀，直接與古代相連接，即此種企圖，非特不可能，並

---

[159] 原載《論壇》雜誌創刊號，1947 年。

且與歷史與文化演進律相違。每個時代有它自己的生命與特性，但是近代從中古蛻變而出，正如中古來自古代的一樣。

　　歐洲古代文化限於地中海範圍，它的活動亦並不闊大。當日耳曼民族侵入後，摧毀古文化締造成的體系，那並不是古文化的毀滅，而建立一種更廣更深的新文化。

　　基督教取得合法地位後，歐洲人逐漸認識其精神價值，與日耳曼民族性配合，形成大陸歐洲的間展。16 世紀精神特徵之一，係個人主義的發展，但是個人主義一詞，遠在聖本篤時代便非常看重，宗教原則，便以尊重個人意志為起點。倘論到國家的演變，德國歷史反映出日耳曼民族上的個人主義，而中古的社會環境，特別是封建制度，更易促進個人主義的發展。

　　文藝復興時的個人主義雖非新奇的創造，可是它的本質改變了。這個運動，就宗教言，它是反基督教的；就人性言，它是反理性的；就政治言，它是反割據的。這個個人主義含義非常複雜，批評、好惡、享受等一切須以自己為準則，這是最大的改變。

　　治歐洲史者，常忽視歐洲大陸的開拓。查理曼大帝統一歐洲後，便是歐洲國家建立的開始，奠立向北與向西發展的基礎。神聖羅馬日耳曼帝國的成立，步查理曼帝國的後塵，採取同樣步驟，向東、北兩方發展，羅馬成了交付帝王皇冠的場所，而軍事、政治與文化的中心，停留在萊茵與塞納兩河畔。歐洲的新動向，由地中海向內地移動，到 14 世紀，法國與羅馬爭奪宗教的領導權，在某種意義上，亞維農（Arignon）成了教宗駐蹕地，便是那種動向的結果，義大利感到一種孤獨。

　　由於歷史的回憶，由於義大利人喜歡活動的性格，義大利人不能忍受這種遺棄，他有領導西方世界的野心，可是沒有控制時代的實力，即是說由蠻人侵入造成的「黑暗時代」（Saeculum obs ou rum），分裂局面，致使義大利不能荷負重任，配合當時的要求。他們不甘寂寞，轉向過去的歷史，夢想成為古代嫡系的繼承者，構成文藝復興時代的特點。

　　當歐洲北部尚在封建狀態中，義大利有類希臘，實行一種城邦制，精神動向高出，領導歐洲走向文藝復興的坦途。他們蔑視北方人封建與騎士的精神，那種好勇鬥狠的個人主義，義大利看作是落後的象徵。然而在政治與軍事上，北邊卻統治了南方。

　　十字軍後，義大利意識覺醒，商業發達，城邦經濟起了劇烈的變化。阿拉伯統治的地中海，為威尼斯與若諾亞等城市所控制，佛羅倫斯成為銀行的中心，所以文藝復興由此經濟繁榮的城市開展，並非是偶然的。

　　到 15 世紀後半期，佛羅倫斯望族美第奇，擁有大量的資本，他摧毀了中世紀經濟理想：每個人總有極低生活的保障。他們提高物質生活，並趨向藝術的追求，羅馬教廷因政治演變，必須與銀行家勾結，有如查理五世與富若一樣的。結果教宗皇冠落在美第奇族的手中。

　　義大利承繼古代文化，但是那些承繼者是商人，他們的精神是計算的。因之，他們對藝術的愛好，必然走到「寫實」與「理智」的路上。這種動向，配合上地方傳統的背景，形成一種奴隸的復古運動，不只要模仿，而且要近歸古代。這條路是走不通的，他們卻得到許多寶貴的經驗，產生了批評的方法。便是說，從羅馬式微後，一切起了質的變化，如對人與社會的觀念。便是當時運用的拉丁文工具，也成被譏笑的對象，起始只是形式的對抗，繼而成為教會與知識階級矛盾的交點。

　　中世紀的知識階級完全是教會中人物，幾乎沒有一個例外。到 14 世紀，因為法律與醫學的發達，大學的設立，特別是博洛尼亞與蒙白里，許多普通人亦從事知識的探討。這種運動產生一重要的結果：

　　信仰與科學的分離。這破壞了中古倡導的統一性。

　　拉丁與希臘的語言學者，攻擊教會傳統的方法太舊，不肯努力，致使語言退化。這種批評，教會亦接受，他不肯放棄領導知識的地位，教會中的高級人物，同情新運動，教宗自 15 世紀中葉，便贊助這種事件。

這些語言學者深受社會敬重。教會擁有文化實力，不能脫離教會的羈絆，結果便是反抗教會。所謂復古運動者，亦只對現時不滿採取的策略，並不是愛好真理，予人生一種闡揚，推進人類趨向光明的道路。所不幸者，領導教會人物，追逐世俗的光榮，愛好刺激的美，忘掉他們的本質，倘與那些新人物，以科學與藝術為己任，便判若天淵了。教會處在一種很困難的地位。

義大利的環境，特別有利於這種新動向的發展，在政治上，阿亨斯托芬（Hohenstenfens）與阿亨策隆（Hohenzowller）的鬥爭，教廷移至亞維農，義大利成了戰爭的場所，貴族們演出許多陰謀，形成一種混亂的局面，沒有皇帝，也沒有教宗，義大利不能忍受這種寂寞與遺棄，返折到自身，希望古代偉大精神的降臨。

‖復古運動與人文主義‖

但丁在《君主論》中，表現一種高貴的情感，使羅馬脫離教宗的牽制，恢復獨立，他夢想新文化的降生。在他的作品內，古羅馬帝國的夢，燃燒著國家的情緒。

但丁的作品，給國人一種信念：用自己的方言，可以表現複雜的情緒。《新生》便是利用這種有力的工具寫成的。

但丁被逐放後，眷戀著佛羅倫斯故土，著《方言雄辯論》（*De Vulgari eeosuentia*），指明方言可成為文學的語言，最適宜表現國民的特性。

從這個文藝復興先驅理論中，可看出國家的個人主義意識。

也是在這樣的動機下，詩人著成他的《神曲》，這是中古思想的綜合，也是新精神的發軔，雖然他把詩與科學置放在地獄內，那只是外形的，作者不是基督教徒。實際上，他推重詩與科學，因為那是高貴的文化代表。

較但丁影響更大者為彼特拉克（Framcesco Petraca）。但他的國家觀念很深，自結交的名族高羅納（Geeonna）身上，他看到古羅馬的幽魂。羅馬是他

的生命，從這個凋零的古城內，他想復興過去的偉大，這種精神便是文藝復興。取維吉爾（Virgidius）、西塞羅（Cicero）為法，表現心靈感受到的情緒，收集古代史料，收羅許多古錢與徽章，樹立起研究古代文化的道路。彼特拉克研究希臘，並無特殊成就，卻創立了一種風氣。

彼特拉克追逐一種完美，但是這種完美是形式的，介乎自然與人之間，體念到「美」的情緒，在他感到一快樂。他這種努力，係對基督教禁慾思想的反抗，構成精神的個人主義。可是，彼特拉克與教會關係很密切，對時髦科學，並不若何重視，他曾反對名法學家安得（Giovanni dsnbrea），責備他沒有健全的常識。

彼特拉克是一位熱愛知識者，他狂烈的追逐需要一種滿足。但是他所要滿足的，不是理智，而是感覺。為此，彼特拉克，一位印象者，無論外在與內心所喚起的印象，即刻化為一種現實，從這現實上又引起許多幻想與做夢，這是一種病態的現象。因此，他運用這種敏銳的感覺，施以一種「技巧」的修飾，他的詩含有一種誘惑。也是為此，一方面他啟示出新的時代，另一方面又眷戀聖奧古斯丁（St Augustin），他竭力推重《懺悔錄》的這一段：「人們都讚賞山頂、河流、汪洋、天星，可是他們忘掉自己，在自己的前面，卻感不到什麼驚奇。」

他也寫懺悔錄，含有悲觀的情緒，表現一種時代的精神。

復古運動的實例，里恩佐（Caladi Rienzo）最耐人玩味。這個想像豐富的衝動者，於 1347 年登羅馬加彼多（Cedrtole）神殿，宛如凱撒慶祝勝利，宣布為羅馬領袖，企圖恢復古代羅馬共和制度。他要摧毀義大利貴族的統治，對卜尼法斯八世（Bonijace VIII）一種報復。

這種復古運動，絕對不能持久的，他太理想了，不能見容於時代的需要。因此，利英池遭受貴族們猛烈抨擊，終於失敗。可是他這種戲劇化的動作，與人一種刺激，使人追想羅馬失去的偉大。

　　從薄伽丘的小說集《十日談》中，更可看出這種新動向。他是懷疑精神的象徵，譏笑當時的傳統道德，佛羅倫斯布爾喬拍手稱快。一切要享受，許多教會中人，也接受這種新動向。薄伽丘約彼拉多（Leontio Pilato）譯荷馬詩為意文，追逐語言的完美，擴大生活範圍，加重社會生活。

　　佛羅倫斯的資產者，一方面求精神的解放，使羅馬成為復古的中心，他方面追逐物質的享受，發展重金的思想。1375 年，沙洛達地（Calucio Salutati）成為佛羅倫斯主事後，鼓舞起種精神動向，強調政治不受宗教支配，取古羅馬例，那是最好的理想。

　　這種復古運動，配合地方情感，構成人文主義的先驅，許多熱情的少年瘋狂地追逐，多米尼琪（Jean Domiuici）認為是思想的危機，對宗教非常不利。多氏在 1405 年著《暗夜微光》（Wcula Nocttis）說：「基督教徒們去種地，較研究古書更為有用！」縱使他苦口婆心，無法挽救那時精神的動向，許多少年，集隊成群去君士坦丁堡求學，探討古希臘的光明。

　　1396 年，克萊索洛拉斯（Manuel Chrysoloras）來至佛羅倫斯，這是第一位希臘學者來講學，有許多弟子隨從。

　　當君士坦斯與巴塞爾兩次舉有宗教會議，雖是解決宗教糾紛，改革教會，無形中卻促進了人文思想的發展。那些參加議會的人物，同情新文化運動，嗜愛古物，著重古代手稿的探討。布拉喬利尼（Poggio Bracciolini）便是最好的代表。他在聖加爾修院（St.Gall）發現昆體良（Quentilien）全集，又在克呂尼修院，發現西塞羅演說稿，對於人文主義者，並不亞於哥倫布發現新大陸的事業。到 1430 年左右，拉丁遺留的古作品，大致完全發現了。

　　對古代作品，人文主義者予以敬重，而語言學家予以批評，研究其真偽，校刊手跡，造成一種求真的風氣。教會並不忽視這種工作。

　　尼古拉五世（Ncolas V）出席巴塞爾議會，發現《代爾杜里（Teatullien）全集》，深感到快樂，那是教宗這次議會中最大的收穫。

　　儘管中世紀曲解拉丁著作，西方人並沒有忽視過拉丁作品，原始基督教的思想家，如拉克坦斯（Lactance）、代爾杜里、聖若落姆（St.Zerome）、聖奧古斯丁，都對拉丁作家有深刻的認識，中古學者們繼承遺產，只是殘缺罷了。

　　真正予西方知識以影響者，係希臘作品的研究，希臘人對人與自然有特殊的認識，正解答當時求知的要求。奧利斯拔（Aurispa）環行希臘，收集古代希臘作品，1423 年，帶回二百三十八卷希臘稿本，交給威尼斯，這個水城引為無上的光榮。

　　因為經濟與交通關係，義大利獵獲希臘作品，成為一種癖性，杜西地德（Thueydide）、色諾芬（Xénophon）、普魯塔克（Plutarque）、索福克勒斯（Sophocle）等作品，第一次被正式介紹到西方。在 15 世紀，布魯尼（Lionardo Bruni）翻譯柏拉圖與亞里斯多德著作，西方人始認識這兩位大思想家的真面目。

　　佛羅倫斯舉行宗教會議，希臘亦派有代表，試想恢復宗教統一。

　　這種企圖雖未成功，對希臘思想的傳播，卻有重大的關係。若米斯多斯（Georgios Gemistos）倡導柏拉圖的思想，希望恢復雅典黃金時代的生活。貝薩里翁（Bessarion）努力收集古希臘珍本，共有 746 種。威尼斯聖馬可圖書館，成了人文主義者開闢不盡的田園。

　　對這些學者，告科西摩・美第奇（Gosme de Medicis）為第一位保護者，自 1434 年後，他以新文化領袖自居，使佛羅倫斯成為藝術的城市，組織柏拉圖學會，由費生（M.Ficin）主持，到羅倫佐・美第奇（Lorenzo il Magnifico）時，傾向哲學的研究，佛羅倫斯成為文藝復興的靈魂。

　　義大利其他城市對新文化亦有同樣的動向，阿爾方斯（Alphonse d'Aragon）治理的那不勒斯（Naples），成了新文化者的樂園。阿爾方斯愛富麗與修飾，以復古為己任，他非常開明，在那不勒斯、瓦拉（Loren fo della Valla）度其大部分時間。

瓦拉在帕維亞（Pavia）大學授修辭學，運用語言學批評的方法，對傳統思想施以猛烈的攻擊。他倡導享樂思想，抨擊基督教倫理，以其偏狹，違反自然的人性，致使古文化墮落。教會人士，不努力學語文，所用的拉丁文多牽強粗陋，造成許多文盲。中世紀落後的觀念，是瓦拉等造成的一種意識。

瓦拉攻擊教會，也攻擊那些時髦的法學家，非特指摘所用的拉丁文，而且譏笑他們沒有理想，這樣，他在巴威亞樹立許多敵人，環境惡劣，須移往那不勒斯。

1440 年，阿爾方斯與教宗歐堅四世（Eugène IV）決裂，瓦拉指出君士坦丁大帝並未給與教宗資產、穩固世權——De jalso credita et emantita Cons Tantini Dondtione Declamatio，教廷憎其狂妄，欲治其罪，得阿爾方斯保護，始免於難。但是他大膽的言論，確高人一等，古埃（de Cues）樞機主教寄以深厚的同情。

瓦拉雖批評苛刻，仍然是一位信仰者，設與比加得里（Antonio Beccadel-li）相較，判若天淵。比氏有種變態心理，追逐刺激的享受，託人文主義的外形，讚美古希臘羅馬墜落的罪惡，他代表新時代肉慾的動向，使感覺滿足。

凡新的運動趨向極端，結果必然失敗，因為任何運動脫離不了歷史潛勢力的支配。所以在人文主義發展時，費爾脫（Vittorinode Feltre）能夠握住這個真理，從教育著手，一方面教學生學習古人對事物的理解，另一方面又要學生保存基督教倫理思想，從教學與邏輯用功夫，對新文化運動，實開一新局面。

當時一般人文主義運動者缺乏內心的修養，在初期，犯了許多膚淺的病。他們以新文化人自居，追逐一種虛榮，失掉現實的認識，致使行動不健全。他們的動作，含有宣傳的姿態，完全是人工的。外形裝作模仿古人，實際上是一種自私的憎惡，採取一種欺詐的手段。

可是，我們並不能忽視他們的功績。他們的成就，乃在造成一種風氣，使後繼者有追逐的路徑。這些義大利人文主義者，含有高傲的國家觀念，企圖使義大利居於領導歐洲的地位，他們的邏輯：凡是古代的，都是完美的，

因為完美，所以對古代要有認識，利用新方法，便可達到高貴的境地。羅馬是古代的代表，所以非羅馬的便是野蠻與落後的，應該剷除。義大利為羅馬的嫡系繼承者，故高於其他國家。

這種思想，加強了歐洲國家觀念，介乎國與國之間，造成一種對峙，樹立起不可超越的籬笆。從這種偏狹的國家觀念，反映出個人主義的發展，對中世紀傳統的信仰，施以致命的打擊。

人文主義發展的初期，英法兩國受影響較少，只有德國，在西爾維雨斯（Sneas Silvius）倡導下，有特殊的發展，但是，義大利國家高傲的思想，刺激德人，又加上與羅馬教廷的衝突，阻力成為巨流，列於次等地位。

復古運動的結果，造成對古代遺物的重視，羅馬古蹟林立，成為人文主義者理想的樂園。講求藝術的美，成了義大利資產階級的任務，這是從前未有的現象。

新的藝人與鑑賞者，對藝術追求一種形式的美，如當時的詩，不只要豐富，而且要表現新的情緒；他們欣賞古雕刻的美，創造一條新路徑，著重姿態。人體的結構，用最小的動作，如手指的方向與微笑，表現強烈的情感和深刻的思想。這樣，藝人擺脫了傳統的方法與結構，加強意識作用，中古的藝術，整個無條件地投降了。

新藝術的企圖，首在造成奪人的印象，藝人觀察現實，表現強烈的個性，從那裡反映出時代的動向。倘使要用「個人主義」說明這藝術的特徵，那我們不能取他惡劣的含意，因為國家思想發展中，脫離陳腐抽象的公式，那不只是一種進步，而且造成一種偉大精神。

我們要革除許多人的錯誤，以為文藝復興時的藝術是反中世紀的，這實在不理解當時藝術史的演變，誤將別人的宣傳當作真理。事實上，當新藝術發動後，許多藝人仍然嗜愛中古的作風，不過他們體驗到了新情緒，只想在原有的作風上加添自己的感覺，而且持著一種怯弱的態度，不願驕矜自己的功績。證諸當時宗教與政治的演進，是非常吻合的。

‖文藝復興新藝術運動‖

　　義大利是個半島，對它，海有種獨特的作用，尤其是在十字軍後。義大利商業發達的城市，那些致富的商人，講求精神的享受，深知他們的幸福來自遠方的異域，對空間的發展，成為他們精神上急切的要求，這在建築與繪畫上尤可看出。13 世紀哥德式的建築，鐘塔林立，指著碧雲高表，象徵靈魂對天堂的渴望也是立體的。到文藝復興時代，變成無垠空間的發展，表現一種豐富與輝煌，正像到處遇著快樂的節目。便是在繪畫上，雖然談到自然，但是人物的背景一反中古傳統的方式，以樹木與天雲，襯托出遼闊的空間。假使我們承認「感覺」是這個時代的特點，摒絕抽象，即我們了解這時代的藝術，在使群眾有豐富的感覺。

　　義大利為國際鬥爭的舞臺，西方國際貿易的場所，每個城市非常繁榮，有市政府、宮廷、教堂，每個殷實的富商，有美麗的建築。佛羅倫斯首先倡導，各城市仿效，成了一種風氣。查理八世到那不勒斯後，寫給保若（P. de Beaujeu）說：「你不能想像，在這個城內，我看著多少美的花園。因為，從未見過奇突的事物，我將向你敘述，倘如要有亞當與夏娃，那便真是地上的樂園了……」

　　每所建築物，它的裝飾非常自由，反映出時代豐富的背景，人體構成藝術中心的對象，雕刻成了藝人努力的焦點，這是受希臘的影響，是復古運動的結果。

　　文藝復興並非突然發生的，喬托（Giotto）雖然生活在哥德式的時代，他已能代表新時代的動向。他在新藝術運動上，和但丁在人文主義發展作用上是一樣的。

　　在表現情感、構圖方式上，喬托開創了新的道路。他的方法非常單純，用手的姿態，頭的方向，一切微小與變化的動作，表現最深的情感。他繪畫的人物，雖未達到寫實地步，表現強烈的個性，可是他的構圖，已打破傳統

的單調，跳出畫布規定的範圍外。藝人的意識覺醒，能夠主動，所謂文藝復興的特點，乃在藝人能自由地表現他的情感與個性。

比沙公墓（Campo-Santo）最能代表文藝復興初期的作品。在公墓牆上繪著「死的勝利」、「審判」與「地獄」。就技巧論，有一部分表現新的情感，非常有力。題材雖然陳舊，但假藉死的恐懼，表現生的勝利。

1348 年，義大利發生瘟疫，對那種快樂的生活產生有力的打擊，作者感到死的恐怖，在畫的右角，繪一鄉下快樂的女子，與人談話，正像保加琪小說中描寫的人物。畫的左邊，繪著三個騎士，突然在三個棺前停住了，表現一種恐懼，彷彿第一次發現死的問題。一個隱修者向他們解釋死的問題，似乎在讀這段：

不久便是你在世上的終結：
看看你做了些什麼。
今天活著的人，明天不見了，
當你消逝後，很快為人忘掉，
啊，蠢東西，鐵石的心腸，
只顧目前而從不肯想想未來！

貪生的騎士，執迷不知世間的虛榮，潑婦象徵死神，手持鐮刀，向這一群快樂的人割去。非常寫實，使人不能放棄這個問題。

在 15 世紀初，馬薩喬（Masaccio）代表新藝術，這個天不永年的藝人 —— 僅二十六歲（1402 － 1428），首先介紹新寫實主義，李郎就琪（Brancacci）教堂的壁畫，分辨陰影，摹擬人體，都有特殊的成就，而亞當與夏娃失望的面孔，尤為稀有的傑作。

利比修士（Fra Filippo lippi）受美第奇推重，亦注意影陰，施濃淡彩色，與人一種自然與清爽的快感。佛羅倫斯成透視學的中心，便是在建築上，亞爾伯地（Afberti）已運用，佛羅倫斯大堂頂，便是利用透視學建成的。

寫實主義的發展，造成許多不朽的作品，勇敢而有者為雕刻家多那太羅

（Donateuo），他對古代藝術有深刻的了解，又保持傳統的宗教情緒，不忽視自然，從他的《大衛》作品（藏在巴若洛博物館）去看，表現戰鬥後，青年勝利的情緒，周身的筋肉尚在震動中。瓦薩里（Vasari）指出多氏藝術的特點，乃在自然的動向。

與多氏寫實作品相反者，係安傑利科（Fra Angelico）。這位天才的畫家，二十歲（1407）入多明我會修院，雖在新思潮顛蕩中，卻能握他的動向，融合中古思想，在聖馬可修院中，繪了許多作品，引人到天堂的路徑。《救主朝山者》，那種聖潔的神態，反映出他內心深刻的修養。他繪每個人物的面孔與動作，都能脫離舊日窠臼，眼睛的表情，類能追逐一種理想，如《聖母加冕》，將那狹小與陰暗的小房間（聖馬可修院）中，變成了光明與富麗的教堂。

當文藝復興巨流形成後，有如一陣狂風，便是那古老保守的羅馬教會，亦捲入其中。教宗們為這種景色所迷，有種強烈的信念，要使羅馬成為新藝術的中心。

尼古拉五世（Nicolas V）即位後（1447），取美第奇為法，贊助新運動的發展，不顧教廷經濟的實力，要將梵蒂岡變為藝術城。他創立梵蒂岡圖書館，收集許多珍本，請許多作家，翻譯古希臘作品。瓦拉譯杜西地德，稿費增至五百金埃桂，這是前所未有的。

他希望羅馬成為新運動的領導者，恢復古代光榮，但是他並不尊重古蹟，為了建築教堂，毀鬥獸場，取出兩千五百車大理石，但是這個可怕的劇院並不因此受到致命損害。

庇約二世繼位，利用他淵博的學識，著有《宇宙學》（*Cosmographai*），為當時學者所推重。西克斯特四世（Sixete IV）繼之，度著一種豪華的生活。有許多學者與藝人：天文學者萊若蒙達（Legiomontanus）修理曆法；供地（Sigigmonddeieonti）著現代史，共十七卷，能與史學一正確的解釋。畫家雲集，如洛西里（Cosmo Rosselli）、波提切利（Sandro Botticelli）、吉蘭達約

（Domenico Ghirlandaio）、佩魯吉諾（Pérugin），而伏爾利（Melozzo da Forli）的《升天圖》，尤為不朽的作品。

到英諾森八世（Innocent Ⅷ）時，出賣教廷位置，祕書由六人增至二十四人，繼又增至三十人，每個位置為五百金丟加，開教宗黑暗時代。到亞歷山大六世（Alexandre Ⅵ），那真是每況愈下了。他完全失掉宗教的尊嚴，追逐世俗的虛榮，竭力鋪張豪華，在一個建築物的前題銘上，刻著：「羅馬因凱撒光榮，現因亞歷山大登上光榮的峰頂，前者是人，後者是神。」

薩伏那洛爾（Savonarole）看到教會的危機，傾全力與之奮鬥，但是，這個個人主義時代，沉淪在享受與墮落中。

1513 年，馬基維利著《君主論》，其目的要引起美第奇注意，對政治產生一種作用。馬氏以為政治只論目的，不論手段，無所謂道德。政治外表要裝潢，內部卻是狡詐，暴力與虛偽，如果為了目的，這些都可運用。他取李維史學者言：「如果為了國家自由與獨立，不論手段如何，同情與殘酷，行為正與不正，都可採用。」因此，宗教只是一種工具，為了政治的目的，宗教也可變為一種偽，向這方面演進，愈顯出宗教的用途。他對基督教持一種憎惡的態度。因為基督教係弱者的宗教，失掉戰鬥的力量，不會產生如古代政治與軍事上的人物。他讚美包銳亞（Oaesar Borgia），因為他將教會世俗化，這在他看來是一條坦途，教宗制度的毀滅，便是古羅馬光榮的再生。

這種理論對教會有不利的影響，個人主義（更正確點說自私思想）藉此無止境的發展，毀棄是非標準，解脫宗教傳統的束縛，這不是革命，而是「智慧的暴動」。

鑑於亞歷山大六世的恥辱，教宗朱力二世（Jules Ⅱ）即位後，在那種不利的環境內，他要反抗，反抗包圍教廷的勢力。他有堅強的意志，善戰，人們稱他是一個「可怕者」。他仍想恢復中世紀教廷帝國，但是時代不同，他反為時代所控制。集聚許多傑出的藝人，使羅馬成為藝術聖地，完成尼古拉五世、西克斯特四世的工作。他墓前米開朗基羅雕刻的摩西，周身表現強

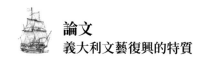

力，孤獨靜觀，正是這位好戰教宗的象徵。

到利奧十世（Leo X）時，文藝復興達到峰頂，成為學者與藝人的保護者，而宗教改革的火，也便在此時暴發了。狄柴納（Sigismond Tizio）說：「普通意見，公認教會到腐敗地步，領袖只貪圖快樂，戲劇，打獵，並不顧及他的信徒。」

羅馬成了新運動的中心，在過去偉大的回憶上，學者與藝人施以新的粉飾。這是一塊享樂地帶，充滿了肉的刺激，教宗阿德利安六世（Adrieu VI）痛恨萬分，以悲天憫人之心，欲加以改革，結果無人贊助，求之於名震一時的埃拉斯姆，他冷淡地拒絕了。

達文西（Leonardo da Vinci）的《最後的晚餐》，完成於 1498 年，代表文藝復興的新精神，技巧完美，含有深刻的宗教情緒，每個宗徒的面孔，手的姿態，十三個人物的組合，刻繪出那句悽慘的話：「實在說，實在說，我告你們，你們中間的一個要背叛我！」這幕悲劇，以很沉靜的布局，反映出無窮的苦痛。

保地舍利所繪《朝觀》一幅，表現當時兩位偉大人物，向少年指嬰兒者為薩伏那洛爾，少年即羅倫佐·美第奇。但是，能夠自成一家，為人讚賞，繪出時代的動向者，為拉斐爾（Rapall）。

拉斐爾繪梵蒂岡宮，有兩幅巨大壁畫，至今為人讚賞。《雅典學院》，包含詩、法學、哲學與神學。「辯論」由柏拉圖、亞里斯多德領導，討論深奧難解的問題。在聖多默（St.Thomas）聖本納文都（St.Bonananture）旁，可看出但丁·安日利告與薩伏那洛爾。兩張壁畫主旨，表示科學與信仰的合一，自然與超自然互相映輝，中古思想與新精神的配合。他能在文藝復興巨潮中，不為沉溺，抓住歷史的潛力，以絕倫的技巧，使人感到一種神韻，因為他不走極端，從調和著手，啟示出人類智慧的偉大。

代表文藝復興強烈情緒，行為獨特，與拉斐爾等相反者，為米開朗基羅。

　　米開朗基羅自詡為佛羅倫斯貴族，他接受中古傳統的精神，有深刻的信仰，秉賦著不安、強烈、偏執的天性。從幼年時，受吉蘭達約（Ghirlandaio）與貝爾多島（Ber Toldo）之教，愛好雕刻與繪畫，隨著人文主義潮流，追求「美」的真義。1506 年，發現希臘著名雕刻「洛貢」

（Laocoon），從即悲慘的神態，他明白古人的藝術，表現人類內心的矛盾與苦痛。他愛《神曲》，同情薩伏那洛爾的結局，看到人間的罪惡、古代美的誘惑、末日審判的可怕。他有強倔的個性，介乎「願意與不願意之間」，刻繪時代的悲劇。

　　從 1536 年起，承教宗保羅三世之命，繪西斯汀（Sixtine）壁畫，那是《聖經》與《神曲》的綜合，以力的美，啟示人類的命運。這像是奧林匹亞大會的競賽，每個人有他的結局。那幅《末日審判》，基督憤怒的姿態，使慈和的聖母亦感到一種恐懼。

　　到利奧十世時代，米開朗基羅登到文藝復興的峰頂，他著重在雕刻，一反傳統的作風，任其幻想引導，將內心的苦痛，表現在美第奇墳墓上。

　　1527 年，佛羅倫斯起革命，米開朗基羅為家鄉觀念所迷戀，贊助共和，反對教宗黨。兩年後，革命失敗（1529 年 9 月），米開朗基羅須服侍他的敵人 —— 克萊芒七世（Clément VII）。他將內心的苦痛與所受的侮辱，凝集在《早》、《夕》、《日》、《夜》四尊雕刻上，那是他自己的敘述，以石吶喊他內心的感受。對瓦沙利詠夜相的詩，他和著說：

　睡眠是柔和的，

　更柔和的是石的睡眠。

　那時候，罪惡與恥辱存在，

　看不見，聽不著，

　對我是無上的幸福，

　所以不要給我喚醒他，

　要低聲點談！

　　米開朗基羅一生在奮鬥中，他與拉斐爾受幸寵的生活相較，有天淵的差別。他說「千般快樂不若一點痛苦」，作品從未完成，從未滿意，永遠孤獨，從人間得不到一點安慰。

　　1538 年後，他結識女詩人高洛納（Victoria de Colonna）。當時他已六十三歲了，他們有純潔的友誼，「如夏夜的繁星」，使他感到人生的可貴，加強他宗教的情緒。他說：「以藝術為偶像的崇拜，現在我明白是如何的錯誤。雕刻與繪畫都不能與我靈魂以休息，須轉向聖愛……」羅馬聖彼得大堂的圓頂，堂內的「彼也達」（Pieta）雕像，正是他生命的象徵。

　　義大利的人文主義與藝術發展，不久便傳播到全歐，他的基調是個人主義，要摒絕一切障礙，使人類的天然秉賦，能夠自由地發展。次之，人的整體理性與感覺，須遵守自然的法則，他們不能對峙，而要與以一種調和，證明人類潛在的偉力，無拘禁地向上進展。因之，他們敢大膽地創作，大膽地批評，每個人都有他清醒的意識與自由的意志，歐洲精神教育為之一變。愛好古代，追逐理想，要說自己的話，這是埃拉斯姆的整個神髓，1516 年，他刊印希臘文的《新約》，那真是劃時代顯明的標幟。

歐洲封建時代的獻禮

　　歐洲中古初期，社會混亂，陷入孤獨與封建途徑，呈現一種分裂的狀態。法蘭克王國的建立，雖保存一部分羅馬的國家觀念，他的基礎卻建立在「忠實」上，如伯爵是一個公務員，他的取得卻出於「忠實」，按照近代的觀念，對人的忠實是反國家的，因為主權隨之破裂。[160]

　　主權分裂係臣屬權力的增高，亦即權力個人化，此由於當時內在的因素，並非來自羅馬或日耳曼的。因為主臣關係基於「忠實」，每個臣屬在其境內，有行使主權的自由，帝王所問者為「忠實」，只要舉行「獻禮」，其他

160　原載《中山大學文學院院刊》，1948 年。

是不過問的。

為此，在封建時代有「誰的人」術語，這個「人」字的含義，異常現實，即是說他沒有獨立的人格。由於「誰的人」構成了主臣的關係，不分階級，一個個體依附在另一個個體身上，須經過獻禮的儀式始能成立。

甲乙兩人對立，甲願服侍，乙願接受，甲並雙手置於乙手中，有時跪下，以示服從，宣布願做乙的「人」。乙將之提起，互相親臉，表示接受，從此主臣關係確立，甲為「乙的人」，有時更精確自稱「乙的口與手人」。此種「獻禮」儀式，源出日耳曼，並沒有絲毫宗教意味。

自法蘭克王國形成後，宗教與政治合作，基督教支配西方社會，於是於獻禮之外，又加添宗教儀式，即甲乙舉行獻禮後，甲復將雙手置於《聖經》或聖物之上，以示甲對乙之忠順。

忠順儀式與獻禮有別，忠順是附加的，沒有保證，最後的制裁是未來，它是倫理的，即是說它既沒有強制的力量，又可以多次舉行。

至於獻禮，便不同了，它是一種契約行為，僅能舉行一次，只要雙方活著，就永遠有法律的效力。

到無可奈何中，弱者求人保護，強者喜歡保護人，以增加自己聲威，這是一種自然的傾向，同時也是時代的要求，成為生存必備的條件。當弱者感到生命受威脅時，不只將他的人格獻與主人，他的產業亦隨之呈獻。事實異常矛盾，采邑起源，最初係臣屬孝敬主人的。強者要有「他的人」，加強實力。自諾曼人與匈牙利人侵入後，私人獻禮突然增加，原因非常簡單，每個領主要有「他的人」築碉堡，要有「他的人」守護碉堡。在動亂時代，強力成為支配社會的唯一因素，依附成為生活必然的方式。於是一種依附的方式是世襲的，係通常人舉行，對所盡的義務沒有選擇的自由；別一種是臣屬的較高貴者舉行，受契約限制，至死為止。

互相依附的動機，不僅由於時代的紊亂，亦由於經濟的因素。自 7 世紀起，為了酬謝臣屬者忠誠的服務，主人以贈與方式，與少部分產業。所贈之

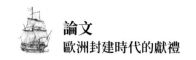
物，不能轉移，不能世襲，倘如服務中止，或中途死亡，隨即撤回。此種方式由習慣造成，亦非源於羅馬或日耳曼的。

便是查理曼時代，公務人員與官吏，沒有薪給制度，土地成為財富，控制社會，帝王將土地賜予將士與臣屬，所有權漸趨破裂，不為重視；當時為人所重視者，為時間給與的占有權。主臣關係愈擴大，主人贈與臣屬采邑愈增加，「授與」采邑儀式亦愈隆重。封建時代，一切要象徵，用實物表現意義，使感覺到一種滿足。獻禮與忠順儀式舉行後，始舉行「授與」儀式。主人首賜一棍，象徵財產；繼賜一撮土，象徵土地；繼賜一把槍，象徵兵役；最後賜一面旗，象徵作戰。

武力既為時代的重心，如何強化軍事設施，變成每個領主基本問題，在消極方面，建設堅固的碉堡，防禦盜匪，防禦仇敵，便是說憑藉他有限的實力與整個宇宙來搏鬥。在積極方面，建設騎兵，因阿蘭人與哥德人侵入歐洲後，馬蹬與馬掌傳入，騎兵可跋涉山路，便於作戰，威力大增，查理馬特是以騎兵敗薩拉森人（732 年），亨利四世亦以騎兵敗薩克遜人（1075 年），騎兵遂成為主力。

但是，建設騎兵是不容易的，首先要有長期的練習。「年少不為騎士，則永無成騎士的希望了」。次之，要有雄厚的資產，始能有一匹馬及服裝與武器。據 9 世紀的價格，一匹馬可換六頭牛，一套甲的價值與一匹馬相等，一頂盔等於半匹馬，這樣除生活與武器外，極基本的裝備須有二十頭牛的價值，此非特殊富有者不能為。「獻禮」變成資產活動的方式，主臣所構成的軍隊是終身的，理由非常簡單，臣屬的土地係主人賜予故。此種動向，可從當時術語中看出，11 世紀文獻中，「臣屬」（vassal）一詞與「軍士」（miles）通用，「軍士」一詞，又可以「騎士」（chevalier）代之，這說明時代的需要，習用的字尚未確定他的面貌。

獻禮保障「忠實」，建立主臣關係，其基礎便是「一人不事二主」。

加洛林王朝，雖無明文規定，卻能保持這種精神。迨至封建制度極盛

時，不健全的現象發生，一人事多主的現象非常普遍。李奇南（Reichenan）著《軍律》（1160 年）說：「倘如一個騎士為采邑而事多主，上帝是不喜歡的。」儘管苦口婆心，不能阻止時代動向，13 世紀末，德國一子爵可有四十三個主人，於是糾紛百出，破壞了人與人的聯繫，而原始創立的「獻禮」，亦須貶值，以遷就事實。

最普遍而最不易解決的問題，乃是二主發生戰爭，臣屬所取的態度。為避免擴大糾紛，確立三個原則：

· 按照獻禮時期的先後，臣屬當從最初者。

· 按照給與采邑的多寡，臣屬當從賜與最多者。

· 按照親屬關係，臣屬當從近親受壓迫者。

這三種原則，基於法律、經濟與血統，仍然不能消除糾紛，問題不在原則的不善，而現在社會已變了。反抗主人已為道德與法律不許，為人指摘；為采邑而反抗（封建時代最多的），「獻禮」漸失其作用。於是為補救缺陷，創立「絕對獻禮」（Hommage Lige），即一人可有多主，擇其一為絕對主人，自己亦為絕對臣屬，加強忠實的關係。

「獻禮」是契約，「獻禮」而加以絕對，正說明主臣關係不健全了。

見業主教，養騎士百人，如其絕對主人發生戰爭，他只出二十人，如帝王發生戰爭，他只出十人，他要保存自己實力，不輕於犧牲。這是一個倫理時代，「獻禮」已難發生積極作用，卻仍保持著神聖的姿態，不能毀棄，如毀棄，視為不忠實。英王阿爾弗雷德（Alfred）異常慎刑，對犯罪者從輕發落，卻要「除過背叛主人者，對此種人，不能憐憫……殺害主人者，永不得救」。

主臣關係在心理上所生的力量，封建時代留下許多矛盾的資料。臣屬如朋友，第一種情感為忠誠。主人如家長，慈愛為先，有如父子的關係。如戰事詩詠紀合爾（Girart）：

> 假如主人被殺，我願為人殺死；
> 絞死呢？我亦絞死。
> 燒死呢？我亦燒死。
> 溺死呢？我亦投水。

模範臣屬第一個任務，是手執寶劍為主人死去。教會對此亦加鼓勵，里莫若（Limoges）宗教會議（1031）宣布：「在危險下，騎士當為主人死去，其忠誠有如為上帝的殉道者。」

我們感到這裡有許多悖理、矛盾及野蠻的地方，但在當時卻是很自然與很合理的。中世紀，一個人沒有主人，親屬又不負責，按英國 10 世紀法律，此人不為法律保護的。腓特烈大帝的組織中說：「放火者逃在堡壘內，如果不是逃入者的主人、臣屬、近親，即堡主須將之交出。」從此可知主臣關係的重要，「獻禮」成為生存的條件。

通常騎士子弟養在主人的宮中，學習戰鬥，隨主人行獵，體念主人的恩典，加爾尼（Garnier de Nanteuil）對查理曼，深能表現此種情緒：

> 帝王去森林，我持弓扶鐙隨行；
> 帝王去河邊，我帶雕鷹與獵品；
> 帝王去睡眠，我唱歌、奏樂與解悶。

封建情緒支配了人的實際生活，社會組織隨之變化，如婚姻問題，並沒有個人自由。父權至上，婚姻由父親決定，父親去世即由主人決定。此種情形，導源頗古，西哥德律中：「如果士兵留一女，主人撫養，與之配一同等的丈夫。如她自己選擇，不從主人意志，即須將其父所受主人財物退還。」（Codex Euricianus C.310）主人為臣屬決定婚姻係正常的，如是與實利始相符，流弊很多，到 13 世紀，「獻禮」失其作用時，主人解決臣屬子女婚姻，亦須徵求家中同意了，這是很耐人玩味的。

封建制度不是創造的體制，而是社會演進的結果，一種自然現象，它不是突然的，而是逐漸形成的。「獻禮」為封建制度中具體的表現，構成個體

的依附，自社會演進言，形成一種立體的體制，政治與經濟都失掉正常的關係。到社會起變化，此種制度不能維持原狀時，便是神聖的「獻禮」，亦可毀棄，卻須舉行儀式。

毀棄「獻禮」的發動者，首先投擲樹枝或外衣皮毛於對方圈內，象徵一種挑戰，然後找兩個證人，提出書面的拒絕。出自臣屬者，退還采邑；出自主人者，停止臣屬所負的義務。就普通言，出自臣屬者較多，如是「獻禮」便毀棄了。封建時代作家保馬納（Beaumanoir）說：

> 「臣屬如何遵守信約，主人如何盡其義務。」此 13 世紀人物，提出對峙，人的關係，不再依附而趨向合作了。平等合作愈擴張，則「獻禮」愈失其約束性，到最後變為譏笑的資料。

歐洲封建時代社會之動向

歐洲封建制度，並非突然形成。當薩拉森人封鎖地中海後，萊茵與多瑙兩河以北，漸次成為政治活動的中心，文化與經濟亦隨時代所趨，起一種質的變化，特別是 9 世紀至 11 世紀。因此，分析這期間的社會動向，使人感到時間強力的可怕，並許多事實的面目。[161]

封建時代的生活與古希臘羅馬相比較，首先是接近「自然」。新開拓的日耳曼地帶，到處是森林與池沼。荒野的田間，野獸時常流竄，獵狩成為重要的生活手段，其原因不僅是自衛與娛樂，而且是經濟的，生活上所必需的。封建時代的生活，有如原始時代一樣，係自然經濟的。採山果、獵野獸、割蜂蜜，便是日用的器具，又多半是木製的。生活簡陋，卻很質樸，含有原始的成分。環境粗野，影響到精神上是一種橫蠻與暴躁。

因為窮困，沒有衛生設備，公共衛生更談不到，所以健康沒有保障，死亡率很高，特別是兒童死亡率。王公貴族們雖有較好的物質生活，卻不注意

161　原載《民主時代》第 2 卷第 1 期，1948 年。

養生之道，不洗澡，吃得太飽，疾病隨生，只看當時帝王們的年齡，便知這個傳奇式的時代，人是如何很快地衰老。亨利一世活了五十二歲；路易六世與腓利一世，各人是五十六歲；薩克遜係初期四個帝王，平均僅四十歲又六個月。我們看出政治生涯是如何耗費他們的生命，同時又可看出一種矛盾現象：原始與古老的封建社會中，其統治者卻完全是一群青年。

因為死亡率高，「死」的觀念激起一種不安的情緒，失望與恐懼控制了人心，死不是生物自然的現象，而是一種生的變形，從一個不定的世界達到永恆的世界，他是神祕的，卻非常現實的。納曼人用骷髏浮雕裝飾門楣；比薩公墓的骷髏舞，都啟示人「生」的不永。這個時代，信仰含有積極的意義，它是一種生活，不能予以邏輯的解釋。迨至 12 世紀後，信仰始成為研究的對象，運用理智去說明，逐漸養成一種新感覺，播散文藝復興的萌芽。

為此在中古時代，時間觀念異常薄弱，不為人重視。只有過去與未來，卻沒有現在，便是史學家，亦不注意時間。桑拔尼伯爵夫人，將繼承加貝王朝，卻須首先確定她的生年是否為 1284 年，由是引起許多爭執。通常生活上，計算時間的工具亦不完善，普通運用者為水漏與沙漏，卻不準確；公共場所與修道院，大半為日晷，因天氣變化，常受限制。約至 14 世紀，始有擺鐘發明。發明緣於需要，這說明時間觀念的重要，逐漸進入人心，而社會亦從封建中蛻變，轉向新方向。亞爾佛來王欲有準確時間，將蠟燭切成許多等段，到處點著，也夠愚笨與有耐心了。

沒有時間觀念，係精神不正確的表現，習慣代替了觀察，想像代替了理智，所以人們的生活上，特別是宗教的，含有濃厚成分的迷信。現實的生活，只是長而無盡途程中的一段，或者竟可說是一層帳幕，背後藏有更深刻的事實，而為人不能理解。人失掉主動，幻變中寓有不變的意志，暴風雨降臨，係魔兵魔將的過境；彗星出現，必有戰爭；鬼的活動，使人憂慮；尊重聖物，朝山進香，成為社會生活的基礎。虔誠的羅貝爾，奧托三世，視這些迷信與作戰同樣的重要。所以奧托說：「宗教的發展，便是保證帝國的安全。」

中古宗教情緒，與希臘羅馬時代截然不同，我們現在很難體會的。所謂知識階級，用拉丁文表現感情與思想，但是這種語文，雜有方言，文法錯誤，並非西塞羅典範時代所用的。然以教會故，非常流行，變為西方國際語言，到處可通行。

拉丁文雖普遍，卻不能表現新感覺。自 9 世紀起，方言漸取得社會基層力量，日耳曼語與拉丁語對峙，842 年斯脫堡盟約文，便是語言紊亂的說明。語言文字的紊亂，實社會不安的反映，欲有系統與高深的知識，幾乎是不可能的。納任（Nogent）以十字軍史著稱，他寫回憶時（1115）說：「在我幼年時，非常缺乏教員，鄉間簡直找不到，城中是可遇不可求，他們知識有限，與現在流浪的小神職者相等。」

自 9 世紀至 11 世紀末，求學實在是嚴重問題，須冒險至各處遊走，始能有所進益。吉伯特‧奧里亞克（Gerbert d'Aurillac）到西班牙學數學，來姆士學哲學，交通困難，每日步行三十公里左右，宿於教會提供的住處，將途中見聞，傳播四方，輾轉演為一種神話，所以中古是謠言最多的時代，亦最易相信謠言的時代。原因很簡單，知識不發達。

知識不發達，當時並不以為可恥的。開國元勳的奧托一世，三十歲時始開始識字；龔合德二世，一生不知寫自己之名。中上等名人，只有經驗，沒有學識，稱之為「Idiota」，意為不能讀聖書者，倘與希臘拜裡克來斯、羅馬奧古斯都兩時代相較，其差真不知幾萬里也。我們所說，係指一般風尚，並非沒有例外，如奧托三世，其母為拜占庭公主，可以用拉丁文與希臘文表達思想。威廉三世，亞奎登公爵，有藏書豐富的圖書館，常讀書至深夜。

知識不發達，係社會割裂的現象，生活困難的結果。一切陷於混亂與停頓的狀態，社會起一種變化，走向孤獨與不安的途中。這是日耳曼遷入後的結果，亦歐洲重心北移必然的現象，與其說封建阻礙了進步，毋寧說，歐洲大陸起始開拓，新民族吸收舊文化，必然的現象，似乎更近事實。

羅馬注意路政，卻在南歐洲，以義大利半島為中心。經蠻人侵入，法蘭

克王國未能安定西方社會，公共設備漸次傾毀，而為人讚譽的羅馬道路，亦隨之破壞，特別是橋梁。以故交通困難，城外無安全的保障。沿路居民甚少，盜匪橫行。1061 年，托斯地侯爵，英國最有實力者，在羅馬城外為人劫走，須出高價始贖回。禿頭查理，看到由南方送來的衣服，途中未被劫走，認為是意外的。此時政權分裂，執政者無論大小，須策馬各處巡行，因此於中途犧牲者非常多。

路政既廢，道路混亂，任其自然發展，沒有計劃與組織。墟場、修院、碉堡為確定道路的因素。道路變為附屬者，愈小愈狹，橋梁愈草率，愈易破壞，行人失掉安全。每段有勢力範圍，必須有「關係」，始可通行。除威尼斯至君士坦丁堡外，傳遞信件已不可能。如果有重大與急切的事件，即差人專送，所以既不經濟，消息又不靈通，即使是宮中的編年者，亦多道聽途說，弄許多笑話。如匈牙利人西侵時，以拉丁作家未曾提及，故不知其由來。湯伯爾（Tombert de Hersfeld）為博聞之人，對日耳曼帝國邊界，亦有錯誤。

倘加這樣推論，確定歐洲中古是鎖閉的，那與事實便不相符。如西班牙與阿拉伯關係至為密切，庇里牛斯山北，有阿拉伯金幣的流行。威尼斯取道海路，至拜占庭首都。或由巴爾幹至基輔，轉向黑海與裏海，與中亞及遠東有交易，西方輸出者為奴隸，輸入者為香料與奢侈品。經濟並不發達，卻能繼羅馬之後，未停止貿易，只是作用太微弱了。須要在十字軍進行後，奪回地中海上的航權。蒙古西進，摧毀陸上的障礙，那種自然經濟始開始轉變。

11 世紀後半期，教宗格里高利七世改革，新生的歐洲統一告成，至少是意識上如此，以故向東進發，產生一百七十五年長的十字軍東征，究其意味，並非是宗教的。當此長期冒險的戰爭發動時，正是封建制度達到頂點，這時候人口增加，騎士制度已形成一種生活的典型，而人與人的關係，亦較前密切。加佩王朝，從事軍事與政治建設。自巴黎至奧爾良的道路，路易六

世可以控制。橋梁設備，增加警兵，使重車可以通行。商旅可以安全，工商業逐漸有起色，至少土地支配生活的強力為之一弛。這不是農業生產降低，而是土地制度固定、耕種方法改良、生產增加的結果。當十字軍進行時，威尼斯取海上霸權，其輸出商品亦多，如毛織物與棉花，一般社會生活水準得以提高。由是，吸收現金與實物，成為金融活動的趨向，而非封建初期專事收藏所可比擬。我們可看出兩種結果：第一，薪資制度漸次取得地位；第二，商人逐漸有組織，構成新勢力。社會又向前演進一步。

封建時代社會動向，就表面言，它接近自然，想像代替理智，使個人生活與新社會生活脫節，知識落後，形成分裂與孤獨狀態。但是，往深處著眼，即發現這個時代，擁有一種活力，追逐一種理想，每個人都有一種個性，不斷地反省，分析內心，如《羅蘭之歌》，克利堅（Chretien de Troyes）的小說，不重視行動，卻能有深刻的分析。這是一種新動向，其結果便是個人意識的覺醒。

從查理曼帝國分裂後（843），新舊社會人為的統一，雖不能說終止——教會猶繼續推動，但是時與事異，沒有人敢於嘗試，近代歐洲的國家便於此時肇生。當封建制度穩定後，即向外發展，十字軍並非專為耶路撒冷的聖地，實步希臘羅馬的後塵，向東進發，政治與經濟的動機遠超過宗教與文化的。十字軍沒有結果而結束，隨著封建主潮消逝，卻從未忘掉東方的。只是蒙古蹂躪於前，鄂圖曼崛起於後，由於地中海商業的復興，西方從海上進發，拋棄傳統的道路，這是很自然的，其結果為地理的發現。中古時代的社會動向亦開始變質。

論歐洲封建時代的法律

‖一‖

紊亂中產生秩序，這是人性基本的要求，封建初期的不安與苦痛，由教會與查理曼帝國的努力，意識逐漸覺醒，開始眷戀過去希臘羅馬的文物，追求幻渺無窮的未來。此種變化中，法律的研究，予以一種確定的力量。因為法律是維持人與人及人與物關係最有效的工具，它是應用的，卻不斷演變，含有一種哲理與歷史的背景。[162]

封建初期，完全是習慣支配，這是一個習慣的時代。在 9 世紀前，一個歐洲的法官審判案件，是非常困難的。當時通行的法律很多，有羅馬法、日耳曼法，帝王對蠻人頒布的旨諭，各地的習慣法，形成一種混亂的局面。如果有事發生，沒有一本書可以解答，以應付現實的需要。加之人與人的關係，除習慣規定外，成文法並不適用。因之，在封建制度確定時，習慣法的力量最大，支配一切社會生活。

蠻人侵入後，西歐失掉政治統治力量，成文法不能通行；又因為失掉法律教育，拉丁文為知識階級語言，群眾不能了解；那些法學家對條文解釋不忠實，常與曲解，使人對成文法失掉信任。領導社會的宗教團體，組織自己的法律，凡不關於教會者，即不為學校所教授，結果只有習慣法取而代之。

按照人物、時間與地方的不同，習慣法愈為分歧。沒有律師，審判官是萬能的，成文法自然難以維持它的地位。

從 11 世紀起，義大利又重視法律，繼續久遠的遺傳，魏波（Wipo）說：「青年們到學校中，法律使他們出汗。」在英國亦然，阿爾弗雷德王竭力倡導，吸收許多習慣法，自納曼人侵入後，同樣重視，可是形式雖然是拉丁文，內容卻是盎格魯薩克遜，而自成一系統。

162　原載《民主時代》第 2 卷第 2 期，1948 年。

‖ 二 ‖

封建歐洲對法律重視的成分不同，本質上卻是一樣的，即每個地方拋棄了成文法，代替口傳的法律，形成一種習慣。即有運用成文法者，因時代變遷，又須以習慣法補足，習慣法成為支配時代唯一的法律。

習慣法的發展，勢必改變原有的司法制度，每個人要遵守他祖先所遺留的法律，在每一塊小地方，很可找出許多不同的人，如羅馬人、法蘭克人、日耳曼人、西哥德人、布爾貢人等，舊有的法律不足應付這樣複雜的局面，蠻人的習慣法，逐漸演為成文法，其對抗與磨擦的力量更大。

自 9 世紀起，民族對峙問題減少，封建制度亦形成，無論在政治上或社會上，需要新秩序，那些特殊的法律，漸次失掉地方性，變為團體的，因而每個團體想發展自己的法律。亨利二世時，格蘭維爾（Granville）著《英國法律論》說：「民眾是那麼複雜，要想將現在王國中實行的法律寫出，那是不可能的……」

習慣法有特殊性，含有許多細微的節目與微妙的含義，有類每家的家規，其目的相同，運用起來，卻有無窮的變化，含有深長的意味。中古封建時代，始終沒有脫離藝術性的成分。

‖ 三 ‖

也如當時的文化，封建初期的法律是因襲的。繼後教會改革，領導當時文化，對傳統力量加以抨擊。在 1092 年，教宗烏爾班二世（Urbain Ⅱ）寫給佛蘭德爾伯爵說：「你以為你的所作所為合乎世界上最古老的習慣嗎？你該明白，你的救主說：我的名字是真理；他沒有說：我的名字是習慣。」雖然如此倡導，一般人拒絕「新的事件」，因為「新的是可憎的」。習慣與維新相衝突，凡有所爭執，須提出更古的成例始為有效。

此種法律沒有寫出，完全憑藉記憶，遇有事件發生，向長者叩問：是否

曾有此事，前人如何解決？證人是最重要的，土地轉移，兩方當事人將自己的孩子帶去，為著記憶延長，記契約的轉移，證人為誰，經過情狀。當事情完結後，將許微實物分散，使大家記得有這麼一回事。

習慣法的特點在回憶，而人類的記憶當是幻變的。家族集體的回憶，往往因偏執與利益，常有錯誤，世代相傳，錯誤上更有錯誤。法律學不只是一種知識，而且要應付事實的需要，他們以為模仿過去，卻託過去以解決現實，以故法學不發達，自是當然的。為此，在封建時代，有研究法律者是偶然的。

習慣法與時演進，同樣事件舉行三四次，即改變原初的面目，於是流弊業生，即使一種新事件，經幾次舉行而變為習慣了。如聖東尼 (St Denis) 修士，在 11 世紀，請危爾 (Ver) 送兩百桶酒，以救急用，結果成為一種慣例，每年須納酒，以後用皇室命令始取消。如主教向修士借款，貴族向所屬告貸，兩方社會地位相差不遠，仍須寫出「此事不能成為法律」，即不能成為習慣。然而雙方地位相差太遠，不敢提出，很可能成為一種法律。

封建時代對土地所有權的爭執，除義大利外，可為完全不存在的。人們不談所有權，所談者為「Saisine」(Gewere)，便是說：非權益的占有，而是時間給與的占有。如甲乙爭一塊地，不問此地屬於何人，只問何人種此較久，如不能解決，或取決鬥，或求神判決，或找人證明何人種此久遠，因而所有權失掉意義，法律雖多，不涉及所有權，因為所有權是屬於羅馬法系統的。在封建制度發展中，人與地相關聯，層層相屬，每個人都可說：「這塊土地是我的。」因此，有些學者語此為「法權分享」(Participation Juridique)。

‖四‖

義大利始終未忽視過羅馬法的研究，到 11 世紀末，研究羅馬法成為一種風氣，博洛尼亞 (Bologna) 在伊爾奈利 (Irnerius) 領導下，成了羅馬法的光明。便在此時，法律教材亦改變，「會典」成為研究的中心。

這種法學運動，並非孤獨發展的。羅馬教宗克來芒七世，以其堅毅精神，推動改革，不只在宗教上有所成就，而政治與法律亦受其影響。波羅尼法學運動與教會法典編纂相距不遠，他們代表兩種動向：

一種是復古運動，另一種是邏輯的分析。

貴族們亦逐漸感到法律的需要。自 1096 年後，布魯瓦哇（Blois）子爵宮中的法學者，加有「法學博士」銜。當時研究法學者並不精確，非常浮淺，自足使法律學術復興，可是他們形成一種宣傳，使羅馬法普遍化，鼓勵那些真正的學者與作家，給波羅尼法學運動有力的推動。腓特烈大帝征義大利，帶去許多法學家。

這種運動使教會感到不安，那些帝王們，如法國的腓力奧古斯都（Philippe-Auguste）及其後繼者，與以一種保護，因為羅馬法保障人權，就政治言，他是中央集權的。這與教會處在對立的局面，證明法學運動的重要。

法國南部，保存著羅馬的影響，自 12 世紀起，他們便知《查士丁尼法典》的存在，曾用方言作一種歸納。這些事實，提高成文法的地位。「永留在人的記憶」中的祖先遺規，自非幾個法學者的意志而能動搖，但是那種蠻野的決鬥習慣法，不能再存在，需藉更古的法律，加以修正，補其缺點。

就政治言，自 12 世紀後，王權加強，社會有種新動向，縱使法學家不能推翻社會制度，卻可使意識覺醒，知道有「我」的存在。

在封建時代後期，受羅馬法教育者，努力摧毀不精確與矛盾的現象，習慣法逐漸失其支配力，王權實力加強，使特殊法律消滅，相因相成，法律統一又加強政治的統一。到 13 世紀，歐洲經濟發達，城市居民要求將法規確定，不使人濫用，這種傾向與當時智慧發展配合，構成獨特的歐洲文化，加強了推理與分析，封建制度已瀕於崩潰的地步了。

關於西臺 —— 軍事奴隸所有者

　　兩河流域遠古灌溉時期的社會，係早期奴隸社會較為典型的例子，其發展是緩慢的。約西元前 2000 年時，在歐亞草原上出現了游牧民族，因而也就產生了特別迅速的人種結合，對東方早期奴隸社會是一種危機。危機的原因，一方面剝削加強，引起內部尖銳的矛盾；他方面，游牧民族侵入，與當地實際結合，引此種游牧者原始公社制的崩潰，進入奴隸社會。此種變化較速，範圍擴大，引起了掠奪戰爭，一再征服與對抗早期奴隸國家，形成最早的軍政統一，亦即軍事奴隸所有者。西臺便是最早的軍事奴隸所有者。[163]

‖ 一 ‖

　　西臺部族原始的情況，我們知道很少，便是一二點滴的知識，亦不很精確。依據斯脫魯威淵博的研究，西臺自身歷史的發展，為遠古草原游牧部族之一，其特點為軍事的侵略與掠奪。西臺所居地帶亦難確定，就其移動所提出的情況，當居於古俄羅斯的南部。繼續移動經裏海北，越高加索，南下入前亞細亞，散居於阿利斯河流域。移動時間約在西元前 2000 年前後，其方式是和平的。至於侵入前亞細亞的途徑，有謂經伊朗北部。

　　揆諸實際，尚須斟酌，當時似不可能，而以取道高加索為宜。[164]

　　前亞細亞係海陸交通的要徑，歐亞交通的橋梁。其地多為山區，不宜大規模的耕種，宜於畜牧與園藝，富有銀礦，冶金術發達較早。

　　亞加德王薩爾貢西征至此，即有「銀山」之稱。依據斯脫魯威意見，「西臺」（Hittites）一詞與埃及「銀」字有關，因埃及人稱銀為 Khat，西臺居銀山地區，名由此得亦屬自然。

163　原載《山西師範學院學報》1958 年第 1 期。

164　理由是這樣：一、亞述先已興起，橫於東，西臺難於透過，亦無文獻記述；二、西臺初為亞述殖民地，不可能經亞述後，再行拓殖；三、西臺文字部分與西徐亞相似，而西徐亞居黑海之北；四、西臺侵入巴比倫，取道西北，如來自伊朗，自當由查格洛斯直入；五、西臺冶金術，非獲自亞述，而獲自高加索……

　　由於波加凱伊古蹟的發現[165]，經捷克學者克羅西尼的研究，初步掌握了西臺的語文，豐富了關於西臺的知識。就西臺文字說，有用亞西安語者，即當地原有的文字；有用印歐語者，即字形以部位變化，類似希臘文。至於資料中有巴比倫文字的資料，屬於楔形文系統，因為巴比倫語係古代國際語言。

　　由此我們得出兩個認識：一、西臺部族的構成至為複雜，含有印歐、高加索、小亞細亞元素；二、西臺移入前亞細亞後，已有許多不同部落，經久發展，西臺取得主導地位，掌握了政治與經濟實權。[166]埃及發現的古物，在石刻上所表現的西臺人：體格魁梧、肩寬、鼻直、多鬚，有類蒙古人。初期衣服為僅至膝的短袍，戴尖帽，穿長腰靴，佩短劍，持長槍或雙刃斧，駕戰車，勇於戰鬥。就其藝術言，含有質樸與粗野的性格，不若亞述富於寫實、埃及富於生動。

‖二‖

　　西臺國家建立的經過，我們知道有限，只知移入前亞細亞時，仍處於氏族晚期階段，有農業知識，種植穀物。當時亞述商人，由於武力支持，向西臺進行殖民地活動，遭受居民強烈的反抗。亞述為了自己的利益，曾求薩爾貢出兵，鎮壓叛亂。巨商經營貨物轉移，進行高利貸，利息高至百分之一百六十，不能償還者便淪為債奴。繼後，腓尼基沿海城市興起，埃及與黑海商業由其掌握；巴比倫向北發展，駐軍亞述，以故亞述殖民地逐漸衰落，給西臺人興起的機會。從這段歷史說，亞述殖民地所起的作用，即透過農村公社形式，西臺氏族社會加速了它的解體。

　　西臺初創立國家，在古沙拉區，由塔巴爾那領導，他團結部族，組織武力，向外擴張領土，占領里亞西亞。其子繼位後，軍事奴隸社會向前推一

165　波加凱伊距今土耳其首都安哥拉約 150 公里，於 1906 年由德國人汪克來（1863—1913）發現，有五個王宮，兩萬泥板。

166　孔得納論西臺說，西臺人種構成至為複雜，由亞美尼亞來，含有高加索及小亞細亞元素……（又莫來：《近東古代史》，譯本 328 頁）

步，移都至哈杜什[167]，向敘利亞發展，攻亞萊普負傷而亡。

遵照前王遺志，幼王慕銳爾立，奴隸暴動，但貴族們團結，政權賴以鞏固。約於西元前 1595 年，西臺侵入巴比倫，大肆劫掠，帶回許多財物及俘虜，《以西結》諺語中有「汝父乃一阿摩利人，汝母乃一西臺人」，可能是此次事實的遺留。

西臺侵入巴比倫，使其社會受到有力的破壞，因而衰落。西臺自身受巴比倫早期奴隸制的影響，加速公社殘餘的削弱，使西臺奴隸制發展，建立起最早的軍政統一。但是，西臺的軍事奴隸制，有其不可克服的困難，自由人為武士，一切勞動完全是依賴奴隸。一方面奴隸如畜牲，以「頭」計算；他方面從掠奪戰爭中取得的俘虜，數以萬計。以故西臺貴族爭奪王位，發生內亂，奴隸必然乘機起來暴動。

最古文獻有：「王子的奴隸暴動起來了，開始毀壞王子的宮室，背叛自己的主人，並令他們流血。」在階級鬥爭中，為了維護自己的利益，奴隸主們又團結一致，鎮壓敵人。事實也是如此，在奴隸暴動時，「太子、皇兄、內弟的親屬以及戰士們都聯合起來」。此種情況，幾成西臺史上的規律：奴隸暴動，貴族團結；危險過後，向外掠奪；戰爭完結，鬥爭又起；隨而奴隸又叛亂。國家常處於戰爭中，慕銳爾後，西臺內爭所付的代價是敘利亞的喪失。

約於西元前 1535 年，鐵列平主政，鎮壓內亂，使秩序恢復。隨即施行有力的改革，創立貴族會議，使會議擁有特權，可處決王子。雖限制血親復仇，但是此種會議仍為氏族制的殘跡。在另一方面，為了加強國王權力，除監督王政的議會外，又規定長子繼承權，如無子嗣，由長女婿繼承。由於鐵列平的改革，西臺國家形成的過程中基本上始告完成。關於西臺知識，於鐵列平後又不確切了。

167　城周三英里半，石砌，設望樓，門有守室，門前有守城石獅。

‖三‖

西臺為軍事奴隸社會[168]，以戰爭為生產基礎，掠奪奴隸與畜牲。

約於西元前 15 世紀末，喀杜西爾一世組織武力，統率各部族，形成中亞強力。蘇彼魯力瑪（前 1400 － 前 1360）在此基礎上，更加發展，成為一強大的軍事霸國。領導核心由貴族、僧侶及高利貸商人組成。

一切軍事為第一，便是所尊之代舒布神，於其像上亦要加戰斧與軍盔，國王托其庇怙，稱代舒布之子。[169]

蘇彼魯力瑪挾其武力，南下侵入納哈林，與米達尼衝突。米達尼王杜斯拉達受埃及支持，拒抗西臺，取得一時的勝利。但西臺用挑撥政策，激起米達尼內戰，杜斯拉達陣亡。西臺謀之已久，今已實現，西臺王說：「在整整一年中，我將此國洗劫，並將一切東西解到西臺。」

隨著西臺支持王子馬地雨查，敗其從兄蘇達那。恢復王位，娶西臺公主，從此米達尼王國脫離埃及而變為西臺臣屬，亞來普要津又入其掌握。次之，腓尼基內戰起，地爾傾向埃及，西頓傾向西臺，西臺藉此作反埃及運動，其勢力發展至希伯來。

西臺以劍創造財富，以「占有敵人武器而自傲」，慕銳爾二世（前 1345 － 前 1320）推進霸國侵略，擴張領土。東接亞述；北濱黑海；西至愛琴海，取希臘財富；南入巴勒斯坦，控制策略地帶，給埃及嚴重的威脅。在編年史中說：「趁他們在睡夢之中，攻入皮加納爾什，突然把它和它的牛羊執為俘虜。我把這一切當做戰利品運走，而皮加納爾什國，則付之一炬。」[170]此種焚燒劫掠造成一種恐怖，破毀商業與貿易，埃及利益受到打擊。這些事實說明，在西元前 14 世紀末埃及與西臺的衝突已至無法避免的境地。

168　「西臺為軍事寄生的聯合體」。參看斯脫魯威：《古代東方社會》，焦敏之譯，6 頁。
169　見 B.H 夥稚可夫及 H.M. 尼科爾斯基合編：《古代世界史》，日知譯，159 頁。
170　見斯脫魯威：《古代東方社會》，譯本，20—21 頁。

‖四‖

埃及第十九王朝創武人專政，拉美西斯二世（前1279－前1212年在位）推行侵略政策，其目的在恢復敘利亞統治實力，給西臺與其同盟以打擊。為征伐西臺，拉美西斯於主政第四年，組織近三萬的隊伍，分為四個軍團。西臺王穆瓦達里（前1320－前1307）徵集同盟軍隊，組織二千五百餘輛戰車，於卡迭石周密布置，使埃及陷入困境。

埃及幸賴少年兵團挽救，免於覆沒，絕非如銘刻中所言「奇蹟勝利」，因埃及在此戰役後（前1312），既未占領卡迭石據點，又不能鞏固西亞局勢，證據是敘利亞於次年便厲兵秣馬進攻埃及，此說明埃及並未取得正面的結果。

經鄭重的布置，小心的安排，埃及在五年復入敘利亞，取得一定的勝利。但是也應指出：西臺北部受伽茲齊亞人壓迫，內部又有王位的爭奪，不能與埃及競爭了。

戰爭使雙方削弱，又無確實勝利的信念，亞述自東興起，威脅西臺。西臺王哈杜西爾三世（前1307－前1272）持互相讓步的精神，於西元前1296年，與埃及簽訂友好條約[171]。根據和約，雙方放棄侵略行為，結軍事防守同盟，不論任何侵犯雙方敵人，互相協作，以保安全。

雙方保證懲罰罪犯，互予幫助。雙方國界未定，從西臺文件判斷，西臺仍保有敘利亞北部。拉美西斯娶西臺公主，藉聯婚方式將同盟鞏固起來。

此約是國際法上最古的文獻，由導言、正文、結論三部分組成，共十九條，立誓不作毀約的舉動，雕於銀板之上。此形式成為以後各種條約的模型，希臘羅馬即以此體例制訂。條約反映出兩種精神：

· 在互不侵犯的原則下，為了鎮內亂，鞏固統治者的政權，可以互相干涉內政。

171　共十九條：一、總綱；二、名稱；三、以前條約；四、現在條約；五、互不侵犯；六、軍事同盟；七、對付叛民之共同行動；八、九、十三條規定互相援助；十一、重要犯之引渡；十二、平民之引渡；十三、十四、關於西臺逃犯；十五、西臺與埃及神之見證；十六、背約的罰則；十七、被引渡者之大赦；十八、關於引渡西臺人條款；十九、銀板形式。

· 條約制訂係以帝王名義進行，帝王與國家混而為一，等量齊觀，此又為古代東方國家的特點。

‖五‖

西臺移入小亞細亞後，與亞述、巴比倫、腓尼基及埃及等地發生關係，逐漸放棄它久遠的畜牧生活，這是一方面；在另一方面，因阿利斯河不能大規模地進行灌溉，小亞細亞又是不肥沃的草原，以故雖有農業上一定的知識，卻不能走古巴比倫的道路。這便是為何西臺初進入奴隸社會，原始商業發展，繼後變為「軍事寄生聯合體」，此在西元前 15 世紀，便定型了。

國王是軍事奴隸主的代表，也是最高的僧侶，寺廟經濟是公有的，也是國王的，因為國王領導著一切寺廟的僧侶。在西臺發展為霸國後，只有武士是自由的，他們的職業就是戰爭，戰爭為生產的基礎，以奪取戰利品為目的。所有的勞動，置放在奴隸肩上，而奴隸來源，絕大多部分是俘虜。為此，西臺形容一個國家的康樂：「人畜皆增，俘虜生活亦好，沒有死亡。」

西臺對待奴隸與巴比倫有所不同，巴比倫以人工灌溉為主，須注意到勞動單位的需要；而西臺卻是軍事掠奪，奴隸價廉，為數又多，故對奴隸亦苛刻。奴隸逃亡受懲罰很重，法律規定偵緝在逃的奴隸，如在盟國，必須交還；如在敵國，始算失掉。如果「奴隸暴動反對主人，則必處死奴隸」，死刑通常為斬首。但是巴比倫對暴動的奴隸，僅限於割掉耳朵。在西臺社會，如果奴隸拐走自由人，處罰很重，須將全家交出。殺一自由人須以四個奴隸抵命，其重可知了。關於婚姻，一般說奴隸不能與自由人結婚，斯特魯威引《西臺法典》三七條：

> 「如若奴隸予自由的少女買妻的價格，同時欲使她成為自己的伴侶，那麼誰都不應該命令她嫁給他。」

這裡可看出階級的對立。

247

從許多文件中，奴隸是屬於國家的，因為戰爭的俘虜，王公與武士可分享一部分。國王既為奴隸制集體經濟的代表，他可以隨心贈送予人。阿爾弩曼達二世賜給貴婦的清單中，有兩個廚夫，一個鞋匠，兩個成衣匠，一個馬伕，五個兵器製造者。奴隸有家屬，婦孺在內，總共一百一十人。當奴隸主們需要時，可以自行處理奴隸，西臺允許自由人以奴隸換取糧食。

西臺社會是典型軍事奴隸所有者，一切取決武力，造成恐怖，這是世界古代史上最早的類型，做了亞述的範例。奴隸起義是經常的，殘酷的剝削便是它特殊的原因。

‖六‖

喀杜西爾三世死後，其繼承者如杜達里亞及阿爾弩曼達均無作為，波加凱伊文獻已不提及他們了。西臺不可一世的霸國已至衰亡的境地，由於奴隸的暴動，同盟的衝突，軍事奴隸制掠奪的基礎動搖，而東地中海亞該亞人興起，向小亞細亞及埃及襲擊，西臺在內外夾攻下瓦解了。所分裂成的小公國，同化於新起民族之中，其不同化而能堅持者，至西元前 8 世紀亦為亞述所滅。事實上從西臺分裂後，亞述已為西臺的繼承人。

古代波斯及其與中國的關係

‖關於波斯的自然環境及其他‖

古代波斯的疆域，隨著歷史的發展，自然與今天的伊朗王國有所不同，但是伊朗高原總是它的核心。[172]

伊朗高原是一塊廣大與乾燥的地區，介乎底格里斯河與印度河隆起的高地，有 260 萬平方公里的面積，今日伊朗約占它的五分之三，四周環山，有

172　原載《山西師範學院學報》1958 年第 2 期。

許多峽谷，不少的河水在沙漠中絕跡了。

伊朗中部係一片大荒原，在池沼地區涸汲後，炎日蒸曬，逐漸化為鹽滷。細砂流磧經常自行移動，不斷地有巨大的暴風，居民與商旅隊感到極度的困難。南界波斯海灣，溫度較紅海尤高，冬寒夏熱，有 104 度到零下 40 度的差額。中國關於波斯記述「地多沙磧，引水灌溉」[173]，又說「氣候暑熱，土地寬平」[174]，都是很正確的。

由於雨量少，波斯自古便組織複雜的人工灌溉，藉以發展農業。

暗井係最著名的水利工程。暗井是地下水渠，每隔十公尺，有口露出地面，古波斯人稱之為「Kariz」，新疆的坎兒井即 Kariz 的譯音。這種工程巨大的暗井對農業生產發生重要作用。假使水道壅塞，居民須移居他處謀生。波利比烏斯（Polybius）說：「當波斯人取得亞洲時，將土地分配給居民，為了修建水渠，使瘠地增加產量，補償居民所付引水工程的代價，在五世內不納租稅，享受土地的生產」[175]。

波斯境內的風向非常規則，從大西洋吹來的西風，經地中海到達波斯，從印度吹來相反的東風，多在春夏兩季。塞伊斯坦有四個月的風速很快，每小時為 72 英里。利用這種自然條件，奧瑪爾（Omar）發明了風車，設在查格洛斯（Zagros）山區[176]。

伊朗為高原地區，景色單調，春短，樹少，山丘多野花。到初夏，便很快地凋謝了。山谷內開滿了野玫瑰、山楂花，茉莉與丁香特別著名。灌溉事業發達，水渠遍布田野，沿堤種植楊柳楓榆等樹。水果豐富，名產甚多，千年棗特別馳名。波斯馬、單峰駝自古即以行走快速見稱。

西元前 2000 年時，伊朗高原的西部山區，住著加喜特人（Kassites），曾多次侵入兩河流域下游。約在 1700 年，古巴比倫王國顛覆，在兩河流域古

173　《魏書》一〇二卷。
174　《舊唐書》一九八卷。
175　波利比烏斯：《通史》卷十。
176　胡亞爾引金草地中所述《波斯古代史》，4—5 頁。

史上引起了變化。希臘人稱加喜特人為喀斯比（Caspi），裏海便以此得名。山區南部為埃朗人，居住在喀爾加（Kerka）河畔，經 1891 年摩爾根的發掘，證明埃朗地區的文化是很古老的，那些瀝青與琉璃都是從伊朗地區傳入的。山區北部為路路貝人（Louloube），在哈馬丹（Hamaden）所發現的浮雕，刻著女神將俘虜送給國王[177]，從那上面看出曾受了蘇美人的影響。米底人與波斯人屬於這個範圍，操印歐語言，他們的範圍很廣，在和闐與米蘭所發現的繪畫，有波斯類型「高鼻、黑鬚」[178]。在東部伊朗地區，依照古波斯的銘文，住著薩迦人（Saka），裏海以東住著達赫人（Dahai），便是他們挫敗了居魯士。

阿姆河以西住著花剌子模人，馬沙吉特人住在錫爾河流域，靠近鹹海為粟特人，再往南便是大夏人了，這是一個民族複雜的地帶。

古波斯的語言屬於印歐語言系流，有如吠陀經所用者。地方語言有受亞拉米語的影響，近巴比倫的地方，亦有採用楔形文的，有三十六個字母。古波斯語保存在阿味斯（Avesta）經中的葛都（Gatha）篇內，祆教傳播，波斯語亦推廣，故《唐書》中說：「文字同於諸胡。」[179]

‖ 米底建國及其與亞述的關係 ‖

米底與波斯最初的歷史，我們知道的並不多，只知他們不是土著，而是從伊朗高原東北部移入的。關於此，《阿維斯塔》中保存了久遠的回憶，如對狗和牛的敬重。希羅多德著《居魯士傳》中，提及牧羊人撫育居魯士的故事，當係遠古時代傳說的反映。

米底人自外移入，停居在伊朗高原後，希羅多德指出有六個部族，他們過著游牧生活。他們駕上馬車，隨著獵犬向外移動，生活很簡樸。他們實行

177　阿甫基耶夫：《古代東方史》，576 頁。
178　《西域考古記》，86 頁。
179　《舊唐書》：一九八卷。

一夫多妻制，經常劫奪族外的女子。他們有粗淺的冶金知識，製造極簡陋的工具。繼後放棄了游牧，定居下來，採取了農業生活，實行一種聯盟制度。蘇聯科學家在花剌子模地區的發掘，證明古代畜牧業與農業很發達，有山羊及牛的骨骼，石製的打穀器，銅製的生活日用品[180]。

由於冶金技術的提高，如路里斯坦的青銅加工；又由於布哈爾巨大的灌溉工程，農業生產提高。為此，米底部落聯盟不能保持原有的形式，財產分化，氏族制度解體，變為農村公社，大約是在西元前 1000 年。《阿維斯陀經》中，畜牧豪富稱為「畜群富有者」，聖火的司祭者由氏族顯貴者充任，貴族由於財富累積，逐漸分化出來。從此農村公社成了社會主要的結構，農業勞動是最光榮的。祆教教人：播種者就是善人，驅除害蟲者就是正直人。灌溉事業很發達，到處有暗井、水渠，契爾門 —— 稚布水渠長達二百多公里。

最早提到米底與波斯的文獻，是亞述國王沙爾馬那沙三世的石刻。他侵入伊朗高原，大肆劫掠，為了頌揚他的武功，於西元前 837 年樹立石刻。石刻有「Parsua」，即波斯，統屬 27 個首長；又有「Amadai」，即米底，居於伊朗高原。此後米底與波斯變成了亞述掠奪的對象。提格拉特帕拉沙爾三世（前 746 －前 727 年在位），趁米底內部分裂，向米底進攻，俘獲了六萬多奴隸及大量的牛馬，米底變成了亞述的屬地。西元前 722 年，亞述王薩爾貢二世攻陷以色列後，移其居民於米底；前 715 年，又俘獲米底同盟者達猶古（Dayaukku），米底二十二個部族的首長，必須宣誓，服從亞述的統治。

拘禁的達猶古便是希臘人所稱的臺奧賽斯（Dejoces, 前 728 －前 675），他熟悉亞述情況，竭力爭取亞述的歡心，逐漸進行米底的統一。他模仿亞述建立軍隊，強迫米底人建築埃克巴坦那城（Ecbatana），在莫沙拉山的東邊，可能便是今天的哈馬丹。他組織米底人結成聯盟，推行軍事民主制度，其最高領袖便是在會議上選出的弗拉奧提斯（Phraortes, 前 655 －前 633），他繼

180　阿甫基耶夫：《古代東方史》，580—582 頁。

其父志，保持亞述的信任，忠實地交納稅賦，同時又積極鞏固米底部落的聯盟。他曾南下征服波斯，獲取意外的成功，因而也就滋長了輕敵的心理，企圖推翻亞述的統治。但是，米底實力不足，時機未到，在埃朗進行戰鬥，結果伏拉爾特犧牲了。

米底貴族基亞克薩里斯（Cyaxares, 前 633 －前 584）鑑於前王的失敗，措施非常謹慎。他著重建立軍隊，取亞述為例，首先統一武器，建成長槍與箭手隊，施以嚴格的紀律，又建一支騎兵，曾挫敗驕橫的亞述。但是西徐亞人南移，威脅米底的安全，挽救了亞述的危機。西元前 615 年，米底北部穩定後，與巴比倫結盟，夾攻亞述，前 612 年陷尼尼微。從此米底變為中亞的強國。

米底據有亞述西部土地，向西推進，攻呂底亞王國。戰爭七年（前 592 －前 585），由於呂底亞的堅決抵抗，也由於前 585 年 5 月 28 日的日全食，以為天怒雙方，不取繼續戰爭，雙方締結和平。基亞克薩里斯死，其子阿斯底若（Astyages, 前 584 －前 550）無能，溺於畋獵，競尚豪華，居民生活苦痛。波斯北上，居魯士（Cyrus, 前 558 －前 529）於 550 年，沒有用特殊力量，便將米底滅亡了。

‖阿黑內尼德時代‖

伊朗高原西南部的波斯地區，住著自東方移入、操印歐語言的部族。他們的來源極為複雜。關於他們的數目，希羅多德以為有十種，柴納芬（Xonophon）以為有十二種。他們移入的時間先後不同，逐漸由游牧轉為定居，發展到西南部埃朗地區，蘇撒（Susa）為波斯中心的城市。

當米底強盛的時候，波斯部族已形成二十七個，阿黑內尼德（Hakha-manich）族漸次居領導地位，發展成部落聯盟，傳說中最初有三位國王：查失畢（Tchaichpich）、居魯士（Kurach）、岡比西斯（Kambujiya）。我們僅知三個名字，沒有更多的事實可以敘述。

　　西元前 558 年，居魯士建立波斯。關於居魯士，有冗長的神話，並不可靠。比較近乎事實的是巴比倫王那波尼德（Nabonide）的編年：「論到阿斯底若，他的軍隊叛亂，將他俘虜了，交給居魯士。居魯士隨即向埃克巴坦那進軍，劫掠金銀財物，帶至安長（Anzen）地區。」[181] 記述真實，西元前 549 年居魯士有「安長王」銜，三年後即有「波斯王」銜，並包括了米底的地區。

　　波斯國王居魯士在外交上與巴比倫友好，解除西南邊的憂慮。

　　對西邊的呂底亞，波斯繼續採取米底的進攻政策。呂底亞國王克萊蘇斯（Cresus），雖有埃及與斯巴達的援助，又擁有精銳的騎兵，但是，當米底陷落後，深感到新局勢的不安。

　　為了爭取主動，便向東進發，占據哈里斯（Halys）河流域。西元前 546 年，居魯士率軍北上，進攻呂底亞，戰於波加凱伊（Bograz-Keui），勝負未決。克萊蘇斯因冬雪已降，按照古代慣例即停止戰爭，乘夜撤軍，退至沙爾德城。居魯士突破慣例，立即跟蹤追擊，深入黑爾姆斯（Hermus）平原，駱駝前行，呂底亞馬隊與之相遇，驚而敗潰，克萊蘇斯被俘虜，呂底亞因而滅亡。

　　自西元前 535 至西元前 529 年之間，居魯士向東方遠征，進軍至大夏區域，陷巴爾克（Balkh）城，即《北史》所稱的薄羅，並臣服康居。東進至藥殺水，建烏拉杜普城（Oura-tube），即漢之貳師城「居魯（Cyra）係居魯士所建，位於藥殺水岸邊，係波斯帝國的邊界」，[182] 希臘人稱之為居魯士城。繼後南下入俾路支，在沙漠中曾散失一軍。

　　波斯於東西兩邊勝利後，中亞所餘者僅巴比倫王國而已。那波尼德沉於逸樂，其子巴爾達查（Balthazar）執行政事，重徵賦稅，人民苦困，激起怨怒。神職者與貴族商人相結，透過巴比倫總督古巴魯（Koubarou），居魯士沒有用特殊力量，於西元前 539 年 10 月陷此名城，和平地開入巴比倫。次年

181　胡亞爾：《波斯古代史》，44 頁所引，按安長即埃朗。
182　《斯脫拉波集》，第二卷。

三月，居魯士擁有巴比倫王銜。他採取懷柔政策，崇敬馬爾杜克（Mardouk）神，以結巴比倫人的歡心。釋放四萬兩千猶太人，使他們重返故土。居魯士晚年，傳說不一，最可靠的是在西元前 529 年，征東北邊游牧民族，波斯軍隊陣亡了大半，居魯士也犧牲了。

居魯士的長子岡比西斯（前 529 －前 522 年在位）繼位，他的性格粗暴易怒，又多疑。他統治了波斯，波斯並不太平，各地暴動，用四年的時間才鎮壓下去。其弟巴爾地亞（Bardya，希臘人稱斯麥底斯，「Smerdis」）深得人心，這樣引起了他的戒懼，乘機將巴爾地亞暗殺，託言他遠征印度去了。

埃及在阿瑪西斯（Amasis）統治時，曾有一度繁榮，與賽普勒斯及沙莫斯（Samos）聯合，拒抗波斯。岡比西斯得柏杜因（Bedouins）人之助，有了運輸的駱駝，便發動侵略埃及的戰爭，穿過沙漠進據喀沙（Gaza）。埃及王普沙麥底克三世（Psammeticus）方即位，倉促應戰，敗於拜呂斯（Peluse），迫使放棄了三角洲。西元前 525 年，波斯攻陷孟斐斯，俘獲普沙麥底克，移至蘇撒，隨即自殺了。康波斯任命阿里揚德斯（Aryandes）為埃及總督，埃及變為波斯的一個行省。

岡比西斯統治埃及的政策，古代資料極不一致。希羅多德謂岡比西斯性格鹵莽，破毀埃及神殿，埃及遭受前所未有的慘禍。依據石刻（瓦底 —— 哈爾 —— 來斯奈「Wadj-her-resent」石像，現存在梵蒂岡博物館中），他能執行懷柔政策，尊重地方風俗習慣。但是根據以後的史事，岡比西斯的作風，大致暴力多於寬宏，破壞多於建設。

波斯向北非進攻，不戰而降；因腓尼基為波斯的聯盟，放棄了對迦太基的侵略。北部安定後，岡比西斯向南發展，分兩路進軍。一軍經撒哈拉沙漠，因炎熱缺水，全軍死於途中。一軍征伐產黃金的紐比亞，擬毀那巴達（Napata）的統治者，但是，軍至柯洛斯柯（Korosko），因缺少給養，不能前進，只好無結果而還。便在撤還途中，獲得波斯政變的消息，於西元前 522

年，急返波斯，行至敘利亞，岡比西斯墜馬而死。

　　高墨達（Gaumata）政變，反映了被征服者不滿於波斯的侵略政策。藉岡比西斯外出的機會，米底術士高墨達偽裝巴爾地亞，推翻岡比西斯的統治。米底貴族與宗教神職者結合，企圖恢復米底的獨立，鞏固貴族的經濟地位，也結合了群眾不滿的情緒。因而廢除兵役制，免徵三年賦稅。各地響應，聲勢浩大。波斯貴族鑑於岡比西斯之死，互相團結，以大流士（Darius）為首，進行戰鬥。高墨達為僕役暗殺，在西元前 521 年，大流士撲滅了這次政變，重新鞏固了亞奇麥尼德王朝的統治。關於這次政變最重要的記述，便是貝伊斯頓（Behistoun）石刻，在高約 1,500 英呎直剖岩石上，刻著浮雕，國王手執弓箭，足踏俘虜，旁邊有九個俘虜，伏在地上，用三種文字刻著大流士的生活情景。「大流士王即位時所為，先居魯士長子岡比西斯治理此土，殺其弟巴爾地亞，國人不知，隨後出征埃及，波斯與米底謠言四起，群起暴動……高墨達偽裝巴爾地亞，從岡比西斯手奪取波斯與米底，自稱為王，人民畏其暴，不敢揭其偽，大流士挺身而起，……殺此偽王，旋奉神意而即位……須與叛者決戰，連戰連捷，凡十九戰，降九君。」

　　當大流士即位後，波斯的局面是非常混亂的。「當我在巴比倫的時候，下列的地方叛離了我：波斯、埃蘭、米底、亞述、埃及、帕提亞、瑪爾吉亞那、撒塔吉地亞、西提亞」（貝伊斯頓石刻）。經過七年的戰鬥，十九次的大戰，鎮壓了五萬五千多起義者，並俘虜了九個國王，波斯帝國始重新恢復起來。他衛護了波斯貴族們的利益，卻也放棄了亞述殘暴的辦法：成萬地移民。雖然這個帝國缺少內在的經濟聯繫，卻樹立起中央集權制，結合自然區域與歷史的特點，將帝國劃國為行省（希羅多德以為是二十省，柏舍波里石刻為二十三省）。設置省長，掌握地方政權，以國王名義審判。設置總督，負治安責任，總管軍事。設置祕書，稱國王耳目，彙集情報。三者各自獨立，互相制約，而祕書權力最大，以示國王權力的絕對性。

　　埃及統治者阿里揚德斯，或由於北非進軍失敗，或由鑄幣成色較高，招致大流士的疑忌，被處死。西元前 517 年，大流士親臨埃及，採取懷柔政策，尊重貴族與僧侶，除軍隊占領地外，餘皆歸埃及的奴隸主們統治。他完成奈高（Nechao）所修的運河，溝通紅海與尼羅河，「船舶便循著這條運河從埃及開到波斯了」（古波斯銘文保存在埃及蘇伊士地區）。外表雖說繁榮，實際上居民苦痛不堪，貴族與僧侶被扶植。

　　西元前 513 年，大流士北上，侵入多瑙河流域，進攻西徐亞人。

　　丹吉爾斯英勇有為，堅壁清野，採用游擊戰術，挫敗波斯人 [183]，大流士潰退，順路卻征服了色雷斯及馬其頓，這樣，波斯從海陸兩方面將希臘包圍起來了。

　　希臘工商業的發達，在小亞細亞與波斯有尖銳的矛盾。米利都暴君阿里斯多哥拉斯（Aristogoras）參與攻納克索斯（Naxos）島失敗後，一方面怕波斯懲罰，另一方面利用反波斯情緒，得雅典與尤比亞之助，於西元前 498 年，沿哈爾姆斯河（Hermus），焚燬沙爾德城。大流士怒，積極準備，兩年後戰於拉代島（Lade），波斯勝利，隨即攻陷米利都，移其居民於兩河流域下游。西元前 494 年，愛奧尼亞海的暴動雖平息，希臘卻仍在拒抗波斯。

　　西元前 492 年，大流士決定征希臘，但海軍為暴風毀於阿多斯（Athos）海峽。兩年後，又組織第二次進攻，取道海上，在馬拉松（Marathon）登陸，雅典以極少的隊伍，迅速進攻，擊潰波斯的侵略。在西元前 486 年，埃及人民受了希臘的影響，又發生暴動。就在這年的秋天，大流士在苦惱中去世了，他統治了波斯帝國三十六年。

　　薛西斯（Xerxes, 前 486 － 前 465 年在位）即位後，他的處境是非常困難的。埃及的暴動，希臘的敵視，情形十分嚴重。薛西斯性格暴躁，處理問題又多偏執。首先出兵征埃及，爭取貴族與僧侶的協助，於前 484 年，敗加

183　司徒盧威編：《古代的東方》，譯本，222—233 頁。

彼沙（Khabbicha）。叛亂鎮壓後，委任其兄亞克麥奈（Akhemenes）統治。次年，巴比倫由夏馬希爾巴（Chamachirba）領導，進行反波斯的活動，宣布獨立。薛西斯返回埃及，迅速圍攻，陷巴比倫城，為了懲罰他的不忠實，大肆劫掠，俘其居民，巴比倫遭受難以復興的破毀。

經過長久的準備，西元前 481 年秋，波斯在呂底亞駐有約二十萬人。次年，波斯海陸兩軍，齊頭並進，由北向南再一次侵入希臘。斯巴達少數的軍隊，堅守狄爾摩彼山谷，挫敗波斯，不得踰越，最後斯巴達全部英勇犧牲。波斯直驅南下，侵入亞地克，焚燒雅典城，雅典人逃到薩拉米（Salamis）島上，由強大的艦隊保護。前 480 年，發生了沙洛米斯戰爭，雅典取得了輝煌的勝利。這次戰爭解除了波斯對希臘的威脅，不得侵入地中海，雅典變為海上強國。前 465 年，薛西斯被暗殺於宮中。薛西斯死後的繼承者，百餘年間，一方面爭奪王位，皇族內部自相鬥爭；另一方面，隨著希臘歷史的演變，對希臘採取各種方式的進擊。

在波斯希臘戰爭中，雅典發揮特別作用，初收復色雷斯，繼後又取得賽普勒斯島的勝利。前 449 年，波斯被迫與雅典締結和約，波斯承認希臘各城邦的獨立，結束了五十年的鬥爭。

當伯羅奔尼撒戰爭劇烈進行時，大流士二世（Darius II，前 424 － 前 404）繼位，他密切注視希臘戰爭的發展，予斯巴達經濟與軍事的援助，使其成為自己的同盟者。雅典經濟衰落，處在極困難的地位。

西元前 404 年，亞爾沙克（Arsakes）與其弟小居魯士（Cyrus）爭奪王位，小居魯士雖然得希臘人的援助，但於前 401 年，於庫納克薩（Cunaxa）陣亡。

波斯穩定後，對希臘仍執行分而統治的傳統政策。在伯羅奔尼撒內戰中，斯巴達雖取得勝利，卻異常衰弱，在波斯壓迫下，於西元前 387 年，締結安達西德（Antalcidas）和約。從此小亞細亞與希臘的殖民地，又落在波斯帝國之手，波斯希臘的鬥爭，又轉變一新的形勢。

　　西元前 358 年，奧高斯（Okhos）繼位，凡親屬中可與之爭奪者，悉置之死地，以根絕後患。小亞細亞得雅典之助，曾掀起暴動，隨即被撲滅。對埃及與西頓的反抗，自前 353 至前 345 年，先後採取鎮壓政策，孟多（Mentorde Rhodes）的軍隊予以有力的協助。但是，馬其頓興起，希臘局面有所改變，使波斯感到不安。西元前 337 年，奧高斯在戒懼馬其頓的準備中，佞臣巴革亞（Bagoas）將之毒死，立其幼子奧爾塞（Oares），隨而巴革亞又以其不能受命，將之毒死，於前 335 年，立大流士三世（Darius III Codoman, 前 335 — 前 330 年在位）。大流士三世深悉內幕，憎巴革亞專橫，以其道而還其身，將他毒死。但是前 334 年春，亞歷山大率軍渡韃靼海峽，向亞洲進攻，節節勝利。

　　埃及遣使求盟，亞歷山大直入埃及，尊重埃及的傳統，敬阿彼斯（Apis）神，取「法老」銜，成為埃及的國王。於三角洲西部拉柯底（Rakoti）地區，建亞歷山大城（Alexandria），成為地中海經濟文化的中心，這是在西元前 332 年。

　　大流士知力不可抗，欲與講和，亞歷山大拒絕。前 331 年春，離孟斐斯，向東進軍，與波斯戰於高加美拉（Gaugameles），大敗波斯。隨即跟蹤追擊，陷蘇撒、柏舍波里（Persepolis），大流士北遁，入米底而為當地省長所殺，阿黑內尼德王朝亦由此告終。

　　亞歷山大進據米底後，即向東侵略，進攻大夏與康居，曾遭受當地居民堅決的抵抗，打擊希臘侵略的軍隊。經艱苦的戰爭，亞歷山大軍隊至藥殺水，占據居魯士城。繼後又率軍南下，至印度河流域，保路斯（Porus）雖英勇抵抗，卻遭受失敗。自前 330 至前 326 年間，亞歷山大所到的地方有限，所付出的人力卻很大，而所收的效果卻又很小，士兵厭戰，居民反抗，不得已分三路撤退軍隊，於西元前 325 年秋，退到巴比倫。

　　馬其頓侵入波斯，對波斯社會經濟發揮重大作用，新建了許多城市，舊

有的經濟遭到破壞，而城市奴隸制得到進一步的發展。蘇撒與塞琉古的石刻證明了這一點。亞歷山大正準備進攻阿拉伯，卻得了惡性瘧疾，發高熱，於前 323 年 6 月 13 日，死在尼布甲尼撒宮中，今日稱「埃爾喀沙」（El-Qacar），遺體葬於亞歷山大城。

阿黑內尼德王朝統治波斯二百多年，吸取了亞述與巴比倫的經驗，形成了龐大的帝國，但是這個「帝國不曾有自己的經濟基礎，而是暫時的不鞏固的軍事行政的聯合」[184]，缺乏內在的聯繫與統一的經濟基礎。這個帝國最初劃分為二十三個省，完全為貴族所統治。這是早期奴隸社會、氏族制度的殘餘，無論從哪一方面，都體現出來。政治是家長式的專制君主。土地為貴族所掌握，如波斯的亞奇麥尼德、米底的卡里尼德、塞迦的蘇林、德黑蘭平原的米赫蘭。

這些大氏族擁有廣大的土地，修築堤壩，進行複雜的水利工程。當波斯向外擴張，戰爭頻起，掠獲戰俘，波斯即用戰俘代替本氏族的奴隸。波斯奴隸稱「般達加」（Pandak），非波斯奴隸稱「安沙赫利加」（Anshahrik）。這時候的波斯奴隸社會有兩種結構形式：一為農村公社，一為未充分發展的奴隸制。馬其頓侵入後，奴隸制受到推動，在發達的城市內，也有了希臘式的城邦類型，議會制度建立，也曾有民眾議會。

波斯氏族社會解體後，形成奴隸制的國家，稅賦很重，稅賦按地區與產物徵收，數量亦不一致，有現金，亦有實物。賦稅包出去，「尼布爾包稅者的搜刮如搶劫人一樣」。

> 米底每年進貢羊十萬隻，驢四千頭，馬三千四。
> 愛奧尼亞等城市年納銀四百達郎。
> 呂底亞等城市年納銀五百達郎。
> 伏利銳亞年納銀三百六十達郎。
> 腓尼基及賽普勒斯年納銀三百五十達郎。

184　史達林：《馬克思主義與語言學問題》，10 頁。

埃及與北非年納銀七百達郎。又折合軍糧銀六百一十達郎。法雍為產
魚區，年納專供給皇后用的銀二百四十達郎。

亞比西尼亞每三年須進貢金子、象、烏木及兒童百人。

阿拉伯須年納香料一千斤。

亞美尼亞年納小馬三萬匹。

巴比倫除納實物外，還須選送五百人供宮廷使用。

依據殘缺的資料，波斯帝國在繁榮的時候，除實物外，每年入國庫的賦
稅，約有 14560 達郎，合 3,400 萬金盧布。這樣財富的發展，大流士取法呂
底亞，鑄金幣，稱「大流克」，重 8.4 克，只一面有箭手射擊的圖案。

波斯帝中國外侵略後，大流士使希臘航海家斯基拉克（Skylax）率舟，自
普克拉（Peukela）入海，沿俾路支海岸，航行兩年半，直至埃及，著有《海程
記行》，亞里斯多德曾讀過這部名著。為了軍事與商業，大流士修建「皇家大
路」，自蘇撒至沙爾德城，長二千四百公里，沿途有一百一十驛站，「信差在
路上跑得比仙鶴還要快」，配置舒適的旅店，有軍隊保護，步行需時三個月。

波斯古代的宗教是原始的與多神的，讚美山神與水神，崇拜牛和馬，反
映了畜牧業與農業長期的發展。繼後受其他民族的影響，以日月為對象，敬
重「光明」。阿呼拉馬茲達（Ahura-mazda）為光明的象徵，天地的創造者，
無形象，無廟堂，以火為代表，受國王敬重，並秉其意志統治國家。有神職
者專司儀式，陽光下照著的聖火已是改進後的形象。貝伊斯頓石刻標誌著大
流士建立了皇家宗教。這種宗教也就是祆教。

祆教神職者出自米底部族，深悉儀式，掌握宗教知識，保存了遠古傳
說，可以追述至部族移動的時代。米脫拉（Mithra）為伊朗人所敬重的神，始
見於亞達薛西斯石刻，至西元前 5 世紀時成為帝王崇拜的對象（因為米脫拉
係光明與黑暗的居間者），亦為宣誓的證神。

傳說曹赫斯脫（Zoroastre）為祆教的創立者，但很難確定他的歷史性。據
葛都（Gathu）經文的記載，曹赫斯脫可能是西元前 7 世紀人。他雖生在亞特

巴登（Atropatane），事業的發展卻在大夏。他幼年經過苦難，二十歲時隱居潛思，經十年努力，形成了祆教的理論。約四十歲時，向大夏總督維達斯巴（Vichtaspa）宣教，發展很快，伊朗居民虔誠地接受他的理論。曹赫斯脫創立宗教的二元論。光明與黑暗經常鬥爭，宇宙分裂為二：善神為霍爾米茲德（Ormuzda），惡神為阿里曼（Ahrieman）。現實的世界將經歷一萬二千年，每三千年為一階段。第一階段，阿里曼由黑暗中出現，受光的照耀，拒絕了奧爾母池和平的提議，展開了光明與黑暗的戰鬥。第二階段，霍爾米茲德創造了天、水、地、植物、動物與人，阿里曼創造了鬼魅、疾病與罪惡。第三階段係人類善惡的鬥爭，勢均力敵。第四階段，曹赫斯脫主持末日審判，善神得到最後的勝利。

信祆者以為靈魂不滅。人死後三日，靈魂隨風飄蕩，苦樂如生前一樣。繼後至「奈何橋」（Tchinval）畔，有三人組織成的法庭，衡量生前行為。善者過橋，橋愈寬；惡者過橋，橋愈窄，沉入無底深淵。以故死後初採取山腰埋葬，繼後建「靜塔」，露天，環形，陳屍於上，任鳥啄獸吃。[185]到末日時，溶液洗靜大地，亦即善神與惡神決鬥光明勝利之時。

‖安息王朝‖

亞歷山大死後，帝國由他的部將分割，拜地加（Pirdicas）統治亞洲部分，夢想恢復馬其頓帝國。但是在亞洲爭奪的結果，塞琉古（Seleucus, 前312－前280年在位）獲取勝利，於西元前312年，建立起塞琉古王國。

自前301年伊普蘇斯（Ipssus）戰爭後，塞琉古及其繼承者向西發展，初居巴比倫，繼而移至塞琉古城，終而移至安都（Antioche），以便控制西方，進一步與埃及爭奪。至於東方，以塞琉古為核心，維持與印度及中國的貿易，爭取旃陀羅笈多的友誼。當安提奧古二世（Antiochus II, 前261－前

185　希臘古地理學家斯脫拉波（Strabo）說：屍體任野獸吃，係帕米爾山民的習慣，在1世紀時傳入大夏，胡亞爾引《波斯古代史》101頁注3。

240）時，大夏脫離塞琉古，恢復獨立，所鑄的貨幣已是大夏國王狄奧多多（Diodotoss）了。版圖約自木鹿至撒馬爾罕，因受希臘影響，興起了優美的犍陀羅藝術。

安息克（Arsakes）為游牧者領袖，係帕提亞人（依據貝伊斯頓石刻，帕提亞人所居地變為省名，在裏海與鹹海之南。帕提亞人來自西徐亞人居地，約今蘇聯南部，與伊朗居民混居，仍保持游牧的習尚）。

初受塞琉古統治，於西元前 250 年脫離其獨立，向外擴張，可能是在與大夏戰鬥中犧牲了。其弟底里達脫（Iiridat, 前 248 － 前 214 年在位）立，乘塞琉古抵抗高盧人的侵略、埃及人的壓迫，不能東顧之時，進據伊爾加尼（Hyrcanie），於西元前 247 年 4 月 14 日，創立安息王朝。

將其兄安息克神化，鑄像於幣，並渲染先世出自阿黑內尼德（自以其父伏利亞彼脫係亞達、薛西斯二世之子），使波斯人不以異族歧視，加強統治，建達拉（Dara）宮，安息因而鞏固。其子阿爾達班（Artaban, 前 211 － 前 191 年在位），攻陷埃克已登，復為塞琉古驅逐，退守伊爾加尼。後之繼者弗里阿帕提烏斯與弗拉斯特（Phriapite, 前 191 － 前 176 年在位，<hraates, 前 176 － 前 171 年在位），因塞琉古有事於西，大夏有事於東，中國能保持和平，臣屬陀拔斯坦（Tapouristan），守裏海門戶，控制由呼羅珊至米底的要津。

米特拉達梯（Mithradastes, 前 171 － 前 138 年在位），使安息強大，奪取大夏的木鹿，任命巴加西（Bacasis）統治米底，向南部發展，伸入巴比倫及蘇撒地區。此時安息以騎兵見到，塞琉古轉弱，漸與羅馬接觸，爭奪中亞。

前 138 年，弗拉斯特二世（Phraates）繼其父志，拒抗塞琉古，先後擊敗狄米脫利（Demetrius），並俘護安底古。是時西徐亞人南下，安息用粟特人作戰，隨而暴動，弗拉特斯在戰鬥中犧牲了。安息政事由其叔父阿爾班二世領導，但大月氏向西移動，侵入大夏，於前 124 年，阿爾達班抵抗月氏，受傷而死。此即漢書所言：「大月氏西君大夏，而塞王南君罽賓。」[186]

---

186 《漢書》卷九十六上。

米特拉達梯二世（前 124 －前 87 年在位）立，撲滅與之爭奪王位者，依據所留的貨幣考證，便在西元前 124 年將敵人鎮壓。鞏固東方邊界，不使月氏移入；積極向西發展，進至幼發拉底河畔及亞美尼亞。

西元前 76 年，亞美尼亞王底格朗納（Iigrane）與羅馬鬥爭，安息王薩納特魯斯（Sanatroike）老而弱，無所作為，不能阻止亞美尼亞向兩河流城的發展。迨至弗拉特斯三世立（前 70），利用龐培與底格朗納的矛盾，協助亞美尼亞，收復兩河流域的失地。西元前 60 年，內爭起，弗拉特斯兩子 —— 米特拉達梯三世與奧洛德（Orodes）聯合，毒死其父，隨而兄弟鬥爭，奧洛德又殺其兄（前 56），進軍並占據巴比倫。

西元前 53 年，羅馬三頭政治的克拉蘇（Crassus），被任為敘利亞總督，他步龐培後塵，夢想東方財富，率軍征安息。西元前 53 年 6 月 9 日，戰於加來（Carrhae），即今之哈蘭（Harran），羅馬大敗，兩萬人戰死，一萬人被俘，移至木鹿，克拉蘇於戰鬥中犧牲，其頭被割，作為道具（奧洛德正看攸利彼德的巴西德斯「Bacchides」，劇進行中，突然將克拉蘇頭當做道具，擲在臺上，產生一種驚奇的感覺）。

安息變為強國，奧洛德選擇泰西封（Ctesiphon）為都城，據底格里斯河畔。此時羅馬沉於內戰，安息向西進發，攻敘利亞安都城，於西元前 51 年，損其大將奧沙克斯（Osakes）。九年後安息將巴哥洛（Pacorus）始破安都。西元前 44 年，凱撒被刺，卡西烏斯（Cassius）雖得安息之助，卻為屋大維與安東尼擊敗了。安東尼進據亞洲，其部將巴蘇斯（Bassus）善戰，在北敘利亞山區，於西元前 38 年，擊敗安息軍，巴哥洛亦在此戰役中犧牲。

西元前 37 年，奧洛德倦於政事，使其子弗拉特斯四世繼位。他性格果斷殘酷，弒其父，殺其兄弟，整軍以待羅馬，大敗安東尼於幼發拉底河畔。羅馬內戰結束，奧古斯都改變對安息的策略，選送美女莫沙（Musa），藉此增加羅馬的影響。安息王派其子到羅馬略學，過著豪華的生活。莫沙乘機毒死其夫，使其子弗拉特斯五世即位，以攝政的姿態執行政權。兩年後，內亂又

起，王位不定，最後由亞爾達班三世統治安息，為時約三十年。但是，亞爾達班死後，其子瓦爾達奈（Vardanes）與高達爾柴（Gotarzes）互相爭奪，互相殘殺。

沃洛吉（Vologese, 51 — 75 年在位）立，與羅馬展開鬥爭，控制亞美尼亞，但安息堅持抵抗，取阿沙摩沙達（Arsamosta）勝利，聲威復震，變為強國。當時所鑄貨幣，除祆教神外，尚有希臘與印度神像。

此後內部不和，常有內戰，復予羅馬進攻的機會。圖拉真在底格里斯河上，接連獲取勝利。迨至圖拉真死後（112），亞得利安（Adrienus）繼位，安息王奧斯洛（Osroes）知大局困難，123 年與羅馬締結和約。奧斯洛死後七年，沃洛吉斯二世立，統治十八年（130 — 148），隨之繼位者為沃洛吉斯三世，統治四十三年（148 — 191）。安息在困難中維持，羅馬予以壓力，攻陷泰西封（199），大肆劫掠，不得已，安息以重金求和，已瀕於滅亡的境地。在 224 年，安息為薩珊所滅。

安息的衰弱與滅亡是和生產關係的落後分不開的。當馬其頓帝國解體後，留下深刻的希臘影響，但這仍是表面的。居民仍有氏族深厚的殘餘，奴隸仍屬國王及貴族，土地保持了國有的形式，地方分裂，缺乏強大的中央政府。這種情況很顯明地反映在波斯此時宗教上，國王便是神王，反希臘的世界精神而趨於地方化，薩珊王朝將承其遺惠，使祆教加以改進，這是一方面；而另一方面，不能與西方脫離，米脫拉（Mithra）宗教向羅馬傳播，形成了安息時代的特點。

當塞琉古衰弱後，波斯南部幾近獨立，由祆教神職者統治，政教混而為一。所鑄貨幣，國王持弓，旁豎旌旗，立於聖火祭臺之前。阿黑內尼德古遠的傳統，賴此等邊緣地區保存。安息帝王，多係武人，即藉此種宗教力量，拒抗克拉蘇與安東尼。最後的帝王們曾收集祆教的殘經逸卷，卻未能完成。是在薩珊王朝時代，阿爾達希爾一世（Adechir）始成此巨業，集成《阿維斯塔》經典。

安息時代，米脫拉的宗教向兩河流域傳播，又發展至小亞細亞，本都國王米脫拉達德（Mithradate）便以此得名。米脫拉的神職者，沒有經典，只有口授儀式。經長期發展，波斯與閃族因素相結合，含有占卜的特點。在臨水地區，修建祠廟，英勇果斷，克服困難，成為武人崇拜的對象。羅馬向東發展，軍人信崇者甚多，2 世紀末，羅馬帝王孔莫杜斯（Commodus）祕密參加，成為米脫拉的信奉者。戴克里先曾重修加農頓（Carnuntum）米脫拉神殿。波斯因祆教的發展，其勢發展較弱。有尼姆洛達（Nimrouddagh）浮雕，秋風節稱「米脫拉加納」（Mithrakana），為米脫拉的遺跡。

‖薩珊時代及其奴隸社會的解體‖

薩珊（Sasan）係柏舍波里城阿那伊達（Anahita）廟的神職者，與安息的地方官吏有密切關係。其子巴巴克（Papak）為基爾城的郡主。

其孫阿爾達希爾（226 － 242 年在位）為達拉紀德（Darabggerd）的城防司令。薩珊王朝即以此發展成功的。

阿爾達希爾依靠僧侶與貴族軍事集團，於 224 年對安息發動戰爭。次年，擊敗亞爾達班五世，標誌著安息王朝的終了。226 年，攻陷泰西封，除亞美尼亞與喬治亞外，波斯版圖悉入其掌握。阿爾達希爾實行中央集權制，因安息地方統治者，係世襲貴族，與國王僅臣屬關係而已（阿爾達希爾先後臣服的主要地區，有蘇撒、伊斯發汗、麥塞納、奧曼）。

他繼承安息政策，堅決拒抗羅馬的侵略。237 年，阿爾達希爾奪取尼西班（Nisibin）與哈蘭（Haran）兩城，羅馬氣焰為之 ·挫。在內部，阿爾達希爾藉祆教實力，團結居民，使之有堅固的自信。曾命僧人唐瓦沙爾（Ianvasar）編纂《阿維斯塔》（Avesta），對薩珊王朝起非常重要的作用。所編《阿維斯塔》分兩部分：一為〈雅胥資〉篇，意為「頌歌」；一為〈葛都〉篇，意為「訓辭」。又收集天文、醫藥等文，附於經後，共二十一卷，書於一萬二千張牛皮之上，以金線裝訂。迨至 643 年，阿拉伯侵入波斯，祆教受摧殘，《阿

維斯塔》亦焚燬。曹赫斯脫的著作並未傳世，其學說由門徒們記錄，散見於《阿維斯塔》中。通常於「阿維斯塔」前，冠以「增德」（Zend），意為增德語所寫，實際是不正確的，因增德語係薩珊王朝書體的發展，較「碧爾維」（Pethevi）語更複雜。丹麥學者拉斯克（Rask），於 1819 — 1822 年間，在波斯與印度旅行，得《阿維斯塔》最完整的手稿，現存在哥本哈克大學。此後研究者繼起，逐漸深入，達爾麥斯德（Darmester）收集各種譯文，加以校刊，做出完善的注釋。

241 年，沙普爾（Chahpuhr, 241 — 272 年在位）即位，波斯與羅馬的戰爭，在敘利亞繼續進行。於埃德斯戰役中，俘獲羅馬皇帝瓦勒良（Valerien），利用羅馬的俘虜，修建巨大蓄水池，施行灌溉。此種工程稱為「沙拉汪」（Chadh-iRavan），意為「樂流」，隨即變為噴泉的別名（柏舍波里附近納吉伊洛斯代姆（Nageh-iRoustem）的浮雕，即記此大事）。沙普爾死於 272 年，其繼承者，初為霍爾米茲德（Ormuzd），繼為巴赫拉姆（Bahram），僅在位三年，隨又為巴赫拉姆二世奪取。波斯與羅馬的爭奪，異常劇烈，283 年羅馬皇帝卡魯斯（Carus, 282 — 283 年在位）為叛軍所殺。

在沙普爾統治之時，摩尼（Manes）宣道，倡議宗教改革。

摩尼於 215 年，生在馬爾底努（Mardinou）村，屬於巴比倫的那爾古達（Nahr Khoutha）鄉。其父名巴巴克，戒葷酒，摩尼受其影響，自十三歲至二十五歲間，有兩次感到迫切的使命，改革宗教。

沙普爾感其理論，虔心敬服，追隨十年。繼後為現實需要，尊尚傳統，轉向祆教。摩尼即離開波斯，至喀什米爾與中亞，廣為宣傳，擁有不少的群眾。272 年，沙普爾死，次年巴赫拉姆即位，其門徒以為情況改變，敦促摩尼返故土，但是祆教神職者憎其理論，密切監視其行動，275 年 3 月，將摩尼逮捕，判為異端，處以死刑，將之解體剝皮。

摩尼死後，門徒四散，一部分傳入敘利亞、埃及、迦太基，汪達爾人也受其影響。4 世紀末傳入西班牙。另一部分由裏海至中亞，傳入中國。

摩尼的理論是二元論。宇宙間善惡、明暗，永遠對立，不能相容。

也如宇宙一樣，每個人受兩種相反的精神支配，屬於善的如慈愛、智慧與忍耐，屬於惡的如仇恨、發怒與愚蠢。善惡各有神鬼，經常戰鬥。

為了去惡就善，須戒殺生、禁葷食、斷色慾。一般群眾，不作過高的要求，只要不說謊、戒貪吝、禁殺人便夠了。宇宙最後遭受大劫，福善懲淫，結束這一階段是非，而善惡又恢復原狀，互相鬥爭，永無止境。這是一種奴隸解體時沒落的意識，反抗現實，又無堅決的鬥爭意志，群眾容易接受，只安心承受，反映出深厚的悲觀情緒。

沙普爾二世統治了 69 年（310 － 379），在此悠久的期間，波斯經濟有特殊的繁榮。一方面受羅馬東方諸省的影響，地中海隸農制的發展，波斯亦在轉變。他方面與東方聯繫，開闢有名的絲路，運輸中國絲綢，波斯居間掠取利潤。這時波斯依靠貴族，團結僧侶與軍人，擴大了統治的基礎。

波斯與羅馬的關係，有種新的轉變。當君士坦丁皈依基督教後，藉口保護宗教，向波斯進攻。而羅馬禁止的聶思多派，又受薩珊王朝的保護。此種複雜的關係，表現在長期爭奪亞美尼亞的戰爭上。波斯為了占有亞美尼亞，堅持不懈地反羅馬變成他的傳統政策。340 年，沙普爾進攻尼西班，扶植阿夏克（Archak）為王，便是為了擴大波斯在亞美尼亞的影響。

羅馬也同樣，朱利安（Julien）立，即向東進軍，侵入波斯，沿幼發拉底河南下，至泰西封，繼後知難而退，轉攻米底地區，於 363 年死在標槍之下。約維安（Jovien）被士兵舉為皇帝，即刻與波斯締結和約，將軍隊撤退。此時薩珊與羅馬在劇烈爭奪中，貴霜王朝在東方的演變已成次要的問題了。

沙普爾二世死後，其繼承者多數庸弱。初由其內兄阿爾達希爾二世，（Ardechir II，379 － 383），繼而為貴族廢棄，立沙普爾三世，統治五年，死於軍中。其後由巴赫拉姆四世（Behram）繼位，統治了十一年。此時羅馬正在東西分裂之時，蠻人南下，對波斯採取守勢。伊斯特格德一世（Yezdeguerd I, 399 － 420）是正直者，反對宗教，招致保守者不滿，改善與羅馬的關

係，波斯有暫時的安定。（依據東羅馬史學家普羅戈撲（Procope），伊斯特格德受波斯人愛護，東羅馬帝王亞爾加底（Arcadius）將其子弟委託波斯國王監護）

到巴赫拉姆（Behram）五世即位後，東北邊境動搖，不斷為嚈襲擊。嚈陷大夏，大月氏瀕於滅亡。巴赫拉姆奮勇抵抗，戰於木鹿，取得暫時的安定。在西方邊界，因宗教問題，與羅馬關係日趨惡化。

戰爭又起，波斯失利，雖守住尼西班，但被迫與羅馬締結和約（421），承認宗教自由。

438 年，波斯因受嚈的威脅，伊斯特格德放棄與羅馬的鬥爭。

這時波斯的中心問題是如何加強對亞美尼亞的統治。波斯利用祆教，使亞美尼亞永屬波斯，但是亞美尼亞人運用新創造的文字（亞美尼亞文字，於 392 年，由麥斯羅普（Mesrop）創立；麥氏係哈特塞克人（Hatsek），死於 447 年），無論是思想上與行動上，對波斯強烈地拒抗。伊斯特格德率軍征亞美尼亞，予以殘酷的鎮壓，在 451 年，取得亞瓦拉爾（Avarair）的勝利。

伊斯特格德逝世（457）後，因為繼承問題，兄弟又起鬥爭。卑路斯（Peroz）以兩城與嚈（在大夏的達拉干（Talqan）及底爾米德（Tirmidh）），藉其兵力奪取王位，推翻其兄霍爾米茲德三世（457 － 459 在位）。卑路斯統治二十五年，內有長期的旱災，須向外購糧；外有嚈的壓迫，發動了兩次不幸的戰爭：第一次因掌握情況不確，全軍在沙漠中喪失；第二次在戰爭中卑路斯犧牲（484）。有兩年波斯帝國受嚈的統治。

波斯在困難中，名將查米爾（Zarmihr）果斷有為，返自亞美尼亞，立前王之弟巴拉克（Balach），波斯人心逐漸安定。結聚步隊，增加實力，與嚈進行談判，迫嚈釋放波斯俘虜及所質王子加瓦德（Kavadh）。查米爾實力外交的勝利，振奮波斯人心，威信很高，於 488 年廢巴拉克而立加瓦德。加瓦德即位後，讚揚摩尼理論的繼承者馬茲達克（Mazdek），愛護窮人，反貴族的特權，因而激起保守者的仇視。497 年，貴族將他囚禁在吉爾吉德（Guilguird）獄中，政變又起。

　　加瓦德得查米爾之助，從獄中逃往噠，娶拜洛茲多克公主（Peroz-dokht），藉噠的實力恢復王位。財政紊亂，經濟異常困難。503 年，加瓦德進攻兩河流域上游，占領亞米達（Amida）及狄奧多西（Theodosipolis）兩城。504 年，匈奴自東侵入，形勢轉緊，迫使放棄與東羅馬的鬥爭。527 年，波斯與拜占庭戰爭又起，貝利沙（Belisaire）最初失利，531 年攻陷加林尼克（Callinicum）。波斯建築城市，準備長期戰鬥，便在這年，加瓦德去世了。

　　薩珊王朝不斷地向西推進，與東羅馬進行戰爭，固然為了對亞美尼亞及敘利亞的統治，但是掠獲俘虜卻也是戰爭的主要原因。波斯經濟繁榮，建立了許多新城市，原有的奴隸不能滿足需要，為了修建繁重的水利工程，需要羅馬及各省的俘虜，從事大規模的勞動。在另一方面，5 世紀的波斯受羅馬奴隸社會解體的影響，特別是波斯貴族趨於沒落，階級鬥爭異常尖銳。譚沙爾的信中說，「奴隸們不再服從自己的老爺了」，「拋棄了自己的工作」，離開老爺而跑進了「城市」[187]。戰俘只能緩和當時的階級鬥爭，而不能解決波斯的社會危機，因而也就產生了馬茲達克的改革。

　　馬茲達克生於呼羅珊尼沙不爾（Nichappour）城，繼續摩尼的理論，倡導二元論，但較摩尼更為樂觀。他主張宇宙由水火土三種元素構成，明暗兩種力量統治。善者純潔，惡者混濁，每個人秉著精神上的四種力量：辨別、智慧、記憶與快樂，棄惡就善，可以成為完人。馬茲達克以為怨恨與戰爭是最可憎惡的，罪惡是可以克服的。

　　馬茲達克運用宗教形式，進一步推動社會改革。為了達到經濟平等，須建立自由公社，恢復原始的財產共有制；為了打破貴族家庭的婚姻，要求恢復群婚制殘餘的共妻制，衝破當時婚姻的閉塞性。但是他改革的特點，卻被史料歪曲。馬茲達克的改革是一種復古運動。

　　這種運動具有鮮明的社會性，適合被壓迫者的要求。平均分配富者的財產與土地，拒抗租稅，利用宗教形式，表現出強烈的社會鬥爭。

187　見《封建社會歷史譯文集》，50 頁。

　　由於客觀形勢的發展，反抗貴族，加瓦德加以保護，剝奪了貴族們的經濟。馬茲達克的影響日漸擴大。

　　科斯洛埃斯一世（Khosrau I, 513 － 579）即位，鑑於馬茲達克勢力的擴大，威脅他的政權，他放棄了他父親政策，施以鎮壓。迨至馬茲達克運動失敗後，波斯奴隸制也便開始崩潰了。馬茲達克及其弟子數千人悉被殘殺，一部分信徒，逃往中亞各國。

　　科斯洛埃斯實行土地與稅制改革，建立強大軍隊，將軍權交給四大騎兵將領。那些沒落的貴族，隸屬宮廷。這些措施，更促進奴隸社會解體，由奴隸制過渡到隸農制，波斯的封建制度逐漸形成。

　　科斯洛埃斯即位後，深受統治階級的愛護，因為他恢復了舊秩序，以故稱他為「正義者」（Dadgar）。當拜占庭征服汪達爾與東哥德後，貝利沙（Belisaire）轉向敘利亞進發，欲毀 531 年前的局勢。科斯洛埃斯知其意圖，於 540 年，進軍敘利亞，占據安都，移其居民於新城，位於泰西封之旁（此新建之城，名 Beh-Az-Andio-Khosrau，意為「科斯洛埃斯較安都好的城」，阿拉伯稱之為羅馬城（Roumiyya））。貝利沙雖堅決抵抗，拜占庭不能解除波斯的威脅，不得已以重金換取暫時的和平。

　　約在 500 年，波斯東境又起變化，嚈強大，據大夏，「其王都拔底延城，蓋王舍城也」（《北史》卷九七）。拜占庭欲解脫波斯的壓力，遠結嚈，東西夾擊波斯。科斯洛埃斯突破這種包圍，娶室點密可汗之女，達頭可汗之妹，藉西突厥實力，於 563 － 567 年之間，滅嚈，與突厥共分其地。波斯取大夏，以媯水與鐵門為界，但是突厥不久即南下，據嚈舊壤，這說明波斯已至衰落境地。

　　中國絲絹輸出，無論是經陸路或海路，悉由波斯壟斷，拜占庭不甘心放棄商業利潤，曾遣使至葉門，避開波斯，以取得中國絲綢（尤斯地尼大帝於531 年曾遣使葉門），這是一方面。另一方面，康居人善於貿易，欲利用室點

密之力，使波斯放棄絲業的壟斷。波斯不允，多毒死突厥使臣（科斯洛埃斯的寵臣加杜爾夫（Kataulphe）係噠人，熟習絲的貿易。波斯王信其言，拒絕康居使臣馬尼亞克（Maniach）的要求）。以故波斯與突厥關係惡化，突厥慫恿拜占庭攻波斯，因而產生了二十年的戰爭（571 － 590）。

529 年，埃其奧彼亞占據葉門，阿拉伯謀求解放，請波斯援助，於 570 年，科斯洛埃斯遣大將瓦利茲助阿拉伯進攻，占據葉門，並充兵於此。科斯洛埃斯長期的統治，完成波斯土地的測量，製成土地冊，依照土質、灌溉、作物、樹木和勞力逐一登記，按產量確定稅額。

這是薩珊時代的一件大事。科斯洛埃斯晚年，軍事卻經常失利。

霍爾米茲德四世繼位（579），係室點密之甥，繼其父志，與拜占庭作戰。但突厥與拜占庭夾擊波斯，大將楚班敗突厥於斯瓦奈西（Svanethie）。霍爾米茲德疑楚班，解其職。590 年，楚班暴動，進據泰西封，霍爾米茲德逃走，波斯軍擁護科斯洛埃斯二世（Khosrou II）。

科斯洛埃斯依靠拜占庭帝王摩里斯（Maurice）之助，圍困楚班。楚班見大勢已去，逃往突厥。為了根絕後患，波斯以重金賄賂可敦，暗殺了楚班。

7 世紀初，拜占庭起劇烈變化。602 年，摩里斯為伏加斯（Phocas）所殺，篡奪帝位。但伏加斯荒淫無度，無力轉變帝國危局，於 610 年又為埃哈克利（Heraclius, 610 － 641 年在位）所殺。科斯洛埃斯藉口與摩里斯復仇，任命戰將巴拉（Chahr-Baraz）向西進攻，節節勝利，取埃德沙、安都、多馬色、耶路撒冷及埃及。別一軍由薩賓（Chabin）率領，進入小亞細亞，直攻加塞東（Chalcedoine），與君士坦丁堡隔海遙對。薩賓失寵而死，巴拉代替，攻陷此城，拜占庭處在危急之中。埃哈克利鎮靜，堅決反抗波斯，624 年，收復小亞細亞及亞美尼亞；627 年，與突厥聯絡，戰局形勢又為一變。628 年，科斯洛埃斯病，其子爭奪帝位，內訌又起，貴族擁護施羅（Siroes），而科斯洛埃斯為人暗殺。

　　是年波斯災情至重，施羅僅統治六個月，死於瘟疫。此後四年之間，易主十二位，局勢至為混亂，最後的波斯帝王為伊斯特洛德三世（632 － 651 年在位），內亂暫告終止。但在 638 年，因阿拉伯興起，不得不棄都而走。

　　奧瑪（Omar, 634 － 643 年在位）為阿拉伯領袖，既反拜占庭，亦反波斯。637 年，萬葛斯（Wakkas）率阿拉伯軍隊向波斯進攻，戰於喀地西亞（Kadisiyat），血戰三日，阿拉伯得到增援，側擊波斯，波斯主帥羅斯塔姆（Rustam）陣亡，伊朗高原隨即淪陷。

　　波斯國王伊斯特洛德東走，638 年泰西封亦為阿拉伯占領，波斯情況惡化，任命拜洛桑（Perozan）組織大軍，作最後努力。642 年，兩軍戰於尼哈溫（Nehawend），復為阿拉伯所敗。伊斯特洛德退至木鹿，以期康居予以援助，但是木鹿省長馬哈（Mahoi）與突厥相連，首先解除國王衛士，繼而於 651 年將他暗殺，波斯古史也便這樣結束了。

　　薩珊王朝的建立是依靠僧侶與軍事貴族集團，在一定的範圍內，擴大了剝削階級的統治基礎。僧侶與軍人的物質基礎主要的是土地占有制。農村公社的存在，奴隸占有制得不到發展，因而必須有戰爭，俘虜別國人民，以推動生產。不僅只此，波斯內部鬥爭也異常劇烈。摩尼反抗當時的政治，馬茲達克更為尖銳，這是奴隸社會解體的表現。科斯洛埃斯的改革便說明了封建關係的形成，土地餽贈在那時已成為合法的行為。

　　君主集權制是薩珊王朝的特點。袄教的神長與軍隊的統帥結成一種強力，左右國家一切的大事。袄教是國家的宗教，擁有大量的土地，形成國家內的國家。科斯洛埃斯與楚班鬥爭，得僧侶支持，科斯洛埃斯始取得勝利，因而以大量金錢獻給袄教神殿。

　　國家主要的收入賦稅。按各地區的產量與土質，徵收不同的田賦。科斯洛埃斯一世曾進行一次改革，除習慣計算外，復參照土地面積與所種的植物，雖然計算複雜，卻較已往是進步的。人口稅每三月交納一次，繼後加以改革，按財產與等級，徵收自十八歲至五十歲者。僧侶、貴族及士兵免納人口稅。

稅吏權力很大，他們作惡多端，如農作物熟後，不得稅吏允許不能收割。雖有司法官監督，卻造成很大的困難，因而增加人民的苦痛。賦稅重，如遇慶典或災荒，有局部或全部免除者。關於稅收數字，只知科斯洛埃斯二世時，607 年的稅收的總數為四億二公里脫加爾（依據宇洛夏計算，折合六億「狄拉克姆」）。

薩珊時代的工業以紡織著名，暢銷全世界，多花卉與奇獸的圖案，反映了異鄉的風格。阿拉伯佔領後，紡織工業仍很發達，杜瓦、夏達、木鹿等廠，在中世紀有很高的信譽。

中國絲綢由海陸兩路輸入波斯，復由波斯分散到西方各地，而西方的水晶與玻璃又由波斯輸入東方，波斯獲利至厚。取道陸路者，必經撒馬爾罕，係當時貿易中心。便是為此，康居人曾與波斯爭執，挑起波斯與拜占庭的戰爭。取道海路，以葉門為要津，拜占庭曾遣使聯絡，以避波斯的壟斷。

沙普爾二世利用羅馬俘虜在蘇撒等城建立紡織廠，產量多，品質高，波斯氈成了中世紀珍貴的禮品。

‖ 波斯與中國的關係 ‖

古漢語譯「Parsa」為波斯。這個名詞最初見於《魏書・西域傳》[188]，玄奘在《大唐西域記》內，譯為波剌斯[189]，《古今圖書集成》有百兒西亞國[190]，按照所述方位，在印度河西，都城有圜圖，造於空際，下以石柱擎之，當是波斯及古巴比倫。波斯名稱的翻譯，依照伯希和的意見，不是節譯，而是譯自窣利語，大約在 5 世紀的時候[191]。

洛費爾（B.Laufer）著《中國與波斯》，輯中國資料，如《嶺外代答》中「西南海上波斯國」，李時珍說，「波斯西南夷國名也」，提出馬來亞波斯

188　《魏書》，卷一〇二。
189　《大唐西域記》，卷十一。
190　《邊裔典》，卷八十八。
191　伯希和，《吐火羅語考》，73 頁。

與中亞波斯有別[192]。

費琅（G.Ferrand）繼續這種說法，在南海中找到兩個地區，可能是波斯的對音：一個在緬甸，一個在蘇門答臘。[193]

不論波斯譯名有幾，不論波斯有幾個，這樣提法是值得考慮的。

宋雲在記述西行時，曾經波斯，他說：「境土甚狹，七日行程。」[194] 宋雲所說的波斯，顯然不是薩珊王朝的波斯，而是《北史》中的波知：「波知國在鉢和西南，土狹人貧，依托山谷，其王不能總攝。」[195] 波斯是歷史上實際存在的，不能因偶然兩三種記述，便將之分裂與混淆。其次同名異地，或一名概括其他，歷史上例子很多。前者如「底彼斯」，埃及有，希臘也有。後者如明末「佛郎機」一詞，包括了歐洲許多國家。

隋唐之時，波斯掌握東西貿易的實權，地位特殊，陸上有絲路，海上直到廣州。慧超《往五天竺國傳》中說：「泛舶漢地，直到廣州。」當時地理知識不很精確，舉其重要者概括其他，也是可能的。

漢武帝元朔三年，張騫返自西域，向漢廷敘述他的經過，中國初次知道安息。他說：「安息在大月氏西可數千里，其俗土著，耕田，田稻麥，蒲陶酒，城邑如大宛，其屬大小數百城，地方數千里，最為大國。」[196] 安息由米特里達德統治，國勢擴張，張騫雖沒有親歷其地，但是他的敘述卻是正確的。張騫再次出使西域，遣副使至安息，正式發生接觸：「初漢使至安息，安息王令將二萬騎迎於東界。」按此時的安息國王為米特里達德二世，正在東抗大月氏，西拒羅馬，爭奪亞美尼亞。武帝時，上林苑開始種胡桃，胡桃原係波斯的特產，皮薄肉多，味很可口。

到後漢時，中國與安息往來較少，章帝章和元年，安息「遣使獻獅子、

192　轉引自洛費爾著：《中國與波斯》，472 頁。
193　《西域南海史地考證譯叢續編》，91—109 頁。
194　《洛陽伽藍記》，卷五。
195　《北史》卷九十七，見《西域南海史地考證譯叢》六編，30 頁。
196　《史記》，卷一二三。

符拔，符拔形似麟而無角」[197]。到和帝永元九年，班超遣甘英使大秦而至其地。

十三年，安息王滿屈復獻獅子及條支大鳥，時謂之安息雀[198]。依據年代推斷，滿屈應為安息王 Paeorus，如果是這樣，滿屈當為蒲屈之誤，藤田豐八在條支考中亦已提及。

元魏時，東西關係比較密切，《魏書》中有〈波斯國傳〉。「波斯國都宿利城，在忸密西，古條支國也」[199]。宿利城即塞琉古，波斯即安息，亦即西史所稱之帕提亞。《魏書》與《北史》將安息與波斯分而並舉，自然是不妥當的。但是《隋書》卷八三將安息與安國混淆，亦不應該。

「安國，漢時安息國也，王姓昭武氏」。《隋書》所說安國，係今之布哈拉（Boxara），武帝以後，便併入大夏，從未列入安息，以故不能以安國而等安息。但是從這些事實也可看出，元魏時對波斯的知識還不夠明確。

波斯與中國的接觸，始於後魏，《魏書》說：「神龜中，其國遣使上書貢物云：天之所生，願日出處常為漢中天子，波斯國王居和多，千萬敬拜。朝廷嘉納之，自此每使朝獻。」[200] 神龜為肅宗孝明帝的年號，接見波斯使臣應在神龜元年七月[201]。也便在這年，宋雲、慧生西去求經。此時波斯執政者為科斯洛埃斯二世，與居和多音亦相近。

5 世紀末，波斯東方的邊疆受到嚈的威脅，484 年，拜洛斯親征嚈而死，波斯有兩年受其統治。關於嚈的強盛，宋雲於神龜二年（519）十月，經過嚈說：「南至牒羅，北盡敕勒，東被于闐，西及波斯，四十餘國，皆來朝賀。」[202]

但是嚈盛況，由於突厥的興起，不久便改變了。

---

197 《後漢書》，卷一一八。
198 《後漢書》，卷一一八。
199 《魏書》，卷一〇二。
200 《魏書》，卷一〇二。
201 《冊府元龜》，卷九六九。
202 《洛陽伽藍記》，卷五。

當波斯與拜占庭鬥爭的時候，拜占庭聯合嚈，夾擊波斯。波斯王科斯洛埃斯為了突破包圍，雪他祖父的仇，他娶室點密可汗的女兒[203]。

波斯藉突厥的實力，於 563 — 567 年間，進攻嚈，將它滅亡。波斯與突厥共分嚈的土地，以媯水為界。可是突厥不斷南下，進據嚈舊地，形成了隋末唐初，亞洲大部民族的主人[204]。

因絲業的經營，突厥與波斯關係惡化。中國絲絹的輸出，波斯為主要主顧，居間操縱價格，謀取厚利。大秦國「常欲通使於中國，而安息圖其利不能得過」[205]。《冊府元龜》亦提及：「大秦王常欲通使於漢，而安息欲以漢繒彩與之交市，故遮閡不得自達。」[206] 因此發生拜占庭與波斯及突厥二十年的戰爭（571 — 590）。科斯洛埃斯二世時，波斯與拜占庭關係亦不正常，時而和合，時而敵對，波斯幾至滅亡。關於此，《舊唐書》中提供了不少的資料：「隋大業末，西突厥葉護可汗頻擊破其國，波斯王庫薩和為西突厥所殺，其子施利立，葉護因分其部帥，監統其國，波斯竟臣於葉護。及葉護可汗死，其所令監統者，因自擅於波斯，不復役屬於西突厥。」[207] 庫薩和即科斯洛埃斯二世（590 — 628 年在位），不是由突厥，而是由波斯的貴族所殺。施利即 Schiros，即位於 628 年 2 月 25 日。

統葉護可汗於武德元年（618）立，西突厥盛極一時，移汗庭於千泉。貞觀三年（629），玄奘西行至其地，有動人的敘述：「水土沃潤，林樹扶疏，暮春之月，雜花若綺，泉池千所，故以為名。」[208] 沙畹以玄奘 628 年在素葉城，顯然有時間上的錯誤。630 年，統葉護為其伯父所殺，西突厥已趨於衰頹。

唐高宗任命賀魯為瑤池都督後，賀魯隨即自立為汗，戰事又起。

203　參看沙畹：《西突厥史料》，譯本 160—161 頁。
204　參看陳寅恪：《唐代政治史述論稿》，95 頁。
205　《魏書》，卷三十。
206　《冊府元龜》，卷九九八。
207　《舊唐書》，卷一九八。
208　《大唐西域記》，卷十。

657 年，唐軍敗賀魯於伊犁河北，又西進，於 659 年，斬真珠葉護於雙河，從此西突厥版圖隸屬唐室。龍朔元年（661），王名遠進《西域圖記》，並請于闐以西、波斯以東十六國，分置都督府十六。此十六國的今地，八國在阿富汗，兩國在烏茲別克，五國在塔吉克，餘為波斯，即今之伊朗[209]。

當唐室向西方開拓，鞏固關隴的時候，拜占庭在西方卻進入困難的時代，蠻族由巴爾幹南下，阿拉伯由小亞細亞北上，腹背受敵，處境十分困難。

波斯同樣受阿拉伯攻擊，無力拒抗。為了挽救局面，波斯不得不請求中國的援助，因為大勢所趨，在西突厥衰亡後，只有唐室能左右當時的局勢。伊斯特洛德（即《唐書》所言伊嗣候）死，其子卑路斯入吐火羅，於龍朔元年，遣使向唐室告難，高宗十分謹慎，「以遠不可師，謝遣」。繼後，以疾陵城為波斯都督府，任命卑路斯為都督[210]。咸亨中，卑路斯親來入貢，高宗倍加恩賜，拜右武衛將軍。儀鳳二年（677），建祆祠於長安。卑路斯死，其子泥涅師繼位，調露元年（679），「詔裴行儉將兵護還，將復王其國。以道遠，至安西碎葉，行儉還。泥涅師因客吐火羅二十年」[211]。當時阿拉伯實力強大，鋒不可當，波斯藉唐室復國的夢想，已成泡影。景龍初，泥涅師復來朝，授左威衛將軍，隨即病死。此後波斯來朝者尚多，但已不是波斯的國王了。

阿拉伯滅波斯後，向東進攻，節節勝利。自神龍元年（705）起，安國、俱密國、康國等，懷念往昔唐室的寬大，不斷向唐室求援，以抵抗阿拉伯的橫徵暴斂。但是唐室因吐蕃強大，只能維持現狀，而高仙芝的居功狂傲，演成怛邏斯的慘敗（751），從此唐朝喪失西方。四年之後，又發生了安史的政變，當時國際大勢，唐室所困惱者，自為吐蕃問題。貞元三年（787），德宗問李泌當循之策，李泌說：「願陛下北和回紇，南通雲南，西結大食天竺，如此則吐蕃自困。」[212]

209　參看岑仲勉：《隋唐史》，95—96 頁。
210　《新唐書》，卷二二一下。
211　《新唐書》，卷二二一下。
212　《資治通鑑》，二三三。

大食稱霸西方，地幾半天下，而薩珊王朝已變成歷史名詞，但是，波斯民族卻永遠存在。

論祆教傳入中國者，以為始於北魏。《魏書·波斯傳》說：「俗事火神天神……神龜中其國遣使上書貢物云。」[213] 中國史籍中初次提及祆教，始於《魏書》是正確的；若謂祆教此時才傳入中土，似還有斟酌的地方。

認為祆教傳入中國始於北魏的說法，是根據畢沅校的《長安志》。關於南布政坊西南隅胡祆祠，畢沅注說：「胡祆神始末，是北魏書靈太后時立此寺。」[214] 查《魏書·皇后列傳》，畢沅所言似指：「後幸嵩高山……升於頂中，廢諸淫祀，而胡天神不在其列。」[215] 胡天神為外來的神是肯定的，但是否為波斯國所傳來的祆神，則很難斷言。自太安元年（455）至神龜二年（519），波斯遣使來華者有十一次之多[216]，其關係僅只是朝貢，並未提及建祠與傳教。而神龜前後的薩珊王朝處境困難，困於噠，因於拜占庭，居和多上書貢物，也僅只此。但是，波斯與中國的接觸實始於此。以故神龜之前所言波斯，實非薩珊之波斯，證諸宋雲行記，波斯「境土甚狹，七日行程」（依照藤田豐八的意見，宋雲所說的波斯係《魏書·西域傳》中之「波知」）。這也便是為什麼《魏書》始有波斯國傳，前此無直接關係的，更沒有建祆寺的記述。

論到祆寺為宣武靈太后所立，亦須重新考慮，我們知道太后曾幸華林園，宴群臣於都亭曲水。太后作詩說：「化光造物含氣貞。」[217] 有以「太后詩僅一句，然吉光片羽，已與祆教光明清潔之旨有合云」（張星烺：《中西交通史料彙編》第四冊，103 頁）。若就詩意解釋，可此，亦可彼，並沒有具體到祆教。相反的，我們從下列兩件事中說明太后與佛教關係。太后的父

213　《魏書》，卷一〇二。
214　畢沅校的《長安志》，卷第十。
215　《魏書》，卷十三。
216　《冊府元龜》，卷九六九。
217　《魏志》，卷十三。

親胡國珍,「年雖篤老而雅敬佛法,時事齋潔」。在神龜元年（518）,「步從所建佛像發第至閶闔門四五里」[218],胡氏崇尚佛教而無祆教的跡象。神龜元年,宋雲與惠生為太后所遣,西去求佛經,得大乘妙典一百七十部。惠生為崇立寺比丘（見《洛陽伽藍記》卷五）,足徵太后為佛教的崇奉者。

祆教在西域傳播很廣,慧超說:「大食國已東,並是胡國,即是安國、曹國、史國、石騾國、米國、康國,中雖各有王,並屬大食所管,此六國總事火祆,不識佛法。」（慧超《往五天竺國傳》）而這些國家的人,多至中國行商,他們「善商賈,好利,丈夫年二十去傍國,利所在無不至」[219]。若就《魏書》所言胡天神,退一步說,縱然指祆神,亦僅限於西域伊朗係之胡賈。我們知道突厥亦有事之者,以其與之接觸較深,唯所祀的方式不同耳。段成式保留了一段有趣的記述:「突厥事祆神,無祠廟,刻氈為形,盛於皮袋,行動之處,以脂酥塗之,或繫之竿上,四時祀之。」[220]

祆教傳入中國明確可考的時間,始於唐武德四年（621）。其時薩珊王朝衰弱,唐室強盛,使節來華者漸多。唐職官中設薩寶府祆正。

《通典》記述此事:「薩寶,視從七品,薩寶府祆正。武德四年,置祆祠及官,常有群胡奉事,取火咒詛。」[221]波斯人東來者頻繁,「近世有波斯人至扶風逆旅」[222]。

長安有祆祠三處:南布政坊西南隅,善寧坊西北隅,靖恭坊街南之四[223]。

此外,醴泉坊街南之東,有波斯胡寺,「儀鳳二年（677）,波斯王卑路斯奏請於此置波斯寺。景龍中幸臣宗楚客築此寺地入其宅,遂移寺於布政坊之西南隅祆祠之西」[224]。東都亦有祆祠四處,設在會節坊、南市、西坊及立德坊。

---

218 《魏書》,卷八十三下。
219 《唐書》,二二一下《西域傳》。
220 《酉陽雜俎》,卷四。
221 《通典》,四十。
222 岑仲勉:《伊朗之胡與匈奴之胡》,《真理雜誌》一卷三期。
223 宋敏求:《長安志》,卷九及卷十。
224 《長安志》卷十。

會昌五年（845），武宗受趙歸真影響，敕令「廢浮屠法，籍僧尼為民二十六萬五千人。大秦、穆護、祆二千餘人」[225]。祆教在中國傳播，限於伊朗係之胡賈，期待中國予以援助。唐室為便於管理，設薩寶職官專管，亦猶今之領事。後唐室禁止，距薩珊之亡將近二百年矣。

摩尼被處極刑後（275），其教不能容於波斯，遂向中亞傳播，影響很大。玄奘過中亞，說到波斯時：「天祠甚多，提那跋外道之徒為所宗也。」[226] 提那跋為太陽神名，沙畹解為摩尼教之「Denavari」[227]。

依據宋僧人志磐所記：「延載元年，波斯國人拂多誕持二宗經偽教來朝。」（志磐：《佛祖統記》卷三十九）延載為則天武后年號（694），拂多誕非人名，而是碧爾維語的「Fur-sta-dan」譯音，意為「知教意者」[228]。

開元七年（719），吐火維支汗那（Djaghanyan）王帝賒（Tesch）上表，「獻解天文人大慕闍，其人志專幽深，問無不知……」[229] 慕闍為古波斯語「Mage」的譯音，作「師」解。但是摩尼教的傳入沒有任何基礎，托佛教傳播，因而到開元二十年（732），玄宗傾向道教，遂下令禁止。

「末摩尼法，本是邪見，妄稱佛法，誑惑黎元，宜嚴加禁斷」。[230] 安史事變起，唐室藉回鶻的援助，穩定大局。回鶻居功自傲，苛刻勒索，「乾元後回紇恃功，歲入馬取繒，馬皆病弱不可用」[231]。

康居粟特的胡賈，旅居回鶻，結其歡心，傳播摩尼教，對於政治與經濟發揮重大的影響。「始回紇至中國，常參以九姓胡，往往留京師，至千人，居貲殖產甚厚。」[232]

---

225 《新唐書》，卷五十二。
226 《大唐西域記》，卷十一。
227 沙畹：《摩尼教流行中國考》，譯本 5 頁。
228 沙畹：《摩尼教流行中國考》，6 頁。
229 《冊府元龜》，卷九九七。卷九七一內亦記述事，大致相同。
230 《通典》，卷四十。
231 《新唐書》，卷五十。
232 《新唐書》，卷二一七上。

廣德元年（763），摩尼教傳入回鶻，有回鶻可汗紀功碑與摩尼教的突厥文殘經[233] 為證：「帥將睿思等四僧人入國，闡揚二祀，洞徹三際，況法師妙達明門，精研七部，才高海岳，辯若懸河，故能開正教於回紇。」（紀功碑第八行）「受明教……慕闍徒眾，東西循環，往來教化。」（紀功碑第十行）「大王天賦莊嚴以功績御國神武莊嚴幸福光榮賢智回紇可汗摩尼化身。」（突厥文殘經）

回鶻既皈依摩尼教，摩尼僧便參與國政。使節至唐者，常有摩尼僧隨行。唐因外交關係，藉建立寺廟以結歡心，撤銷前此之禁令，遠至荊揚洪越等地。大曆三年（768），敕回紇奉摩尼者建大雲光時寺。

貞元十五年（799），令摩尼僧祈雨。元和二年（807），「回紇請於河南府太原府置摩尼寺許之」[234]。

貞元三年（787），德宗用李泌和親之策，合骨咄祿可汗娶咸安大長公主[235]。

公主至回紇，歷四可汗，卒於元和三年（808）。繼後保義可汗，復遣使求婚。元和八年（813），回紇遣摩尼僧等八人至京，憲宗使有司計算，禮費約五百萬貫，未隨其請[236]。長慶元年（821）五月，「回紇宰相、都督、公主、摩尼等五百七十三人入朝迎公主，於鴻臚寺安置」[237]。

摩尼教藉回紇的實力，始流行中國，其基礎是不鞏固的。繼後回紇失勢，摩尼教亦加斷禁。會昌三年（843），武宗讓劉潔合沙陀等兵討回鶻，「大敗回紇於殺胡山，烏介可汗被創而走，迎得太和公主至雲州……」[238]。隨即下詔：「摩尼寺莊宅錢物等，並委功德使以御史臺及京兆府名差官點檢

233　沙畹：《摩尼教流行中國考》，27，29 頁。
234　《舊唐書》卷十四《憲宗上》，《冊府元龜》卷九九九。
235　《舊唐書》卷十四。巴克：《韃靼千年史》作「咸安天長公主」，譯本 198 頁。
236　參看《舊唐書》卷一九五，而《冊府元龜》以此事為元和十二年，誤。
237　《舊唐書》卷一九五。《冊府元龜》卷九七九。沙畹引用此文，誤為元和八年。《摩尼教流行中國考》，40 頁。
238　《舊唐書》，卷十八上。

收抽，不得容諸色人影占，如犯者並處極法，錢物納官，摩尼寺僧委中書門下條疏奏聞。」[239] 東都回紇悉加冠帶，配發諸道。

在高昌等處的摩尼教，仍繼續奉行。王延德使高昌時說：「復有摩尼寺波斯僧，各持其法，佛經所謂外道者也。」[240] 建隆二年（961），于闐王遣使至宋，有摩尼師隨行，「貢琉璃瓶二，胡錦一段」[241]。大約到元朝，摩尼教在中國始完全絕跡。

‖冊府元龜中有關波斯來華使節的摘錄‖

太安元年（455）十月波斯疏勒國並遣使朝貢。

和平二年（461）八月波斯國遣使朝獻。

天安元年（466）三月波斯遣使朝貢。

皇興二年（468）四月波斯遣使朝貢。

承明元年（476）二月波斯遣使朝獻。

正始四年（507）三月波斯遣使朝貢。

熙平二年（517）四月波斯遣使朝獻。

神龜元年（518）七月波斯遣使朝貢。

正光元年（520）閏五月波斯遣使朝貢。

正光三年（522）七月波斯遣使朝貢。

以上見《元冊府龜》卷九六九。

大業中（605—616）波斯遣使朝貢。

貞觀十三年（639）波斯遣使貢方物。

貞觀二十一年（647）正月波斯貢方物。

貞觀二十二年（648）正月波斯遣使朝貢。

乾封二年（667）十月波斯國獻方物。

239　同上。
240　王國維：《古行記校錄》。
241　《宋史》，卷四九〇。

咸亨二年（671）五月波斯遣使來朝貢其方物。

永淳元年（682）五月波斯遣使獻方物。

以上見《冊府元龜》卷九七〇。

開元七年（719）正月波斯遣使朝貢。同年二月又獻方物。

開元十年（722）十月波斯遣使獻獅子。

開元十八年（730）正月波斯王子繼忽婆來朝並波斯國王遣使賀正。

開元二十五年（737）正月波斯王子繼忽娑來朝（記十八年來朝者為繼忽娑）。

天寶四年（745）二月波斯遣使獻方物。

天寶五年（746）七月波斯遣呼慈國大城主李波達僕獻犀牛及象各一。

天寶六年（747）四月波斯遣使獻瑪璃床，五月波斯國王遣使獻豹四。

天寶九年（750）四月波斯獻大毛繡舞延長毛繡舞延舞孔真珠。（按此段有誤字）

天寶十年（751）九月波斯遣使朝貢。

乾元二年（759）八月波斯進物使李摩日夜來朝。

以上見《冊府元龜》卷九七一。

寶應元年（762）六月波斯遣使朝貢。

大曆六年（771）九月波斯國遣使獻珍珠琥珀等。

以上見《冊府元龜》卷九七二。按《冊府元龜》卷九七四褒異中，七年「波斯國遣使獻方物」，當為開元七年（719）。《冊府元龜》卷九七五中，開元十三年來者為穆沙諾，開元十五（727）二月來朝者為阿拔，賜帛百匹。開元二十年（732）波斯使臣為潘那蜜與大德僧及烈。

‖《本草綱目》所記關於波斯物品‖

《本草綱目》有關波斯知識，異常豐富。但所記有空泛難定者，茲就書中涉波斯產物與其輸入之品物，加以摘錄，足徵亞洲古代諸國的關係至為

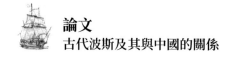
密切。

- 金：李珣引《廣州記》：「大食國出金最多。」李時珍即以金有五種，「波斯出紫磨金」。
- 銀：李珣按《南越志》：「波斯國有天生藥銀，用為試藥指環。」李時珍即以外國有銀四種，「波斯銀並精好」。
- 錫悋脂：李時珍說：「此乃波斯國銀礦也，亦作悉藺脂。」
- 密陀僧：蘇恭說出波斯國。
- 鐵：李時珍說：「鑌鐵出波斯，堅利可切金玉。」（以上見卷八）
- 綠鹽：李時珍以方家言，「波斯綠鹽色青，陰雨中干而不濕者為真」。
- 礬石：李時珍以「狀如粉撲者為波斯白礬」。
- 黃礬：李時珍說：「波斯出者，打破中有金絲文，謂之金線礬。」（以上見卷十一）
- 胡黃連：蘇恭說：「胡黃連出波斯國。」（見卷十三）
- 縮砂蔤：李珣說：「縮砂蔤生西海及西戎波斯諸國。」
- 蓽撥：蘇恭說：「蓽撥生波斯國。」
- 蒟醬：李珣引廣州以其出波斯國。
- 補骨脂：馬志以生嶺南諸州及波斯國。
- 茉莉：李時珍說：「末利原出波斯。」（以上見卷十四）
- 天名精：李時珍以《宋本草》言出波斯。（見卷十五）
- 青黛：馬志說：「從波斯來。」李時珍以「波斯青黛，亦是外國藍靛花」。（見卷十六）
- 蒔蘿：李珣按《廣州記》出自波斯國。（見卷二十六）
- 菠薐：一名波斯草。（見卷二十七）
- 無花果：段成式在《酉陽雜俎》中：「阿出波斯拂菻，人呼為底珍，即無花果。」

- **無漏子**：陳藏器說：「即波斯棗，生波斯國。」
- **阿勃勒**：李時珍曰：「此即波斯皂莢也。」段成式以波斯皂莢被人呼為忽野檐，拂菻呼為阿梨。（以上見卷三十一）
- **蒲萄**：段成式引《唐書》，波斯者大如雞卵。
- **刺密**：一稱喬。段成式以出波斯國。（以上見卷三十三）
- **密香**：段成式以「沒樹出波斯國拂菻國」。
- **沒藥**：馬志以沒藥生波斯國。
- **安息香**：段成式以安息香樹出波斯國。李珣以生南海波斯國。
- **蘆薈**：李珣以出自波斯國。（以上見卷三十四）
- **婆羅得**：李珣以生「西海波斯國，樹似中華柳樹」。
- **烏木**：崔豹《古今注》：「烏木出波斯。」（以上見卷三十五）
- **龍腦香**：亦名元茲勒，陳藏器以其出波斯國。（見卷三十四）
- **爐甘石**：李時珍以為即真石，生波斯，如黃金，燒之赤而不黑（參看卷九）
- **無名木**：狀若榛子，波斯家呼為阿月渾子，蕭炳論訶黎勒，波斯舶上來者，六路黑色肉厚者良，六路即六棱也。（參看卷三十五）

以上僅就《本草綱目》所涉波斯有關物品，其輯前人所記自異域輸入者甚多，有的是波斯所產，有的係假藉波斯輸入，其名稱因時代、地方、語言與譯者的不同，更為分歧。若就譯名說，體例亦不一致。

‖ 結語 ‖

我們概括地敘述了波斯古代的歷史，它循著社會發展的規律，也如埃及與巴比倫一樣，由氏族社會進入奴隸社會。及至薩珊王朝，加強軍事奴隸主的統治，隨著奴隸社會逐漸解體，阿拉伯的侵入，波斯古代歷史也便結束了。

在千餘年悠長的奴隸時代，經阿黑內尼德、安息與薩珊王朝，波斯曾建立了龐大的帝國。縱使經濟基礎脆弱，缺乏內在的聯繫，發展不平衡，但是

它曾樹立起強大的專制政權及地方行政組織，這反映了古代波斯的偉大。波斯曾與大月氏、嚈、突厥爭奪中亞的東部，又與希臘、羅馬、拜占庭爭奪西亞，掠奪奴隸，尋找資源與貢賦，它勝利過，也曾失敗過。

波斯古史中，也有過尖銳的階級鬥爭、地方的暴動。如馬茲達克的改革，破毀財富的不平均，雖然失敗，卻推動了奴隸制度的崩潰。

古波斯人留的著述很少，便是那些帝王們，也只是修建宏偉的宮殿，山崖的石刻。波斯人重視歷史傑出的人物，卻不太關心這些遺跡。他們喜歡從《阿維斯塔》中，將歷史人物，如居魯士，特殊化，給後人一種心理的鼓舞。在蒙古侵略後，加法維德（Cafavides）王朝（1499 — 1732）以及近代加地亞（Kadjars）王朝（1799 — 1832），都受著這種潛力的支配，企圖恢復阿黑內尼德的盛況。

當波斯帝國形成後，曾集聚全力進攻希臘，希臘英勇抵抗，保存獨立，隨後波斯又為馬其頓所征服。在另一方面，波斯滅嚈，實利為突厥所得，但是突厥與拜占庭相聯，夾擊波斯，波斯英勇奮戰，終於三敗俱傷，為阿拉伯製造了興起的機會。波斯垂亡之時，希望寄託在唐室的援助，結果是渺茫的，只維持了疾陵城那麼小的局面。

縱使如此，古代世界卻是不可分割的，波斯承襲了兩河流域的遺產，連接東西兩方的國家，透過那些使節、宗教與物品，使各國的人民互相了解，進一步發展，擴大人類文化，它和中國的關係，依然是很密切的。

我們所知波斯古史是十分有限的。除蘇撒與柏舍波里外，其他地區的考古工作，尚未有系統地進行。我們只能利用前人所述，結合祖國典籍中的片段記載，作此簡略的概述。我們學習了阿甫基耶夫《古代東方史》，也採用了胡亞爾《波斯古史》的資料，這是應該說明的。這是結合教學試作的一種初稿，世界古代史的一種參考資料，請大家多多指正。

匈奴西遷與西羅馬帝國的滅亡

西元 4 世紀末，西羅馬帝國的政治危機是十分嚴重的。由於幾世紀以來，帝國社會經濟的衰落，造成了普遍的貧窮、人口的減少、城市的凋零，帝國的經濟情況已陷於絕望的境地，被壓迫的各族人民，長期生活在飢餓與離亂中；帝國中央政權衰落，形成各省的武人專政的局面，使邊防力量削弱，為蠻族入侵打開了道路。帝國周近的蠻族，受匈奴西遷的影響，向西大遷移，不斷地侵入帝國境內，予帝國的生存以嚴重的威脅。[242]

奴隸的起義，是和破產的小農的鬥爭與蠻族進襲羅馬相互交織在一起的。羅馬帝國受到了一種不可抗拒的襲擊。誠如史達林所說的：「所有一切『野蠻人』，都統一起來反對共同的敵人，並轟轟烈烈地把羅馬帝國推翻了。」[243]

西羅馬的滅亡，結束了古典奴隸制度，是世界古代史上的大事。

但是，關於西羅馬帝國的滅亡，無論吉本，或者蒙森，都忽視了這種強大的力量。他們只惋惜帝國當時統治者的無能，卻忽視奴隸起義的力量，低估了蠻族入侵的重要影響，從而也便忽視了匈奴西遷的重大事實。列夫臣柯說：「匈奴入侵，預先決定了西羅馬帝國的命運。」[244] 匈奴西遷是蠻族大遷移的主要推動力量，而匈奴向西的幾次移動，卻又與漢朝對匈奴的戰爭分不開。歷史上沒有孤立的事件。

漢朝防禦匈奴的措施，影響至深，不能再被忽視。下面僅就祖國典籍中所見的資料，對匈奴西遷與羅馬帝國滅亡的關係予以探索。

242　原載《學術通訊》，1962 年。
243　《列寧主義問題》，574 頁
244　《拜占庭簡史》，47 頁。

‖一‖

羅馬帝國與蠻族的鬥爭，是經歷了相當長的一個歷史時期的。

三四世紀時，羅馬的奴隸社會發生了深刻的危機，兩個主要的階級在劇烈鬥爭，羅馬帝國已至沒落的境地。這是帝國不能抗擊蠻族入侵的內在原因。自奧古斯都時代，羅馬帝國對蠻族的入侵，已處於被動地位。到安東尼王朝的晚期，蠻族對羅馬的壓力不斷加強，到 4 世紀，蠻族源源入侵。到410 年，羅馬曾一度被阿拉利克占領。

在這種內憂外患交迫的情況下，羅馬帝國統治者馬爾古斯・奧列里尤斯，曾想有所振作。他拍賣自己的產業，籌集軍事費用，親自到前線指揮作戰，組織了大批的蠻人，以圖實現「以夷制夷」；此後，在處境困難時，又採取羈縻政策。所有這些措施只能對緊張局勢暫時緩和一下，並不能、也不可能挽救西羅馬帝國的滅亡。推翻帝國的統治機構，摧毀奴隸制度，已成為被壓迫人民的迫切要求。這是歷史發展的規律，是不可抗拒的法則，因為這是革命的進步行動。

4 世紀末，俄國南部的蠻族，受匈奴西進的推動，越過多瑙河與萊茵河，闖入羅馬境內。帝國境內的被壓迫階層，視入侵的蠻族為救星，配合蠻族推倒了羅馬帝國，西羅馬成了蠻族的獵獲物。

西羅馬帝國的滅亡（476）結束了那腐朽的奴隸社會，使封建社會得到發展。不言而喻，在這種急遽的革命變革中，羅馬社會的經濟和文化必然遭到破壞。傳統的史學家將這個偉大的變革時代，語之為「黑暗時代」，那是不正確的。5 世紀短暫的時間內，由於蠻族侵入羅馬帝國遼闊的地區，出現了新形勢，形成近代歐洲的雛形。所以，探索匈奴的西遷，便可以了解蠻族入侵羅馬的過程，也便說明匈奴西遷與西羅馬滅亡的關係。

‖二‖

約在西元前 2 世紀，匈奴開始由部落聯盟向奴隸制國家過渡，其成為一個奴隸制國家是從頭曼開始的。這個強大的國家，並不是完全逐水草而居，而是隨著自然環境的具體情況，有的處於定居，有的繼續游牧，兩者有很好的配合，促進國家的發展。因此，匈奴發展很快，為要解決勞動力的需求，經常發動掠奪性的戰爭。

當蒙古草原出現匈奴國家後，亞洲形勢隨之發生劇烈的變化。

匈奴是一種新的力量，迅速向外擴張，東敗烏桓，西破月氏，統治了所征服的游牧部落。這種形勢的變化予秦漢以嚴重的威脅。兩漢有四百多年的時間，對匈奴採取了一系列的防禦戰爭。在長期鬥爭中，曾執行「斷右臂」的政策，發動攻勢，促使匈奴的分裂。因而每次匈奴內部的分裂，其中不依附漢室者，必然隨著草原的分布，動盪無已地向西遷移。

中國與歐洲的距離是遼遠的，卻不是隔絕的。西遷的匈奴具有高度的游牧技術與嚴密的組織，很容易從蒙古草原，經西伯利亞南部，到哈薩克草原。由此向西移動，越過伏爾加河與頓河，便進入烏克蘭草原。再由烏克蘭向西移動，入東歐匈牙利草原。匈牙利草原面積雖不寬大，卻有十分重要的作用。因為向西移動的蠻族，常以匈牙利為臨時基地，彷彿是一塊整休地帶。過一定時候，向西方發展，羅馬帝國便成為他們侵略的重要對象。

‖三‖

匈奴西遷是長期與複雜的。自漢武帝奮擊匈奴之後，匈奴發生了劇烈的變化，實力大大削弱。為避開漢朝的壓力，向西移動，進據車師，其處境是十分困難的。《漢書》說：「丁零乘弱攻其北，烏桓入其東，烏孫擊其西。⋯⋯匈奴大虛弱，諸國羈屬者皆瓦解。」[245] 漢宣帝初年，匈奴五單于爭

---

245 《漢書》，九四上。

位，中國大亂。漢朝接受呼韓邪的投降，甘露三年（前51）入朝漢廷。郅
支單于雖遣子侍，但得不到漢室的支持，採取了相反的行動，「遂西破呼
偈、堅昆、丁零，兼三國而都之。怨漢擁護呼韓邪而不助己」[246]。藉此「右
地」，培養實力，作與漢鬥爭的準備。

郅支單于不得志於漢室，遂要求送還他的質子。漢派谷吉為專使，送
其子返匈奴。郅支單于怨漢，殺專使谷吉。繼而「自知負漢，又聞呼韓邪益
強，恐見襲擊，欲遠去」[247]。便在此時，康居與烏孫戰爭失利，欲聯合郅支
單于，共擊烏孫。因為康居這樣設想：「今郅支單于困在外，可迎置東邊，使
合兵收烏孫以立之，長無匈奴憂矣。」[248]康居的想法，正符郅支單于的要求，
遂由堅昆移至康居，發兵，攻陷烏孫都城赤谷（在今伊斯色克湖南岸）。烏
孫損失很大，西部地區竟至空而無人。這是匈奴的第一次向西移動。

郅支單于西移後，日漸驕橫，獨霸康居，殺康居國王，並遣使責闍蘇、
大宛諸國納貢。

郅支單于實力的擴張，影響了漢在西域的地位，代理都護甘延壽與副校
尉陳湯考慮所處的環境，須即時行動，始能保衛西域的安全。陳湯態度尤
為堅決，遂發兵四萬人，進入康居境內，受到康居的歡迎。漢元帝建昭元年
（前38），陳湯與康居貴族聯合，奮勇攻擊郅支單于，郅支死於戰爭之中，
匈奴的第一次移動也便結束了。

‖四‖

建武二十二年（46），蒙古旱災與蝗災嚴重，蒲奴單于與日逐王比，互
爭王位，匈奴遂分為南北兩部。繼後，北匈奴因受丁零、鮮卑與南匈奴的攻
擊，不能停居漠北，遠行而去，欲於準噶爾盆地建立新基地，這便是匈奴第
二次的西移。

246　《漢書》，七十〈陳湯傳〉。
247　《漢書》，九四下。
248　同上。

《後漢書·南匈奴傳》中提供了許多資料。元和二年（85），「時北虜衰耗，黨眾離畔……不復自立，乃遠引而去」。[249] 永元元年（89），耿秉與竇憲率三萬多人，「出朔方，擊北虜，大破之，單于奔走」[250]。永元三年（91），「北單于復為右校尉耿夔所破，逃亡不知所在」[251]。金微山（今阿爾泰山）之役，北單于與數騎逃亡，僅以身免。

〈竇憲傳〉[252] 曾提及金微山的戰役：「憲以北虜微弱，遂滅之。明年，復遣右校尉耿夔，司馬任尚、趙博等，將兵擊北虜於金微山，大破之。克獲甚眾，北單于逃走，不知所在。」西漢西域知識，偏重在新疆一帶。因而對匈奴的移動，如郅支單于死後的情況，北單于的西移，不是默而無言，便是說不知所在或遠引而去。為此，對匈奴這兩次的移動，必須結合西方史實的演變加以說明。

‖五‖

當郅支單于至康居後，〈陳湯傳〉中說：「又遣使責闔蘇大宛諸國歲遺。」[253] 顏師古根據胡廣所注，解釋闔蘇：「康居北可一千里，有國名奄蔡，一名闔蘇，然則闔蘇即奄蔡也。」[254]

關於奄蔡的記述，到後漢便不同了。「奄蔡國改名為阿蘭聊國。」[255] 對「阿蘭聊」一名，歷來沒有明確的解釋。在 1907 年的通報中，法國學者沙畹認為「阿蘭聊」是兩個國家，「一名阿蘭國，一名聊國」。沙畹的解釋是不夠正確的。「阿蘭聊」不是兩個國家，而是「聊」為「那」之誤。首先，聊國的說法是缺少根據的，奄蔡並未有分裂為聊國的事實。其次，許多國名

249　《後漢書》，八九。
250　《後漢書》，八九。
251　同上。
252　《後漢書》，二三。
253　《漢書》，七十。
254　《漢書》，七十。
255　《後漢書》，八八。

的語尾為「a」，阿蘭那應為 Alana 的譯音。最後，杜佑在《通典》中說：「奄蔡漢時通焉。至後漢改名阿蘭那國。」[256] 三國時，「奄蔡一名阿蘭」[257]。《魏略》作於 3 世紀，那時候阿蘭已成了習用的名詞。到北魏時，奄蔡的名稱又有所改變。《魏書》說：「粟特國在蔥嶺之西，古之奄蔡，一名溫那沙，居於大澤，在康居西北，去代一萬六千里。」[258] 隋時卻仍稱奄蔡為阿蘭，如〈鐵勒傳〉中說：「拂菻東則有恩屈，阿蘭……」[259] 這樣，我們可看出奄蔡隨時代的不同，有不同的名稱。希臘古地志有「Aorsi-Alani」民族，奄蔡與闔蘇係 Aorsi 的譯音，阿蘭那或阿蘭為 Alani 譯音。希臘古地志又有「Alani-scythae」民族，譯為阿蘭 —— 粟特。從奄蔡名稱的變更，可得出這樣認識：匈奴西遷後，奄蔡受到壓迫與推動，向西移動，阿蘭 —— 粟特，便是阿蘭與粟特人相結合的名稱。

西元前 1 世紀末，阿蘭人受匈奴壓迫，向西移動的事實，從羅馬史中也得到證實。當龐培於西元前 65 年出征小亞細亞時，兵至亞美尼亞，與阿蘭人有所接觸。繼後，在尼祿時代，羅馬計劃建省於裏海岸邊，為了抵抗西移的阿蘭人，組織遠征高加索的軍隊。[260]

這些簡略的事實，說明匈奴至中亞後，對蠻族遷移有推動作用，蠻族的侵入成為羅馬帝國不安的因素之一。

夏德以為「粟特」名稱是因克里米亞「Sudak」城而得名的。多馬司撒以為此城建立於 212 年。這也說明奄蔡人西移後，停居在俄羅斯南部，在克里米亞建立城市也是可能的。我們不能把奄蔡理解為原始的民族，他們的經濟與文化有高度的發展。《史記正義》中張守節說：「奄蔡，酒國也。」[261] 克里米亞以產酒著名，至少可以反映出奄蔡經濟的繁榮。

---

256 《圖書集成》，二一三冊。
257 《三國志・魏志》，三十。
258 《魏書》，一〇二。
259 《隋書》，八四。
260 參看沙波特：《羅馬世界》。
261 《史記》，一二三。

‖六‖

匈奴兩次西移，使中亞局勢起了劇烈的變化，奄蔡的變化更為深刻，也是匈奴西移的關鍵。《魏略》曾指出：「又有奄蔡國，一名阿蘭，皆與康居同俗，西與大秦，東南與康居接，其國多名貂畜牧，逐水草，臨大澤，故時羈屬康居，今不屬也。」[262] 奄蔡名稱已變為阿蘭，政治上脫離康居的役屬，其地位與兩漢間已不同了。到北魏時，奄蔡變化更大，李光廷於《西域圖考》中說，奄蔡於「北魏時為匈奴所滅，改名粟特」。[263]

關於匈奴西移後的情況，《漢書》多次說：「匈奴遠走，不知所在。」世界史對此亦作緘默態度。《魏書》卻提供了匈奴西移後的精確的資料，使人有進一步的了解。魏收（506 － 572）生於北魏晚期，其時與西域關係頗深，對中亞有較深刻的知識。《魏書》作於北齊天保初年，依據董琬與高明的見聞，正確記述了匈奴移動及所引起的變化。

《魏書》關於粟特國的記述，肯定粟特為古之奄蔡，並說：「先是，匈奴殺其王而有其國，至忽倪已三世矣。其國商人多詣涼土販貨，及魏克姑藏，悉見虜。高宗初，粟特王遣使請贖之，詔聽焉。自後無使朝獻。」[264] 這說明匈奴西遷後征服粟特，即奄蔡西移後的變化。忽倪係阿提拉之次子 Hernac，5 世紀中葉伏爾加河畔匈奴的領導者。魏收所說是信而可證的。日人白鳥庫吉以《魏書》不可信，堅持粟特與奄蔡為兩個國家，他說：「自漢代迄於南北朝諸史中，皆為二地作明晰之分述，而《魏書》竟蹈此顯著之錯誤，豈不怪哉。」[265] 白鳥的意見是錯誤的，奄蔡名稱的不同，正標誌著奄蔡歷史的演變，即向西移動的結果。為此，在《魏略》與《魏志》等史籍中，不論提到阿蘭或粟特哪個名稱，總要用「奄蔡」為詮注，這正說明中國人治史的嚴謹。在 3 世紀前，粟特與奄蔡的分述，並不奇怪。

---

262 《三國志·魏志》，三十。
263 《西域圖考》，卷六。
264 《魏書》，一〇二。
265 白鳥庫吉：《康居粟特考》，譯本 31 頁。

關於匈奴西移後，《魏書》另一種重要資料，是關於悅般國的敘述。「悅般國在烏孫西北，去代一萬九百三十里，其先匈奴北單于之部落也。為漢竇憲所逐，度金微山，西走康居，其羸弱不能去者，在龜茲北。地方數千里，眾可二十餘萬，涼州人猶謂之單于王。」[266] 按悅般國為唐時的石漢那（Sakaniyan），居 Kafirnagan 水之上流，今之 Denou。

北單于向西遷移，所經的路徑，係由巴爾喀什湖，入哈薩克草原，可能與郅支單于所遺留的匈奴人相會合。向西南走者，與康居及貴霜相接觸；向西北走者，即與阿蘭人相會合。論到粟特人移動時，科瓦略夫指出領導他們的是匈奴人的部落，這一部落顯然是於蒙古起源的。2 世紀時，匈奴人沿著鹹海與裏海北部，渡頓河向西推進，「征服了北高加索與伏爾加河沿岸的部落，並把他們團結在自己的周圍，匈奴人、阿拉尼人（即阿蘭人）、哥德人等的一個聯盟便這樣形成了」[267]。

這個聯盟便是民族大遷移的推動力量，亦即西羅馬帝國滅亡的主要原因。

｜七｜

4 世紀中葉，在裏海與黑海的北部，匈奴與阿蘭強大聯盟的活動，不斷地向西推進，攪亂了原有居民的秩序。東哥德人英勇抵抗匈奴人的西進，發生了激烈的戰鬥，結果失敗了。國王愛麥利克及其繼承者魏德米爾相繼戰死，被迫向匈奴 —— 阿蘭聯盟屈服。

東哥德屈服後，西哥德感到唇亡齒寒，被迫向西移動，便闖入羅馬帝國境內。多瑙河流域的形勢隨即緊張起來，這是民族大遷移的開始。羅馬帝國的統治者，深感到局勢的嚴重，採取妥協政策，使四萬多西哥德人定居在現今保加利亞境內，以求暫時的安定。但是，羅馬官吏專橫，橫加壓迫，並無厭地勒索，激起了西哥德人的暴動。西哥德人實力強大，礦工與奴隸也加入

---

266 《魏書》，一〇二。
267 科瓦略夫：《古代羅馬史》，976 頁。

起義隊伍，378 年與羅馬軍隊戰於安德里亞堡附近，擊潰羅馬軍隊，瓦倫斯皇帝陣亡，震撼了羅馬帝國。

羅馬局勢危急，青年將領狄奧多斯採取談判、妥協與截擊的策略，穩定了動盪的局勢。羅馬割讓伊利里亞，西哥德成為羅馬帝國的同盟者。

自 395 年羅馬帝國分裂後，西羅馬處境更為困難。5 世紀初，阿拉利克率領西哥德人，經馬其頓、希臘，直入義大利，410 年攻陷羅馬城，予以可怕的洗劫。那時候，聖若落姆住在巴勒斯坦，寫信說：「傳來西方可怕的消息，羅馬城被圍困了。居民盡其所有的金銀，不能挽救自己的生命。舌黏於顎，不能成言。曾經侵略世界的城市，而今為人所劫掠，居民變為奴隸，困於飢餓，以至於人吃人，母親吃她的孩子。」[268]

阿拉利克進入義大利，到處有奴隸參加，這不單純是蠻人的侵入，而是被壓迫階級的反抗，這是西羅馬滅亡的預兆。

‖八‖

5 世紀初，匈奴和阿蘭人形成一個龐大的聯盟。這個聯盟以匈牙利為中心，以洛亞（Roua）為首長，聲勢浩大，威脅著西羅馬的安全。最初，這個聯盟的態度是慎重的，對西羅馬採取合作態度。事實也正如此。383 年，羅馬將領狄奧多斯藉匈奴的力量，戰勝了他的敵人馬克西姆。在 435 年，埃西尤斯屯軍高盧，藉匈奴的力量，鎮壓了布爾貢人的暴動。但是，不論匈奴人如何幫助羅馬，最終匈奴還是西羅馬最危險的敵人。

到阿提拉時代（Attila, 435 － 453），匈奴更加強大了。一邊向外擴張，占據了羅馬的邊疆重鎮，如辛吉東（即今貝爾格萊德）和尼薩；一邊壓迫東羅馬繳納沉重的貢稅，年付二千一百金鎊。

當 446 年阿提拉掌握最高軍政後，即向保加利亞、色雷斯、馬其頓與希臘進攻，毀城市堡壘七十餘處。東羅馬不能抵抗，隨即屈服，使西羅馬帝國

268　聖若洛姆：《信集》，XXVII。

十分恐懼。傳言阿提拉馬蹄所踏之處，草木不生長。這不是迷信，這說明匈奴破壞力量的強大。馬塞蘭留心時事，論到匈奴人，說他們「像釘在馬上，身體健壯卻很醜陋。他們在馬上生活，馬頸上睡覺。他們不種地，不執犁，沒有固定的住處，沒有房屋，到處流浪。他們不分善惡，沒有信仰，像是失掉理性的動物。」[269] 馬塞蘭對匈奴人的敘述，在憎恨中夾雜著恐懼的心情。

‖九‖

448 年，東羅馬派遣使團，去匈牙利觀見阿提拉，史學家普利斯珂隨行。他觀察了匈奴在提斯河畔的宮廷，記述了對阿提拉的印象，這是十分可貴的資料。他說：「我們到了阿提拉所住的地方，宛如一座城市，實際上卻是一座軍營。這所軍營是用木料建築的，光滑得看不出隙縫。內外有許多帳幕，井然有秩序，到處可看到門庭。王帳設在中間，高大富麗，侵略者喜愛住在這裡，不願住在美麗的城市。」他這樣敘述阿提拉：「阿提拉儀表是莊嚴的，表現出可怕的神色。他狹小的眼內，充滿了經常動的火焰，放出使人驚心的有力的光芒。他愛好戰鬥，非到不得已時卻不用武力。他非常謹慎，判斷明確，深入了解細微的事實。對屈服與請求者，他採取寬宏的態度，信守諾言，他成為信任者的好朋友。阿提拉的身體較一般人高大，胸寬、頭圓，有散亂而秀麗的鬍鬚。鼻低而平，面色黝黑。」[270] 這兩段記述反映了當時的情況，西方作家們至今仍歪曲阿提拉的形象，那是不夠客觀的。

448 年後，阿提拉轉向西羅馬進軍。經兩個世紀的蠻族侵入及人民的暴動，西羅馬帝國已至垂死階段。汪達爾人由高盧侵入北非，形成獨立的局面，斷絕了義大利糧食的來源。高盧地區，由於巴高達暴動，長期陷入混亂狀態，大部分地區為蠻族所占領。西羅馬經濟困難，僅有維持三萬軍隊的能力，帝王瓦倫提尼安又軟弱無能，面臨著困難，他束手無策。

269　馬塞蘭：《歷史》，三十一章。
270　自馬來《中古史》，21、22 頁譯出。

451 年，阿提拉率領著精銳的騎兵，闖入高盧，直趨奧爾良城。

在那裡，遇到羅馬將領埃西尤斯的抵抗。阿提拉率軍回轉，進至特洛瓦城附近，發生了會戰。西方傳統的史學家誇大羅馬的勝利，但是事實上，勝負並未決定。次年，阿提拉安全撤退，轉向義大利進攻，占領了米蘭、巴維亞。在義大利獲得重大戰果後，由於瘟疫發生，放棄了進攻羅馬的計畫。453 年，可能因瘟疫關係，阿提拉去世了。

阿提拉的死對匈奴是不利的，國家隨著分裂。在 454 年，長子埃拉克在與東哥德人戰鬥中犧牲了。次子忽倪（Hernac）放棄西方領地，退至伏爾加河故地。忽倪便是《魏書》粟特國中所說的「忽倪」，夏德在其《伏爾加河上的匈奴人與匈奴》中已有說明。

當 476 年西羅馬帝國滅亡時，距阿提拉的死僅只二十二年，西方開始了封建的歷史。匈奴人與阿蘭人緊密結合，停居在頓河與多瑙河之間，不斷的發展，形成了匈牙利與保加利亞，這對西方歷史的影響是十分重大的。

當西羅馬帝國快滅亡的時候，階級鬥爭變得更為劇烈。奴隸們視蠻族為解放者。高盧作家沙爾維揚說：「被壓迫者到不得已時，逃到哥德人中受他們領導，這完全是對的。因為在蠻人中雖是奴隸卻尚有自由，比在這裡雖是自由，而實際上卻是奴隸好得多！過去以高的代價取得羅馬公民的資格，而今這個公民變成可怕的名稱。」這正說明蠻族侵入的重要意義，奴隸制度必須結束。

匈奴不斷的向西移動，促進了蠻族的大遷移，致使西羅馬帝國滅亡，其意義十分重要。但是，意義更為重大的是西方奴隸制度的崩潰，奴隸與隸農聯合反抗帝國的統治者，他們投到蠻族團隊中，變為農民，取得自由與獨立，奴隸主們要想再維持富饒的大莊園是不可能了。蠻族的貴族成為封建領主初期的人物，他們利用廣大農民，奪取了奴隸主們的土地與財產，推翻腐朽的西羅馬帝國，出現了一個新的局面。這是令人十分鼓舞的，西方歷史又向前邁進了一步。

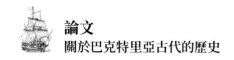

‖十‖

歐洲 5 世紀的變化，使我們得到這樣的認識：沒有蠻族的入侵，由於西羅馬生產關係的矛盾，這個帝國也要滅亡的，只是不會這樣迅速，不會採取這樣的方式。沒有匈奴人兩次的西移，蠻族亦要移動的，但不會有那樣的強力與那樣的龐大。匈奴人所組織的國家，並不是野蠻的，也不是落後的，他們對畜牧事業的發展，在草原作戰的經驗以及進步的馬具，給西方人巨大的影響。當匈奴人與阿蘭人結合後，堅守著頓河至多瑙河間的地區，使東方有暫時的安定，西方卻遭受到民族大遷移，改變了歐洲的面貌。

這樣，我們得有另一種認識：兩漢對匈奴的防禦戰爭產生重大影響。匈奴人的西遷不是偶然的。漢室與匈奴的長期鬥爭，使漢室執行「斷匈奴右臂」的策略，匈奴中不願放棄游牧生活者，便向西遷移，引起中亞的變化。更由中亞向西發展，使西羅馬帝國滅亡，加速奴隸制度崩潰，這是應該特別重視的。

關於巴克特里亞古代的歷史

‖一‖

中亞為亞洲大陸的中心，係古代游牧民族集聚與轉移的地帶，對世界古代史發揮重要的作用。中亞古代的歷史是十分複雜的，涉及許多民族、經濟、語言、宗教等問題，至今並未得到有系統的解決。近百年來，經考古學者的發掘，語言學者及史學家的努力，證明了中亞古代的歷史與中國新疆及伊朗有密切的聯繫。[271]

在古代，由中國新疆至伊朗有兩種不同的經濟類型。在草原地區內，畜牧經濟得到發展，牧民經常度著流動的生活。在綠洲地區內，農業經濟得到發展，居民過著定居的生活。但是，中亞居民的生活，常受東西兩方實力的

271　原載《學術通訊》，1963 年。

影響。如果游牧民族移動，遇到綠洲地區實力強大，即游牧者變為定居。反之，如果游牧者奪取綠洲政權，即定居者可能轉為游牧。因此中亞的歷史，常使人感到變化無常，給人一種混亂的印象。

根據前面的理解，我們試取巴克特里亞為例，予以一種說明。巴克特里亞居中亞的南部，為中國、波斯及印度等文化交流的地區，對世界古代史有著重要的意義。

‖二‖

巴克特里亞古代的歷史，可以上溯到西元前 13 世紀。當亞述興起後，向東擴張，侵襲米底居民。巴克特里亞協助米底反抗亞述，曾參加這次戰鬥，結果失敗了，為亞述所征服。從亞述史中所得到的這點敘述，只能說明巴克特里亞的歷史是古老的。

巴克特里亞人居於阿姆河上游，即今之阿富汗北部與帕米爾山地。其最初的居民是斯基泰人。羅馬史學家龐培‧特洛克說：「巴克特里亞人是以斯基泰人為基礎的。」斯基泰人為中國史中所稱的塞人，亦則波斯石刻中所稱的 Sakas，係中亞東北部不同游牧部族的總稱。

較早提到巴克特里亞的典籍是祆教的《阿維斯達》，稱巴克特里亞為「巴克底姆」。據傳說：當馬茲達（Ahura Mazda）創立了四大名城，伊朗、粟特、木鹿及巴克底姆，而形容第四個城說：「巴克底姆是美麗的，旌旗高升。」[272] 法國學者哈爾來池注釋此語時，以為旌旗高升，是指「首長所居的城市」。但是，巴克底姆建於何時，卻沒有精確的說明。在《阿維斯達》的第二章中，論到波斯的十六個城市時，沒有提到埃克巴坦那（Ecbatana），而埃克巴坦那證實建於西元前 708 年[273]，這樣推斷，巴克底姆的建立，必早於西元前 8 世紀了。

272　Zend-Avesta, Vendidad 1.7。
273　Herodotus：《歷史》，1、98。

為何其詞根為「巴爾克」（Balkh）？關於此，米爾孔（Mirkhond）敘述了它的字源。巴爾克城主凱瑪爾（Kaiomafs）的長兄住在西方，兄弟相別甚久。其兄遠道來訪，至德瑪溫，不見其弟，得知在東方建立新城，便向之而去。凱瑪爾見有人自西來，疑是敵人來攻，率其部隊，其子相隨前往，及至相近時，始知來者為長兄。凱瑪爾向其子說：Bal Akh！意為「切實是我兄」，因此城命名為 Balkh。

這個傳說，不在乎說明巴爾克，即巴克底姆的字源，而在說明這個城市的性質，居於東西經濟與文化交流的街心，時刻處於警惕的地位。

‖三‖

約在西元前 1000 年後，巴克特里亞居民的生活已至定居的階段，開始了農村公社，個體家庭成為經濟的單位，但是財產的發展是不平衡的。由於財產的集中，戰爭已變成獲得財產的手段。根據希羅多德描述斯基泰部落，「頭戴結實與直挺的尖頂氈帽，穿著褲子，持有本地的弓、短劍與特種斧頭」[274]。

巴克特里亞歷史創立時，常受波斯的影響。在亞奇麥尼德時代，西元前 545 至西元前 539 年間，居魯士向東方進軍，侵占巴克特里亞，列為波斯的一省。段成式在《酉陽雜俎》中論到「縛底野」城時說係「古波斯王烏瑟多習之所築也」[275]。縛底野為 Bactria 的譯音，烏瑟多習（Vishtaspa）為波斯帝王大流士之父，曾任巴克特里亞的省長。

波斯省區表中，有巴克特裡之名，屬於第十七省。當波斯與希臘戰爭時，在薛西斯軍中，有巴克特里亞人參加作戰。這說明巴克特里亞在西元前 5 至前 4 世紀時，成為波斯帝國重要的一部分。1936 至 1941 年間，考古學者在喀布爾城北六十公里處，發掘貝克拉姆（Begram），得到很豐富的成果。城為南北長方形，有城牆，每隔十七公尺有瞭望樓，城牆前有兩道水溝，城內

274　Herodotus：《歷史》，Ⅷ，64。
275　段成式：《酉陽雜俎》，卷十四。

街道為十字形，將城分為四部分，反映出繁榮富強的景象。這所古城建築約在 4 世紀時，貴霜王朝衰落後，不知何故被廢棄了。

巴克特里亞地區廣闊，灌溉較為發達，種植葡萄及各種植物。手工藝有很高的水準，根據蘇聯學者的研究，屬於西元前 4 至前 2 世紀的「阿姆河寶庫」，有金製的馬車，銀製的雕像，其衣服與武器也是十分細緻的[276]。巴克特里亞與中國新疆及俄南部諸民族往來很密切，不只繁榮了自身的經濟與文化，更重要的是互相協助，抗拒外來的侵略。

當波斯楔形文字改革後，形成四十個字母，在亞奇麥尼德時代，發展成中亞的各種文字，如粟特文及維吾爾文等。這說明波斯與巴克特里亞等民族的文化關係是很深的。

‖ 四 ‖

當西元前 4 世紀的後半葉，巴克特里亞發生很大的變化。馬其頓興起後，亞歷山大向東方侵略，征服波斯，巴克特里亞受到嚴重的威脅。為了抵抗希臘，西元前 330 年，巴克特里亞總督貝索斯宣布獨立，稱亞爾達·薛西斯四世。這種正義而勇敢的行動，得到東北部斯基泰人的支持。不屈服於希臘人統治的波斯人，亦乘機反抗亞歷山大，以鼓舞貝索斯的鬥志。亞歷山大了解到情勢的嚴重，被迫撤軍，推遲了向巴克特里亞的進軍。這年秋天，亞歷山大鎮壓波斯起義的人民，安定了後方，然後越過興都庫什山，從南部包圍巴克特里亞，藉以孤立貝索斯，使之得不到從南方來的援助。

貝索斯既知所處的困境，也知馬其頓強大的實力，他採取堅壁清野的策略，爭取北部游牧民族粟特人的支持。希臘包圍巴克特里亞，逐漸縮小範圍，斷絕外部的援助。為了長期鬥爭，貝索斯被迫放棄巴爾克，退於阿姆河北岸，採取機動戰術與希臘人決鬥。當退的時候，破壞了道路，焚燬了車輛、船舶與糧食。

---

276 《古代中亞史略》，見《世界古代史通訊》，東北師範大學，1957 年，26 頁。

　　亞歷山大占領巴克特里亞，率軍隊北上，渡阿姆河。貝索斯為叛徒出賣，成為希臘的俘虜。古希臘史學家阿利安說：「亞歷山大鞭笞貝索斯，送他到巴克特里亞，並在那裡把他處死了。」[277]

　　貝索斯之死，激起中亞居民的抗議，亞歷山大苦戰兩年多，始安定下來。但是，這種安定是不穩固的。隨著亞歷山大的逝世（前323），他的部將們發生劇烈的混戰，到西元前312年，塞琉古（Seleucus）成為東方的主人，巴克特里亞受其統治。從此，巴克特里亞受到希臘的影響。

‖五‖

　　西元前3世紀中葉，巴克特里亞人反塞琉古的統治達到高潮。

　　安提奧克二世（前261－前246）治理時期，巴克特里亞總督狄奧多杜斯（Theodotus）利用希臘人的身分，聯合軍隊與當地的貴族，於西元前250年發動政變，宣布獨立，脫離塞琉古的統治。這個希臘化的國家有廣闊的領土，卻是很不穩定的。這便是中國史籍中所稱的大夏。

　　為了鞏固西部的邊界，狄奧多杜斯與塞琉古二世聯合，反對安息的擴張。安息王亞爾薩克（Arsakez）戰死後，底里達特（前248－前214）繼位，鑑於所處的困境，採取閉關自守政策，穩定山區，爭取和平。西元前230年時，狄奧多杜斯去世，其子狄奧多杜斯二世繼位，改變傳統政策，與安息友好，放棄塞琉古的聯盟。這種變更是十分明智的，因為安息亡後，巴克特里亞必然遭受塞琉古的襲擊。不僅只此，更重要的是，這種變化說明巴克特里亞脫離希臘，轉入伊朗系統。

　　西元前3世紀末年，巴克特里亞內部又發生鬥爭，歐提德姆（Euthydcme）利用粟特人的實力，推翻狄奧多杜斯二世，奪取巴克特里亞的政權。便在此時，安提奧古三世（前223－前187）即位，圖謀恢復塞琉古舊日的光榮，

277　Arien：《亞歷山大遠征記》，111，30。

向東方進攻，收復失地。西元前 209 年，占領米底的埃克巴坦那城，安息被迫講和。次年即向巴克特里亞進軍，擊潰巴克特里亞的騎兵。西元前 207 年，圍攻首都巴爾克，歐提德姆組織保衛工作，進行英勇戰鬥。西元前 206 年，安提奧古三世被迫簽訂和約。雙方所以能實現和平的原因，根據波里彼優斯的記述：「國境上有威脅雙方的牧人與軍隊，倘若越境，國家必被征服。」[278] 歐提德姆雖賠款並給納糧食，但是巴克特里亞卻保持了獨立。歐提德姆掌握現實，娶塞琉古的公主，向南方發展，取高附地區，巴克特里亞又到了富強的時候。

歐提德姆去世後，其子德麥特里（Demetrius, 前 189 － 前 167）繼位，向印度發動進攻，深入南部。約於西元前 175 年，其留守部將歐克拉提德斯（Eueratides）宣布獨立。以其實力強大，巴克特里亞遂分為兩個國家。這種分裂標誌了巴克特里亞的衰弱，也激起安息東侵的野心。安息國王米特拉達梯一世（前 171 － 前 138），東侵取木鹿及哈烈（Herat），巴克特里亞受到安息的威脅。西元前 155 年，歐克拉提德斯又為其子希里克來（Heliokles）推翻，巴克特里亞陷入混亂局面，分裂為許多小國。所以《史記》說到大夏，即巴克特里亞，「無大王長，往往城邑置小長」[279]，這是十分正確的。約在西元前 150 年，巴克特里亞北部居民、粟特人及自東方移入的大月氏人聯合起來，推翻了馬其頓的統治，北部巴克特里亞得到解放，這是應該特別重視的。

‖六‖

巴克特里亞受希臘影響的時期，由於史料的缺乏，很難有精確的敘述。雖然奴隸制得到發展，但是農村公社仍有強烈的影響。這是游牧與定居銜接的地區，產良馬，多水果[280]，手工業非常發達，商業亦很繁榮。

278　Polyhius：《通史》，XI，34。
279　《史記》，卷一二三。
280　Strabo：《地理學》說：「巴克特里亞除橄欖外，什麼果子都出產。」

希臘的統治者與當地貴族結合，欺壓人民。城市裡，他們建有豪華的館邸，裝飾著藝術作品。市民的住宅卻非常簡樸，多數為石頭修建，塗以泥皮。西方學者過分強調希臘的影響，忽視了地方的彩色。西元前 2 世紀時，巴克特里亞的藝術，無疑受到希臘的影響，但是卻沒有受到希臘的束縛，其實質是中亞的。這從兩方面可以說明：一是現在保存的許多金銀器皿，其圖案多為當地獵狩形象和地方風格；二是貨幣上雖印有阿波羅等神像，希臘宗教並未得到傳播，相反的，馬其頓卻受到祆教的影響。

‖七‖

巴克特里亞的古史是錯綜複雜的。《史記》記述了巴克特里亞，即大夏，文雖簡略，卻是張騫親身的觀察，是世界史上最可寶貴的資料。約於西元前 128 年，張騫至中亞，會見大月氏王於咀密（Termid）。他說大月氏「居嬀水之北，其南即大夏」[281]，這說明巴克特里亞尚為一個獨立的國家。

張騫稱巴克特里亞為大夏，我們覺得不是偶然的。西方學者關於巴克特里亞的研究，給張騫稱大夏的原因，作了種種假設。聖馬丁以大夏為「Dahae」的對音，可是「Dahae」人居於裏海之濱，於張騫西去之前，並未有向巴克特里亞移民的遺跡[282]。何倫（Holoun）以大夏為「大的夏」，由中國夏朝而得名，這顯然是不合實際的[283]。但是，《史記·大宛傳》說到月氏時，「乃遠去過宛，西擊大夏而臣之」。《漢書·張騫傳》也說：「大月氏復西走，徙大夏。」這些資料說明巴克特里亞稱為大夏的原因，須另作解釋。

由於中國西北部諸民族的古史，尚未深入研究，作出較有系統的解釋，以致對中亞古代的歷史，有種種不同的看法。遠古中亞民族的特徵，並沒有確切的記述，但是考古學者證實：自新石器時代起，中亞各部落與中國

281　Strabo：《地理學》說：「巴克特里亞除橄欖外，什麼果子都出產。」

282　St Martin:Memoires Sur Les Huns Blancs, III .39.

283　Holoun:Tahia in den chinesischeln von 126 B.C.

新疆、西伯利亞、烏拉爾、伊朗及印度有著文化與歷史的聯繫。約自西元前1000 年後，由於生產的發展，在草原地帶，形成了畜牧經濟；在綠洲地區，形成了農業經濟。因此，經濟發展與交換，人口的成長，促成了民族的移動。移動不是偶然的，有客觀的因素，是在公社解體的過程中，有了歷史條件的準備，只要便於獲得生活資料，就進行移動。所以民族移動的原因，要從經濟條件與歷史發展中尋找。

當西元前 3 世紀時，中國西北部出現了強大的匈奴帝國，標誌著西北部游牧部落深刻的變化，此種變化是與經濟發展分不開的。

春秋戰國時期，中國西北部民族的活動，不只對中國古代史發生了劇烈的影響，而對中亞歷史的演變也是十分重要的。即是說中國與中亞古代的歷史，同受西北民族活動的影響。為此，我們認為張騫所稱巴克特里亞為「大夏」的原因，係吐火羅部族西移的結果。大夏為吐火羅（Tochari）的譯音。《新唐書·吐火羅傳》中說：「大月氏為烏孫所奪，西過大宛，擊大夏臣之，治藍氏城。大夏即吐火羅也。」[284]

∥八∥

秦漢之前，自甘肅至伊朗一帶，地區遼闊，地形複雜，居住著許多不同的部族，隨著經濟與政治的發展，其交往是頻繁的。根據榮祥先生淵博的考證，中國西北部古代的民族，概括為赤狄與白狄兩種。

「赤狄包括中國西北方的許多民族或部族，白狄包括中國正北方的許多民族或部族」[285]。大夏係中國西北重要部族之一，在中國古籍中曾多次出現過。至於吐火羅名稱，最初見於《魏書》，這個名稱的出現當然晚得多了。

遠在周成王的時候，「大會諸侯於成周，大夏入貢」[286]，這說明大夏

284　《新唐書》，卷二二一下。

285　榮祥：《蒙古民族起源問題淺探提綱》，20 頁。

286　《圖書集成·邊裔典》，四七。

與周室是有關係的。《逸周書·王會解》提及「禺氏，大夏茲白牛，犬戎文馬」。孔晁注《逸周書》，以大夏為西北之戎。「西北戎」一詞，概念雖不很精確，卻說明大夏是古老的。大夏同禺氏及犬戎並舉，犬戎曾侵襲周室，禺氏居於敦煌、祁連之間，說明大夏居於西北地區。《史記·封禪書》說，桓公「西伐大夏，涉流沙」，由此可見，遠古的時候，大夏在甘肅一帶，過著游牧的生活。《漢書·地理志》指出隴西有「大夏縣」，即蘭州府河州地。既以為縣名，這不只說明所居過的地帶，而且說明大夏在西北的重要性。

關於大夏西移的資料，中國古籍中雖不多見，卻也有些線索。

《穆天子傳》稱：「自陽紆西至西夏氏二千又五百里。」郭璞注此：「昔者西夏性仁非兵，城郭不修，武士無位，唐氏伐之，西夏以亡。」不論古地名陽紆有多少解釋，總在今之陝西境內。按照郭璞的注釋，大夏有城郭，這說明大夏有過定居的一段生活。可能受外族的壓力，大夏被迫向西移動。《呂氏春秋·古樂》中，提及伶倫作律，「自大夏之西，乃之崑崙之陰，取竹於嶰谿之谷」。王國維解此：「大夏當在流沙之內，崑崙之東，較周初王會時已稍西徙。」[287]

根據前兩段的記述，雖未明確指出大夏西移的地點，但從玄奘記述吐火羅的資料，可看出大夏由甘肅移至于闐一帶。玄奘敘述瞿薩旦那（kusatana，古稱于闐，今稱和闐）說：「從此東行，入大流沙。……行四百餘里，至睹貨邏故國，國久空曠，城皆荒蕪。」[288] 玄奘所稱之睹貨邏即古之大夏。法郎克論到大夏說：「遠在西元前 12 世紀時，古代的 Tocnari 人，居於甘肅西北部及戈壁沙漠之南部。」[289] 這種認識是符合中國古籍的記述的。

287　王國維：《觀堂集林》，卷十三。

288　《大唐西域記》，卷十二。

289　麥高文：《中亞古國史》，271 頁引用。

九

大夏人進據巴克特里亞是在大月氏移入以前發生的。當大月氏自敦煌、祁連間移至烏孫，復由烏孫「過大宛，西擊大夏而臣之」[290]，這說明大夏的移入是早於大月氏的。

巴克特里亞東北部的游牧民族，經常是流動的。《山海經》證實了大夏的西移，「國在流沙外者大夏、堅沙、居繇、月支之國」[291]。郭璞解釋：「大夏國城方二三百里，分為數十國，地和溫，宜五穀。」因在流沙之外，就自然情況言，是指巴克特里亞的。王國維以其與秦漢間故事不符合，係出自漢通西域後之附益，這樣的理解似乎是不妥當的。因為大夏不是固定的國家專名，而是西北游牧部族之一，也如匈奴與烏孫等，隨著環境的變化，經常由定居轉為游牧，復由游牧轉為定居的。

滅亡希臘人所建立的巴克特里亞王國，據斯特拉波（Strabo）在《地理志》中的記載，為斯基泰人。其間包括四部分，即 Asu、Pasiani、Tokhari 及 Sakaruli。關於 Asu 及 Pasiani，近人有很多的推測及比附，並未有明確的解釋。但是，關於 Sakaruli，擬為 Saka，即中國古史中所稱之塞種；關於 Tokhari，即漢籍中所稱的吐火羅。由此可知中國古籍中所稱之塞種，包括的成分很多，而吐火羅為其中之較強者。

西元前 1 世紀中葉，新疆北部民族是動盪的。大月氏向伊犁移動，原居的塞種被迫向南、西遷移。所以《漢書》說：「西擊塞王，塞王南走遠徙，月氏居其地」[292]。繼後烏孫王昆莫得匈奴之助，進擊大月氏，故「大月氏徙西臣大夏，而烏孫昆莫居之，故烏孫民有塞種，大月氏種云」[293]。

西元前 174 年左右，大月氏移入伊犁，則大夏侵入巴克特里亞，當在西

---

290 《山海經》，第十三。
291 《山海經》，第十三。
292 《漢書》，卷六一。
293 《漢書》，卷九六下。

元前 170 年前後。烏孫進擊月氏在西元前 160 年之後，即月氏移入嬀水，當在西元前 150 年左右了。以故大夏與大月氏不能混而為一，它們在中亞並存了相當的時間。當張騫於西元前 128 年至中亞，經實地視察，返國後敘述當時的情況：

> 大月氏在大宛西可二三千里，居嬀水北。其南則大夏，西則安息，北則康居，行國也。隨畜移徙，與匈奴同俗。控弦者可一二十萬。……西擊大夏而臣之，遂都嬀水北，為王庭[294]。
>
> 大夏在大宛西南二千餘里，嬀水南，其俗土著，有城屋，與大宛同俗。無大王長，往往城邑置小長。其兵弱，畏戰，善賈市。及大月氏西徙攻敗之，皆臣畜大夏。大夏民多，可百餘萬，其都曰藍市城……。

從這兩段文字，我們看出大夏與大月氏的不同，兩國相鄰，一在嬀水之北，一在嬀水之南。大夏雖然臣屬於大月氏，並非滅亡。否則，張騫第二次使西域，至烏孫後，《史記》又何必說「分遣副使使大宛、康居、大月氏、大夏、安息、身毒、于實、扞罙及諸旁國」，大夏與大月氏並舉呢？

┃十┃

大夏移入中亞後，於安息王弗拉特統治期間（前 138 －前 128），曾助安息擊敗塞琉古的侵略。隨後弗拉特斯攻大夏，死於戰爭之中。

其繼者阿爾達班二世執政，又反抗大月氏，於西元前 124 年亦死於戰爭。這說明大夏與大月氏移入中亞後所造成混亂的局面。

大月氏在巴克特里亞的發展是緩慢的，卻具有重大的意義。大月氏南渡嬀水，大夏，即塞種，被迫向南逃遁，侵入罽賓。《漢書》說：「大月氏西君大夏，而塞王南君罽賓。」[295] 由此可知大月氏不是滅亡大夏，只不過臣屬而已。

294　《史記》，卷一二三。
295　《漢書》，卷九六上。

大夏擁有廣大的土地。玄奘經羯霜那國（kesh，今之 Shahr-i-Sabz）說：出鐵門至睹貨邏國（舊曰吐火羅，訛也），其地南北千餘里，東西三千餘里。東厄蔥嶺，西接波剌斯，南大雪山，北據鐵門，縛芻大河中境西流。自數百年王族絕嗣，酋豪力競，各擅君長，依用據險，分為二十七國[296]。由此可見大夏（吐火羅）疆域的廣闊及其不穩定的狀態。

是在張騫第二次出使西域後，「大夏無大君長，往往置小君長，有五翕侯」[297] 的情況。所謂五翕侯，即休密、雙靡、貴霜、肸頓、高附。關於五翕侯的設立，有以為是大月氏設立的。《漢書》說：「凡五翕侯位皆屬大月氏。」[298] 按此語的提法，是指大夏為大月氏所臣屬。

《後漢書》便不同了，它說：「初月氏為匈奴所滅，遂遷於大夏，分其國為休密、雙靡、貴霜、肸頓、都密凡五翕侯。」[299]《後漢書》所述五翕侯的設立是模糊的。東漢與西域的交通，始於建武二十一年（45）冬，西域十八國的遣子入侍，對於五翕侯的建立已難說明白了。

其次，《漢書》所言之高附，繼後為安息統治，「及月氏破安息，始得高附」[300]，這便是五翕侯中提都密的原因。月氏奪取高附，根據波斯的記述，發生於西元 45 年間，亦即丘就卻攻滅其他四翕侯，建立貴霜王國的時候。

貴霜（Kusana）王國的建立，是巴克特里亞古代史上另一件大事。貴霜受大月氏統治，當貴霜建立政權後，「漢本其故號，言大月氏云」[301]，這便是說貴霜不是大月氏，而是大夏分裂後的一部分。

296　《大唐西域記》，卷一。
297　荀悅：《漢紀》上。
298　《漢書》，卷九六上。
299　《後漢書》，卷一一八。
300　《後漢書》，卷九六。
301　《後漢書》，卷一一八。

‖十一‖

丘就卻建立的貴霜王國是繁榮富強的。《水經注》論到大月氏，即貴霜王國，「土地和平，無所不有，金銀珍寶，異畜奇物，逾於中夏，大國也」[302]。《萬震南州志》也說：「奇瑋珍物，被服鮮好，天竺不及也。」

這種對貴霜王國的猜想，不是逾於中夏，便是天竺所不及，證明巴克特里亞的繁榮，即使有點誇張，也必有一定事實的根據。

貴霜的都城，初在旦義始羅附近，後為弗樓沙，即今之白沙瓦。

丘就卻晚年，曾兼併罽賓，「東漢之世，罽賓高附並於月氏」[303]。丘就卻死後，其子閻膏珍繼位。貴霜王國向南發展，進據旁遮普，一直至具拿勒斯。《魏略》說：「罽賓國、大夏國、高附國、天竺國皆並屬月氏。」[304] 此處所言之月氏，即大夏分裂之貴霜，版圖遼闊，居民殷實，形成了大貴霜王國。

約在西元 78 年，伽膩色伽二世立，貴霜王國在國際間起重要的作用。伽膩色伽統治期間（78 － 102），班超出使西域（73 － 94）。因疏勒問題，班超遣使至貴霜，中國史中所稱的大月氏，以其與康居聯盟，願由貴霜轉諭康居毋救疏勒。繼後貴霜貪得無厭，欲求漢公主，班超拒絕，貴霜遣副王謝攻擊班超，超伏兵大破貴霜軍，貴霜向班超請罪。伽膩色伽晚年時說，他臣屬了三方面，唯獨北方，未能將之屈服，這與班超的西征是有密切關係的。

伽膩色伽統治時期是巴克特里亞繁榮的時代，中國、印度、波斯及希臘文化彙集的地區。貴霜王國成為國際的中心。西元 99 年，曾遣使至羅馬。也是在這個時期，貴霜與中國逐漸建立起宗教的關係。

遠在西元前 2 年，《魏略・西戎傳》中說：「博士弟子景盧受大月氏王使伊存口授浮屠經。」漢桓帝建和元年（147），月氏僧支類迦讖至洛陽，翻譯佛經。後來名僧甚多，支謙即其著者。太和三年（229）十二月癸卯，「大

---

302 《水經注》，卷二。
303 《西域圖考》，卷六。
304 《魏書》，卷三十。

月氏王波調遣使奉獻，以調為親魏大月氏王」[305]，按波調為 Vasudeva 的對音。

西元 3 世紀時，波斯薩珊王朝興起，阿爾達希爾（224 － 241）向東侵略，貴霜王朝受到威脅。貴霜遣使中國，可能有求助的企圖，因為貴霜已知處於衰落的境地。293 年的柏庫里亞（Paikuli）石刻，雖證實貴霜的獨立，卻僅限於喀布爾地區。356 年柏舍波里（Persepolis）石刻有「塞琉古，喀布爾最高裁判者」，證實貴霜王朝於 356 年前滅亡了。

這樣也便結束巴克特里亞古代歷史了。

‖十二‖

從前面的敘述，我們可看出：

1. 巴克特里亞的歷史是久遠的，可以上溯到西元前 13 世紀，其民為土著，有古老的文化。

2. 波斯與希臘相繼占領過巴克特里亞，巴克特里亞即張騫所稱的大夏。大夏為 Tochai 的譯音，亦即吐火羅的異稱。

3. 大夏與大月氏同為中國西北部的游牧部族，亦即古所稱之赤狄。大夏居於甘肅一帶，繼後向西移動，居于闐附近。按大月氏自敦煌、祁連間第一次西移的事實，即大夏亦曾移居於伊犁地區。繼後又自伊犁移入巴克特里亞。

4. 大月氏受烏孫攻擊後，亦向西移動，居媯水北岸，而大夏居媯水南岸，張騫在對中亞的敘述中將大月氏與大夏並舉，是從實際觀察得來的。

5. 巴克特里亞受大夏統治時，曾分裂為五翕侯，貴霜翕侯最強，統一其他，建立起貴霜王國，屬大夏系統。

6. 大月氏南下時，巴克特里亞處於五翕侯統治時，名雖統治巴克特里亞，

實際上由貴霜翕侯代替。只是中國典籍中，「漢本其故號，仍言大月氏云」。大夏影響很大，《新唐書》記述吐火羅說：「居蔥嶺西，烏滸河南，古大夏地。」[306] 這說明大夏的重要性。

7. 巴克特里亞為古文化交流的地區，波斯的祆教、印度的佛教、希臘的藝術、中國的絲絹，相繼經過巴克特里亞輸送至各地。

我們試將巴克特里亞一千五百多年歷史概括在這樣的片段與簡略敘述中，其間有錯誤是難免的。歷來研究世界古代史者，忽視巴克特里亞這個重要的地區，縱有敘述者，亦僅不適當地誇張亞歷山大的東征，我們不否認他的重要性，但是，巴克特里亞本身有很高的文化，其受波斯、印度及中國兄弟民族的影響，並不次於希臘，這對研究世界古代史是應該記取的，也是這篇文字試圖解決的。

拜占庭與中國的關係

‖ 一 ‖

自西漢通西域後，中國與拜占庭的往來，亦漸頻繁，這是十分自然的。漢武帝初置酒泉郡以通西域，遣使至安息、奄蔡、犛軒等國。《後漢書·西域傳》中說：「商胡販客，日款於塞下。」甘英曾「歷安息，臨西海以望大秦」[307]。甘英出使大秦，雖無結果，卻說明班超的雄心壯志了。[308]

在中國史籍中，拜占庭有不同的名稱，稱為黎軒、大秦與拂菻。這些名稱的語意、範圍及寫法，東西學者聚說紛紜，歷來有許多不同的議論。最可靠而近乎史實的，還是岑仲勉先生所作的研究。他說：「黎軒、大秦、拂菻任一類名稱都無非『西方』、『西域』的意義，不過所指的地域，卻因時、

---

306 《新唐書》，卷二二一下。
307 《後漢書》，卷八八，〈列傳〉七八。
308 原載《閻宗臨史學文集》，山西古籍出版社，1998 年，第 322—333 頁。

因人而廣狹不同，又因雜採見聞，同一傳記中亦有差異，不能執一相律。大抵最初常用於羅馬，往後或專指東羅馬，甚而東之敘利亞。如果膠柱鼓瑟，必至矯說難通。」[309] 從中國史籍中說，黎軒之名，始見於《史記·大宛列傳》，「北有奄蔡，黎軒」之語。繼後，大秦出現，《後漢書》說：「大秦國一名犁鞬，以在海西，亦雲海西國。」[310]

按照岑著：「今梵文謂右（申言之為西）為 DaKsina……黎軒者，西之音譯也；海西者，西之義譯也；大秦者，音譯而兼取者也。」[311] 至於拂，即為于闐文 Hvaram 之對音，亦為西與右之意。這樣的譯名，不只不為勉強，亦較為妥當，可謂善於釋名者也。

漢時中國與大秦的交通有海陸兩路，一自海上，「桓帝延熹九年，大秦王安東尼遣使自日南徼外，獻象牙、犀角、玳瑁」[312]；一自陸上，即西出玉門，至安息，復由安息，「繞海北行，出海西，至大秦」[313]。

這說明海陸兩路的交通，其真實性是不容置疑的。

東晉孝武帝太元二十年（395），羅馬帝國分裂，拜占庭漸次居領導地位。到北魏時，西羅馬亦已滅亡。因之，魏以前稱羅馬帝國為大秦，魏以後稱為拂菻，《舊唐書》記述時，開始便說：「拂菻國一名大秦，在西海之上，東南與波斯接，地方萬餘里。」[314]《唐書》所記拂菻，較為詳實，這說明拜占庭與中國的關係的密切。

｜二｜

自西元前 8 世紀，美加拉建立拜占庭後，這個城市由於位置關係，很快

309　岑仲勉：《西突厥史料補闕及考證》，中華書局，1958，222 至 233 頁。
310　《後漢書》，卷八八，〈列傳〉七八。
311　岑仲勉：《西突厥史料補闕及考證》，中華書局，1958，222、233 頁。
312　《後漢書》，卷八八，〈列傳〉七八。
313　《後漢書》，卷八八，〈列傳〉七八。
314　《舊唐書》，卷一九八，〈列傳〉一四八。

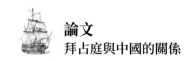

地成為亞歐兩洲海陸交通的重鎮，到中世紀時，君士坦丁堡已成為西方世界的中心。拜占庭與中國的關係是密切的，有許多資料散見在中國典籍之中。大秦初來者，多取道海上。後漢時，大秦王安東尼的使臣，便是一例，來自日南徼外；三國時黃武五年（226），大秦商人秦論，取道交趾，覲見孫權[315]；晉武帝太康五年（284），大秦國遣使來獻，與林邑並舉，自亦取道海上[316]。

《洛陽伽藍記》中說：「西域遠者，乃至大秦國，盡天地之西陲。」又說：「與西域、大秦、安息、身毒諸國交通往來，或三方四方，浮海乘風，百日便至。」[317]北魏時，中西交通頻繁，對拜占庭的知識，亦較為深刻。北魏亡於550年，即查士丁尼的晚期。那時候，因為匈奴西侵的結果，推動西方蠻族的移動，以致西羅馬滅亡（476），而拜占庭亦向匈奴納貢稱臣，自412年至450年曾委曲求全，始保其獨立。查士丁尼胸懷壯志，力圖恢復古羅馬帝國，他的方向雖然是錯誤的，當時卻表現了一度的繁榮。

當拜占庭經濟繁榮的時候，自中國與印度輸入的奢侈品，如絲綢、香料、寶石等，常受波斯的控制，給拜占庭帶來許多困難。查士丁尼是個有作為的人，常思擺脫這種處境。他想另覓出海口，從紅海東北岸上愛里出發，入紅海，沿非洲東岸阿杜里斯，入印度洋，直趨東方。但是，那時海上交通實力，仍受波斯領導，非洲各國無法與之競爭，拜占庭海上發展的意圖無法實現。其次由黑海向北發展。占領刻赤，與匈奴人相聯繫。由此至裏海，復向東行，避開波斯，至康居地帶，經蔥嶺，入中國，這條道路便是有名的絲路。

《魏書》論到大秦時說：「其土宜五穀桑麻，人務蠶田。」[318]種桑育蠶的大事，是在查士丁尼時代開始的。前此，羅馬既不知絲的製法，也不知絲

---

315 《南史》，卷七八，中天竺國。
316 《晉書》，卷三併卷九七，四夷內大秦國。
317 《洛陽伽藍記》，卷四。
318 《魏書》，卷一○二，〈列傳〉九○。

為蠶所吐出，拜占庭史學家左納拉斯說明了這種無知的狀態[319]。關於蠶絲傳入拜占庭方式，有謂傳自印度僧人，如普羅柯樸所記；有謂得自波斯人，如狄奧芳納所述。不論所述如何不同，按當時實際情況，拜占庭力圖建立養蠶事業，擺脫波斯人的壟斷，是長久以來的努力。就現存的史料中，530 年，拜占庭與阿克蘇談判，要求從海上購買中國生絲，發展絲織品，藉此與波斯競爭。君士坦丁堡、地爾等城有絲織廠。

為了保護新興工業，拜占庭規定生絲價格，實行統購統銷，因而絲織物的原料，部分得到解決。到 568 年，突厥使臣曼尼阿黑至拜占庭，查士丁尼向他誇耀養蠶事業的發展。儘管如此，多部分生絲來源，初須經波斯人之手。為了商業利益，拜占庭與突厥聯盟，訂立友好條約，共同向波斯進攻，已成不可避免的事實。自 571 年起，拜占庭、波斯遂發生了二十年長的戰爭[320]。

｜三｜

隋唐盛世，中國為世界上強大的國家，經濟文化都有獨特的發展，對中西交通發揮了積極的作用。《洛陽伽藍記》說：「西夷表附者，處崦嵫館，賜宅慕義里，自蔥嶺已西至於大秦，百國千城莫不款附，商胡販客，日奔塞下，所謂盡天地之區已，樂中國土風而宅者，不可勝數，是以附之民萬有餘家，門巷修埶，閶闔填列，青槐蔭柏，綠柳垂庭，天下難得之貨，咸悉在焉。」[321] 在這樣盛況下，中國與拜占庭的關係，當然較前更為密切。

根據《唐書》及《冊府元龜》所記，自貞觀十七年（643）至天寶元年（742）百年之間，拜占庭派遣使臣來華有七次，「來獻上京」[322]。那時候，

---

319 左納拉斯 (Zonaras) 係拜占庭 12 世紀編年家，著有《世界史》，止於 1118 年。
320 沙畹：《西突厥史料》，馮承鈞，譯本，166—175 頁。
321 《洛陽伽藍記》，卷三。
322 語見大秦景教碑文。七次遣使為：貞觀十七年（643），乾封二年（667），大足元年（701），景雲二年（711），開元七年（719）兩次，天寶元年（742）。

拜占庭不是東羅馬帝國，實際上是一個希臘的國家，版圖雖然縮小，小農經濟、紡織業與航海業卻相當發展，社會相當的穩定。華西里二世時，「拜占庭是歐洲最強大的海上國家……」[323] 金線織成的五色絲絨、猩紅呢，即海西布，馳譽世界，帖撒羅呢加、底彼斯與科林斯等處是紡織業的中心。

《通典》記大秦時說：「又常利得中國縑素，解以為胡綾紺紋，數與安息諸胡交市於海中。」[324] 佩特里的絲織物，受政府監督，抽稅百分之十，海上高利貸為百分之十六。拜占庭經濟雖然繁榮，剝削也夠苛刻。茲舉一例，9 世紀時，伯羅奔尼撒絲廠女主人達尼麗達死後，釋放了三千奴隸工人[325]。

《舊唐書》與《新唐書》所述拂菻情況，大致相同，亦較為明確。杜環《經行記》最為概括：「拂菻國在苦國西，隔山數千里，亦曰大秦，其人顏色紅白，男子悉著素衣，婦女皆服珠錦，好飲酒，尚干餅，多淫巧，善織絡，或有俘在諸國，死守不改鄉風。琉璃妙者，天下莫此。王城方八十里，四面境土各數千里，勝兵約有百萬，常與大食相御。西枕西海，南枕南海，北接可薩突厥。」《經行記》對拂菻記述，文雖短簡，卻正確地說明拜占庭 8 世紀的情況[326]。

這裡，有幾件事須加以說明。

1. 「貞觀十七年，拂菻王波多力遣使獻赤玻璃、綠金、水精等物，太宗降璽書答慰，賜以綾綺焉。」[327] 關於波多力，眾說紛紜，當以敘利亞總主教「Patrich」銜號為是，與景教來華的傳播相吻合[328]。

2. 自大食強盛，漸凌諸圍，乃遣大將軍摩栧伐其都城，因約為和好，請每歲輸之金帛，遂臣屬大食焉。」[329] 按，摩栧即「Muawiya」（661 —

323 《馬克思編年札記》中語，為列夫臣柯所引用，見列氏所著《拜占庭簡史》譯本 197 頁。
324 《通典》，卷一九三。
325 列夫臣柯：《拜占庭簡史》，譯本 171 頁。
326 《通典》，卷一九三。
327 《舊唐書》，卷一九八。
328 岑仲勉：《西突厥史料補篇及考證》，232 頁。
329 《舊唐書》，卷一九八。

680）的譯音。摩槐初為敘利亞總督，謀征服拜占庭，建立海軍，於 649 年，取賽普勒斯島。673 年以龐大艦隊向君士坦丁堡進攻。拜占庭掌握更高軍事技術，利用爆炸性的希臘火，擊退摩槐，阿拉伯損失慘重，被迫簽三十年和約，並向拜占庭承納貢的義務。《舊唐書》所記卻正相反，不合史實，這是應該修正的。

3. 天寶六年（747）高仙芝平定小勃律後，「於是拂菻大食諸胡七十二國皆震恐，咸歸附」[330]。拂菻降唐的說法是不正確的。高仙芝征小勃律時，拜占庭為君士坦丁五世（741－775）所統治，他屬行改革，執行毀象政策，反僧侶與貴族的統治，加強中央集權。大食亦未依附。

天寶十年，高仙芝為大食敗於怛邏斯的事實，已否定了依附的說法。

《經行記》中所言苫國，並非如張星烺所言為卓支亞之首音[331]，應為大食人所稱之敘利亞，即「Scham」之譯音[332]。

‖四‖

兩漢時候，大秦人東來，首先傳入中土的為幻術。當張騫第三次返國時，犛軒眩人同來獻技，其人能「吞刀、吐火、植瓜、種樹、屠人、截馬」[333]，自此魔術歲增，雜技益興。東漢安帝時，撣國王雍由調遣使，「獻樂及幻人，能變化吐火，自支解，易牛馬頭，又善跳丸，數乃至千。自言我海西人也。海西即大秦也。」[334]《魏略》也說大秦「俗多奇幻，口中出火，自縛自解，跳十二丸，巧妙……」[335] 這些資料都說明大秦幻術的驚人。

唐時中西交通頻繁，使節往來絡繹不絕，大秦幻術仍保持很高的水準，

---

330 《新唐書》，卷二二一下。

331 張星烺：《中西交通史料彙編》，三冊，49 頁。

332 《諸蕃志》，卷一四一頁。

333 《漢書》，卷六十一，〈張騫傳〉。

334 《後漢書》，卷七十六，〈西南夷傳〉。

335 《三國志·魏志》，卷三十。

《通典》大秦條中說：「有幻人能額上為炎爐，手中作江湖，舉足而珠玉自墮，開口即旛眊出。」[336] 大秦幻術的表演，留於石刻畫像尚多，如山東嘉祥劉村洪福院的畫像石刻，上層有吐火施鞭圖[337]，雖為漢時作品，卻可看出當時吐火的情況。

另一件重大的事實是拜占庭的景教傳入中國。景教為聶思脫里創立，反對基督教的「三位一體」及「人神合一」的理論。他提倡亞里斯多德的學說，又反對柏拉圖的唯心論，推崇理性，在敘利亞發揮了積極的作用。431年，在埃弗斯的宗教會議上，聶思脫里的理論被判為異端，受到譴責，並將聶氏逐放於埃及的荒原。但是，聶氏的理論受中間階層歡迎，在敘利亞廣泛地傳播著。當柴農即位後（474），走上復古的道路，衛護大地主的利益，仇視聶派宗教，於489年予以殘酷地鎮壓。聶派信徒不能在敘利亞停留，逃至波斯，又由波斯向東方發展，於貞觀九年（635），敘利亞人阿羅本，「遠將經象，來獻上京」[338]。貞觀十二年，敕令將長安義寧坊的波斯寺改為大秦寺[339]。度僧二十一人，阿羅本受封為鎮國大法主。

聶派宗教傳入中土後，改稱景教。其原因，錢念劬在《舊潛記》中說：「入中國後，不能不定一名稱，而西文原音弗諧於口，乃取《新約》光照之義，命名曰景，景又訓大，與喀朵利克原義亦合，可謂善於定名。」[340] 明天啟三年（1623），長安西部土地中掘得「大秦景教流行中國碑」，碑立於建中二年（781），文詞富麗，字體端莊，碑下面及左右兩邊，刻敘利亞人名，為大秦寺僧景淨述，臺州司士參軍呂秀岩書。景教受唐高宗與肅宗的重視，建立景寺，有相當的發展。如碑文所言：「法流十道，國富元休，寺滿百城，家殷景福。」房玄齡曾迎接阿羅本於西郊，郭子儀與景教僧伊斯友善[341]。李

336　《通典》，卷一九三。
337　陳竺同：《兩漢和西域等地的經濟文化交流》，39、40頁。
338　《大秦景教流行中國碑頌並序》。
339　宋敏求：《長安志》，卷十。
340　《詩經·小雅》：「介爾景福。」
341　伊斯為 Dsaac。

白的《上雲樂》，亦為描述景教的作品，如「能相歌，獻漢酒，跪雙膝，並兩肘，散花指天舉素手」，這是形容景教的禱祝。

景教碑出現後，清儒十分珍視。錢大昕潛研堂的〈金石文跋〉，杭世駿的《古道堂文集》，王昶的《金石萃編》，畢沅的《關中金石記》等，都有專論。西人之介紹者亦復不少，最早有陽瑪諾的《唐景教碑頌正論》；較為完備的，有復鳴雷的《西安府景教碑考》。景教碑初出土後，歧陽張賡虞攝一幅，寄李之藻。天啟五年四月，李之藻作景教碑書後。

德禮賢論及景教來華，指出當時僧人所帶經典有五百三十部，譯為漢文者有三十五部[342]。最早譯品為《移鼠迷詩訶經》，約貞觀九年至十二年譯成，講耶穌一生事蹟。次為《一神論》，係一部神學著作。

約貞觀十六年譯成《三威蒙度贊》，現藏巴黎。又有《志玄安樂經》、《宣元至本經》，約在世紀末葉，為大秦僧景淨所譯[343]。景淨為碑文的撰述者，係主教，但文字必出於華人之手。

當景教碑出現消息傳至歐洲後，腓特烈二世及羅南等，多持懷疑的態度。現由敦煌發現的經典，與碑文所記完全符合，這便證實了景教碑的真實性。1905 年，丹麥人何爾謨（Holm）擬以三千兩銀購此碑，運往倫敦。清廷聞之，急電陝撫阻止，經多方交涉，始得阻止，陝撫乃將此碑移入碑林。[344]這可看出帝國主義劫掠文物是多麼的可憎，西方偽裝的文化人又多麼可鄙！

會昌五年（845），武宗受趙歸貞影響，禁止外來宗教的傳播，「敕大秦，穆護、祆二千餘人還俗，不雜中華之風」。[345]繼後宣宗雖有弛禁的意圖，可是僖宗乾符五年（878），黃巢起義，予外來剝削者以有力的打擊，此後景教便絕滅了。

342　德禮賢：《中國天主教傳教史》。

343　岑仲勉：《隋唐史》，309 頁。

344　齊思和：《中國和拜占庭帝國的關係》，以何爾謨為美國人，移美國，不知所據。我根據岑著《隋唐史》（269 頁）所引足立喜六的《長安史蹟考》，191 頁。

345　《舊唐書》，卷一八上。

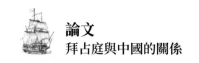
‖五‖

　　拜占庭與中國的關係，隨著商人、僧侶與使節的往來，其奇珍物品流入中土者，亦復不少，歷代史籍與筆記多有記述。張星烺《中西交通史料彙編》中輯《本草綱目》、《酉陽雜俎》、《南方草木狀》等書，有三十餘種。[346] 這些物品有產自大秦者，有商人加工或販運者，都說明了物質的交流，往來關係的密切。茲擇其要者列如次。

- **玻璃**：《玄中記》云：「大秦國有五色玻璃，以紅色為貴。」
- **琉璃**：《魏略》云：「大秦出金銀琉璃。」《晉書·四夷傳》中，大秦國「琉璃為牆壁」。
- **采玉**：《太平御覽》云「大秦出采玉」。
- **金鋼**：《玄中記》云：「大秦國出金鋼，一名削玉刀。」
- **珊瑚**：《太平御覽》，「珊瑚出大秦四海中，生水中石上」。
- **水銀**：陳霆雨《山墨談》，「拂菻當日沒之處，地有水銀海，周圍四五十里，國人取之……」
- **車渠**：《魏略》說，「大秦出車渠，車渠次玉也」。
- **鬱金香**：陳藏器曰，「生大秦國，二月三月有花，狀如紅蘭。四月五月採花即香也」。
- **迷迭香**：《魏略》云「出大秦國」。
- **兜納香**：《魏略》云「出大秦國，草類也」。
- **無風獨搖草**：李珣曰「生大秦國」。
- **蜜香**：《晉書》云「太康五年，大秦國獻蜜香樹」。
- **薰陸香**：按《南方異物志》，「薰陸出大秦國」。
- **木香**：宏景曰，「今皆從外國舶上來，乃云出大秦國」。
- **阿勃勒**：陳藏器曰，「生拂菻國，狀似皂莢而圓長，味甘好」。

346　張星烺：《中西交通史料彙編》，第一冊，206—216 頁。

- **蜜只**：出拂菻國，苗長三四尺，根大如鴨卵，葉似蒜葉。李時珍以此為水仙。
- **野悉蜜**：出拂菻國，亦出波斯國。苗長七八尺，葉似梅葉。四時敷榮，其花五出，白色，不結子，花若開時，遍野皆香。
- **竹**：《南方草木狀》說，竹皮薄而空，多大者，徑不過二寸，皮粗澀。
- **琥珀**：《太平御覽》卷八百八，「大秦國多琥珀。琥珀多產於皮羅得海邊岸，拜占庭販運至東方」。
- **海西布**：《新唐書·拂菻傳》說，「織水羊毛為布，日海西布」。
- **夜光珠**：《魏略》日，「大秦國出夜光珠」。

拜占庭輸入中國的東西，多係奢侈品。其生產價值並不大，只供欣賞，市利百倍。但是卻說明封建時代的交通困難下，中國典籍中有此豐富的記述，也說明交通的頻繁了。

‖六‖

11 世紀的後半期，拜占庭處於封建爭奪、長期混亂的時代。在 24 年間（1057 － 1081），有五個帝王的統治。《宋史·神宗紀》元豐四年（1081），有「拂菻國來貢」之語。[347] 而在拂菻國傳中，卻說拂菻國「歷代未嘗朝貢，元豐四年十月，其王滅力伊靈凱撒，始遣大首領你廝都令廝孟判，來獻鞍馬、刀、劍、真珠，言其國地甚寒，土屋無瓦」。[348] 關於《宋史》所記拂菻的事實，張星烺以「歷代未朝貢」[349] 語，肯定《宋史》是錯誤的；《明史》懷疑《宋史》中拂菻非古代的大秦，齊思和以「此說頗有可能」[350]。我們覺得這兩種說法，仍須進一步研究。

347　《宋史》，卷十六。
348　《宋史》，卷四九。
349　張星烺：《中西交通史料彙編》，第一冊，224 頁。
350　齊思和：《中國和拜占庭帝國的關係》，17 頁。

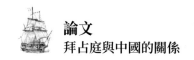
　　宋朝與拜占庭的關係，就一般來說，處於停滯的階段。但《宋史》所記，卻是真實的。賽爾柱克人興起後，自中亞北部向西方發展，於 1071 年在曼吉克特（在梵湖北）擊敗拜占庭軍隊，並俘獲拜占庭帝王羅曼四世。隨著向小亞細亞發展，占領許多主要城市，如尼塞亞。土耳其人深入小亞細亞腹地，支持尼基福奪取拜占庭的政權，曾統治了三年（1078 － 1081）。也便是這個時候，土耳其占領尼塞亞城，[351] 派遣使臣來中國。

　　由是，我們認為《宋史》所言的拂菻仍是拜占庭，並非其他國家。

　　滅力伊靈凱撒，當如夏德的解釋，為塞爾柱克突厥副王之號（Mele-ki-Rum）[352]。自 284 年後，戴克禮先執行四人制，帝王稱奧古斯都，副王稱凱撒。「凱撒」為副王的解釋是合乎當時的習慣。「你廝都令廝孟判」並不是一個人的專名字，可能是「尼塞亞城司令廝孟判」。廝孟判名前冠以職銜，你廝為「Nicaea」的譯音。廝孟判擬為塞爾柱克人，所言「國地甚寒，土屋無瓦」，當指塞爾柱克人原居地，在鹹海東北境。宋朝對拜占庭的知識是貧乏的，如周去非的《嶺外代答》卷三中的大秦條，趙汝適的《諸蕃志》卷上的大秦國，都反映出這種情況。事實上，拜占庭已至十字軍時代，國力衰弱，處於維持的狀態中。《宋史》卷十七〈哲宗紀〉中，元祐六年（1091）庚子，拂菻國來貢，大約與十年前相同，並無特殊意義了。元亡的時候，拂菻商人捏古倫旅居中國。洪武四年（1371），明太祖召見，賜予敕書，其國入貢，後不復至[353]。其時，約翰五世（1341 － 1376）與其共治者坎塔丘濟那鬥爭，拜占庭正處於混亂的時代。塞爾柱克人又積極進攻，占領色雷斯。拜占庭最後 70 年的歷史，已至殘喘的境地，僅具地方的意義了。終於到景泰三年（1452），拜占庭為土耳其滅亡了，由此也結束拜占庭與中國的關係。

351　列夫臣柯：《拜占庭簡史》，譯本 264 頁。
352　夏德所言，為張星烺《中西交通史料彙編》第一冊 224 頁注三中引述。
353　《明史》，卷三二六。

大月氏西移與貴霜王國的建立

‖中亞的重要‖

中亞的範圍，約略西至裏海，北至錫爾河，東南界蔥嶺及興都庫什山，亦稱大雪山。地形複雜，係亞洲大陸的中心，古代交通的要道，在世界古代史上，占有極重要的位置。遠古之時，歲月悠久，變化無常，所知甚少[354]。

在西元前 6 世紀前，中亞為雅利安部族所占據，有繁榮的畜牧業及農業。自西元前 2 世紀起，大月氏向西移動，毀希臘人所建的大夏，其所起的作用是不容忽視的。因為「數千年間是決定當時世界事件的舞臺，這些事件常常在長時期內震撼當時已經知道的整個世界」[355]。

通常言較確切的中亞歷史，是始於波斯帝王居魯士（Cyrus, 前 558 － 前 529），他即位於西元前 558 年，併米底，征呂底亞，於西元前 545 年（周靈王二十七年），向東進軍，直入錫爾河，臣屬塞種人，為了軍事需要，建居魯士城，漢稱貳師城，即今之烏拉杜貝（Ura-tyube），在塔吉克境內。繼後南下，侵入俾路支，在劇烈的戰鬥中，波斯散失一軍。費了將近六十年的時間，始安定東方，形成波斯的兩省。

依據希羅多德記述，波斯共有二十省，大夏列為十七，康居列為十八[356]。

波斯採取懷柔政策，施行較開明的統治。雖使塞種人稱臣，但並未破毀他們的經濟，只要求塞種人的依附並繳納一定的貢賦便滿足了。

---

354 原載《學術集林》卷 13，1998 年。
355 N.H. 梁士琴科：《南高加索與中亞各部族的氏族的解體與各奴隸制國家的形成》《奴隸社會歷史譯文集》，199 頁。
356 C. 胡亞爾脫：《古波斯史》，89 頁，注二。

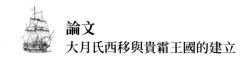

‖ 馬其頓侵略中亞 ‖

當馬其頓滅亡波斯後（前330），中亞形勢為之一變。亞歷山大確定東進政策，以圖鞏固所獲的實利。侵入大夏與康居後，建立十二座城市，嚴重地破壞了原有的經濟，同時馬其頓也遭受到當地居民劇烈的反抗。

對中亞，希臘人的知識是不很正確的，他們以為興都庫什山是高加索的延長，即此一例已足說明了。希臘人向東侵略，遭受到許多困難，不只是氣候變化無常，寒熱不均，尤其是大夏與康居的人民，忠於自己的部族，採用游擊戰術，使馬其頓受到嚴重的打擊。亞歷山大必須改變策略與戰術，利用本地的良馬，配備標槍與弓箭，組成輕裝的騎兵。馬其頓人與波斯人混合編制，駐紮在策略地區，懷柔與鎮壓兼相併用，費三年時間，始占領這兩個省分。其所需時間與侵略整個西亞、埃及與波斯相等，所遇的困難，自不待言了。

西元前330年9月，亞歷山大向大夏進攻，伯索斯（Bessos）得西徐亞人之助，宣布獨立，波斯亦隨之響應。亞歷山大採取分化政策，由興都庫什山東北冒險進軍，入大夏地區。伯索斯怕被圍困，放棄薄羅城（Bactris-Zariaspa），向北撤退，守阿姆河，將船舶焚燬，不使希臘軍隊利用。亞歷山大追擊，取當地所用的皮筏渡河，五日渡完軍隊，入康居，展開劇烈戰鬥，伯索斯不幸被俘，於西元前328年，死於薄羅城[357]。

康居在斯皮達姆（Spitaménès）領導下，堅決抵抗馬其頓的侵略。

康居人退入山區，在大宛谷，全民守居魯士城，相持頗久，希臘人受到打擊。亞歷山大改變策略，採取圍困方式，斷絕水源，結果攻陷居魯士城。斯皮達姆退出後，聯合西徐亞人，進攻撒馬爾罕，展開廣泛的戰鬥，希臘死兩千戰士，亞歷山大第一次受到嚴重挫折，不得已退居薄羅城[358]。西元前328年，馬其頓分五軍向康居進攻，改變策略，逐漸清洗鞏固據點，西徐亞人失敗後，殺斯皮達姆以結馬其頓歡心。

---

357 格勞茨（G.Glotz）：《希臘史》，第四卷，123—128頁。
358 《劍橋古代史·希臘史》。

馬其頓終未取得決定性的勝利。西元前 327 年初，康居人又起而反抗，奧亞爾德（Oxyartès）守希沙爾（Hissar）山區，長期抵抗。在戰鬥中，亞歷山大俘獲其女洛桑納（Rhôxane），納而為後，因而情勢隨之改變，康居放棄抵抗，而為希臘所統治。

亞歷山大死後，帝國分裂，中亞統治者為塞琉卡斯（Seleucus），但是並不鞏固，不久南北兩方形成兩個新國家：安息王國於西元前 256 年，屬於呼羅珊的一部分，其全盛時期自裏海直達印度，於西元 226 年為波斯征服，建立薩珊王朝；大夏經百年後，受東方移入的塞族侵略，遂給大月氏創造了條件，而有建立貴霜王國的可能。

‖ 關於月氏古史的片段 ‖

依據中國的資料，西元前 2 世紀時，中亞住著許多不同的游牧人，希臘人稱他們是西徐亞人。在西部住著雅利安出身的塞種人，偏東的地方，住著突厥出身的月氏人，或稱吐火羅人，其周近又住著起源不明的烏孫人，有些史學家，以為這些人是吉爾吉斯與哈薩克人的祖先。

關於月氏的古史，我們的知識是貧乏的。但是從僅有的片段史料中，可以看出它的歷史卻是久遠的。《穆天子傳》中說：「己亥至於焉居禺知之平」[359]，郭璞注釋，焉居、禺知疑皆國名。《管子·揆度》中也說：「北用禺氏之玉。」[360] 由此可見「禺」、「月」同聲，「知」、「氏」相近，禺知、禺氏與月氏為同一名稱，只是書法不同而已。

戰國為一大轉變的時代，廢戎狄名詞，改為胡與匈奴，涉及月氏問題，亦可看轉變的情形。依據王國維的意見，《逸周書》為戰國時的作品，在〈王會解〉內，禺氏與月氏兼相併用，一方面有「禺氏」之語，另一方面，

---

359 《管子》，第七十八。
360 《穆天子傳》，卷一。

湯問伊尹，伊尹舉北狄來獻者有十三，而月氏在其列。[361] 戰國以前，月氏所居何地，不得而知；到戰國之時，月氏在「雁門之西北，黃河之東」[362]；至秦漢之間，月氏向西移，故《史記》有「始月氏居敦煌祁連間」[363] 之語。度《史記》用「始」字的意義，不能解為「原始」。

月氏為乘馬游牧的部族，在匈奴未興起之前，月氏已雄踞北方，《史記·匈奴列傳》說：「當是之時，東胡疆而月氏盛。」[364] 東胡位於燕趙之北，係後來的烏丸，《三國志》注引《魏書》指出：「烏丸者，東胡也，漢初，匈奴冒頓滅其國。」[365] 月氏為行國，《史記》稱「隨畜移徙，與匈奴同俗」[366]。〈匈奴列傳〉以為奇畜，徐廣注此為「似馬而青」[367]。蒙古人稱 Chigitai，係野生騾馬。

月氏亦稱吐火羅人，係突厥種的最重要者，屬印歐語系。突厥起源地難確定，可能在葉尼塞河附近，見於漢史較晚，始見於西魏大統八年（542）。[368]

關於月氏人的相貌，與突厥合而考慮，即《魏書》論康居較為真實：王姓溫，月氏人，為匈奴所逐，其人「皆深目高鼻，多髯，善商賈」[369]，這與同書論于闐「自高昌以西，諸國人等深目高鼻，唯此一國，貌不甚胡，頗類華夏」是十分符合的。

361　《逸周書》，卷七。
362　王國維：《觀堂集林》，《觀堂別集補遺》。
363　《史記》，卷一百二十三。
364　《史記》，卷一百十。
365　《三國志·魏志》，卷三十，裴松之注引《魏書》。
366　《史記》，卷一百二十三。
367　《史記》，卷一百十。
368　岑仲勉：《隋唐史》，10 頁。
369　《魏書》，卷一百二。

‖月氏的居地‖

匈奴未興起以前，月氏所居地帶頗廣，東自黃河，西至瓜州，「瓜州古西戎地，戰國時為月氏所居，秦末漢初屬匈奴」[370]。依據《史記》所述，亦覺與此符合。「右方王將居西方直上郡以西，接月氏氏羌」[371]。按照張守節正義，上郡故城在涇州上縣東南五十里。《舊唐書》言及姑臧，也說，「秦月氏戎所處」[372]，姑臧漢屬武威郡。從這些記述中可以看出，秦初之時，月氏居地幾遍及今之甘肅。

秦漢之際，月氏移動，因單于冒頓興起，為了與漢爭奪，首先要解除匈奴東西兩方面的牽制，以故東破東胡，西擊月氏。冒頓致文帝書中，「今以小吏之敗約，使之西求月氏擊之」[373]。所謂小吏，係指匈奴右賢王，於前元三年「入居河南地，侵盜上郡葆塞蠻夷，殺略人民」[374]。

右賢王西擊月氏，十分成功，仍在致文帝書中，有「夷滅月氏，盡斬殺降下之」[375] 的話，並非誇大，危言動人。漢議對匈奴之策時，公卿皆曰：「單于新破月氏，乘勝，不可擊。」[376] 這是文帝四年的事。

冒頓晚年，月氏因受匈奴的攻擊，已去敦煌祁連之間，「其餘小眾不能去者，保南山羌號小月氏」。[377]《舊唐書》論及酒泉：「此月支地，為匈奴所滅，匈奴令休屠昆邪王守之。」[378] 從上邊而言，休屠昆邪據酒泉，當在文帝三年（前 177）到武帝元封六年（前 105）。「右方直酒泉、敦煌」[379]，匈奴益趨西，而月氏去敦煌已久矣。《史記》作於西元前 91 年前，故論及月

370　《通典》，卷一七四。
371　《史記》，卷一百十。
372　《舊唐書》，卷四十。
373　《史記》，卷一百十。
374　《史記》，卷一百十。
375　《史記》，卷一百十。
376　《史記》，卷一百十。
377　《史記》，卷一百二十三。
378　《舊唐書》，卷四十。
379　《史記》，卷一百十。

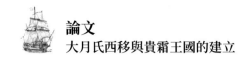
氏說：「始月氏居敦煌祁連間。」[380]

‖月氏與允姓之戎‖

月氏於未西遷之前，居於敦煌祁連之間，祁連山在張掖、酒泉的南境，東西長二百餘里。「敦煌古瓜州也……瓜州之戎並於月氏者也」。[381] 那麼這裡有一個問題，即哪一種戎為月氏所並？

張澍在他的《西河舊事》中，依據《左傳》「允姓之奸居於瓜州」[382]，對敦煌作這樣解釋：「敦煌郡即古瓜州也，允姓戎所居也。」[383] 關於允姓，杜預以為係陰戎之別祖，與三苗俱放於三峗[384]，《水經注》解釋三危山「在敦煌縣南」[385]，並引《山海經》關於三危山的解釋，「即所謂竄三苗於三危也，《春秋傳》曰允姓之奸居於瓜州」。王國維在《鬼方昆夷玁狁考》中，曾指出，戎中強大者為犬戎，亦即玁狁，其他汾晉諸戎，河南陰戎，伊川陸渾戎，皆徙自瓜州。[386]

在另一方面，我們在《左傳》中，讀到「昔秦人迫逐」，杜預注此時說：「四岳之後，皆姓姜，又別允姓[387]，即月氏所並瓜州之戎。」便是說允姓是非常明白的。因為春秋之後，留於瓜州的戎便只有允姓了。

其次，《漢書·張騫傳》中說：「烏孫王號昆莫，昆莫父難兜靡，本與大月氏俱在祁連敦煌間，小國也。……大月氏攻殺難兜靡，奪其地，人民亡走匈奴。」[388] 這些記述指出：月氏於未移動前，所征服兼併者只有烏孫。而前所舉的資料，月氏所並者亦僅瓜州的允姓。就地點說，烏孫與允姓都在敦

380　《史記》，卷一百二十三。
381　《水經注》，卷四十。
382　《左傳·昭公九年》。
383　張澍：《西河舊事·序》。
384　《廣弘明集》，卷七。
385　《水經注》，卷四十。
386　王國維：《觀堂集林》，卷十三。
387　《左傳·襄公十四年》。
388　《漢書》，卷六十一。

煌周近；就時間說，即在冒頓與漢文帝之時。

因而藤田豐八主張：允姓不解為姓允的戎，而為一戎名，如義渠陸渾，根據月氏兼併的對象，便得出烏孫為允姓別稱[389]。

烏孫即允姓的說法，雖說新奇，卻難令人折服，「淑人君子，懷允不忘」，懷允就是懷「允姜」，允姜就是「允姓奸」[390]。關於這個問題，仍須深入，但是烏孫受月氏侵略後，隨即起變化，依附匈奴，居於「流沙西北，前漢烏孫舊壤……後漢時即為車師後王庭之地」[391]。按祁韻士解釋，今之烏魯木齊即「漢車師後王庭地」[392]。至於月氏，雖然強盛，因受冒頓攻擊，於文帝三年前離開敦煌，向西移動了。

‖月氏西移‖

概括地說，月氏西移的原因係匈奴興起的結果。以故研究月氏西移的年代，自當以《史記》與《漢書》為依據。當冒頓自立為單于（前 209）後，東破東胡，西擊月氏，月氏在敦煌祁連間的地位便開始動搖了。

月氏攻烏孫，奪其地，殺難兜靡，其子昆莫新生，依單于，「單于愛而養之，及壯，以其父民眾與昆莫，使將兵，數有功」[393]，這說明月氏破烏孫，烏孫完全依附匈奴。但是《史記》所述與《漢書》有不一致的地方，「昆莫之父，匈奴西邊小國也，匈奴攻殺其父」[394]，即難兜靡為誰所殺，無正面的資料可以肯定。《史記》、《漢書》都是根據張騫的記述，兩者必有一誤，揆諸以後史事的發展，難兜靡係月氏所殺，因〈張騫傳〉中明確指出：「昆莫既健，自請單于報父怨，遂西攻破大月氏。」[395]關於月氏離敦煌

389　藤田豐八：《西北古地研究》，73 頁。
390　劉節：《中國古代宗族移殖史論》，173、191 頁。
391　《太平寰宇記》，卷一五六。
392　祁韻士：《西域釋地》，5 頁。
393　《漢書》，卷六十一。
394　《史記》，卷一百二十三。
395　《漢書》，卷六十一。

後，王國維以為居於且末與于闐間，這與于闐產玉、玉起於禺氏的說法相吻合。其西移的路徑，係走西域南道，因不臣大宛而臣大夏，便是未經伊犁的證明[396]。且末即折摩馱那，于闐即瞿薩旦那，依據《大唐西域記》，兩者同為吐火羅（都貨羅）故地，而月氏與吐火羅相同，這種設想自屬合理的。又況《魏志》中說：「敦煌西域之南山中，從婼羌西至蔥嶺數千里，有月氏餘種。」[397] 但是，王國維所言係一般情況，並非冒頓攻擊月氏後，月氏西移的路徑。月氏主力是向伊犁區域移動，攻擊塞種，這些在《史記》、《漢書》中都有較明確的記載。《漢書》說：「時月氏已為匈奴所破，西擊塞王，塞王南走遠徙，月氏居其地。」[398] 這說明月氏自敦煌西移後，便停居在塞種人所居的地帶。

現在，我們說明塞種人所居地區，自明白月氏第一次西移後的居位地。《漢書》論及烏孫邊界：「東與匈奴，西北與康居，西與大宛，南與城郭諸國相接，本塞地也。」[399]

大月氏西移破走塞王而居其地，「後烏孫昆莫擊破大月氏，大月氏徙西臣大夏，而烏孫昆莫居之，故烏孫民有塞種、大月氏種云」[400]。《史記》論及烏孫說：「烏孫在大宛東北，可二千里，行國。」[401] 按這些資料，烏孫在今之伊犁地區。

月氏受匈奴攻擊，前後有兩次西移，第一次自敦煌西移，第二次自塞王故地伊犁西移。第一次西移，當在冒頓晚年至老上單于初年，即西元前 174 年。匈奴於冒頓之時，經常侵襲月氏，《史記》說：臣居匈奴中，聞烏孫王號昆莫……昆莫生棄於野，烏嗛肉蜚其上，狼往乳之。單于怪以為神……及壯使將兵，數有功，單于復以其父之民予昆莫……單于死，昆莫乃率其眾遠

396　王國維：《觀堂別集別補》。
397　《三國志・魏志》，卷三十，裴松之注引《魏略・西戎傳》。
398　《漢書》，卷六十一。
399　《漢書》，卷九十六下。
400　《漢書》，卷九十六下。
401　《史記》，卷一百二十三。

徙。……今單于新困於漢……[402]

《漢書》說：臣居匈奴中，聞烏孫王號昆莫，昆莫父難兜靡……昆莫新生……單于愛養之，及壯以其父民眾與昆莫……昆莫既健，自請單于報父怨……會單于死，不肯復朝事匈奴……今單于新困於漢……[403]

按張騫囚於匈奴的時間，當在建元二年至元光六年（前 139 −前 129），其歸國的時間為元朔三年（前 126）。匈奴單于統治：冒頓自秦二世元年至漢文帝前元六年（前 209 −前 174），稽粥老上自文帝前元六年至後元三年（前 174 −前 126），軍臣自文帝後元三年至武帝元朔三年（前 161 −前 126）。《史記》、《漢書》所述昆莫之事，因係張騫實際所獲，大致相同。

武帝元封中（前 110 −前 105），江都王建女細君嫁昆莫，為右夫人，「昆莫年老」[404]，語言不通，公主悲愁，作《黃鵠歌》。此事發生在軍臣死後至少十五年，即在烏維單于統治之時（前 114 −前 105）。至「會單于死」，係張騫使大月氏後，亦即大月氏由伊犁移至嬀水，此當在軍臣死之前，即元朔三年以前，那麼必然是老上單于無疑。因而昆莫既健，自請單于報父怨，此單于亦為老上單于無疑。那麼烏孫進擊大月氏，第二次自伊犁出，當在老上單于統治之時，亦即西元前 161 年前也。烏孫占據伊犁，亦即月氏西移嬀水。假定細君嫁昆莫，昆莫年老，約為八十，即其請老上單于報父怨時，正當二十多歲的壯健的青年，那麼撫養昆莫的單于，不是老上，而是冒頓。因老上即位於西元前 174 年，絕不能以十歲左右的兒童，使將兵，數有功，那麼愛而養之的單于，不是老上，必為冒頓。因此，烏孫逐大月氏，據伊犁，與前所提「居流沙西北」正相符合。乘老上之死（後元三年），「不肯復朝事匈奴」[405]。從此烏孫與匈奴的關係也便惡化了。

月氏為烏孫所迫，離伊犁，第二次向西移動，經大宛、熱海、石國及撒

---

402 《史記》，卷一百二十三。
403 《漢書》，卷六十一。
404 《漢書》，卷九十六下。
405 《漢書》，卷六十一。

馬爾罕，都於媯水之北。張騫使月氏，會見月氏王當在元光六年至元朔元年
（前129－前128），其會見地點依白烏庫吉為 Termid，《大唐西域記》作
咀密。塞種已早經蔥嶺南下，至縣度，即身毒 [406]。希臘地理學者斯脫拉波
（Strab）說，約於西元前150年時，有蠻族侵入希臘所建立國，綜此而言，
塞種與月氏向中亞發展，如波推浪，與《漢書》所說「大月氏西君大夏，而
塞王南君罽賓」[407]，是非常符合的。

　　張騫出使大月氏，並非是突發的。他去的地方也非是陌生的，有匈奴降
者供給的情況，有堂邑父的陪伴，深知月氏與匈奴關係的惡化，及出使後，
又被匈奴拘留，了解了實際情況，即其獻「斷匈奴右臂」的策略，是有根
據的。

　　張騫出使西域，既不是推銷絲綢，也不是實力的擴張。其目的有二：一
方面與中亞游牧民族聯盟，拒抗匈奴；一方面造成一種情勢，使中亞游牧國
家與中國友好，不為匈奴所利用。為了完成這項任務，選定大月氏為出使的
對象。當他克服困難，到達月氏王庭，月氏卻志安樂，殊無報胡之心，竟不
得要領而還 [408]。

　　在張騫東歸不久之後，約西元前124年，大月氏侵入大夏，阿爾達班二
世（Artaban II）戰死，希臘所建的大夏王國，亦因此而滅亡 [409]。

406　參考《廣弘明集》，卷七。
407　《漢書》，卷九十六上。
408　《漢書》，卷六十一。
409　胡亞爾：《古波斯史》，103頁。

‖貴霜王國的建立與滅亡‖

張騫抵大月氏後，大夏尚未被征服，故《史記》敘述大月氏時，「居媯水之北，其南即大夏」[410]，並身臨其地。但是，《漢書‧西域傳》中，大月氏已有頗著的變化，「南與罽賓接」[411]，即大夏已為月氏所臣屬。

大夏亦稱吐火羅，係希臘文化的中心，位於大雪山之北。段成式釋吐火羅縛底野城時說，係「古波斯王烏瑟多習之所築也」[412]。按縛底野係大夏都城 Bactria 的譯音，烏瑟多習為 Vichtâspa，曾做大夏的省長，係波斯國王大流士（Darius）之父。自亞歷山大帝國分裂後，情形混亂，故《漢書》說：「大夏本無大君長城邑，往往置小長，民弱畏戰，故月氏徙來皆臣畜之。」[413]

大月氏臣屬大夏的時候，是從前邊提及阿爾達班二世戰死開始的，約在西元前 124 年。這與《大唐西域記》所述，亦相符合：「伽膩色伽王，以如來涅槃之後第四百年，君臨膺運，統贍部洲。」[414] 釋迦牟尼圓寂於西元前 483 年，以故大月氏建立國家當在西元前 1 世紀初。

當大月氏臣屬大夏之後，並非一個統一的國家，依據《漢書》，有五翕侯的設置：休密、雙靡、貴霜、肸頓與高附。[415] 范曄對此有不同的敘述，高附在大月氏南，「所屬無常，天竺、罽賓、安息三國，強即得之，弱則失之，而未嘗屬月氏。《漢書》以為五翕侯數非其實也。後屬安息，及月氏破安息，始得高附。」[416] 那麼月氏什麼時取得高附？依據波斯方面的史事發展，約在西元後四五十年間，哥達茲（Gotarzes）與瓦達奈一世（Wardanes I）鬥爭，互求月氏援助，月氏乘機奪取高附，擴展實力[417]。也便是在此時，貴霜

410　《史記》，卷一百二十三。
411　《漢書》，卷九十六上。
412　《酉陽雜俎》，卷十四。
413　《漢書》，卷九十六上。
414　《大唐西域記》，卷二。
415　參看《漢書》卷九十六上。
416　《後漢書》，卷九十八。
417　參看胡亞爾：《古波斯史》，134 頁。

翕侯丘就卻[418] 攻滅四翕侯，自立為王，國號貴霜，「漢本其故號，言大月氏云」[419]。

月氏既強盛，丘就卻又向外擴展，取罽賓。《水經注》說「月氏之破塞王，南居罽賓」[420]，就所有情況推論，當在丘就卻晚年，即 80 年以前。「東漢之世，罽賓高附並於月氏」。[421]

西元 1 世紀末，丘就卻建立的大月氏王國，已樹立了繁榮富強的基礎。許多資料提及大月氏，「人民赤白色，便習弓馬，土地所出及奇瑋珍物，被服鮮好，天竺不及也」[422]。大月氏「土地和平，無所不有，金銀珍寶，異畜奇物，逾於中夏，大國也」[423]。

縱使這些敘述有誇張，但是也有一定的事實根據。

「貴霜」一詞，始見於《漢書·西域傳》[424]，為五翕侯之一。顏師古解釋：「翕侯，烏孫大臣官號，其數非一，亦猶漢之將軍耳。」[425] 翕侯係突厥語「yabgu」之譯音。至於西方關於貴霜，桑原騭藏則列舉：印度 kušâna，希臘為 košano，波斯為 kusân，亞美尼亞為 kušang，敘利亞為 kušânoyê，羅馬為 Cusani[426]。其種為大月氏，亦即吐火羅，並非像桑原所說是大夏種。為何稱貴霜？希臘古地志 Gandarae，舊譯為犍陀羅，《高僧·曇無竭傳》作月氏國，《漢書》的貴霜，《魏書》的鉗敦，「疑亦為其對音」[427]。其都城為弗樓沙（Purushapura），即今之白沙瓦（Peshawar）。

法顯於元興元年（402）經弗樓沙國說：「昔月氏王大興兵眾來伐此國，

418　伯希和以丘就卻應譯為丘就劫，閻膏珍應為閻膏彌，《西域南海史地考證譯叢》，五編，110—113頁。
419　《後漢書》，卷一一八。
420　《水經注》，卷二。
421　《西域圖考》，卷六。
422　萬震：《南州志》。
423　《水經注》，卷二。
424　《漢書》，卷九十六上。
425　《漢書》，卷六十一。
426　桑原騭藏：《張騫西征考》，39 頁。
427　馮承鈞：《西域地名》，29—30 頁。

欲取佛鉢，既伏此國已，月氏王篤信佛法，欲持鉢去。」[428] 後宋雲道過此城，亦說：「川原沃壤，城郭端直，居民殷多，林泉茂盛。」[429] 丘就卻死，其子閻膏珍繼位，征印度五河流域，置將管轄，故魚豢說：「罽賓國、大夏國、高附國、天竺國皆並屬大月氏。」[430] 就此時期言，正是月氏與康居聯婚相親，班超使西域，派遣使臣以錦帛與月氏王，為超諭康居毋救疏勒。繼後月氏王求漢公主，班超拒，由是月氏怨漢，和帝永元二年（90），月氏遣其副王謝將兵攻超，超伏兵殺其騎，月氏請罪[431]。按此事實，係貴霜王閻膏珍統治之時，亦即月氏版圖最廣大之時，因所發現的貨幣地區，亦較廣闊，遍及高附與天竺。

伽膩色伽二世立，國運昌隆，南及印度閻牟那河，東至于闐，崇尚佛教，每日延僧入宮說法。吸取希臘藝術作風，衣紋與形態有許多類似處。舉行第四次佛典集聚大會，佛教及其藝術越蔥嶺而東傳。桓帝建和元年（147），月支僧支婁迦讖至洛陽譯經，後之來者絡繹不絕，其名僧甚多，如支謙，時人語之：「支郎眼中黃，形軀雖細是智囊。」[432] 彼得堡博物館所存的金幣，正面刻有王的站像，佩刀持槍，周圍刻以希臘文：「王中之王，貴霜伽膩色伽。」背面刻女神像，頭有角，角有花，緣邊有「豐富」之字[433]。

伽膩色伽二世之後的史實，我們所知甚少。《三國志》記：太和三年（229）十二月癸卯，「大月氏王波調遣使奉獻，以調為親魏大月王」[434]。按波調為 Vasudeva II 的對音，約生於 3 世紀中葉。迨至法顯於元興元年（402）入印度北部，其時為笈多王朝所統治，而貴霜實力已退至興都庫什山以北。約在 430 年後，月氏王寄多羅（Kitara）又征北印度，其子為小月氏

428　《津逮祕書》本法顯《佛國記》。
429　《洛陽伽藍記》，卷五。
430　《三國志·魏志》，卷三十，裴松之注引《魏略·西戎傳》。
431　參看《後漢書》，卷四十七。
432　《高僧傳》，初集卷一。
433　關衛：《西方美術東漸史》，15 頁。
434　《三國志·魏志》，卷三。

王，都富樓沙城[435]，實際上是一個國家。因為富樓沙便是犍陀羅的都城。

自 4 世紀中葉，貴霜經常受嚈的壓迫，至 480 年，遂全為嚈所滅。按《魏書》所述：「嚈國，大月氏之種族也。亦曰高車之別種：其原出於塞北……在于闐之西，都烏滸水南二百餘里……其人凶悍，能鬥戰，西域康居、于闐、沙勒、安息及諸小國三十許，皆役屬之，號為大國。」[436] 神龜二年（519），宋雲入嚈國，他說：「居無城郭，遊軍而治，以氈為屋，隨逐水草，夏則隨涼，冬則就溫鄉土，不識文字，禮教俱闕……四夷之中，最為強大，不信佛法，多事外神。」[437] 由是知貴霜王國為來自東方的嚈所滅。

西元 557 年，西突厥興起，木桿可汗滅嚈。「自數百年，王族絕嗣，酋豪為競，各擅君長，依川據險，分為二十七國，雖畫野區分，總役屬突厥」。[438] 迨至唐高宗時，阿拉伯大將柯泰巴（Kotaiba）向東進軍，入土耳其，阿姆河一帶，盡歸阿拉伯所有矣。而一代繁榮昌盛的貴霜王國，已成為歷史的陳跡。

‖ 八、結語 ‖

中亞歷史在世界古代史上有重要的影響，我們的知識異常貧乏，所知甚少，須深入研究，以補世界古代史上的缺陷。我們覺得世無孤立的國家，亦無隔絕的民族，便在遠古時期，雖然交通困難，工具簡陋，但是仍然有許多移殖，擴大古人的物質與文化生活。

讀前人關於月氏的著作，試寫成〈月氏西移與貴霜王國的建立〉，從而理解到月氏的歷史甚古，自戰國向西移動。月氏人深目高鼻，屬突厥種，亦稱吐火羅種。月氏居敦煌祁連之間，受匈奴壓迫，不得已而去敦煌，其先所並之允姓，不能解作烏孫；其後西移所經之地，必為塞種人曾居之伊犁，而非取西域南道。由伊犁移入媯水，係昆莫攻擊的結果，自在老上單于死之

435　《魏書》，卷一百二。
436　同上。
437　《洛陽伽藍記》，卷五。
438　《大唐西域記》，卷一。

前。張騫出使月氏，月氏已侵大夏，然尚未將之滅亡。迨至丘就卻時，月氏擴大，建立貴霜王國；其子閻膏珍即位，南侵印度；伽膩色伽二世出，貴霜文教昌隆，佛教向東傳播，吸取希臘藝術，蔚成大觀。嚈興起，西移毀月氏的成就，貴霜滅亡，但是嚈又為西突厥所滅。中亞歷史，常受外力襲擊，變化無常，因而所起的影響亦巨大。茲將前人所述，略加整理，所用資料，多採自祖國典籍之中，只是所見有限，功力自然不足，這是可以預見的。

世界古代中世紀史：

閻宗臨史學經典再復刻，探究希臘、尋覓羅馬、剖析埃及、歷險波斯

作　　者：閻宗臨

封面設計：康學恩

發 行 人：黃振庭

出 版 者：崧燁文化事業有限公司

發 行 者：崧燁文化事業有限公司

E-mail：sonbookservice@gmail.com

粉 絲 頁：https://www.facebook.com/
　　　　　sonbookss/

網　　址：https://sonbook.net/

地　　址：台北市中正區重慶南路一段六十一號八
　　　　　樓 815 室

Rm. 815, 8F., No.61, Sec. 1, Chongqing S. Rd.,
Zhongzheng Dist., Taipei City 100, Taiwan

電　　話：(02)2370-3310

傳　　真：(02)2388-1990

印　　刷：京峯彩色印刷有限公司（京峰數位）

律師顧問：廣華律師事務所 張珮琦律師

國家圖書館出版品預行編目資料

世界古代中世紀史：閻宗臨史學經
典再復刻，探究希臘、尋覓羅馬、
剖析埃及、歷險波斯 / 閻宗臨著 . --
第一版 . -- 臺北市：崧燁文化事業
有限公司 , 2022.11
　面；　公分
POD 版
ISBN 978-626-332-827-3(平裝)
1.CST: 古代史 2.CST: 歐洲
740.21　　111016617

定　　價：450 元

發行日期：2022 年 11 月第一版

◎本書以 POD 印製

電子書購買

臉書